Praxisleitfaden Unternehmensethik

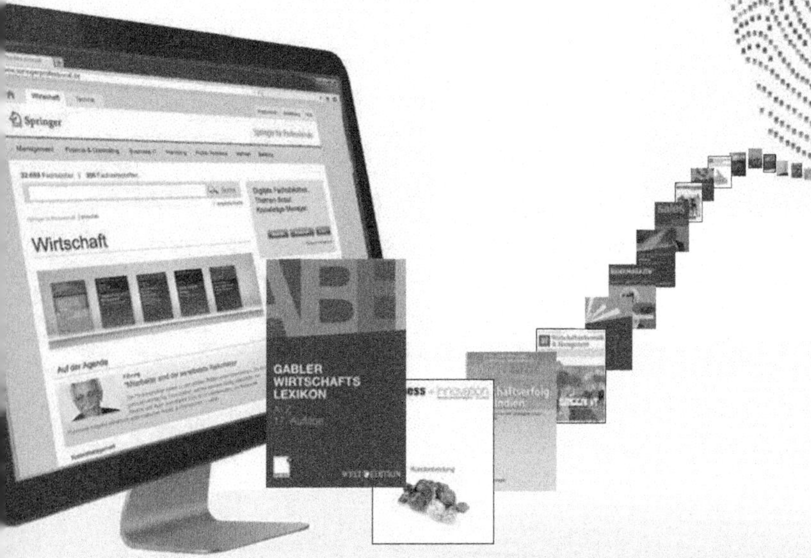

Daniel Dietzfelbinger

Praxisleitfaden Unternehmensethik

Kennzahlen, Instrumente, Handlungsempfehlungen

2. Auflage

 Springer Gabler

Daniel Dietzfelbinger
München
Deutschland

ISBN 978-3-8349-4710-9   ISBN 978-3-8349-4711-6 (eBook)
DOI 10.1007/978-3-8349-4711-6

Die Deutsche Nationalbibliothek verzeichnet diese Publikation in der Deutschen Nationalbibliografie; detaillierte bibliografische Daten sind im Internet über http://dnb.d-nb.de abrufbar.

Springer Gabler

Lektorat: Ulrike M. Vetter

Gedruckt auf säurefreiem und chlorfrei gebleichtem Papier

Springer Fachmedien Wiesbaden ist Teil der Fachverlagsgruppe Springer Science+Business Media
(www.springer.com)

Für Josefina, Isabella, Immanuel
und Sandra

Geleitwort

„Was sollen wir morgen anders machen?"

Die Frage, die mir Manager in der Zeit meines Mandats als Sonderberater des UNO Generalsekretärs für Angelegenheiten der globalen Unternehmensverantwortung am häufigsten stellen, war: „Und was genau sollen wir morgen anders machen als heute?" Die Antwort, zum Beispiel in Bezug auf die Zehn Prinzipien des UN Global Compact, ist nur auf allerhöchstem Abstraktionsniveau leicht, unterschiedliche Branchen und die Rechtslage verschiedener Länder stellen unterschiedliche ethische Probleme.

Dabei geht es nicht um das Einhalten von Gesetzen und Regulierungsauflagen. Diese Entscheidungen sind eher eine Intelligenz- denn eine Moralfrage. Zugegeben, kurzfristig mag es sich lohnen, gesetzeswidrig aber „clever" zu handeln, über die langfristigen Folgen gibt das Schicksal von Firmen wie *Enron* oder *Arthur Anderson* leicht verständlichen Anschauungsunterricht. Aber über das legale Minimum hinaus? Was kann ein Management tun, wenn es über die bloße „Legalität" hinaus „Legitimität" des unternehmerischen Handelns und Verhaltens anstrebt? Wie kann man gute Vorsätze in der Praxis nachhaltig umsetzen und dennoch am Markt erfolgreich gegen Konkurrenten bestehen? Auf diese Fragen gibt Daniel Dietzfelbinger Antworten – das ist das Verdienst dieses Buches.

Der Autor leistet Argumentationshilfe, um Menschen in Unternehmen zu überzeugen, dass ethisch wünschenswertes Handeln nicht nur richtig (neudeutsch „the right thing to do"), sondern auch in der Praxis ohne moralischen Heroismus, weil mit Nachteil verbunden, möglich ist („business case"). Für Daniel Dietzfelbinger sind dabei zwei Kriterien von ausschlaggebender Bedeutung, die „Universalisierbarkeit" des zur Debatte stehenden Handelns sowie die Möglichkeit, das Handeln transparent und begründbar zu machen.

Unternehmensethische Anstrengungen finden auf zwei Ebenen statt, der institutionellen und der individuellen Ebene. Ein Unternehmen kann sich durch Verhaltens-Kodices und Firmenrichtlinien für sensible Bereiche freiwillige Restriktionen auferlegen und dadurch klar machen, was erwünschte und was unerwünschte Handlungsweisen sind. Das ist für Sozialnormen oder für Umwelthandeln dann angemessen, wenn das bloße Befolgen von Gesetzen, beispielsweise in Entwicklungsländern, Anlass zu berechtigter Kritik aus modernen Gesellschaften gibt. Diese Regeln müssen sowohl inhaltlich als auch was ihre Grenzen angeht begründbar sein, und zwar nicht nur aus betriebswirtschaftlicher, sondern ebenso aus ganzheitlicher Sicht.

Konkret sind es jedoch immer Menschen, die handeln und aus der unendlichen Menge möglicher Handlungsweisen die endliche Menge der ethisch akzeptablen herausfiltern. In allen Berufen und auf allen Handlungsebenen haben Menschen Handlungsspielräume. Von unternehmerischen Verantwortungsträgern wird heute erwartet, dass sie diese zur Verhinderung von Schäden für Menschen, die Umwelt und die Nachwelt nutzen. Dietzfelbinger bedient sich in der Reflektion des „Faktors Mensch" beim unternehmerischen Entscheiden eines wichtigen Begriffs, der von manchen als ein wenig antiquiert belächelt wird: „Tugend". Es geht um die Befähigung des Menschen, das umzusetzen, was er als gut und richtig erkennt.

Aus meiner Erfahrung heraus bin ich überzeugt, dass genau hier der Knackpunkt aller unternehmensethischen Bemühungen liegt: Verantwortungsvolles, an ethischen Kriterien orientiertes, Handeln ist eine Geisteshaltung und eine entsprechende Bewusstseinsfrage. Wie kann man unterstützen, dass unternehmerische Entscheidungsträger ethisch sensible Situationen als solche erkennen und sich trotz Zeit- und Ressourcendruck darauf einlassen, einen Schritt Distanz zur Sache einzunehmen. Wie kann man Anreize schaffen, dass Manager in solchen Situationen darüber nachdenken und sich mit anderen beraten, was die Konsequenzen möglicher Handlungsalternativen sind, was in Abwägung aller Faktoren nach bestem Wissen und Gewissen „gutes und gerechtes" Handeln ist und wie sich eventuelle Dilemmata auf eine verantwortungsvolle Art und Weise auflösen lassen. Fragen wie „Wofür bin ich zuständig – wie definiere ich meinen Einflussbereich und den des Unternehmens?" oder „Wofür trage ich und nur ich Verantwortung und wem gegenüber?" sind relevanter, je höher der jeweilige Entscheidungsträger in der Hierarchie angesiedelt ist.

Die im Buch aufgeführten Fallstudien beginnen mit der Aufforderung „Nehmen Sie sich einen Moment Zeit und denken Sie darüber nach ...". Das wünscht man sich nicht nur von den Lesern dieses wichtigen Buches, sondern von allen Verantwortungsträgern, deren Entscheidungen Auswirkungen auf das Leben anderer Menschen haben.

Klaus M. Leisinger
Klaus M. Leisinger ist Gründer und Präsident der Stiftung Globale Werte Allianz (www.globalewerteallianz.ch), Professor für Unternehmensethik an der Universität Basel und dient den Vereinten Nationen als Special Advisor for the post-2015 Development and Business Ethics

Vorwort zur zweiten Auflage

Die Relevanz unternehmens- und wirtschaftsethischer Themen ist in den zurückliegenden Jahren weiter gewachsen – leider. Die Subprime-Krise aus dem Jahr 2008 mit ihren weltweiten Folgen hat neue Abgründe unmoralischen Verhaltens einzelne Wirtschaftssubjekte, zum Teil ganzer Berufsstände ans Tageslicht gespült und die Welt an den Rand eines Kollapses gebracht. Die Auswirkungen sind bis heute zu spüren, insbesondere in den südlichen Ländern Europas hat die Krise Gesellschaftsspaltungen mit sich gebracht, deren Folgen erst mittelfristig in ihrer ganzen Dramatik eintreten werden und damit begriffen werden können.

Für einen Augenblick schien in der Debatte zu Beginn der Krise gleichwohl das Fenster offen für einen grundlegenden Neuanfang in einer globalisierten Wirtschaftswelt: vernünftiger, gerechter, weniger gierig, stabiler. Dass das Fenster rasch und diskret wieder geschlossen wurde, zeigt, wie wenig mancherorts aus der Krise gelernt wurde.

Auch auf unternehmensethischer und individueller Ebene finden sich täglich neue Schlagzeilen, die nachdenklich stimmen: Ist das Thema Ethik für die Wirtschaft nicht letztlich ein hoffnungsloses Unterfangen?

Die Hoffnung aufzugeben wäre das falsche Signal: Die Anzahl der Menschen, die sich für ein besseres, sozial- und umweltverträglicheres Wirtschaften einsetzen, nimmt zu. Dieses Potenzial gilt es zu nutzen, um Wirtschaften und Ethik in eine multiple Gewinnsituation bringen. Auch Sie sind, wenn Sie diese Zeile lesen, ein potenzielles Mitglied der Gruppe der Menschen, die sich für eine Verbindung von Wirtschaft und Ethik interessieren oder einsetzen. Das ist gut so.

Die vorliegende zweite Auflage ist leicht überarbeitet, durchgesehen und – wo nötig – aktualisiert. All denjenigen, die mir Anregungen gegeben haben, mit denen ich aufgrund des Buchs und seiner Praxisfälle in Diskussion und Kontakt gekommen bin, sei von Herzen gedankt. Es waren viele anregende Diskurse.

Ich freue mich, wenn Sie mir weiterhin Ihre Praxisfälle zusenden und wir gemeinsam nach Lösungen suchen.

München, im Oktober 2014   Daniel Dietzfelbinger

Inhaltsverzeichnis

Über den Autor

Dr. theol. Daniel Dietzfelbinger, Jahrgang 1968, ist evangelischer Theologe. Er war über zehn Jahre bei einem deutschen DAX-Unternehmen beschäftigt und dort zuletzt verantwortlich für die interne Kommunikation sowie gesellschaftspolitische und ethische Fragen. Seit dem Jahr 2005 ist er Berater, Coach und vielfacher Autor für und zu den angeschnittenen Themengebiete. Er ist Partner des Instituts persönlichkeit+ethik (www.persoenlichkeitundethik.de).

Mehr Informationen auch unter: www.danieldietzfelbinger.de.

Zu Fragen und Anregungen, zur Lösung der Praxisfälle oder zur Diskussion neuer Praxisfälle wenden Sie sich bitte an: dietzfelbinger@pro-ethik.de.

Einführung

1

1.1 Was das Buch will

Hand aufs Herz: Wenn Sie Wirtschaft und Ethik in einer Wortverbindung lesen, denken Sie dann: Interessiert es meine Kunden, ob ich mich um die ethische Seite meiner Geschäfte kümmere? Haben schon je eine Mitarbeiterin oder ein Mitarbeiter meines Betriebes oder meines Unternehmens nach unseren Werten gefragt? Ist das nicht alles Schönwetter-Gerede?

Sind das Ihre Gedanken? Wenn ja: Sie sind nicht allein. In Seminaren mit Führungskräften, in Coachings, in Gesprächen und bei Konferenzen mit Top-Managern und Wirtschaftsführern ist dies eine – in Varianten – regelmäßig vorgebrachte kritische Anfrage an das Thema Wirtschafts- und Unternehmensethik: Wen interessiert es, ob ich bei meinen Geschäften ethische Überlegungen einbeziehe?

Auch wenn diese Sichtweise bei Führungskräften in kleinen wie großen Betrieben und Unternehmen verbreitet ist, sie muss deswegen nicht richtig sein. Denn es gibt Betriebe und Unternehmen, die durch unethisches Verhalten oder unmoralische Geschäftspraktiken Kunden verloren haben.

Man kann die Frage umdrehen: Gewinne ich mehr Kunden, habe ich motiviertere Mitarbeitende, sind meine Reputation, mein Ruf und mein Image in der Gesellschaft besser, wenn ich gut wirtschafte und dies in ethisch wünschenswerter Art und Weise tue? Gewinne ich mehr qualifizierten Nachwuchs, wenn das Ethos, der Charakter meines Unternehmens vorbildlich sind?

Als erfahrene Führungskraft, als guter Unternehmer werden Sie mit Ja antworten, ohne dass man Ihnen etwas suggerieren muss. Denn Image, Corporate Identity und Reputation sind für Ihr Unternehmen ebenso wichtig wie gute Ergebnisse.

© Springer Fachmedien Wiesbaden 2015
D. Dietzfelbinger, *Praxisleitfaden Unternehmensethik*,
DOI 10.1007/978-3-8349-4711-6_1

Egal, ob Sie einen kleinen Handwerksbetrieb leiten oder Führungskraft in einem großem, börsennotierten Unternehmen sind: Der Umgang der Mitarbeitenden im Unternehmen, das Gebaren Ihres Betriebes oder Ihres Unternehmens bei Geschäften und in der Öffentlichkeit wirken auf Kunden und Partner, mit denen Sie zusammenarbeiten.

Das vorliegende Buch will Sie für Fragen der Ethik im unternehmerischen Alltag sensibilisieren. Das Buch will Sie davon überzeugen, dass Wirtschafts- und Unternehmensethik im Betrieb oder im Unternehmen nicht verlorene Liebesmühe oder Schönwettergerede sind. Es will Sie ermutigen, Werte und Ethik im Unternehmen als ein *Asset, als ein Vermögen* zu sehen, das sich häufig mit wesentlich einfacheren Mitteln erreichen und fördern lässt, als Sie möglicherweise im Augenblick noch denken.

Wenn Sie am Ende des Buches zu dem Ergebnis gekommen sind, ethisch wünschenswertes Verhalten zur Grundbedingung Ihrer Führungskultur und zum Element Ihrer Geschäftsstrategie zu machen, dann hat das Buch sein Ziel erreicht.

Dieses Buch wendet sich an alle, die Verantwortung in einem Betrieb oder in einem Unternehmen tragen. Die Frage nach ethisch wünschenswertem Verhalten ist unabhängig von der Größe der Organisation. Ob Sie in einem Drei-Personen-Betrieb tätig sind oder in einem großen Unternehmen: Bei ethisch wünschenswertem Verhalten geht es darum, dies als Teil Ihrer geschäftlichen Strategie zu integrieren, Werte in Ihrer Betriebs- und Unternehmenskultur umzusetzen sowie den *Charakter Ihres Unternehmens* zu bilden. Es geht also um Sie und Ihre Haltung, um Ihr tägliches Verhalten in Entscheidungs- und Führungssituationen, es geht um Ihr strategisches Geschick bei der mittel- und langfristigen Planung Ihres Betriebes und Unternehmens.

Zwei Dinge will dieses Buch *nicht: Erstens* ist das Buch kein Beitrag zur akademischen Debatte um Wirtschafts- und Unternehmensethik, allenfalls – doch das geschieht eher indirekt – prüft es hier und da wissenschaftliche Konzeptionen im Spiegel der Praxis auf ihre Operationalisierbarkeit. *Zweitens* will das Buch weder bei Ihnen missionieren noch den moralischen Zeigefinger erheben.

Das Buch will Sie davon *überzeugen*, dass Sie mit ethisch wünschenswerten Verhalten eine *multiple Win-Situation* erzielen können: Sie werden ökonomischen, sozialen, ethischen Gewinn daraus ziehen! Dazu – zum Abschluss dieser Hinführung – fünf Vorbemerkungen:

Erstens: Der Aufbau des Buches gleicht dem eines Seminars: Am Anfang steht die Theorie, dann kommt die Praxis. Nach der Klärung einiger *Grundfragen* zu Wirtschaft und Ethik (Kap. 2) gibt Ihnen Kap. 3 einen Überblick über *Geschichte und Grundbegriffe der Ethik.* Auch wenn Sie mehr an der Praxis interessiert sind:

Begriffsklärungen sind für Sie und Ihre Argumentation hilfreich. Kapitel 4 listet vorab einige *Erfolgskennzahlen*, die ethisch wünschenswertes Verhalten messbar machen. Es soll Sie auf die anschließende Durchführung neugierig machen. Die Kap. 5 bis 7 widmen sich den praktischen Fragen der Unternehmens- und Wirtschaftsethik, gegliedert nach den Ebenen Individuum *(Führungsethik,* Kap. 5), Institution *(Unternehmensethik,* Kap. 6) sowie System *(Wirtschaftsethik,* Kap. 7). Kapitel 8 bietet als Ergänzung zur Praxis eine kurze Durchsicht aktueller *theoretischer wirtschafts- und unternehmensethischer Konzepte.* Kapitel 9 schließlich schlägt Ihnen *vier Orientierungen* vor, die Sie – wenn Sie wollen – für Ihr berufliches Alltagsleben auf ihre Tauglichkeit hin überprüfen können. Im Anschluss daran finden Sie einige *Literaturhinweise* sowie ein ausführliches *Register* zur schnellen Orientierung.

Zweitens: Die Instrumente und Wege, die im Laufe des Buches vorgestellt werden, unterstützen Sie bei Ihrem Vorhaben, ethisch wünschenswertes Verhalten in Ihrem Betrieb oder Ihrem Unternehmen zu implementieren. Gleichwohl: Das beste System hilft nichts, wenn Sie als Führungskraft innerlich nicht mitziehen: Ethik, Werte und Haltungen brauchen intrinsische Motivation *(intrinsischen*=von innen herkommend)! Sie haben es im Betrieb und Unternehmen mit Menschen zu tun, die glücklicherweise anders funktionieren als Maschinen. Spürbar ist das schon bei der betriebswirtschaftlichen Führung, eine noch größere Rolle spielt das bei den Themen Moral und Ethik. Denn es geht dabei um Dinge, die es mit immateriellen Werten zu tun haben, um Dinge also, die in der sozialen und psychologischen Struktur des Menschen liegen und bei denen jeder Mensch unterschiedlich, vor allem aber empfindlich reagiert.

Gleichwohl lehrt die Erfahrung: Wenn Sie als Führungskraft sich dieser Themen annehmen und ethisch wünschenswertes Verhalten als Führungskraft vorleben, dann haben Sie auch Erfolg, ökonomisch messbaren Erfolg!

Das vorliegende Buch versteht sich als ein Navigationssystem, erfolgreich den Weg hin zu ethisch wünschenswerten Wirtschaften einzuschlagen. Das Buch gibt Ihnen Hilfestellungen an die Hand, das scheinbare komplexe und theoretische Gebiet der Ethik in Ihre Betriebs- und Geschäftspraxis zu integrieren. Das Buch richtet sich an alle, die sich für das Thema interessieren, und an diejenigen, die Verantwortung tragen in einem Unternehmen, ob dieses klein oder groß ist. Aber: Sie sollten es sich nicht zu leicht machen! Ethisch wünschenswertes Verhalten ist nicht umsonst zu haben – im doppelten Sinne des Wortes.

Drittens: Das Buch wendet sich an alle in der Wirtschaft Agierenden, egal ob im kleinen Betrieb oder in einem großen Unternehmen. Viele Themen der Ethik sind keine Frage der Unternehmensgröße oder -struktur. Gleichwohl muss aber an bestimmten Punkten zwischen kleineren und großen Wirtschaftseinheiten unterschieden werden. Deswegen wird – auch wenn es begrifflich nicht ganz trennscharf ist – der Ausdruck *Betrieb* für kleinere und kleine, der Ausdruck *Unternehmen* für größere und große Wirtschaftseinheiten verwendet.

Viertens: Dieses Buch kann, wird und will Ihnen keine Absolution erteilen. Es gibt in der Wirtschaft, es gibt in Unternehmen – wie auch in anderen Bereichen – sowie beim Verhalten von Führungskräften Handlungen und Unterlassungen, die ethisch nicht wünschenswert sind, und demzufolge ethisch nicht darstellbar sind. Ansatz des Buches ist es, Ethik und Ökonomie in eine Win-Win-Situation zu überführen. Das heißt nicht, dass alles erlaubt ist, was sich in irgendeiner Form unter einen vorgehaltenen, aber nicht angezogenen Mantel der Moral verbergen lässt. Unter der Überschrift *Grenzen der Ethik* geht das Buch zum Ende jedes der drei Hauptkapitel exemplarisch auf Themen ein, die ethisch nicht wünschenswert sind. Erwarten Sie also nicht eine Argumentationshilfe für jede Situation! Das Buch will Sie überzeugen, es will Ethik und Moral nicht zum käuflichen Ablass degradieren.

Fünftens: Zwei formale Kriterien für ethisch wünschenswertes Verhalten leiten dieses Buch.

1. Bei Ihren Entscheidungen in kritischen Situationen ist der Weg vorzuziehen, von dem Sie sich vorstellen können, dass jeder und jede in einer solchen kritischen Situation so handeln könnte (Universalisierbarkeit).
2. Darüber hinaus und zugleich sollten Sie mit jeder Ihrer Entscheidungen
   a. vor den Spiegel treten können, ohne ein schlechtes Gewissen zu haben (ethische Selbstkontrolle),
   b. die Entscheidung jederzeit publik (denken Sie nur an die Social Media und ihre Macht) machen können, ohne dabei in ein moralisches und ethisches Dilemma zu geraten (ethischer Öffentlichkeitstest) und
   c. die Möglichkeit haben, im ethischen Zweifelsfall die Entscheidung revidieren zu können (ethische Revidierbarkeit).

Anhand dieser Kriterien erlaubt sich das Buch Bewertungen bestimmter Handlungen oder Instrumente. Als Leserin und Leser müssen Sie diese Bewertungen nicht teilen. Aber vielleicht regen Sie diese Bewertungen zum Weiterdenken an. Über kritische Einwände, Ergänzungen und Anmerkungen freue ich mich dietzfelbinger@pro-ethik.de.

Zusammenfassung

Das Buch will Sie überzeugen, dass sich Moral und Ethik für die Wirtschaft lohnen. Egal, ob Sie in einem kleinen Betrieb oder in einem großen Unternehmen arbeiten: Ziel des Buches ist, dass Sie sensibel werden für Fragen der Moral und Ethik sowie ethisch wünschenswertes Verhalten in Ihre strategische Unternehmensplanung integrieren!

1.2 Was Ethik will

Das Thema ethisch wünschenswertes Verhalten im Betrieb gehört heute theoretisch zum Standard der Unternehmensführung: Eine kontinuierlich steigende *Anzahl von Literaturtiteln* zum Thema Unternehmens- und Wirtschaftsethik macht deutlich, dass das Nachdenken über ethische und moralische Fragen des Wirtschaftens zum Alltag gehört. Parallel dazu greifen Medien das Thema regelmäßig auf. Große Wirtschaftsprüfungsgesellschaften, Unternehmensberatungen und Trainer integrieren es in ihrer Alltagsarbeit, Ethikberatungen mit unterschiedlichen Labels gedeihen auf dem diesbezüglich noch fruchtbaren Boden der Selbständigkeit. Immer wieder aufkommende Skandale von Korruption, Mitarbeitergängelung, unverantwortlicher Unternehmensführung unterstreichen die Bedeutung unternehmensethischer Reflexion und Handlungskorrektur.

Ethik- und Ökofonds, die nur bestimmte Aktien listen, sind nicht nur bei Privatanlegern immer beliebter, auch Großinvestoren legen verstärkt Wert auf die sozial- und umweltverträgliche Performance von Unternehmen, nicht zuletzt aus risikominimierenden Eigeninteresse. Analysten, Rating-Agenturen oder Fonds-Gesellschaften fragen nach dem sozialen und ökologischen Engagement eines Unternehmens.

Das färbt ab auf nicht-börsennotierte Unternehmen: Zum einen, wenn sich sie als Zulieferer an die Standards der Auftraggeber halten müssen, zum anderen, weil auch die Endkunden der kleineren Unternehmen sensibler geworden sind. Mit anderen Worten: Auch kleine und mittlere Betriebe können sich der Frage nach ethisch wünschenswertem Verhalten nicht entziehen. Im Zuge der öffentlichen Kommunikation via Internet stehen sie längst im Blickfeld einer kritisch gewordenen Öffentlichkeit, die darauf Wert legt, dass Produkte und Produktionsmaßnahmen einem ethisch wünschenswerten Level entsprechen. Schwarze Schafe werden von Medien und *Nichtregierungs-Organisationen (Non Governmental Organisations = NGOs)* gnadenlos enttarnt und an den weltweiten Web-Pranger gestellt.

Mit fatalen Folgen: Wer einmal in den Ruf gerät, unsaubere Geschäfte, in welcher Form auch immer, betrieben zu haben, wird dieses Label schwer los.

Aufmerken lässt dabei: Viele Menschen ahnen, dass Ethik und Ökonomie, Moral und Wirtschaft nicht unversöhnt nebeneinander stehen können. Anders ist die Aufgeregtheit medialer Berichterstattung und stammtischpolitischer Diskussionen über dubiose Geschäftspraktiken von Betrieben und Unternehmen nicht zu erklären. Doch zugleich gibt es große Verlockungen: Wer sich gerade noch empört über die Praktiken „von denen da oben in der Wirtschaft", unterliegt wenig später der Versuchung, selbst unsaubere Geschäfte zu machen. Etwa an der Supermarktkasse, wenn der Kassierer zwei Euro zu viel ausbezahlt, bei der Steuererklärung, bei der das eine oder andere gerne unter den Tisch fällt oder beim Umgehen der Mehrwertsteuer bei Handwerker-Rechnungen. Petitessen auf den ersten Blick, systematisch aber nichts anders, als wenn ein Unternehmen Lieferanten unter Druck setzt, sich vor Steuern drückt oder sich mit unlauteren Mitteln Aufträge verschafft. *Die Absicht, die Haltung* macht systematisch das ethisch wünschenswerte bzw. nichtwünschenswerte Verhalten aus, nicht die Größe oder das Volumen.

Man kann es drehen und wenden, das Ergebnis ist: Ehrbares Verhalten schafft Vertrauen und Vertrauen spart Transaktionskosten. Stellen Sie sich vor: Sie sitzen kurz vor einer wichtigen Sportübertragung oder einem spannenden Film, auf den Sie sich lange gefreut haben, vor dem Fernseher und das Gerät gibt seinen Geist auf. Sie würden dem Kundendienst vermutlich alles bezahlen, Hauptsache, der Fernseher geht wieder. Nun kommt der Kundendienst, erkennt Ihre missliche Situation, und schlägt auf die tatsächliche Leistung, die er erbracht hat, einen von ihm spontan erfundenen individuellen, für Sie aber nicht sichtbaren Dringlichkeitszuschlag auf die Rechnung. Sie knirschen mit den Zähnen und zahlen, aber der Kundendienst hat ein Problem: Er hat zwar kurzfristig ein gutes Geschäft gemacht, aber Sie als dauerhaften Kunden verloren.

Umgekehrt: Wenn Ihnen der Kundendienst, der Ihre missliche Lage kennt, tatsächlich nur das in Rechnung stellt, was er repariert hat, so werden Sie sich in Zukunft bei Problemen wahrscheinlich wieder an diesen Kundendienst wenden. Das weiß auch der Kundenservice, der sich durch seine Zuverlässigkeit Marktanteile und damit Geschäft sichert. So einfach schafft Vertrauen auch Erfolg.

Was für den Service gilt, trifft auch Betriebe und Unternehmen, unabhängig von ihrer Größe: Mit Vertrauen, Zuverlässigkeit und Ehrlichkeit im Umgang mit Geschäftspartnern sparen Sie – auf beiden Seiten – große Summen an Transaktionskosten. Je zuverlässiger ein Geschäftspartner, umso reibungsloser wird auf Dauer die Zusammenarbeit. Je mehr man sich untereinander vertrauen kann, desto besser, unkomplizierter und schneller können Geschäfte abgewickelt werden. Damit wird deutlich, dass auch bei wirtschaftlichen Aktivitäten *immaterielle Werte* wie *Vertrauen, Zuverlässigkeit* etc. eine große Rolle spielen. Diese sind nicht ausschließlich, aber auch Thema der Ethik.

Zusammenfassung

Wirtschaftsethik will moralisches und ökonomisches Verhalten miteinander in Verbindung bringen. Ziel dabei ist eine multiple Win-Situation: Ethisch wünschenswertes Verhalten soll sich auch ökonomisch lohnen. Anhand scheinbar unökonomischer Werte wie Vertrauen, Zuverlässigkeit und Ehrlichkeit wird dies greifbar.

Unternehmens- und Wirtschaftsethik: Häufig gestellte Fragen

2

2.1 Eine Ethik, mehrere Ethiken oder Beliebigkeit?

Bisher war von Ethik geredet worden – Ethik ohne Artikel. Das geschah nicht zufällig, denn grundsätzlich gilt, dass es *die eine für alle und immer gültige Ethik* nicht gibt. Ethik hat es mit dem Nachdenken über Werte und Verhaltensregeln zu tun. Diese Regeln fallen je nach Wertvorgaben unterschiedlich aus. Die Werte, die ein Mensch mitbringt, sind abhängig von Herkunft, Bildung und Prägung. Auch in den großen ethischen Systemen der Philosophie und der Religionen sind die Voraussetzungen und Annahmen für und von Werten unterschiedlich. Deswegen gibt es auch diverse Antworten auf die von *Immanuel Kant* prägnant formulierte Grundfrage der Ethik: *Was soll ich tun?*

Die letzten Wertvorstellungen, die für Individuen oder Gruppen unbedingt gelten, heißen *Axiome*, also nicht mehr hinterfragbare Wertvorstellungen. Axiome sind gesetzt, ohne dass sie näher begründet werden können. Axiome können etwa mit Glauben an einen Gott, mit Philosophie oder anderen Begründungsmodellen erläutert werden. Das ändert nichts an ihrem Charakter als letztlich subjektive Setzungen. An ihnen muss das Individuum seine Haltung und sein Sich-Verhalten-Zu ausrichten.

Das bedeutet nicht, dass Ethik beliebig ist. Der evangelische Theologe und Sozialethiker *Trutz Rendtorff* (geb. 1931) drückt es im *Handbuch der Wirtschaftsethik* so aus: *Ethik hat es mit Konsens zu tun, ihr Stoff aber sind Konflikte*. Ziel der Ethik ist die Suche nach Übereinstimmung und Ausgleich auf Basis vernünftigen Nachdenkens. Ausgangspunkt für Ethik sind *Dilemmasituationen* (*Zwangslage*, von griech. *duo, di = zwei* und *lambanein = nehmen*).

© Springer Fachmedien Wiesbaden 2015
D. Dietzfelbinger, *Praxisleitfaden Unternehmensethik*,
DOI 10.1007/978-3-8349-4711-6_2

Anders gesagt: Ethik ist die Hereinnahme des Handelns in die Welt des Nachdenkens. Vom Nachdenken erwartet das Handeln Vorgaben. Diese aber müssen sich in der Praxis bewähren. Die Grundfrage der Ethik im Blick auf die eigene Haltung lautet also: Wie verhalte ich mich zu einer offensichtlich moralisch fragwürdigen Situation?

Das heißt: Es gibt verschiedene Ansätze der Ethik und diese haben es mit Wertvorgaben und Regeln zu tun, die unterschiedlich ausfallen. So bedauerlich das für die Unternehmensethik ist: Es gibt keine Checkliste guten Verhaltens im Betrieb oder im Unternehmen, die einfach abzuarbeiten wäre. Aber es gibt – das wird sich im Laufe des Buches zeigen – eine Reihe von Grundregeln, die gutes und ethisch wünschenswertes Verhalten leiten können.

Kurzantwort

Ethik basiert auf Werten und Normen. Diese sind je nach Herkunft, Prägung und Kultur bei Menschen unterschiedlich. Deswegen gibt es auch unterschiedliche Ansätze der Ethik und damit unterschiedliche Ethiken. Da Ethik aber immer auf Werten basiert, ist sie nicht beliebig. Die ethische Grundfrage für das Individuum lautet dabei: Wie verhalte ich mich zu moralisch fragwürdigen Situationen?

2.2   Ist die Wirtschaft ein System mit eigenen Gesetzen?

In einer kritischen und sensiblen Öffentlichkeit ist häufig von einer *Entmoralisierung der Wirtschaft*, vom Abzocken die Rede. Insbesondere im Zeitalter der modernen Globalisierung sei es nur noch Ziel der Unternehmen, mit allen, das heißt auch mit unerlaubten Mitteln den eigenen Profit zu steigern, unabhängig davon, ob Mitarbeitende, Umwelt oder gesellschaftliche Gruppen benachteiligt oder geschädigt werden.

Ein Grund für dieses Misstrauen gegenüber der Wirtschaft liegt darin, dass viele Menschen in der Gesellschaft *die Wirtschaft, die Unternehmen, die Führungskräfte* als einen Bereich sehen, der vom Rest der Gesellschaft unabhängig ist. Diese kritische Einschätzung der Öffentlichkeit bezieht sich nicht nur auf Großunternehmen. Auch kleine Betriebe werden häufig in solcherlei Pauschalkritik einbezogen. Selbst kleine Handwerksbetriebe müssen sich den Vorwurf anhören, dass sie bei Reparaturen und Aufträgen vor allem eines wollen: *abzocken.* Medien- und Netzberichte zeigen das Fehlverhalten einiger weniger und schädigen damit den Ruf ganzer Branchen.

Die Wirtschaft, so heißt es nicht nur an Stammtischen, habe ihre eigenen Gesetze, ihre eigenen Regeln, die mit denen von Moral, Anstand und Sittlichkeit nichts zu tun haben. Diese Gesetze scheinen für die Normalbürgerin und den Normalbürger undurchschaubar. Die Quintessenz dieser Kritik: Es herrscht eine Eigengesetzlichkeit in der Wirtschaft, die nur Insider verstehen, und die mit Ethik nichts zu tun hat.

Zweifelsohne gibt es bestimmte Regeln und Dynamiken, die vorderhand nur für die Wirtschaft und ihr Funktionieren gelten. Das *Minimal-* und *Maximalprinzip* etwa. Also: Erreiche das größtmögliche Ergebnis mit dem geringstmöglichen Aufwand! Oder die möglichst rationale Ausrichtung des Handelns auf das Gewinnmachen, also den Profit.

Das heißt aber nicht, dass die Ökonomie, die Wirtschaft eigen*gesetzlich* ist und damit isoliert von der übrigen Gesellschaft. Denn zum einen arbeiten Menschen in der Wirtschaft, die ihre Gesetze und Regeln bestimmen und sich nicht durch vermeintliche Systemfunktionen entmündigen lassen sollten. Zum andern sind die Menschen einmal Akteure, einmal Betroffene, einmal Nutznießer, einmal Opfer dieser Regeln. Also können sie gestalten. Drittens ist ökonomisches Handeln von Individuen und Institutionen nur vorstellbar im Kontext der Gesellschaft. Selbst die tatsächlich hauptsächlich im ökonomischen Sachzusammenhang geltenden Regeln können also jederzeit von der Gesellschaft hinterfragt und gegebenenfalls korrigiert werden.

Wahrnehmbar ist dabei auch: Die einzelnen Menschen, die in der Wirtschaft agieren, vom selbständigen Alleinunternehmer über die Handwerkerin hin zum Manager in einem Großunternehmen, besitzen im Normalfall genauso Bewusstsein für moralische und ethische Fragen, wie es die Kritiker von außen für sich in Anspruch nehmen.

Kurzantwort

In der Wirtschaft gelten bestimmte Regeln, die außerhalb dieses Bereichs nicht grundsätzlich zur Anwendung kommen. Wenn man aber bedenkt, dass die Regeln von Menschen gesetzt werden, die auch außerhalb des Bereichs der Wirtschaft leben, so kann man nicht von einer Eigengesetzlichkeit der Wirtschaft reden. Allenfalls von einer gewissen Eigendynamik.

2.3   Sind Wirtschaft und Ethik wie Feuer und Wasser?

Zum Wohle des Menschen arbeiten Wirtschaft und Ethik mit unterschiedlichen Methoden (nicht *Gesetzen!*), den sogenannten *handlungsleitenden Prinzipien.* Hier beginnen die Schwierigkeiten: In der Wirtschaft bestimmen – verkürzt gesprochen

– unter der Bedingung der Knappheit der Güter *Minimal- und Maximalprinzip* das Handeln. Das Ergebnis soll möglichst hoch sein *(Maximalprinzip)*, der Aufwand dabei so gering wie möglich *(Minimalprinzip)*. Damit eine Handlung ökonomisch ist, muss mindestens eines der beiden handlungsleitenden Prinzipien verwirklicht sein, im optimalen Fall beide. Verständlich wird dieses Prinzip durch das Ziel ökonomischen Handelns, nämlich, das *materielle Wohl* zu steigern, also Profit zu machen und zu maximieren.

Anders sieht es in der Ethik aus: Zwar darf und soll auch ethisches Handeln Nutzen bringen und erfolgreich sein. Aber der Nutzen ist anders definiert: Denn es ist nicht unmittelbar der eigene Nutzen, der im Vordergrund steht, sondern es kann der Nutzen eines anderen, eines ganzen Systems sein, der das Handeln bestimmt *(Utilitarismus, von lat.: utilitas = der Nutzen)*. Dieser Nutzen des anderen kann gar allein leitendes Prinzip sein *(Altruismus, von lat.: alter = der andere)*. Sekundär ist dabei der Nutzen, den man selbst aus einer ethisch wünschenswerten Haltung und Handlung zieht. Gleichwohl gibt es insbesondere religiös geprägte Ethiksysteme, in denen gute Taten angerechnet werden auf das Heil im Jenseits. Damit hat man es zunächst einmal mit einem fundamentalen Unterschied zwischen Ethik und Ökonomie zu tun.

Zugleich aber bestehen Gemeinsamkeiten: Denn sowohl das ökonomische als auch das ethische Interesse des Menschen ist auf Zukunft ausgerichtet. Ethik arbeitet auf einen Zustand hin, der dem Ist, also der Gegenwart, nicht entspricht. Deswegen sind viele ethische Regeln als Sollensregeln formuliert. Beispiel: *Du sollst nicht lügen* setzt voraus, dass immer noch gelogen wird in der Welt. Der Idealzustand aber wäre, dass kein Mensch mehr lügt.

Streng genommen wird Ethik dann überflüssig, wenn die Welt dem Idealzustand entspricht (wenn also zum Beispiel alle Menschen nicht mehr lügen würden). Da das aber – nach realistischer Einschätzung – niemals so sein wird, ist Ethik *antizipatorisch* (*vorgreifend*, von lat.: *ante = vor* und *capere = fassen*). Ethik arbeitet mit Modellen und *Metaphern (Bilder, von griech.: metapherein = etwas übertragen)*, die einen besseren Zustand als den der Gegenwart beschreiben.

Ein Beispiel für diesen gedachten Vorgriff der Ethik auf eine bessere Zeit sind die *Zehn Gebote* des *Alten Testaments*. In ihrer hebräischen Urform sind sie – sprachanalytisch betrachtet – im Futur formuliert *(Du wirst nicht töten, etc.)*. Doch handelt es sich bei dieser Futurform vermutlich um einen noch verstärkten Imperativ *(Prohibitiv)*. Auch im Deutschen ist das Futur als Imperativ gebräuchlich: *Du wirst dies und das (nicht mehr) machen.* Deutlich wird, wie nahe Sollen und Zukunft zusammenhängen. Ethik hat es also mit einem künftigen Zustand zu tun, der für das jetzige Handeln in Anspruch genommen wird.

Auch das ökonomische System arbeitet mit einem Zukunftsmodell: Ökonomisch versucht man heute so zu handeln, dass morgen mindestens noch genauso viel, besser mehr da ist. Ökonomisch handeln, heißt heute so vorzusorgen, dass morgen noch genug da ist. Insofern handelt ein Eichhörnchen, das im Sommer für den Winter sammelt, durch und durch haushalterisch.

Ein Unternehmen, das auf langfristige Sicherung aus ist, investiert heute so, dass morgen und übermorgen genügend Rücklauf, *Rendite,* vorhanden ist, die das Überleben sichert. Wohlverstandener Profit dient der Existenzsicherung des Unternehmens. Noch deutlicher wird der vorgreifende, auf die Zukunft gerichtete Charakter ökonomischen Handelns am Kreditwesen: Man nimmt heute einen Kredit auf, in der Hoffnung, morgen das Geld einschließlich Zinsen zurückzahlen zu können.

Die größte Gemeinsamkeit von Ethik und Ökonomie liegt im menschlichen Anknüpfungspunkt. Denn das Individuum, der einzelne Mensch muss sich sowohl mit ethischen wie ökonomischen Anforderungen auseinandersetzen. Es ist dem Menschen mitgegeben, sich in beiden Bereichen zu bewegen und im Normalfall auch bewegen zu können. Deswegen muss der Mensch beide Anforderungen, beide Vorstellungen und Gedanken miteinander verbinden, im beruflichen wie im privaten Kontext. Es geht um die Haltung des Individuums.

Kurzantwort

Wirtschaft und Ethik arbeiten theoretisch mit unterschiedlichen Methoden und Zielvorgaben. Deswegen gibt es Schwierigkeiten, beides zusammen zu denken. Dabei wirken beide in gewisser Form auf dasselbe Ziel hin: Die Steigerung von Werten (materiell – immateriell) in der Zukunft. Dazu kommt, dass sich der Mensch im Alltag regelmäßig in beiden (Gedanken-) Systemen bewegt, mit den jeweils handlungsleitenden Prinzipien konfrontiert wird und diese zueinander führen muss. Das ist eine Frage der Haltung des Individuums.

2.4 Unternehmensethik als spezielle Ethik?

Muss es nicht eine grundlegende Ethik für alle Bereiche geben – also für die Politik wie für die Kultur, für die Wirtschaft wie für die Biologie, kurz: Einen Katalog von Werten, den man auf alle Bereiche menschlichen Lebens in der Gesellschaft anwenden kann?

Wie beschrieben, gibt es nicht die Ethik, die für alle Menschen und für alle Bereiche immer gilt. Gleichwohl kann man fordern: Wenn ein Mensch bestimmte Normen und Werte etwa für ethisch wünschenswertes Verhalten in der Wirtschaft besitzt, so möge er diese Wertvorgaben auch für politische Fragen oder für den Umgang mit der Gentechnik anwenden. Im Zuge der *Authentizität* des Menschen sei dies absolut notwendig. Wissenschaftlich spricht man hier von der *Kohärenz* (= die innere Stimmigkeit) der Argumentation.

Gleichwohl geben einzelne Handlungsfelder wie Wirtschaft, Kultur, Politik, bestimmte Rahmenbedingungen und bereichsbezogene Regeln vor. Handeln oder Unterlassen im wirtschaftlichen Kontext baut auf anderen Voraussetzungen, auf anderen Rationalitäten auf, als etwa das Handeln und Unterlassen im politischen Bereich. Das muss beim Nachdenken über Ethik berücksichtigt werden, wenn es darum geht, Regeln für die Praxis zu finden.

Für eine *materiale Ethik,* wie es die Unternehmens- und Wirtschaftsethik ist, müssen die Voraussetzungen, Strukturen, Bedingungen und Ziele der Ökonomie Eingang finden in die Überlegungen. Das heißt nicht, dass Ethik *nur* situationsgebunden gilt. Voraussetzung für eine materiale Ethik ist eine grundlegende, rationale Reflexion über Wertvorstellungen und Normen, die jeweils in das spezielle Umfeld passen. Das beginnt bei der Sprache. Denn in Betrieben und Unternehmen wird die Sprache der Ökonomie gesprochen, in der Politik die der Macht. Wer aufmerksam den Politikteil, den Wirtschaftsteil und das Feuilleton einer Zeitung studiert, merkt, wie unterschiedlich die Sprache auch in der Medienberichterstattung ist. Insofern ist Unternehmens- und Wirtschaftsethik als *Bindestrich-Ethik* für einen spezifischen Kontext gefasste Ethik und damit ein Teil der sogenannten materialen Ethik.

Kurzantwort

Weil in unterschiedlichen Bereichen der Gesellschaft, also etwa Politik, Wirtschaft und Kultur, unterschiedliche Sprachen gesprochen werden und es um unterschiedliche Ziele geht, muss Ethik Antworten geben können, die in den jeweiligen Bereichen verstanden werden. Das gilt für die Politik wie für die Ökonomie. Deswegen haben Wirtschafts- und Unternehmensethik als eigenständige Disziplinen ihre Berechtigung, da sie versuchen, Normen und Werte in die Sprache der Ökonomie zu übersetzen. Zugleich stellen sie Handwerkszeug bereit, ethische Fragen der Wirtschaft angemessen zu beantworten.

2.5   Wer ist Adressat der Wirtschaftsethik?

Der Ruf nach mehr Moral in der Wirtschaft hat verschiedene Adressaten. Es lassen sich *drei Ebenen* unterscheiden. Zunächst gibt es die Vorwürfe oder Anfragen, die sich direkt an das Individium, also etwa Führungskräfte und Mitarbeitende, richten. Dazu gehören beispielsweise Themen wie:

- Bestechung/Korruption
- Mobbing
- Moralverlust
- unlauteres Geschäftsgebaren

Adressat dieser Themen ist das *Individuum*. Das heißt: Hier geht es um Sie als Führungskraft, und es geht um Ihre Führungskultur in Ihrem Unternehmen, in Ihrer Abteilung oder in Ihrem Bereich. Hier sind Sie angesprochen.

Dann gibt es Themen, die nicht nur im Verantwortungs- und Einflussbereich des einzelnen Managers, der Führungskraft oder des Betriebsleiters liegen, sondern die bereits das nähere Umfeld, also die Abteilung, die Institution, den Betrieb, das Unternehmen mit im Blick haben. Beispiele hierfür sind:

- Arbeits-/Organisationsstrukturen
- Corporate Social Responsibility
- Teamstrukturen
- Unternehmenswerte, Leitbilder

Angesprochen ist auf dieser Ebene die *überindividuelle Institution,* mithin das Unternehmen oder der Betrieb. Es geht darum, wie sich Ihr Betrieb oder Ihr Unternehmen zu bestimmten Themen (intern/extern) verhält. Zwar wird eine Institution durch die in ihr arbeitenden Personen bestimmt; doch ist das Kennzeichen dieser überindividuellen Institutionen, dass sich die einzelnen Personen in Organisations- und Hierarchiestrukturen befinden und bestimmte Themen nur durch bestimmte Hierarchie-Ebenen angegangen werden können. Während einzelne auf die Institution angewiesen sind, kann eine Institution genau ohne diese Einzelpersonen weiter existieren.

Schließlich gibt es einen dritten Adressaten. Denn es gibt Themen, die nicht nur Sie als Führungskraft im Betrieb oder Unternehmen, die nicht nur Ihr Unternehmen oder Ihren Betrieb als Ganzes betreffen, sondern die sich auf das gesamte Umfeld, also die Wirtschaft, beziehen. Es geht also um das *System*. Folgende beispielhafte Themen sind hier zu nennen (Abb. 2.1):

- Globalisierung
- Kulturvermischung
- neue Armut
- Ökonomisierung
- soziale Ungerechtigkeit
- Wertewandel
- Zweidrittelgesellschaft

Abb. 2.1 Verschiedene Ebenen einer Ethik der Ökonomie

Das heißt für die Praxis: Ethik für Unternehmen und Wirtschaft lässt sich in die drei Ebenen *Individuum, Institution* und *System* unterteilen. Dies hilft Ihnen in der Praxis: Denn es handelt sich bei dieser Unterscheidung in Adressatenebenen um eine Hilfskonstruktion, und zwar im doppelten Sinne. Die Unterscheidung ist eine Hilfskonstruktion, weil die Ebenen sich in der Praxis immer wieder vermischen und es in der Tat komplexe Fälle gibt, bei denen eine einfache Ebenenunterscheidung nicht möglich ist. Die Unterteilung ist aber auch eine Hilfskonstruktion im Sinne einer Unterstützung oder eines Analyseinstruments, weil Sie Ihnen helfen kann, Führungsprobleme etwa von Unternehmenskulturfragen oder gar den großen system-bezogenen Fragen zu trennen. Aus der Analyse, auf welcher Ebene sich ein Konflikt abspielt, können Sie die entsprechenden Instrumente, die im Folgenden erläutert werden, anwenden.

Kurzantwort

Es lassen sich, wenn man Fragen der Unternehmens- und Wirtschaftsethik behandelt, mindestens drei Adressaten ausmachen (Individuum [= Führungskraft], Institution [= Unternehmen], System [= Wirtschaft]). Anhand der Aufteilung auf diese drei Ebenen lassen sich auch Konflikt- und Dilemmasituationen aus dem Berufsalltag besser analysieren und zu einer Lösung führen.

2.6   Welchen Spielraum und welche Möglichkeiten gibt es für Ethik?

Geht man vom Individuum aus, so ist auf der einen Seite die Rolle der Führungskraft zu betrachten. Zugleich rückt die Rolle der Mitarbeitenden auf der individuellen Ebene ins Blickfeld. Denn keineswegs sind ethische Fragen auf der Individualebene nur Führungsfragen. Auch Mitarbeitende haben, egal an welcher Position, Verantwortung in einem Betrieb oder in einem Unternehmen. Das gilt für alle Formen wirtschaftlichen Betreibens, vom Drei-Personen-Unternehmen bis zur weltweit operierenden Aktiengesellschaft.

Gleichwohl stehen Sie als Führungskraft stärker im Blickpunkt, denn Sie haben ein höheres Maß an Verantwortung – das zeichnet Sie gegenüber Ihren Mitarbeitenden aus. Sie sollen und müssen Verantwortung übernehmen und in Ihrer Person Vorbild sein für Mitarbeitende, für Kolleginnen und Kollegen, nicht zuletzt auch für Vorgesetzte. Diese Anforderungen kennen Sie aus Führungsleitbildern, die in Ihren Unternehmen existieren, oder aus Führungsseminaren, an denen Sie teilgenommen haben.

Was bedeutet das, welche Anforderungen kommen auf Sie zu? Zunächst – das mag banal erscheinen – haben Sie sich als Führungskraft, als Managerin oder Manager, Betriebsleiterin oder -leiter, innerhalb wie außerhalb des Unternehmens an bestehende Gesetze zu halten. Gleichwohl: Gesetze können nicht alles abdecken, denn Gesetze sind meist Antworten auf offen gewordene Defizite, nur selten greifen sie kritischen Situationen voraus. Es bleiben Grauzonen, bei denen Sie alleine Entscheidungen, auch ethisch relevante Entscheidungen treffen müssen. Dazu kommt das Problem, dass Sie bei den meisten Führungskonfliktsituationen nicht die Gesetzestexte unter Arm haben. Sie fallen also manchmal in das kalte Wasser, weil Sie als Führungskraft Ihrer Verantwortung gerecht werden müssen.

Als Orientierungshilfe gibt es neben den gesetzlichen Regelungen gesellschaftliche Gebote und Werte, die zum Teil die Nebelfelder der Gesetzestexte auflösen. Hat das Unternehmen, der Betrieb, in dem Sie tätig sind, zum Beispiel einen Verhaltenskodex, so müssen Sie diesen beachten und sollten ihn – gerade als Führungskraft – vorbildlich leben. Doch solche Verhaltenskodizes sind meist nur in großen Unternehmen vorhanden. Kleinere und mittlere Betriebe bleiben meist bei einem Leitbild. Weil solche Verhaltenskodizes hilfreich sind, wäre es auch für kleinere und mittlere Unternehmen sinnvoll, solche Instrumente einzuführen. Dazu später mehr.

Dann gibt es die Ebene des Unternehmens, der Institution: Unternehmen haben das Problem wie die Chance, dass sie von der Öffentlichkeit als ein Gesamtkomplex, als eine Institution, als eine Marke angesehen werden. Das Ansehen der Marke Ihres Unternehmens oder Ihres Betriebes ist einer der wichtigsten Faktoren, wenn es um die Gewinnung neuer oder die Bindung alter Kunden, aber auch um das Gewinnen neuer Fachkräfte *(Recruiting)* geht. Dieses Ansehen speist sich aus verschiedenen Aspekten. Die Qualität Ihrer Produkte muss stimmen, Ihr Service muss vorbildlich sein, aber auch die Rolle Ihres Unternehmens am Ort, am Standort, in der Gesellschaft ist wichtig.

Wenn Sie sich in Ihrem Unternehmen darum bemühen, moralisch-relevanten Fragen offensiv zu begegnen und diese in Ihre Managementprozesse positiv zu integrieren, dann muss das intern wie extern geschehen. Intern heißt – wie sich noch zeigen wird – die Kultur im Unternehmen so zu gestalten, dass Mitarbeitende wie Vorgesetzte in einem kommunikativen Miteinander arbeiten, ohne dabei notwendige Hierarchien aufzulösen. Extern heißt, dass Ihr Unternehmen oder Ihr Betrieb Verantwortung in der Gesellschaft wahrnimmt *(Corporate Responsibility)*. Das betrifft den Handwerkerbetrieb am Ort, das betrifft große Unternehmen am Standort und als Gesamtes.

Die Mittel, die einem Unternehmen oder einem Betrieb zur Gestaltung von Unternehmensethik zur Verfügung stehen, sind ebenso vielfältig wie die beim Individuum. Auch für Unternehmen und Betriebe gilt: Die Beachtung der Gesetze, Vorschriften sowie rechtlichen Ge- und Verbote ist Voraussetzung, um zum institutionalisierten Wertschöpfer zu werden. Darüber hinaus wird es für Unternehmen und Betriebe in einer sensiblen Öffentlichkeit immer wichtiger, gesellschaftliche Werte und Regeln einzuhalten, die über bestehende Gesetze hinausgehen oder diese ergänzen. Instrumente dafür sind etwa Leitbilder oder Werte-Programme *(Wertemanagement)*.

Auf der Systemebene geht es um grundsätzliche Fragen: Ist das Wirtschaftssystem eine liberale oder eine soziale Marktwirtschaft? Welche Vorzüge hat welches Modell? Es geht um strukturelle Arbeitslosigkeit oder um nationalen wie internationalen Umweltschutz, kurz um alle Fragen die direkt und indirekt mit der weltweiten Vernetzung des wirtschaftlichen Handelns *(Globalisierung)* zu tun haben. Dabei stellt sich auf der Systemebene die Frage, ob die politischen, staatlichen Systeme in ihrer bisherigen Form noch Gestaltungsmöglichkeiten haben, und wenn ja, was unter diesen Gestaltungsmöglichkeiten zu verstehen ist.

Die Mittel, die auf der Ebene des Systems zur Verfügung stehen – etwa Gesetze, steuerliche Anreize, Sanktionen, Konventionen –, liegen bei den Nationalstaaten und den supranationalen Organisationen wie etwa EU, UNO, Internationaler Währungsfonds (IWF) oder Weltbank. Aber auch gesellschaftliche Gebote und Werte, die sich in einer längeren Geschichte entwickelt haben, sind Mittel zur Umsetzung wirtschaftsethischer Ideen.

Kurzantwort

Auf den drei Ebenen Individuum, Institution und System gibt es jeweils Handlungsspielräume, um ethisch wünschenswertes Verhalten zu erreichen. Häufig gehen im alltäglichen Handeln die drei Ebenen ineinander über. Zugleich hilft der Blick darauf, auf welcher Ebene welcher Konflikt liegt, bei der Analyse.

2.7 Warum ist die Nachfrage nach Wirtschaftsethik heute so groß?

Die zunehmende Nachfrage nach Ethik und Orientierung, die wachsende Zahl von Leitlinien und Verhaltenskodizes in Unternehmen hat unterschiedliche Gründe. Nach dem Zusammenbruch des Blocksystems aus Ost und West zum Ende des 20. Jahrhunderts breitete sich die Marktwirtschaft rasant in den neuen, nun nicht mehr staatlich gelenkten Märkten aus. Während der Zeit der zwei großen gesellschaftlichen und ökonomischen Blöcke hatte die Marktwirtschaft nach westlichen Prinzipen im Sozialismus des Ostblocks immer auch ein *ideologisches Korrektiv*, unabhängig davon, ob es faktisch zutreffend war oder nicht.

Seit dem Kollaps dieses zweipoligen Weltkonflikts kennt die Marktwirtschaft weder Korrektiv noch faktische Grenzen. Die moderne Globalisierung beherrscht in vielfältiger Form nicht nur das ökonomische, sondern auch das politische Geschehen. Es gibt kritische Stimmen: Vom *Turbokapitalismus* ist die Rede, vom *Terror der Ökonomie*. Angesichts der Marktentwicklungen in Asien, insbesondere in Indien und China, werden diese kritischen Stimmen nicht verstummen. Diese Stimmen, getragen von Unbehagen und Sorge, von Distanz und Zukunftsangst, müssen gehört werden, gerade von Unternehmen und Betrieben, die nachhaltig in einer Gesellschaft agieren wollen. Wer sich an dieser Stelle nicht ernsthaft um Dialog bemüht, gehört mittelfristig zu den Verlierern.

Zugleich geraten Unternehmen in Orientierungskrisen: Angesichts der modernen Globalisierung fehlt die Antwort auf die Frage, wie sich Unternehmen aus Mitteleuropa in den neuen Märkten und unter den neuen Bedingungen verhalten sollen. Es fehlen Begleitung und Orientierung, wenn sich ein kleines oder mittelständisches Unternehmen heute nicht nur der Konkurrenz aus dem Nachbarort, sondern aus der ganzen Welt stellen muss. Es fehlt die Wertbildung für Führungskräfte, die auf internationalen oder weltweiten Märkten agieren.

Neben diesen Defiziten und offenen Fragen, bringt die moderne Globalisierung auch Destruktion mit sich: Althergebrachte, vertraute Strukturen stürzen in sich zusammen. Ihnen folgen neue, zunächst ungewohnte Strukturen mit all ihren Unsicherheiten, von denen man nicht weiß, ob sie mehr Chancen oder mehr Risiken in sich bergen. Gleichwohl: Wenn etwas Neues kommt, stellt sich die Frage, wie damit umzugehen ist. Denken Sie daran, wenn Sie in einer fremden Stadt sind! Wahrscheinlich schauen Sie zuvor ins Internet oder nehmen sich in der Stadt eine Karte zur Hand, um sich in der neuen Umgebung zu orientieren. Bei der Vielfalt der Wege und Möglichkeiten, die die moderne Globalisierung mit sich bringt, fehlt derzeit noch ein ausgereiftes Navigationssystem. In solchen massiven Umbruchsituationen wünscht man sich vertraute Unterscheidungsmuster, moralisches Schablonendenken von *gut* und *schlecht* oder *gut* und *böse* zurück. Das verstärkt den Ruf nach Ethik!

Ein weiterer Grund für die verstärkte Nachfrage nach Wirtschaftsethik liegt in der rasanten Entwicklung der Technik. Entdeckungen oder Erfindungen, Weiterentwicklungen und Wissenserweiterung geben dem Menschen heute die Möglichkeit zu ungeahnten Veränderungen der Lebenswelt. Dank der Kommunikationstechnologie kann rund um die Uhr rund um den Globus produziert werden. Dank der Fortschritte der Gentechnik kann gentechnisch verändertes Gemüse produziert werden. Dank der Fortschritte der Biotechnologie ist das Klonen von Menschen nur eine Frage der Zeit.

Der technische Fortschritt bringt Unsicherheit. Die Dimensionen des technischen Fortschritts haben sich verschoben, weil eine Kleinigkeit die Welt verändern kann, im Guten wie im Schlechten. Gesundheitliche Folgen etwa von mobilen Telefonen, zunehmender Strahlung durch permanente Satellitenkommunikation oder genetischer Eingriffe in Pflanzen und Menschen können erst in Generationen gemessen werden.

Eine weitere Debatte ist Thema der Wirtschaftsethik: Die moderne Globalisierung wirtschaftlichen Handelns wirft die Frage nach der kulturellen und religiösen Identität der Regionen auf, es geht mithin um die Frage nach kulturellen wie sozialen Standards. Hier steht die Wirtschaftsethik in Zukunft vor ihrer größten Herausforderung. Denn bisher stecken die ethischen Ansätze zum Thema moderne Globalisierung noch in den Kinderschuhen. Das hängt damit zusammen, dass die theoretisch vielerorts geforderte Einführung von Normen, etwa in Form von Sozialstandards, eine Institution benötigen, die diese durchsetzen kann. Entsprechend müssten internationale Organisationen wie die UNO, der Internationaler Währungsfonds und die Weltbank mehr Macht haben. Doch dagegen sperren sich viele Staaten aus unterschiedlichen Gründen.

Schließlich: Die Öffentlichkeit ist empfindlicher geworden. Unternehmen können nicht mehr unbeobachtet arbeiten; aufgrund der Vielzahl neugierig gewordener Medien und einer sensibilisierten Gesellschaft, stehen Unternehmen und Betriebe stärker unter moralischer Beobachtung, als das früher der Fall war. Das gilt für börsennotierte Unternehmen besonders, aber auch für kleine, regional tätige Betriebe: In der grenzenlosen Öffentlichkeit, die durch das Internet entstanden ist, kann ein einzelnes – vielleicht sogar unbeabsichtigtes – Fehlverhalten solch eines Betriebes schnell über die Region hinaus bekannt werden. Die Folgen für einen Betrieb sind meist katastrophal.

Kurzantwort

Die Welt hat sich in den vergangenen Jahren dramatisch verändert. Diese Veränderungen, die viel Positives mit sich brachten, lassen zugleich viele Fragen unbeantwortet und stärken das Bedürfnis nach Orientierung. Es geht dabei um Themen wie den technischen Fortschritt, die weltweite Vernetzung, den Umgang mit anderen Kulturen und Religionen sowie um die Bedeutung von Standards. Diese Entwicklungen verstärken den Wunsch nach mehr Orientierung, gerade in Fragen der Wirtschafts- und Unternehmensethik.

Shortcut Ethik – Geschichte und Grundbegriffe

3

3.1 Überblick über die Geschichte der Ethik

3.1.1 Antike

Ethik entwickelt sich als eine Teildisziplin aus der Philosophie (*Weisheitsliebe*, von griech.: *philos* = Freund, *sophia* = Weisheit) und ist damit eines der ältesten wissenschaftlichen Themen des Abendlandes. Kernfrage ethischer Diskussion ist die *Frage nach dem Guten,* und wie man dieses Gute in der Alltagspraxis umsetzen kann. Zentral für die antiken ethischen Diskussionen ist der Begriff *Tugend* (Herkunft dieses Begriffes ist etymologisch nicht klar, häufig in Verbindung mit *taugen* gebracht). Tugend bedeutet die Fähigkeit, die Kraft und das Potenzial, Gutes zu leisten. Tugend ist also die Befähigung des Menschen, das umzusetzen, was er als gut erkannt hat.

Die Ethiker der Antike – überliefert sind nur Männer – haben sich nicht nur mit Theorie beschäftigt, sondern vor allem mit der Alltagspraxis des Menschen. Sie bauten auf Erfahrungen, Haltungen, Wertvorstellungen, Traditionen. Es ging um Tugend, denn Tugend richtet sich auf praktisches Leben.

Die schriftlich belegbare Geschichte der Ethik beginnt bei *Sokrates* (469 bis 399 v. Chr.) und seinem Schüler *Platon* (427 bis 347 v. Chr.) – die Fragmente der sogenannten *Vorsokratiker* sind kaum systematische Beiträge zur Ethik. Zur Zeit des *Sokrates* gab es einen Lehrstreit zwischen ihm und *Platon* auf der einen Seite und den damaligen Meinungsführern der Philosophie, den *Sophisten* (*Weisheitslehrern*, von griech.: *sophos* = *weise*) auf der anderen Seite. Streitpunkt war: Kann man Tugend, kann man Moral lehren wie Mathematik oder Rechtschreibung, oder

© Springer Fachmedien Wiesbaden 2015
D. Dietzfelbinger, *Praxisleitfaden Unternehmensethik,*
DOI 10.1007/978-3-8349-4711-6_3

müsse diese Befähigung zum guten Handeln aus eigenem Antrieb und aus eigener Erkenntnis heraus kommen? Eine spannende Frage, die die Philosophen und Ethiker bis heute unterschiedlich beantworten.

Die *Sophisten*, umherziehende Wanderphilosophen, gingen die Frage pragmatisch an. Entscheidend waren für sie *praktische* Fragen der Erkenntnistheorie und der Ethik. Die Meinung der Sophisten war, dass man dem Menschen Tugenden sehr wohl beibringen könne und zwar nach dem Maß, wie sie dem Menschen nützlich sind. Denn sie waren überzeugt, dass es keine allgemeingültige, objektive Tugendlehre gibt, sondern dass Tugend immer *subjektiv* mit dem Menschen zu tun habe. Tugend war also für die Sophisten kein objektives Gut, dem sich der Mensch mit Hilfe von Selbsterkenntnis, Askese, theoretischer Auseinandersetzung oder ähnlichem annähern kann, sondern eine erlernbare Fähigkeit wie etwa die Redekunst oder die Mathematik. Es gab nach Meinung der Sophisten keine Werte oder Tugenden, die von Natur aus, also *objektiv* gültig sind. Das Denken der Sophisten ist daher auch von *Relativismus* und *Skeptizismus* (von griech. *skepsis = Überlegung, Zweifel*) geprägt. Skeptisch waren sie insofern, als sie nicht an eine absolute Wahrheit glaubten. Werte und Tugenden – so lehrten die Sophisten – entstehen aufgrund der *Setzung* (griech.: *thesis*) durch den Menschen. Tugenden haben also zu unterschiedlichen Zeiten und an unterschiedlichen Orten je andere Gültigkeit, je nachdem, wie es unter den Menschen vereinbart wird und wie es dem Menschen zuträglich ist.

Ausgestattet mit diesem Konzept zogen die Sophisten durch die Städte des antiken Griechenlands und lehrten die Menschen, wie sie sich verhalten sollen. Heute würde man so etwas eher als psychologisches Verhaltens- und Rhetoriktraining bezeichnen: Tugend und Moral wurden bei den Sophisten zu Lehrgegenständen wie das Einmaleins.

Sokrates und *Platon* waren anderer Meinung: Sie gingen davon aus, dass es eine objektive Form der Erkenntnis, insbesondere *des Guten* gibt. Also: Das Gute, und die Befähigung dazu, nach dem Guten zu handeln (Tugend), könne nicht gelehrt werden, sondern der Mensch müsse durch Überlegung und Nachdenken aus eigenem Antrieb zu der Erkenntnis kommen, was wirklich – mithin objektiv – gut ist und dann danach handeln.

Sokrates, dessen Philosophie der Nachwelt nur in den von Platon aufgezeichneten Dialogen erhalten geblieben ist, ging davon aus, über den *Weg der Selbsterkenntnis* zum guten Leben gelangen zu können. Sokrates war überzeugt, dass jeder Mensch die Fähigkeit zur Erkenntnis des Guten in sich trägt: Durch geschickte Fragestellungen könne man nach Sokrates die verborgenen Tugenden erkennen, bei sich selbst, und bei anderen, so sie sich denn auf einen philosophischen *Diskurs* (lat. ursprünglich für *Auseinanderlaufen*, heute: *Erörterung*) einlassen.

Dabei ging Sokrates zunächst vom Nichtwissen des Menschen aus: *„Ich weiß, dass ich nichts weiß"*, war der Ansatzpunkt sokratischer Philosophie. Das war nicht etwa ein Sich-selbst-für dumm-Verkaufen, sondern Demut gegenüber der Ahnung, dass es sehr viele Dinge zwischen Himmel und Erde gibt, von denen der Mensch nichts weiß. Zugleich drückte diese Haltung eine unerschütterliche Neugier gegenüber dem Menschen und seinem Wesen aus. Diese Einstellung brachte Sokrates den Titel ein, der weiseste Mann Athens zu sein, verliehen vom Orakel in Delphi. Sokrates wollte von seinen Gesprächspartnern wissen, was das Motiv einer Handlung ist, welche Werte, Vorstellungen und Regeln das Handeln prägen. Auch diese Werte, müssen – so Sokrates – wieder hinterfragt werden, Sokrates gab sich nicht mit einfachen, oberflächlichen Antworten zufrieden. Fragt man immer weiter, so erkennt man nach Sokrates, was das wirklich Gute ist und wie man es in der Welt umsetzt.

Sokrates perfektionierte dieses Verfahren der fortschreitenden Selbsterkenntnis in den Dialogen, die sein Schüler Platon aufschrieb und damit – sicher in geschönter Form – der Nachwelt hinterließ: An jede Aussage eines Gesprächspartners schließt Sokrates eine neue Frage an, auf dass sich der Pfahl der Erkenntnis immer tiefer in das Innere des Gegenübers bohrt. Am Ende des Gesprächs sind beide Dialogpartner manchmal einen guten Schritt weitergekommen, manchmal auch nicht, und Leserin und Leser bleiben zunächst verwirrt zurück. Doch Sokrates stellt die Fragen in den Dialogen interessengeleitet, denn Absicht der Gespräche ist, dass die Dialogpartner – und das sind die Leserinnen und Leser – aus eigenem Antrieb schließlich zur Erkenntnis ihrer selbst gelangen. Sokrates dient als Hebamme bei der immer wieder neuen Geburt der Selbsterkenntnis. Deswegen spricht man bei der sokratische Philosophie von *Maieutik* (griech. für *Hebammenkunst*).

So man erkannt hat, was tugendhaftes Handeln ist, kann man – nach Sokrates – danach handeln. Anders ausgedrückt: Die *wirkliche Selbsterkenntnis* ist nach Sokrates die Voraussetzung für tugendhaftes Handeln. *Sokrates'* philosophische Methode wird auch *ethischer Intellektualismus* genannt. Denn durch das Verstehen (*lat.: intelligere*) seiner selbst kommt der Mensch zum guten Handeln.

Kurz vor seinem Tod sagt Sokrates in seiner durch Platon berühmt gewordenen *Apologie* (griech. für: *Verteidigungsrede*) vor den Athenischen Richtern, der Spruch *Erkenne Dich selbst!* (griech.: *gnothti se-auton*) sei der Leitfaden seiner Philosophie. Der Spruch fand sich über dem Orakel von Delphi in Stein gemeißelt. Sokrates wollte kein abstraktes Gedankengebäude aufbauen. Ihm ging es um *praktisches Wissen,* das die Erfahrungen in der Welt durchdenkt, und durch immer wieder neues Hinterfragen zur wahren Erkenntnis der Tugend führt

Auch bei *Platon* ist die Idee des Guten Grundfrage und Leitfaden der Philosophie. Platon gründet im Jahre 385 v. Chr. die sogenannte *Akademie* (der

Name leitet sich von einem dem Gründungsort naheliegendem Heiligtum des attischen Helden *Akademos* her; die Akademie bestand bis 529 n. Chr.).

Platons Ansatz geht weiter als Sokrates, Platon dachte abstrakter: Die Idee des Guten bildet die Grundlage nicht nur für seine Ethik, sondern für seine gesamte Philosophie. Platon beginnt damit, Ethik theoretisch zu erfassen, denn er stellt die Frage, wie die *Idee des Guten* beschaffen sei und wie man ihre Rückwirkungen auf den Alltag des Menschen beschreiben kann. Das konkrete Handeln des Menschen ist für ihn zunächst sekundär.

Platon gelangt über die *Seelenlehre* zur Tugendlehre. In der Seele des Menschen erkennt Platon drei Teile: Das eigentlich Göttliche, die *Vernunft,* und die zwei Teile, die sich auf die Weltwahrnehmung beziehen: Das Höhere, der *Mut,* angesiedelt in der Brust, und das Niedere, die *Begierde,* angesiedelt im Bauch. Diesen drei Seelenteilen ordnet Platon je eine Tugend zu: Der Vernunft die Tugend der *Weisheit,* dem Mut die Tugend der *Tapferkeit,* und der Begierde die Tugend der *Mäßigung.*

Über diese drei Tugenden stellt Platon die *Gerechtigkeit* als die vierte *Kardinaltugend (*lat. *cardinalis = die Türangel betreffend, im Angelpunkt stehend).* Gerechtigkeit verbindet die ersten drei, sie ist Grundlage und Dach für die anderen drei Tugenden zugleich. Gerecht lebt der Mensch nach Platon, wenn alle drei anderen Tugenden im Ausgleich miteinander stehen. Mit anderen Worten: Keine der Tugenden darf überbetont werden, nur im Ausgleich gelangt der Mensch zu einem gerechten Leben.

Dieses Modell der Seelenteile des Menschen überträgt Platon auf den idealen Staat und seine Stände: die Gewerbetreibenden (die *Begehrenden*), die Wächter (die *Tapferen*) sowie die Herrscher (die *Vernünftigen*). Diese drei Stände bedürfen ebenso der Ausbildung der Tugenden, nämlich die Mäßigung für die Gewerbetreibenden, die Tapferkeit für die Wächter sowie die Weisheit für die Herrscher. Wenn jeder an seinem Platz weiß, was er zu tun hat, erfüllt jeder Stand für sich und alle zusammen die Tugend der Gerechtigkeit.

Der *eigentliche Vater der Ethik* als systematisch eigenständige Disziplin ist der griechische Philosoph *Aristoteles* (384 bis 322 v. Chr.). Aristoteles war ein vielbeschäftigter Mann: Er war Naturwissenschaftler, Philosoph, Erzieher und Hauslehrer von *Alexander dem Großen* sowie Begründer der Schule der *Peripatetiker* (einer viereckigen Halle, in der die Philosophen diskutierend umhergingen [griech.: *peripatein*]).

Aristoteles stellt Ethik als wissenschaftliche Disziplin neben die Lehre vom Denken (*Logik,* von griech.: *logos* = die Vernunft) und die Lehre von der Natur (*Physik,* von griech.: *physis* = die Natur). Vor allem in den Büchern *Die Nikomachische Ethik* und *Politik* entfaltet Aristoteles Ethik – entsprechend der damaligen

Diskussionslage – als Tugendlehre. Ethik ist also Teil der praktischen Philosophie, weil sie sich mit der Anwendung der Erkenntnis auf den Lebensalltag beschäftigt. Aristoteles beschreitet damit wieder einen eher lebensnahen Weg der Ethik, im Gegensatz zu Platon, der sich vornehmlich der ethischen Theoriebildung zuwandte.

Ethik unterscheidet sich nach Aristoteles von der logischen Philosophie darin, dass sie ihre Erkenntnisse nicht um ihrer selbst willen anstrebt, sondern sich auf den Sinn und Zweck *in der Praxis* bezieht. Von Natur aus, so Aristoteles, strebt jeder Mensch nach dem Guten, weil er darin die Glückseligkeit (griech.: *eudaimonia*) findet.

Aristoteles unterscheidet zwei Arten von Tugenden: Zum einen die *dianoëtischen* (griech. für: *vernunftbezogen*) Tugenden, zum anderen die *ethischen* (griech. für: *gewohnheitsbezogen*) Tugenden. Die dianoëtischen Tugenden sind nach Aristoteles mit der Vernunft erkennbar, die ethischen Tugenden findet der Mensch in der Überlieferung, in der Staatsordnung, im Zusammensein bereits vor. Er muss sich mit ihnen auseinandersetzen und sie durch Gewöhnung (daher der Name *ethisch!*) einüben. Anders ausgedrückt: Es gibt Tugenden, die sich aus der Erkenntnis ableiten und es gibt Tugenden, die sich aus der Praxis des Handelns ergeben.

Um die ethischen Tugenden zu bestimmen, muss man sich, so Aristoteles, klar sein, in welchem Horizont man Handeln versteht. Es geht ihm also darum, den tatsächlichen Rahmen, in dem der Mensch handelt und unterlässt, abzustecken. Aristoteles findet diesen konkreten Raum für seine Ethik in der *Polis* (griech. für *Stadt),* den damaligen athenischen Stadtstaat.

Auch Aristoteles sah in der Gerechtigkeit die höchste Tugend. Er unterteilte die Gerechtigkeit in *austeilende* (gerechte Güterverteilung entsprechend *jedem das Seine*) und *ausgleichende* Gerechtigkeit (als *Korrektiv* für erlittene Schäden). Diese Unterscheidung prägt bis heute nicht nur die ethische, sondern auch die juristische und volkswirtschaftliche Diskussion um Gerechtigkeit.

Wichtig ist für Aristoteles weiterhin die Tugend der *Freundschaft*, die den Menschen befähigt, sich aus dem Dasein des Einzelwesens hin zu einem Gemeinschaftswesen zu entwickeln. Denn Grundansicht des Aristoteles war, dass der *Mensch ein auf die Gemeinschaft bezogenes Wesen* (griech.: *zoon politikon*) ist. Wenn ein Mensch wirklich tugendhaft lebt, dann darf er auch *eigenliebend* sein, denn – so Aristoteles in der *Nikomachischen Ethik* – *er wird selbst den Nutzen davon haben, wenn er Edles tut, und wird damit auch den anderen nutzen.*

Aristoteles sieht Politik, Ökonomie (auch ihr gibt er den Namen) und Ethik in einem Ineinander, denn nur in einem solchen Ineinander dieser drei Lebensbereiche lasse sich Glückseligkeit erreichen. Aus diesem Grund ist der Aristotelische Ansatz auch für die moderne Wirtschaftsethik, die nach eben diesem Miteinander sucht, interessant.

Prinzipiell vertritt Aristoteles in der Tugendlehre den Weg der *aurea mediocritas* (lat. für: *goldene Mitte*, der Begriff stammt von dem römischen Dichter und Intellektuellen *Horaz;* bei Aristoteles heißt es griechisch: *mädän agan*), also des mittleren Weges zwischen den Extremen. Tugenden als Tüchtigkeit, Kraft und Fähigkeit, als Tauglichkeit zum guten Handeln fallen nach Aristoteles nie in Einseitigkeit, sondern suchen den Ausgleich in der Mitte. In Aristoteles' eigenen Worten heißt es in der *Nikomachischen Ethik: Die Tugend also ist ein Verhalten der Entscheidung, begründet in der Mitte in Bezug auf uns, eine Mitte, die durch Überlegung bestimmt wird und danach, wie sie der Verständige bestimmen würde. Die Mitte aber liegt zwischen zwei Schlechtigkeiten, dem Übermaß und dem Mangel.*

Die *stoische Philosophie*, eine von *Zenon von Kition* um 300 v. Chr. gegründete philosophische Schule, beherrscht in der Zeit nach Aristoteles bis zum Aufkommen einer eigenständigen christlichen Ethik weitgehend das Abendland. Die Stoa, benannt nach ihrem Versammlungsort, der *Stoa Poikilä* (einer Säulenhalle am zentralen Marktplatz des antiken Athens), entwickelt Ethik auf einem – nach der Meinung ihrer Vertreter – von Natur aus gegebenem Gesetz (lat.: *lex naturae*), das der Vernunft entspricht und nach dem der Mensch sein Handeln auszurichten hat.

Der Lebensweg eines Menschen solle, so die Stoiker, von der Vernunft, vom *logos* (griech. für: *Vernunft, Geist*) geleitet sein. In einer gewissen Weise entspricht die Ethik der Stoa einem vernunftgemäßen Leben, wie es heute manche moderne Ethiker vertreten. Die innere Haltung ist nach der Lehre der Stoa das einzige, was dem Menschen verfügbar ist. Ziel des Menschen muss es sein, in Einklang mit dem Naturgesetz, dem Logos, zu leben. So soll der Mensch etwa frei von übersteuerten Trieben (*Affekten*) sein.

Wichtigster Zustand ist die *Apathie* (griech. für: *Leidlosigkeit*), also das Dasein, in dem die Seele nicht durch äußere Einflüsse, wie überzogene Triebe oder Schmerzen, leiden muss. Apathie in diesem Sinne heißt nicht Trägheit oder Teilnahmslosigkeit, wie der Begriff heute verwendet wird. Apathie bedeutet in der stoischen Philosophie, die Seele des Menschen frei von äußeren Störungen zu halten. Was die Stoa in Bezug auf den Menschen anstrebt, ist das Glück, der Seelenfrieden, die Glückseligkeit und die liegt nach ihrem Ansatz in der Apathie.

Es geht der stoischen Ethik nicht darum, Triebe abzuwerten. Triebe gelten nur dann als schädlich, wenn sie übersteuert, überzogen sind, wenn sie außerhalb der Mäßigung liegen und Macht über die Seele des Menschen bekommen. Diese Übersteuerung kann der Mensch – nach Ansicht der stoischen Philosophie – durch den richtigen Gebrauch der Vernunft vermeiden. Tugendhaftes Leben besteht demnach darin, in *sittlicher Einsicht* zu leben. Damit, so die Stoa, wird Tugend auch *lehrbar* – das ist eine Abgrenzung gegen Sokrates und Platon. Es gibt aber nach Ansicht der Vertreter der Stoa keinen Mittelweg zwischen Tugend und Untugend. Es kann nur entweder einsichtig gehandelt werden oder nicht – das wiederum unterscheidet die Stoa von Aristoteles. Einer der bekanntesten Vertreter der stoischen Philosophie im lateinischen Raum ist der Philosoph, Dramatiker und Staatsmann *Seneca* (ca. 1 bis 65 n. Chr.). Er war lange Zeit Freund, Lehrer und Berater des römischen Kaisers *Nero* (37 bis 68 n. Chr.), der Seneca schließlich – nach der *Pisonischen Verschwörung* – zum Selbstmord zwang.

Einen anderen Ansatz der Ethik lehrt der Grieche *Epikur* (342 bis 271 v. Chr.). Kernbegriff Epikureischer Ethik ist die *Lust* (griech.: *hädonä*), allerdings nicht im modernen Wortsinne. Bei Epikur ist Lust die Abwesenheit von Schmerz und Unruhe in Körper und Geist, also ähnlich dem Begriff der *Apathie* in der stoischen Philosophie.

Epikur schreibt in einem Brief: *Wenn wir also sagen, die Lust sei das Ziel, meinen wir damit nicht die Lüste der Hemmungslosen und jene, die im Genuss bestehen, wie einige, die dies nicht kennen und eingestehen oder böswillig auffassen, annehmen, sondern: weder Schmerz im Körper noch Erschütterung in der Seele zu empfinden. Denn nicht Trinkgelage und aneinander gereihte Umzüge, auch nicht das Genießen von Knaben und Frauen, von Fischen und allem übrigen, was eine aufwendige Tafel bietet, erzeugen das lustvolle Leben, sondern ein nüchterner Verstand, der die Gründe für jedes Wählen und Meiden aufspürt und die bloßen Vermutungen vertreibt, von denen aus die häufige Erschütterung auf die Seelen übergreift* (zitiert nach Höffe, O.: Lexikon der Ethik).

Lust ist dann erreicht, wenn die Bedürfnisse des Menschen befriedigt sind. Das heißt nicht, dass der Mensch seinen Bedürfnissen hemmungslos frönen soll – leider wird der epikureische Ansatz, der *Hedonismus*, oft so missverstanden. Epikur geht es um die *nicht-triebhafte Stillung* der Bedürfnisse des Menschen. Also ist für Epikur auch bei der Befriedigung der Bedürfnisse die *Mäßigung* die wichtigste Tugend, da übertriebene Bedürfnisbefriedigung – etwa zu viel Essen oder Trinken – zum körperlichen Unwohlsein führt, und dieses soll gerade vermieden werden.

3.1.2 Frühes Christentum und Mittelalter

Mit dem Aufkommen des *Christentums* wird Ethik zu einem Thema der christlichen Religion, allerdings zunächst unter der Herrschaft der Glaubenslehre, der *Dogmatik* (griech. *dogma = Meinung, Glaubenssatz*), die der Ethik vor- und übergeordnet wird. Ethik in früher christlicher Auslegung bezieht ihre Geltung und Begründung allein aus kirchlich erlassenen Glaubenssätzen, die ihrerseits wieder aus der Bibel hergeleitet werden. Mit dieser dogmatischen Vorordnung tritt vorübergehend ein Wandel in der Geschichte der Ethik ein: War Ethik vor dem Aufkommen des Christentums im griechischen Abendland ein philosophisches und weniger ein religiöses Thema (wenngleich die Trennung nicht in allen Ansätzen deutlich zu ziehen ist), so gibt es nach dem Aufkommen des Christentums, insbesondere nach seiner Durchsetzung als Staatsreligion im vierten Jahrhundert nach Christus, in dem Sinne keine eigenständige Philosophie und keine eigenständige Ethik mehr. Philosophie wird der Theologie unterstellt, sie wird zur *ancilla theologiae* (*lat für:* Magd der Theologie) degradiert. Gedacht und philosophiert werden durfte nur noch im Sinne der christlichen Religion, mithin auf Grundlage der Bibel. Erst viele Jahrhunderte später, prominent erst mit *Immanuel Kant,* tritt die Philosophie wirklich wieder aus dem Schatten kirchlich-religiöser Bevormundung heraus.

Demzufolge sind die ersten ausformulierten Ethiken christlicher Prägung an den Geboten der Bibel, insbesondere an den Zehn Geboten, dem Dekalog (von *griech.: deka = zehn*) ausgerichtet. Christliche Ethik in ihrer Frühzeit ist strenge *Gesetzes- und Gebotsethik*. Das Leben des Christenmenschen soll geleitet sein durch die Gebote der Bibel. Der Christenmensch hat die Gebote und ihre Auslegung durch die Kirche zu befolgen, andernfalls ist er zur ewigen Verdammnis verurteilt. Die Begründung dafür liegt darin, dass nach Meinung der Vertreter des frühen Christentums in den Gesetzen der Bibel der Wille Gottes offenbart sei. Mittlerin dieser Gesetze und zugleich Kontrolleurin ihrer Einhaltung wollte die Kirche sein, zumindest erhebt sie damals diesen Anspruch.

Eine erste systematisch ausformulierte christliche Ethik findet sich bei *Aurelius Augustinus* (354 bis 430 n. Chr.), ein Bischof und späterer Kirchenvater, der nicht zuletzt dadurch Prominenz erlangte, dass er bis zu seinem dreißigsten Lebensjahr ein offenbar recht ausschweifendes Leben geführt hat, wie er in seinen *Confessiones* (lat. für *Bekenntnisse*) einräumt. Unter dem Einfluss seiner Mutter *Monica* wird Augustinus – nach seinen wilden Jugend- und Mannesjahren – bekehrt und prägt nun nicht nur die Kirchengeschichte mit einer Vielzahl von immer noch lesenswerten Büchern.

Kernpunkt Augustinischer Ethik ist die *Liebe* mit dem Ziel der *Glückseligkeit.* Die Glückseligkeit erreicht der Mensch nicht durch Befriedigung weltlicher Bedürfnisse oder weltlicher Liebe, sondern allein in der *Liebe zu Gott,* so Augustinus. Der Mensch ist nach Augustinus alleine erschaffen, um Gott zu lieben. Also müsse der Mensch so leben, dass sein Verhalten immer dieser Liebe zu Gott entspricht. Wenn diese Liebe zu Gott ernst gemeint ist, dann braucht der Mensch nach Augustinus keine andere Regel oder Norm für das Leben. Augustinus drückt das einfach aus: *Liebe und tue, was du willst* (lat.: *dilige et quod vis fac*). Mit anderen Worten: Ist das Leben von der Liebe zu Gott geleitet, kann der Mensch tun und lassen was er will, er macht ohnehin das Richtige.

Thomas von Aquin (1225 bis 1274), einer der großen so genannten christlichen Schultheologen des Mittelalters, versucht eine Verbindung zwischen dem Naturgesetz, das philosophisch als verbindlich galt, und der göttlichen Offenbarung in der Bibel. Philosophie wie Theologie gehen – so Thomas – davon aus, dass es ein Naturgesetz (*lex naturae, lex naturalis*) gibt und von Gott gewollt ist. Thomas nimmt die Tugendlehre des Aristoteles auf und ergänzt sie um christliche Aspekte. Mit anderen Worten: die Kardinaltugenden Besonnenheit, Tapferkeit, Weisheit und Gerechtigkeit erfahren ihre Vollendung durch die drei christlichen Tugenden *Glaube, Liebe, Hoffnung*, die der Mensch von Gott als Gnadengabe erhält. Nach Thomas ist das gut, wonach der Mensch seinem Wesen nach strebt – auch das ist im Grunde Aristoteles, verlangt aber eine Klärung des Wesens des Menschen: Nach Thomas ist das Wesen des Menschen durch die *Vernunftseele* geprägt. Also ist das gut, wonach der Mensch gemäß seiner Vernunftseele strebt. Zugleich ist der Mensch darauf ausgerichtet, Glückseligkeit (lat.: *beatitudo*) zu erreichen. Also erlangt der Mensch Glückseligkeit durch die vernunftgemäße Betätigung seiner Seele. Mit Thomas' eigenen Worten: *Alles strebt dem Guten zu, nicht nur das, was Erkenntnis besitzt, sondern auch das, was ohne Erkenntnis ist.*

3.1.3 Die Wende zur Neuzeit: Reformation bis 19. Jahrhundert

Martin Luther (1483 bis 1545) ist es zu verdanken, dass sich Ethik als eigenständige Disziplin entwickelt. Denn mit den theologischen Gedanken Luthers, die die Reformation in Deutschland auslösen, tritt der einzelne Mensch, das *Individuum* in den Mittelpunkt nicht nur der theologischen Diskussion. Zuvor war das Individuum eingebunden in das große religiöse System, dessen Durchsetzung die Kirche repräsentierte.

Das sollte sich in Folge der lutherischen Theologie ändern. Luther und die ihm nachfolgenden Denker stellen die allumfassende Kirche, die das Leben bis in die kleinsten Angelegenheiten steuert, *radikal* (lat. für *von der Wurzel her*) in Frage. Martin Luther setzt der Heils- und Werksgerechtigkeit der katholischen Kirche die *Freiheit* des Individuums entgegen, eine Freiheit, die allein im Glauben geschenkt sei. So heißt es in der Schrift *Von der Freiheit eines Christenmenschen* von 1520: *So sehen wir, dass ein Christenmensch an dem Glauben genug hat; er bedarf keines Werkes, damit er fromm sei. Bedarf er denn keines Werkes mehr, so ist er gewiss entbunden von allen Geboten und Gesetzen. Ist er entbunden, so ist er gewiss frei. Das ist die christliche Freiheit, der einzige Glaube, der da macht, nicht dass wir müßig gehen oder übel tun möchten, sondern dass wir keines Werkes zur Frommheit und um Seligkeit zu erlangen bedürfen.*

Die Freiheit des Individuums auch in Handlungsentscheidungen gelangt damit in den Mittelpunkt der Diskussion. Man darf Luther nicht falsch verstehen: Er stellt die guten Werke, das verantwortungsvolle Handeln des Menschen in der Welt, nicht grundsätzlich in Frage. Er löst diese guten Werke nur aus einem spezifisch katholischen Heilsverständnis: Denn nach Ansicht der katholischen Kirche konnte man sich – etwas verkürzt ausgedrückt – mit jeder guten Tat ein Stück mehr Anteil an der Seligkeit erwerben.

An diesem Punkt setzt Luthers Kritik an: Gute Werke kann und muss man tun, aus der Freiheit eines Christenmenschen heraus, und aus Liebe zum Nächsten, die als Verantwortung in der Welt zu verstehen ist. Aber, so Luther, man erwirbt sich damit keinen Anteil an einer kommenden Gerechtigkeit, denn nur der Glaube an Gott mache den Menschen gerecht. Luthers Ethikverständnis nennt man *diakonische Ethik*, weil sie sich am Dienst am Nächsten ausrichtet. Allerdings hat Luther seine ethikrelevanten Gedanken nie systematisch in einem Werk zusammengefasst, vielmehr sich meist in Adhoc-Schriften zu Einzelfragen geäßert. Mit seinen Freiheitsverständnis und der daraus resultierenden diakonischen Verständnis macht Luther den Weg frei für eine eigenständige Ethikdiskussion, die sich infolge seines Wirkens mehr und mehr aus der Vormundschaft kirchlicher Dogmatik löst.

Ein Grenzgänger der ethischen Diskussion, insbesondere bei Fragen der Wirtschaft, ist *Adam Smith* (1723 bis 1790), der bedauerlicherweise immer wieder als Pate des modernen Kapitalismus tituliert wird. Dabei steht zu vermuten, dass Smith neben dem heute weitaus bekannteren Buch *Der Wohlstand der Nationen* sein anderer großes Werk, die *Theorie der ethischen Gefühle* mindestens genauso wichtig nahm. Zumindest ist Smith darauf bedacht, kurz vor seinem Tod eine letzte überarbeitete Auflage der *Theorie der ethischen Gefühle* – quasi als Vermächtnis – herauszugeben.

Smith geht es in der *Theorie der ethischen Gefühle* grundlegend um die Beschreibung menschlicher Emotionen: *Man möge ... in Betracht ziehen, dass die gegenwärtige Untersuchung nicht eine Frage des Sollens betrifft, wenn ich es so sagen darf, sondern eine Frage nach Tatsachen. Wir untersuchen hier nicht, nach welchen Grundsätzen ein vollkommenes Wesen die Bestrafung von Missetaten billigen würde, sondern nach welchen Grundsätzen ein so schwaches und unvollkommenes Geschöpf, wie es der Mensch ist, sie wirklich und tatsächlich billigt.*

Im Mittelpunkt der ethischen Gedanken Smiths steht der Begriff *Sympathie*. Der Begriff ist wörtlich als die Fähigkeit oder Anlage des Menschen zu verstehen, eine Handlung eines anderen Menschen zunächst unabhängig von deren Absicht nachzuvollziehen, mitfühlen zu können, wenn er sich nur mit ihr identifizieren kann. Sympathie ist ein durch Phantasie, durch Vorstellungskraft angeregtes Sich-Hinein-Versetzen in die Lage eines anderen, wie Smith drastisch wie anschaulich an der Folter von Menschen beschreibt. Aus dem Grundgefühl der Sympathie urteilt nach Smith der Mensch über die Handlungen des anderen. Kann – so Smith – der Mensch die Gefühle des anderen, die diesen zu einer Handlung motiviert haben, nachempfinden in der Form, dass er selbst auch so gehandelt hätte, dann billigt der Mensch diese Handlung auch moralisch. Mit Smith' Worten: *Wir sympathisieren also nicht schon darum mit der Dankbarkeit eines Menschen gegen einen anderen durchaus und von ganzem Herzen, weil dieser andere der Urheber des Glücks jenes Menschen gewesen ist, sondern nur dann, wenn er dieses Glück aus Beweggründen herbeigeführt hat, denen wir ganz und gar zustimmen können. Unser Herz muss den Maximen des Handelnden beipflichten, es muss all die Neigungen, die sein Verhalten bestimmten, nachfühlen, bevor es mit der Dankbarkeit dessen, der die wohltätigen Wirkungen dieser Handlungen empfangen hat, volle Sympathie und Übereinstimmung empfinden kann.*

Welche Regelungen setzt sich der Mensch für sein eigenes Handeln? Die Menschen handeln – so Smith – bei der Billigung oder Missbilligung des eigenen Handelns nicht anders als bei anderen Personen, gleichwohl müssen sie sich dazu in die Rolle des *unabhängigen Beobachters, des objektiven Zuschauers* ihrer eigenen Handlungen begeben. Das klingt kompliziert. Gemeint ist damit, das eigene Handeln zu reflektieren, gewissermaßen also eine positiv zu verstehende, vorübergehende Aufspaltung der eigenen Persönlichkeit. Sie wird nach Smith zur unabdingbaren Voraussetzung, eigenes Handeln im moralischen Kontext zu beurteilen.

Den *Utilitarismus (von lat. utilis = nützlich) der Neuzeit* begründet *Jeremy Bentham* (1748 bis 1832) mit seinem ebenfalls 1789 erschienenen Werk *An introduction to the Principles of Morals and legislation.* Bentham geht darin von zwei menschlichen Grundkonstanten aus: Vom Streben nach Lust und dem Vermeiden von Schmerz. Anklänge an den Epikureischen Hedonismus (siehe dort) sind eindeutig, wenngleich Bentham noch tiefer auf die psychologische Ebene von Schmerz (*pain*) und Lust (*pleasure*) eingeht. Für Bentham strebt der Mensch immer nach dem, was die größte Freude bereitet, deswegen solle es Grundprinzip menschlichen Handelns sein, das größtmögliche Glück der größtmöglichen Zahl zu erreichen. Die Darstellung und Durchführung dieses Grundprinzips auf ordnungspolitischer Ebene (und damit weniger individualethisch ausgerichtet) bestimmen das Werk Benthams. Ihm ging es dabei vor allem um die Quantität des Glücks, weniger um die Qualität.

Ein weiterer Vertreter des Utilitarismus ist *John Stuart Mill* (1806 bis 1873), der in seinem Buch *Utilitarismus* den Benthamschen Ansatz dahin gehend modifiziert, dass es auch auf die Qualität des Glücks bzw. des Nutzens ankomme. Mill vertritt die Ansicht, dass die geistige Befriedung am Ende und in der Summe höher stehe, als die rein körperliche. Daher auch sein berühmter Ausspruch: *Es ist besser, ein unzufriedener Mensch als ein zufrieden gestelltes Schwein zu sein; besser ein unzufriedener Sokrates als ein zufriedener Narr.*

Der Utilitarismus ist bis heute – in seinen unterschiedlichen Ausprägungen – für die ethische wie auch die wirtschaftsethische Debatte ein wichtiger Diskussionbeitrag. Freilich hat der Utilitarismus mittlerweile so viele Subdomains, dass nur noch schwerlich von *dem* Utilitarismus gesprochen werden kann. Seinen Wurzeln gemäß ist der Schwerpunkt der Diskussion um den Utilitarismus in angloamerikanischen Sprachraum, in der deutschen Diskussion ist der Ansatz vergleichsweise schwach vertreten (etwa *Dieter Birnbacher*).

Eine grundlegende Wende in der deutschsprachigen Ethikdiskussion vollzieht *Immanuel Kant* (1724 bis 1804) mit seiner *formalen Pflichtethik.* Kant begründet Ethik frei von äußeren Vorgaben und Zwängen alleine in der *reinen Vernunft des Menschen.* Wie bei Luther zählt für Kant allein *der gute Wille,* mit oder aus dem eine Handlung vollzogen wird, nicht das Werk als solches.

Reine Vernunft heißt bei Kant die Vernunft, die sich nicht durch äußerliche Affekte, Erfahrungen, Bilder beeinflussen lässt, sondern nur für sich selbst und mit sich selbst arbeitet. Kant stellt nicht die Frage, ob es ein allgemeines, nichtmenschlich begründetes gültiges Gesetz gibt. Denn das Thema der Ethik ist nach Kant alleine die *sittliche Selbstbestimmung*(griech.:*Autonomie*) des moralischen Menschen, frei von äußeren Zwängen und Geboten. In seiner *Anthropologie (Lehre vom Menschen* von griech.: *anthropos* = der Mensch; *logos* = das Wort, die Lehre) arbeitet Kant den Autonomiebegriff heraus:Der Mensch muss sich nicht vor Gott, vor der Kirche, vor einem religiösen System oder einer Dogmatik verantworten, denn all dies sei zeitgebunden, gesellschaftlich bedingt oder an Neigungen orientiert. Entscheidend für Kant sind die Maßstäbe der Vernunft. Der Mensch müsse sich also befreien aus der *selbstverschuldeten Unmündigkeit,* die insbesondere durch religiöse Systeme, Neigungen, Affekte und emotionale Verführungen sowie durch metaphysische Vorgaben verursacht wurde. Erst wenn der Mensch aus dieser Bevormundung heraustritt und sich auf seine eigene Vernunft bezieht, hat der Mensch nach Kant die *sittliche Selbstbestimmung* erreicht.

Die Grundfrage der Ethik lautet demnach nach Kant: *Was soll ich tun?* Kant setzt voraus, dass jeder Mensch Kraft seiner Vernunft die Maßstäbe richtigen Handelns und wohlgelingender Lebensform erkennen kann. Nach Kant kommt jeder Mensch unter solchen Bedingungen zu dem Ergebnis, dass die Leitmotive des eigenen Handelns in der praktischen Philosophie auch *universalisierbar* (verallgemeinerbar) sein müssen. Mit anderen Worten: Der Mensch soll nur so handeln, dass diese Art des Handelns auch zum allgemeinen Gesetz werden könnte.

Das führt Kant zum *Kategorischen Imperativ*als Antwort auf die Frage: *Was soll ich tun?* Dieser lautet in der Quintessenz: Handle so, dass dein Handeln zugleich allgemeines Gesetz werden kann.

Kant schreibt in der *Grundlegung der Metaphysik der Sitten: Da ich den Willen aller Antriebe beraubt habe, die ihm aus der Befolgung irgend eines Gesetzes entspringen könnten, so bleibt nichts als die allgemeine Gesetzmäßigkeit der Handlungen überhaupt übrig, welche allein dem Willen zum Prinzip dienen soll, das heißt: ich soll niemals anders verfahren als so, dass ich auch wollen könne, meine Maxime solle ein allgemeines Gesetz werden.*

Kant entwirft damit eine *formale Ethik*, weil sie sich nur auf die Struktur der Handlung bezieht und keine inhaltliche Bestimmung oder Wertvorgaben nennt (*materiale Ethik*). Die Wendung, die mit Kant in der Geschichte der Ethik eintritt, tendiert zur *Innerlichkeit*.

Allerdings bleibt diese fundamentale *Gesinnungsethik* nicht ohne Widerspruch. Der Hauptvorwurf, der gegen die formale Ethik Immanuel Kants erhoben wird, ist der Mangel an inhaltlicher Bestimmung. Was soll das Individuum in einer konkreten Situation tun? Welche Werte und Normen gibt es, nach denen das Individuum sein Leben ausrichten kann? Als Gegenansatz zur Kantschen Gesinnungsethik entstehen Theorien der menschlichen Lebensführung, die sich an den *Folgen des Handelns* oder an bestimmten, vermeintlich *zeitlos geltenden Werten* (*Wertethik*) messen lassen.

Zum Ende des 19. und zu Beginn des 20. Jahrhunderts haben diese Ansätze ein Konjunkturhoch. So entwirft *Max Weber* (1864 bis 1920) gegen Kant eine *Folgenethik*: Programmatisch stellte er der *Gesinnungsethik* die *Verantwortungsethik* gegenüber, die das Handeln und Unterlassen des Menschen an den *Folgen* bemisst. Eine *Gesinnungsethik* nach Kantscher Prägung ist nach Weber für die Praxis wenig hilfreich. Gesinnungsethik bedeutet nach Weber, dass sich ein Mensch allein von seiner inneren Überzeugung, von seinem Gewissen, eben von der Gesinnung leiten lässt, ohne dabei die Folgen seines Handelns zu bedenken. Das weiß Weber zu schätzen, gleichwohl verwirft er diesen Ansatz für eine politische Ethik. Es gebe zwar hervorragende Einzelgestalten, die ihr Leben nach einer solchen Gesinnungsethik gestalten, doch bleibt dies die Ausnahme. So sagt Weber in dem berühmt gewordenen Vortrag *Politik als Beruf* von 1919: *Man muss ein Heiliger sein in allem, zumindest dem Wollen nach, muss leben wie Jesus, die Apostel, der heilige Franz und seinesgleichen, dann ist die Ethik* [gemeint ist die Gesinnungsethik] *sinnvoll und Ausdruck seiner Würde.* Neben Kants formaler Pflichtethik gilt für Weber auch die christliche Bergpredigt als eine solche Gesinnungsethik.

Dagegen setzt Weber den Entwurf einer *Verantwortungsethik*. Entscheidend dabei ist die Abwägung der Mittel, die angewendet werden müssen, um ein bestimmtes Ziel zu erreichen, die Abwägung der Handlungsfolgen sowie die kritische Frage nach möglichen negativen Folgen des Handelns. Also gilt – so Weber in dem erwähnten Vortrag – zum Beispiel für die Politik: *Die Politik bedeutet ein starkes langsames Bohren von harten Brettern mit Leidenschaft und Augenmaß zugleich.* Ebenfalls in Abgrenzung zum strengen *Formalismus* Immanuel Kants entwickeln *Max Scheler* (1874 bis 1929) und *Nicolai Hartmann* (1882 bis 1950) eine personale und materiale *Wertethik.* Das Individuum kann – so Scheler – nicht allein aus freier Entscheidung oder aus reiner Vernunft heraus das Handeln strukturieren. Eine rein formale Orientierung des Handelns ist nach Scheler nicht möglich. Dagegen seien dem Handeln des Menschen objektive, immer gültige Werte vorgegeben.

Der Mensch erkenne und spüre diese Werte im Fühlen; für Scheler existieren die Werte nicht in einem abgeschlossenen logischen Gedankengebäude, sondern in der *praktischen Erkenntnis* des Menschen. Das heißt: Sie sind zwar an den Menschen als den Wahrnehmenden gebunden, zugleich immer schon vorab existierend. Nach Scheler sind die Werte für den Menschen ein *emotionales Apriori* (lat. *a priori = vom früheren her*). Gab es für Kant nur *Einsichten a priori*, also Einsichten, die rein aus der Vernunft gewonnen werden, bezieht Scheler den Begriff *a priori* in doppelter Abgrenzung zu Kant zum einen auf Werte und zum anderen auf die Emotion.

Diese *materiale Ethik* Schelers bringt die objektiv vorgegebenen Werte zugleich in eine Rangfolge, in eine Hierarchie. Die untersten Werte sind die des Angenehmen und des Unangenehmen, an oberster Stelle der Wertehierarchie stehen geistige und religiöse Werte. Entscheidend ist für Scheler, dass Handeln in Liebe – einer der höchsten Werte – vollzogen wird, denn dadurch werde erst der wahre Wert eines Gegenstandes oder einer Handlung erkannt.

3.1.4 Moderne Ethikansätze

Einen wichtigen Impuls für die Ethikdiskussion der Moderne gab der Religionsphilosoph und Ethiker *Hans Jonas* (1903 bis 1993). *Hans Jonas* setzt sich in seinem Buch *Das Prinzip Verantwortung* von 1979 mit der Frage der Verantwortungsethik angesichts moderner technischer Entwicklungen und deren Folgen auseinander. Jonas beschreibt die Unüberschaubarkeit und Nichtzurückholbarkeit (*Irreversibilität*) der Folgen menschlichen Handelns am Beispiel gentechnischer Eingriffe: *Fehlschläge mechanischer Konstruktion verschrotten wir. Sollen wir dasselbe mit den Fehlschlägen biologischer Rekonstruktion tun? Unser ganzes Verhältnis zu menschlichem Unglück und den davon Geschlagenen würde sich im antihumanen Sinn verändern.*

Für Jonas zählt im Zweifelsfall der Vorrang der Negativprognose (*in dubio pro malo* [lat. für: *im Zweifel für das Übel*]) und eine *Heuristik der Furcht* (eine Vorrangstellung der negativen Ahnungen; [*von griech. heuristein = finden*]). Jonas übersetzt den Kategorischen Imperativ Immanuel Kants in die von ihm leidenschaftlich verfochtene Verantwortungsethik: *Handle so, dass die Wirkungen deiner Handlung verträglich sind mit der Permanenz echten menschlichen Lebens auf Erden.* Jonas verbindet also den gesinnungsethischen Ansatz Kants mit der Weberschen Folgenethik.

Aus diesem Imperativ ergeben sich nach Jonas verschiedene Forderungen: Zum einen müssen sich die Verantwortlichen eine möglichst genaue Vorstellung von den Fernwirkungen einer Handlung des Menschen machen, wobei diese Fernwirkungen räumlich wie zeitlich zu sehen sind. Weiter muss man dazu ein angemessenes Gefühl entwickeln. Das heißt: es geht auch um die emotionalen Einstellungen dazu, das Maß der Betroffenheit durch eine Handlung. Diese Betroffenheit ist nicht nur für das eigene Leben zu sehen, sondern auch Bick auf Heil oder Unheil kommender Generationen.

Weil viele Folgen nicht absehbar sind, muss die schlimmste Annahme (*worst-case-analysis*) gegenüber dem Positiven Richtschnur des Handelns werden. Bei Unabwägbarkeit der Handlungsfolgen von technischen Entwicklungen fordert Jonas zum Unterlassen, mithin zum Handlungsverzicht (*ethisches Moratorium*) auf. Verantwortung ist bei Jonas *Prinzip*. Das heißt: Es wird lediglich die Fragestellung vorgegeben, während die Antworten von Fall zu Fall zu entwickeln sind. Prinzip der Verantwortung bei Jonas ist die Voraussetzung, dass andere genauso leben wollen wie ich selbst.

Prägend für die aktuelle ethische Diskussion ist weiterhin der Ansatz der *Diskursethik,* die die beiden Philosophen *Jürgen Habermas* (geb. 1929) und *Karl-Otto Apel* (geb. 1922) entwickelt haben.

Ansatz der Diskursethik ist der Zweifel daran, dass es eine objektive Erkenntnis dessen gibt, was gut oder schlecht, was nützlich oder nicht nützlich ist. Deswegen entwerfen Habermas und Apel eine Ethik, die sich aus dem *Konsens zwischen unterschiedlichen Diskurspartnern* ergibt. Habermas und Apel rücken nicht die Inhalte einer Ethik in den Vordergrund rücken, sondern *das Verfahren*. Habermas und Apel sind damit wieder näher an Kant herangerückt, da es ihnen weniger um eine inhaltliche Bestimmung der Ethik geht, sondern vor allem um die *Form der Ethik*.

Die Diskursethik hat zwei entscheidende Voraussetzungen: Zum einen muss es sich nach Habermas bei den Teilnehmenden eines Diskurses um *vernünftige Individuen handeln,* zum andern ist Voraussetzung, dass sich alle einigen wollen und sich auf gleicher Ebene respektieren (*herrschaftsfreier Diskurs*). Sind die Voraussetzungen erfüllt, so ergibt sich alles Weitere im Laufe des Diskurses.

Weiter werden die systemtheoretischen Gedanken von *Niklas Luhmann* (1927 bis 1998) zu einer Ethik diskutiert. Luhmann sieht Ethik als ein eigenes *Subsystem*, das – wie die anderen Subsysteme auch – in sich geschlossen ist, also nicht in andere Bereiche außer seinem eigenen vordringen kann. In dem jeweiligen Subsystem spricht man jeweils eine eigene Sprache, einen eigenen *Code*, der für andere, die sich nicht unmittelbar im Subsystem befinden, nicht zu verstehen ist.

Wirtschafts-Ethik etwa, als Verbindung zweier Subsysteme, ist nach Luhmann nicht möglich, weil beiden Subsystemen die Möglichkeit und Fähigkeit fehlt, miteinander zu kommunizieren, da ihr Code jeweils unterschiedlich ist. Deswegen ist für Luhmann jegliche Bindestrich-Ethik nicht mehr als ein Katalog von moralischen Appellen an andere Subsysteme – also zum Beispiel an die Wirtschaft oder die Politik. Diese Subsysteme sind aber nach Luhmann nicht in der Lage, diese moralischen Appelle tatsächlich in ihr eigenes Subsystem zu integrieren. So kommt Luhmann zu dem vernichtenden Urteil, dass Wirtschaftsethik *zu der Sorte von Erscheinungen gehört wie auch die Staatsräson oder die englische Küche, die in der Form eines Geheimnisses auftreten, weil sie geheim halten müssen, dass sie gar nicht existieren.*

Aktuell schließlich gewinnt die ästhetische Lebensphilosophie Einfluss auf die Ethik. Hier geht es weniger um ethische Lehrgebäude als vielmehr um die Integration klassischer ethischer Begriffe in den Alltag der Lebenswelt. Darüber hinaus versuchen einige Vertreterinnen und Vertreter, Ethik im Kontext des Kleinen, also des unmittelbaren Lebensumfelds, zu rekonstruieren und verabschieden sich somit von den großen Entwürfen ethischer Theorie. Mittelfristig werden sich diese interessanten Ansätze auch auf die Diskussion um Wirtschafts- und Unternehmensethik auswirken.

Zusammenfassung

Im historischen Überblick zeigt sich, dass die Grundfragen der Ethik, nämlich nach dem guten Handeln (Tugendlehre) und nach den guten Dingen (Güterlehre), prägend für die Geistesgeschichte des Abendlandes sind. Als dritter Ansatz kommt mit Immanuel Kant die Pflichtenlehre prominent ins Rampenlicht. Dabei verschiebt sich im Laufe der Entwicklung der Blick immer mehr auf das Subjekt und dessen Freiheit, zu handeln.

Moderne Ansätze der Ethik befassen sich daher auch – basierend auf der als gesetzt anerkannten Freiheit – mit den unterschiedlichen Möglichkeiten des Handelns innerhalb einer vielschichtig gewordenen Welt.

3.2 Voraussetzungen der Ethik

3.2.1 Der Platz der Ethik im Wissenschaftskanon

Was unterscheidet Ethik von anderen Wissenschaftsgebieten und wo ist ihr Platz im allgemeinen Wissenschaftskanon? Normalerweise betrachten unterschiedliche Wissenschaftsdisziplinen – neben den fachlichen Methoden – einzelne Aspekte und spezielle Systeme.

Die *Wirtschaftswissenschaften* (Volkswirtschaftslehre und Betriebswirtschaftslehre) betrachten den Menschen als *Konsumierenden*, als *Unternehmerin* oder *Unternehmer*, in seinem wirtschaftlichen Verhalten. Die *Psychologie* fragt nach den seelischen Bestimmungen des Menschen. Ihr Ziel ist es, die Anteile des Menschen zu analysieren, die als *Bewusstes* und *Unbewusstes* das Wesen des Individuums prägen. Die *Medizin* wiederum betrachtet den Menschen als *Patienten*, als einen – im Wortsinne – Leidenden. Sie will dem Menschen helfen, körperliche Beschwerden oder Schmerzen zu heilen, zu vermindern und diesen vorzubeugen. Die *Soziologie* hingegen betrachtet den Menschen als einen *Rollenträger*, als einen, der von der Gesellschaft geprägt ist. Zugleich steht das Verhalten des Menschen zur Gesellschaft im Mittelpunkt (Abb. 3.1).

Anders hingegen die Ethik. Sie stellt die Frage nach dem *Was soll der Mensch tun?* Damit umfasst sie als Wissenschaft den ganzen Menschen, weil sie untersucht, wie der Mensch handelt und was er unterlässt, und zugleich fragt, welche Wertsetzungen dieses Handeln und Unterlassen prägen – unabhängig zunächst vom Kontext (Abb. 3.2).

Wichtig ist: Auch das Unterlassen einer Handlung kann zu ethisch erwünschten oder unerwünschten Folgen führen. In der Rechtsprechung gibt es das Vergehen der *unterlassenen Hilfeleistung*. Das heißt: Wer seine Verantwortung nicht wahrnimmt, muss ebenso mit Folgen und Sanktionen rechnen.

Warum ein Mensch so oder so (nicht) handelt, hat seine Begründung in Wertvorstellungen, in Regeln und Normen. Diese Werte und wie aus ihnen Regeln und Normen werden, sind Themen der Ethik. Damit ist *Ethik eine Grundlagenwissenschaft*.

3.2.2 Ethik als Sich-Verhalten-Zu

Ethik setzt mit bei einer Diskrepanzerfahrung (diskrepanz = lat. für *Unterschied*) ein: Der Zustand des Ists entspricht nicht dem Zustand, wie er sein könnte oder sollte. Aufgrund dieser Erfahrung fragt Ethik nach Werten, die das Handeln des

Abb. 3.1 Der Mensch
in unterschiedlichen
Wissenschaften

Abb. 3.2 Die Betrach-
tungsweise der Ethik

Menschen bestimmen. Sie fragt weiter, wie aus diesen Werten begründete Regeln und Normen werden, die sich auf das menschliche Verhalten beziehen. Schließlich fragt sie drittens danach, wie ein wohlgelingendes Leben für die Menschen aussehen kann, nach welchen Regeln also sich Menschen verhalten sollen, damit ein besserer Zustand als das Ist erreicht werden kann.

Diese drei Aspekte sind für das Folgende im Blick zu behalten. So lässt sich Ethik nach *Trutz Rendtorff* verstehen als *Theorie der menschlichen Lebensführung,* die aus der Praxis kommt, in der Theorie reflektiert und wieder in die Praxis fließt. Ethik ist die Hereinnahme des Handelns ins Nachdenken. Oder in anderer Form ausgedürckt mit dem evangelischen Theologen *Heinz-Eduard Tödt:* Ethik heißt Sich-Verhalten-Zu. Darin ist die Reflexion, das Verhalten wie der Gegenstand, die Situation in den Blick genommen.

Zusammenfassung

Ethik befasst sich mit dem Handeln und Unterlassen des Menschen. Damit ist Ethik als Wissenschaft grundsätzlich angelegt. Voraussetzung für das Nachdenken über Ethik ist eine Diskrepanzerfahrung zwischen dem was ist, und dem, was sein soll.

3.3 Grundbegriffe der Ethik

3.3.1 Moral, Ethik und Ethos

Definitionen sind kein einfaches Geschäft. Besonders schwierig wird es, wenn Begriffe sprachanalytisch betrachtet in ihrer Bedeutung eng zusammen liegen, wie es bei den Begriffen Ethik, Ethos, Moral und Sittlichkeit der Fall ist. Gerade in dieser Abfolge spiegelt sich ein Stück abendländischer Kultur- und Geistesgeschichte wider: Denn das griechische Wort *Ethos* kann im Lateinischen mit *mos* übersetzt werden. Der Begriff Moral leitet sich wiederum von dem lateinischen *mos* ab und entspricht dem deutschen Wort Sittlichkeit. Dennoch: Trotz ihrer sprachlichen Verwandtschaft unterscheidet die theoretische Diskussion zwischen den Begriffen:

Der Begriff *Moral* bezeichnet das, was an Werten existiert und was im Menschen an traditionellen Vorstellungen über die Frage nach dem guten oder schlechten Handeln existiert. Moral bezeichnet das sittliche Bewusstsein, das Bewusstsein für Werte, die noch nicht reflektiert sind, sondern aus der Umwelt als geltend und gültig akzeptiert werden. Der oder die Einzelne hat also das Wertegefüge, das ihn umgibt und nach dem er sein Leben auszurichten versucht, noch nicht hinterfragt.

Dazu ein Beispiel: Sie sagen Ihrem Kind in den ersten Lebensjahren, dass es nicht lügen soll und begründen dieses Verbot mit Sätzen wie *Das macht man nicht! Das ist unanständig! Das gehört sich nicht!* Für Ihr Kind wird das Lügeverbot zu einer Lebensregel, an die es sich hält, um sich nicht gegen den sozialen Kontext (die Familie, dann die weitere Umgebung) zu stellen. Eine reflektierte, bewusste Entscheidung, nicht zu lügen, hat Ihr Kind noch nicht getroffen. Es hält sich daran, weil es diese Regel als allgemein gültig annimmt. Ihr Kind kann noch nicht rational argumentieren, welche guten Gründe es gibt, (nicht) zu lügen. Das heißt: Oft entspricht ein moralisches Leben einem *anständigen* Leben, mithin einem Leben, das sich nach den allgemeinen Regeln der Gesellschaft ausrichtet. Moralische Urteile sind als solche nicht näher begründbar. Man beruft sich allenfalls auf den Anstand, den man als Ausdruck einer gesellschaftlichen Übereinkunft zur Rechtfertigung dieses oder jenes Handelns oder Unterlassens beschwört. Das bedeutet nicht, dass moralische Sätze und Urteile falsch sind. Ihr Begründungszusammenhang ist nur ein anderer als bei ethischen Sätzen.

Moral ist nichts Feststehendes, sondern im einzelnen Menschen wie in einer Gesellschaft kontinuierlich im Wandel. Moral erweist sich als fähig, auf äußere politische wie gesellschaftliche Veränderungen reagieren zu können und diese zugleich aktiv zu gestalten. So herrschte zum Beispiel in den sechziger Jahren des vergangenen Jahrhunderts eine konservativ geprägte Sexualmoral in Deutschland. Unabhängig davon, wie die und der Einzelne diese Moral lebten (oder nicht), galten strenge moralische Vorschriften, die das Sexualverhalten des Individuums mehr oder minder stark beeinflussten. Mittlerweile hat sich die Gesellschaft von manchen Zwängen befreit und damit das moralische Reglement geändert. Das heißt: Moral reagiert sensibel auf die Veränderungen im Bewusstsein einer Gesellschaft. Deswegen ist es nicht richtig, Veränderungen in der Moral als Wertverlust oder -verfall zu interpretieren – fast immer sind solche Veränderungen vielmehr eine Umdeutung oder Umgewichtung von Werten.

▶ **Definition Moral** (*von lat.: mos, mores = die Sitte(n)*); Der Begriff Moral umfasst alle tatsächlich geltenden Normen und Regeln in einer Gesellschaft, wie sie geschichtlich entstanden sind und wie sie die Gesellschaft im Konsens akzeptiert. Entscheidend dabei ist, dass die und der Einzelne diese Regeln zunächst weitgehend unreflektiert übernehmen.

Im Unterschied zum Recht ist die Moral zu begreifen als ein geschichtlich gewachsenes Instrumentarium; sie wird nicht vorgegeben (wie z. B. die Setzung des Rechtes durch den Staat), noch ist sie in jedem Fall mit Sanktionen (Strafen) verbunden. Für die Moral ist der Hinweis auf den tatsächlich gelebten Konsens, die allgemeine Übereinstimmung innerhalb der Gesellschaft über bestimmte Vorstellungen des gelungenen Lebens zunächst als Begründung ausreichend („das macht man so", „das gehört sich so").

Ethik ist die theoretische Reflexion von Moral, die dann wieder auf die Praxis einwirkt. Stellt man sich ein Koordinatensystem aus fortschreitender Zeitleiste und Reflexionsstufe vor, so setzt Ethik auf beiden Linien einen deutlichen Schritt höher und weiter an.

Denken Sie an das Beispiel des Lügeverbots für Ihr Kind: Irgendwann wird sich Ihr Kind fragen: *Warum soll ich nicht lügen? Ich habe doch an der einen oder anderen Stelle davon Vorteile.* Gleichwohl wird Ihr Kind bald feststellen, dass es gute Gründe gegen das Lügen gibt: Etwa, weil es selbst nicht belogen werden will oder weil Ihr Kind feststellt, dass auch feinsinnig konstruierte Lügengebäude schneller zusammenstürzen als einem lieb ist. Ihr Kind wird wahrscheinlich zu dem Ergebnis kommen, dass kontinuierliches Lügen das Vertrauen innerhalb einer Gruppe oder Gesellschaft zerstört und demnach nicht wünschenswert ist.

Kommt also ein Mensch aufgrund seiner Reflexion, aufgrund seines Nachdenkens über eine moralische Regel oder einem moralischen Wert zum Ergebnis, dass es gute Gründe gibt, eine Regel zu befolgen (zum Beispiel, dass man nicht lügen soll), ist das eine ethisch, weil reflektierte Entscheidung auf Basis moralischer Werte. Der Mensch macht mithin aus einem moralischen Gebot oder Wert, durch Reflexion und Begründung eine ethische Regel (*Norm*). *Er entscheidet, wie er sich zu bestimmten Situationen verhält.*

Ethik überführt also das Handeln, das sich nach emotional besetzten Werten und manchmal auch Affekten richtet, in den Raum des Nachdenkens, um von dort wieder in die Praxis zu kommen. Denn das Handeln erwartet aus dem Prozess des Nachdenkens Vorgaben.

Ethik hat es demnach zunächst mit Werten zu tun, über die sie reflektiert und aus denen sie Regeln ableitet. Ethik ist damit die Theorie der Moral, die wieder in die Praxis einfließen muss.

▶ **Definition Ethik** (*griech.: ta ethika = das, was die Sittlichkeit betrifft, Sittenlehre*); Ethik geht von einer Diskrepanzerfahrung zwischen dem Ist und dem Sollen aus und fragt zunächst nach den Wertvorstellungen der Menschen. Sie reflektiert diese Wertvorstellungen und leitet daraus vernünftig begründbare Regeln und Normen ab, die für ein gelingendes Leben des Einzelnen wie einer Gruppe/ Gemeinschaft wünschenswert sind.

Ethos schließlich bezeichnet die individuelle Ausgestaltung der Regeln für einen einzelnen Menschen oder für eine Gruppe von Personen. Ethos ist mithin die einzel- oder gruppenspezifische Ethik. Bezogen auf das Beispiel mit Ihrem Kind: Ihr Kind hat nun aufgrund eigener Überlegungen die ethische Norm für sich begründet und akzeptiert, nicht zu lügen und lebt danach. Das ist das Ethos Ihres Kindes, also die individuelle Ethik Ihres Kindes. Man könnte es auch als die *Haltung* des Kindes im Blick auf das Thema bezeichnen.

Der Begriff Ethos taucht häufig im Zusammenhang mit einzelnen Berufsgruppen auf. So spricht man etwa vom *Ethos der Führungskraft, des Ingenieurs, der Handwerker* etc. Auch sogenannte *Kodizes* (von lat. *caudex* = Verzeichnis, Tafel) beschreiben das Ethos einer Einzelperson oder einer Berufsgruppe. So gilt das über 40 Jahre alte *Davoser Manifest* von 1973 noch immer als Standardkodex für das Ethos von Unternehmern und für das Verhalten von Führungskräften bei und in wirtschaftlichen Aktivitäten.

▶ **Definition Ethos** (*von griech.: ethos = gewohnter Ort des Lebens, Sitte, Charakter*); Ethos bezeichnet die Lebens- oder Arbeitsform, die man zunächst subjektiv als wohlgelungen bezeichnet. Ein Mensch, der eine bestimmte Form von moralisch anerkannten Regeln und Maßgaben für sich beansprucht, darüber reflektiert hat und nach ihnen lebt, hat ein Ethos, *eine Haltung.* Dieses setzt beim Menschen die Fähigkeit voraus, über sein eigenes Handeln nachdenken zu können, also moralisch entscheidungsbefugt zu sein. Das Ethos unterliegt wie auch die Wertentwicklung dem Einfluss von Kultur und Erziehung, und ist demnach entsprechend wandelbar.

In erweiterter Form wird der Begriff Ethos auch für die gruppenspezifische Ethik von Berufsständen oder einzelnen Berufen verwendet (Abb. 3.3).

Wichtig ist: Bei dem Zusammenhang von Moral, Ethos und Ethik handelt es sich im Ganzen um einen dynamischen Zusammenhang. Denn ändert sich die Moral in einer Gesellschaft, so bleibt dies nicht ohne Rückwirkungen auf die Ethik. Diese dynamische Wechselwirkung muss immer bedacht werden, insbesondere dann, wenn man sich mit Ethik in verschiedenen Kulturen befasst. In einem solchem interkulturellen Zusammenhang wird deutlich, dass Moral, Religion und bestimmte geistige Prägungen einer Gesellschaft immense Rückwirkungen auf das Verständnis von Ethik haben.

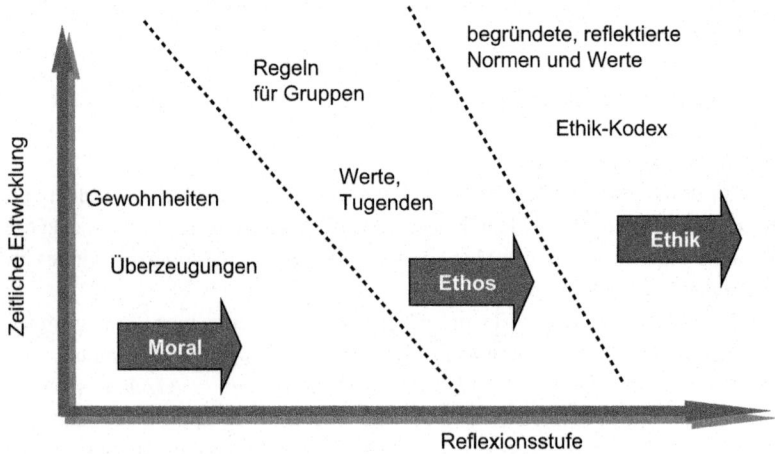

Abb. 3.3 Der Zusammenhang zwischen Moral, Ethos und Ethik

3.3.2 Werte und Wertvorstellungen

Das Material der Moral wie der Ethik sind Werte und Wertvorstellungen. Bei Werten ist zwischen *immateriellen Werten* (Wahrheit, Vertrauen, Liebe etc.) und *materiellen Werten* (Geld, Haus etc.) zu unterscheiden. Vereinfacht ausgedrückt, sind ethische Werte eher *immaterieller* Natur, während ökonomische Werte *materieller* Natur sind. Das gilt gleichwohl nur bedingt, denn für viele Menschen sind Ansehen und Ruhm (scheinbar immaterielle Werte) von großer Bedeutung. Ansehen und Ruhm aber können unterschiedlich definiert werden, je nachdem, welche weiteren Wertvorstellungen man hat: Sie können von Geld oder Reichtum hergeleitet werden (*materieller Wert*) oder aber zum Beispiel von geistigen, sportlichen oder sonstigen immateriellen Leistungen.

Werte hängen sowohl in materieller wie immaterieller Perspektive von der individuellen Einschätzung des Menschen ab. So ist dem einen ein teures und schnelles, modernes Auto von größter Wichtigkeit und damit Wert, während ein anderer alles für bestimmte sportliche Leistungen tut. Die Festlegung der Hierarchie der Werte ist subjektiv: Es können ethische oder religiöse Werte über ökonomische oder politische gestellt werden, anderseits können ökonomische oder politische Werte als wichtiger angesehen werden als rein gewissensbezogene. Dies macht den Wertbegriff *relativ*.

▶ **Definition Wert** *ethisch:* Wert kennzeichnet im ethischen Sinne eine Idee, eine Norm oder eine Verhaltensweise, die der oder dem Einzelnen, einer Gruppe, Institution, Gemeinschaft als wichtig und erstrebenswert gilt (subjektiver Wert). Je verallgemeinerbarer eine solche Idee, Norm, Vorstellung oder Verhaltensweise ist, desto objektiver wird ein Wert (Gesundheit, Wohlstand, Umweltqualität).

ökonomisch: Wert im ökonomischen Sinne ist die Bedeutung, die man Gütern im Hinblick auf ihre Fähigkeit, als Mittel zur Bedürfnisbefriedigung zu dienen, beimisst. Bestimmend sind dabei der Nutzen, den sie durch die Bedarfsdeckung gewähren und der Grad der Knappheit im Verhältnis zum Bedarf. Unterschieden wird nach dem Verwendungszweck zwischen Gebrauchswert und Tauschwert.

3.3.3 Normen

Setzt der Mensch aufgrund bestimmter Wertvorstellungen Regeln, nach denen er sein Handeln ausrichtet, hat er Normen (von lat.: *norma* = Richtschnur).

Im Alltagsleben prägen Normen in ganz unterschiedlicher Form. So gibt es zum Beispiel die Normen des privatwirtschaftlich organisierten Verbandes *Deutsche Industrie Norm* (*DIN*). Sie beinhalten Regelangaben für Produkte oder Systeme. Am bekanntesten ist das *DIN A 4* Blatt: Die Größe ist millimetergenau festgelegt. Ist ein Blatt an einer Seite nur etwas länger, entspricht es nicht mehr der Norm, also der vorher festgelegten Regel. Eine andere Form der Norm sind Vorschriften etwa im *Qualitäts-* oder *Umweltmanagement* (*DIN ISO 9000 ff* und *14000 ff*). Diese Normen beziehen sich auf Managementsysteme – also auf Aufbau- und Ablaufstrukturen –, wie sie im *Normalfall* geregelt sein sollten und grenzen zugleich Verantwortungsbereiche ein. Zugleich dienen diese Normen als Grundlagen einer Zertifizierung. Moralische Normen sind damit in gewisser Form vergleichbar. Sie dienen ebenso als Richtschnur für das alltägliche Handeln, allerdings ergibt sich bei moralischen Normen nur selten der Fall, dass sie in verbriefter Form nachzulesen wären. Im gewissen Sinne können Kodizes für Berufsgruppen als nachlesbare Normen angesehen werden, nach denen sich das Verhalten der einzelnen Zugehörigen zu diesen Berufsgruppen auszurichten hat.

Für religiöse Menschen sind die jeweiligen heiligen Schriften Kataloge von Normen, deren Befolgung zur Richtschnur des Lebens wird. Eine oberste ethische Norm, eine wichtigste Richtschnur, kann verschiedene Begründungen haben (religiös, philosophisch, lebensrealistisch, ökonomisch etc.).

▶ **Definition Norm** (*von lat.: norma = Richtschnur, Regel*); Norm kann Regel, Maßstab, Vorschrift sein. Man kann unterscheiden zwischen dem, was der Normalität entspricht und zwischen einem Normbegriff, der einen Idealtypus beschreibt. Schließlich kann Norm in einem moralisch-juristischen Sinne als Vorschrift, die unbedingt zu erfüllen ist, angesehen werden.

Im Grunde genommen ist jede Handlungsregel Norm; sie beschreibt den Rahmen dessen, was in der Ordnung, was „normal" ist. Normen haben im gewissen Sinne entlastende Funktion, weil sie für Handlungssituationen, Problem- oder Konfliktfälle, bereits vorbedachte und vorüberlegte Handlungsalternativen beschreiben und unter Umständen auch schon ermöglichen.

3.3.4 Maxime und kategorischer Imperativ

Als gesteigerte Form der Norm lässt sich die *Maxime* (von lat.: *maximus* = der größte; *Maximum* = Höchstmaß) begreifen, die für ein Individuum unbedingt (*kategorisch*) gilt und aus der sich bedingte (*hypothetische*) Normen ableiten lassen. Maximen sind also oberste subjektive Prinzipien, nach denen ein Mensch sein spezielles Handeln ausrichtet. Ihre Begründung haben sie in Axiomen (von griech.: *axios* = würdig, wertvoll).

▶ **Definition Maxime** Maxime ist ein oberster Handlungsgrundsatz für einen Menschen, dessen Erfüllung unbedingt notwendig (kategorisch) oder an bestimmte Bedingungen gebunden (hypothetisch) ist. Maximen sind individuelle Normen in potenzierter Weise. Auch sie können einem historischen Wandlungsprozess unterliegen.

Immanuel Kant unterscheidet zwischen Maxime (individuell) und Imperativ (universell). Während eine Maxime nur für das Individuum als unbedingt bindend und damit handlungsleitend gilt, sind (moralische) Imperative allgemein gültig. Imperative sind also unabhängig von der einzelnen Situation und von der einzelnen Person zu verstehen.

Das führt Kant zur Mutter aller moralischen Imperative, dem kategorischen. Den Kategorischen Imperativ formuliert Kant an verschiedenen Stellen seiner Schriften. Eine Formulierung ist: *Handle nur nach derjenigen Maxime, durch die du zugleich wollen kannst, dass sie ein allgemeines Gesetz werde.*

Das entscheidende Element beim Kategorischen Imperativ ist: Er gilt unbedingt, das heißt ohne jegliche Vorbedingung oder Voraussetzung, zugleich ohne jede Rücksichtnahme auf die praktische Alltagserfahrung, Situation oder andere äußere Elemente. Es geht dabei um den Willen, die Haltung. Wird diese Maxime in irgendeiner Form, etwa durch Rücksichtnahme auf Gefühle, Gedanken, Erfahrungen, Neigungen oder aber durch Rücksichtnahme auf eine spezielle Situation eingeschränkt, gilt sie nicht mehr *kategorisch* (griech.: *kategoria* = Grundaussage; *kategorisch* = nicht an Bedingungen geknüpfte Aussage) sondern wäre *hypothetisch* (griech.: *hypothesis* = Annahme; *hypothetisch:* unter bestimmten Bedingungen geltende Annahme), das heißt: bedingt. Zum Beispiel gäbe es im Sinne des kategorischen Imperativs in keinem Fall die Möglichkeit einer – ethisch freilich umstrittenen – *Notlüge.* Auch wenn mit einer solchen Notlüge im Einzelfall Schaden vermieden oder anderen Menschen geholfen würde, sie verstieße gegen den Kategorischen Imperativ, da es niemals wünschenswert wäre, dass es die allgemeine Haltung von Menschen ist, immer die Unwahrheit zu sagen. Dies muss – nach dem Kategorischen Imperativ – auch gelten, wenn in einzelnen Situationen durch die Wahrheit größerer Schaden angerichtet wird. Kant geht soweit zu sagen, man müsse auch im folgenden Fall die Wahrheit sagen: Ein potenzielles Opfer eines Mörders versteckt sich bei einem Dritten im Haus. Der Mörder Tür klingelt an der Tür und fragt den Dritten, ob das Opfer im Hause sei. Dieser Dritte müsse die Wahrheit sagen.

Der Kategorische Imperativ

Der kategorische Imperativ („Handle nur nach derjenigen Maxime, durch die du zugleich wollen kannst, dass sie ein allgemeines Gesetz werde") fordert zu Handlungen auf, die nicht in Bezug auf etwas anderes, sondern als solche für sich selbst – als unabhängige Handlung – gut sind.

Zugleich verlangt der Kategorische Imperativ Immanuel Kants die Verallgemeinerbarkeit des Handelns. Der Mensch soll so handeln, wie es wünschenswert ist, dass alle Menschen handeln. Maßstab dafür, ob die Handlung einem wohlgelingenden Leben entspricht, ist allein das Gewissen.

3.3.5   Verantwortung

In der Diskussion um Ethik im Allgemeinen wie Unternehmens- und Wirtschaftsethik im Besonderen spielt der *Verantwortungsbegriff* eine große Rolle. Auch Verantwortung bezieht sich auf Werte, Normen und Maximen. Sprachlich kommen die Begriffe Verantwortung und verantworten aus dem Mittelhochdeutschen; zunächst hat Verantwortung den Sinn von *verstärkt antworten*, dann *vor Gericht eine Frage beantworten*. Daraus entwickelt sich die Bedeutung *für etwas einstehen, sich rechtfertigen*. Etwa seit dem 15. Jahrhundert heißt der Begriff *für etwas Folgen tragen*.

Bei dem Verantwortungsbegriff in seiner heutigen Bedeutung sind verschiedene Aspekte zu bedenken. Grundlegend ist die Frage zu stellen, wie weit der Mensch über die Folgen seines Handelns wirklich Bescheid wissen kann und vor allem: Wie weit kann er diese Folgen kontrollieren?

Verantwortung übernehmen kann immer nur ein Subjekt. Also ist die erste Frage: *Wer ist verantwortlich?*

Verantwortlich sein kann eine einzelne Person, etwa der einzelne Ingenieur oder die einzelne Managerin. Erst durch die Fähigkeit des Menschen, Verantwortung zu tragen und zu übernehmen, wird der Mensch zu einem *Rechtssubjekt* und zu einem *ethischen Subjekt*. Notwendige Voraussetzung ist, dass der Mensch subjektiv zurechnungsfähig ist. Einem Menschen, der von seiner geistigen oder körperlichen Verfassung nicht ernst genommen werden kann, der also nicht voll zurechnungsfähig ist, kann auch keine volle Verantwortung zugeschrieben werden, weder im juristischen noch im ethischen Sinn. Insbesondere im Bereich der Bioethik, am Lebensanfang, wie am Lebensende, aber auch bei Koma-Patienten kommt dabei auch die Frage der *Stellvertretung* in den Blick.

Verantwortlich sein können aber nicht nur der oder die einzelne, sondern auch Gruppen, etwa ein Projektteam in einem Betrieb oder einem Unternehmen, eine politische Gruppe, eine Institution (etwa das Unternehmen). Schließlich kann man in bestimmten Fragen in abstrakter Form auch Gesellschaften, Systeme oder Ideologien (*der* Kapitalismus, *der* Sozialismus) für etwas verantwortlich machen.

Die zweite Frage, die bei dem Verantwortungsbegriff zu stellen ist, lautet: *Wofür ist die benannte Person oder Gruppe verantwortlich?* Hier geht es um eine Aktion, eine Handlung oder Unterlassung, sowie deren jeweilige Folgen. Die Folgen der Handlung lassen sich unterscheiden in Nach- und Nebenwirkungen. Die Nebenwirkungen können weiter in vorhersehbare und unvorhersehbare differenziert werden. Problematisch und diskussionswürdig ist der Fall, wenn Handlungen unabsehbare Nachwirkungen haben. Kann man für Folgen, die nicht vorhersehbar sind, zur Verantwortung gezogen werden? Hier muss Ethik eine letztgültige Antwort schuldig bleiben.

Ein dritter Aspekt des Verantwortungsbegriffs ist die Frage: *Wem gegenüber bin ich verantwortlich?* Ohne ein Gegenüber wäre der Verantwortungsbegriff nur auf sich selbst bezogen. Entscheidend ist der kommunikative Aspekt: Der Verantwortungsbegriff benötigt ein Gegenüber, eine Kontrollinstanz.

Wem gegenüber kann der Mensch verantwortlich sein? Zunächst ist der Mensch verantwortlich gegenüber Gesetzen und Vorschriften. Sie bestimmen und reglementieren das alltägliche Leben des Menschen. Verstößt man gegen ein Gesetz, so hat dies Folgen, seien sie straf- oder zivilrechtlicher Art. Weiter kann sich der Mensch einer übergeordneten Instanz gegenüber verantwortlich fühlen: Religiöse Menschen fühlen sich Gott verantwortlich, oder aber einem Vernunftprinzip, einer Seelenform, dem Gewissen etc. Hier wird die Instanz transzendiert.

Immanuel Kant spricht im Zusammenhang mit dem Gewissen von einem *inneren Gerichtshof*, vor dem der Mensch steht. Kant setzt voraus, dass jeder Mensch kraft seiner Vernunft die Maßstäbe richtigen Handelns und wohlgelingender Lebensform erkennen kann, weil er sie in seiner Vernunft hat. Also bedeutet Verantwortung bei Kant, vor dem inneren Gerichtshof zu stehen und die richtige Entscheidung treffen zu können und zu müssen. Möglich ist dies, weil der Mensch nach Kant die Maßstäbe des guten Lebens in seiner rationalen Struktur besitzt. Der Mensch muss sich also bei Kant nicht vor Gott, vor der Kirche, vor einem religiösen System oder einer Dogmatik (*Glaubenslehre*) verantworten, sondern vor den Maßstäben seiner eigenen Vernunft.

▶ **Definition Verantwortung** Verantwortung bezeichnet die Zuständigkeit von Personen für übernommene Aufgaben, Rechte, Pflichten; diese Zuständigkeit im Handeln und Unterlassen ist bezogen auf eine Instanz, die Rechenschaft fordert (Gericht, Gewissen, Gott). Aufgrund seiner Fähigkeit zur Verantwortung wird der Mensch zum moralischen und ethischen (auch religiösen) Subjekt, das für sein Handeln und Unterlassen einzustehen hat.

Voraussetzung für Verantwortung im juristischen wie im moralisch-ethischen Bereich ist die Zurechnungsfähigkeit des Menschen.

3.3.6 Güterabwägung

Eine Grundsituation der Ethik ist die Entscheidung zwischen mindestens zwei Handlungsalternativen. Interessant wird es dann, wenn eine Entscheidungssituation in ein *Dilemma* (*Zwangslage*, von griech.: *duo, di* = zwei und *lambanein* = nehmen) führt. Ein Dilemma entsteht dann, wenn zwei (oder mehr) gleichwertige Alternativen vorhanden sind, zwischen denen sich der Mensch entscheiden muss.

Trifft der Mensch in Dilemmasituationen verantwortlich Entscheidungen, so tut er dies zunächst aufgrund von Argumenten, dann auch aufgrund von Erfahrungen und Wissensschatz. Bewusst oder unbewusst – ist es eine ethische, d. h. reflektierte Entscheidung – wägt der Mensch zwischen den verschiedenen Vor- und Nachteilen einer Handlung oder Unterlassung ab. Er vollzieht in einer solchen Dilemma- oder Konfliktsituation eine *Güterabwägung*.

Güterabwägungen werden nahezu bei jeder Entscheidung getroffen. Werden Sie etwa als Führungskraft von Ihrem Vorgesetzten beauftragt, einen Lieferanten zu ermitteln, werden Sie verschiedene Angebote prüfen. Stehen Ihnen zum Beispiel ein günstiges (A), ein mittleres (B) und ein teures Angebot (C) zur Verfügung, werden Sie wahrscheinlich nicht sofort beim günstigsten Angebot zugreifen, sondern analysieren, ob dieses in Qualität und Konditionen mit dem mittleren oder teuren Angebot vergleichbar ist. Aus verschiedenen Überlegungen und Abwägungen heraus ist es möglich, dass Sie sich zum Beispiel für das mittlere Angebot (B) entscheiden, weil der gesamte Rahmen des mittleren besser ist als das günstige (A), aber eben im Preis unter dem teuren Angebot (C) liegt.

Als Hilfe für eine Güterabwägung bietet sich ein *Entscheidungsbaum* an, bei dem jeder Schritt nach den Folgen bewertet wird. Auch andere der zahlreichen Methoden der Entscheidungstheorien helfen in einer ethischen Situation, die eine Güterabwägung erfordert (Abb. 3.4).

Im Volksmund spricht man bei Entscheidungssituationen vom *Weg des kleineren Übels*. Auch dies ist im gewissen Sinne eine Güterabwägung, weil aufgrund von Überlegungen und Abwägungen der Weg gewählt wird, der in der Aufrechnung seiner Folgen die geringsten Probleme mit sich bringt.

Gleichwohl ist es nicht immer einfach, in Entscheidungssituationen klare Güter (Werte) oder negative Folgen zu bestimmen, da sie nicht immer offen zu Tage liegen. Eine Güterabwägung kann nur aufgrund vorher schon erlebter Erfahrungen, bestimmter Wertvorstellungen oder aufgrund von wirklichem Wissen vollzogen werden.

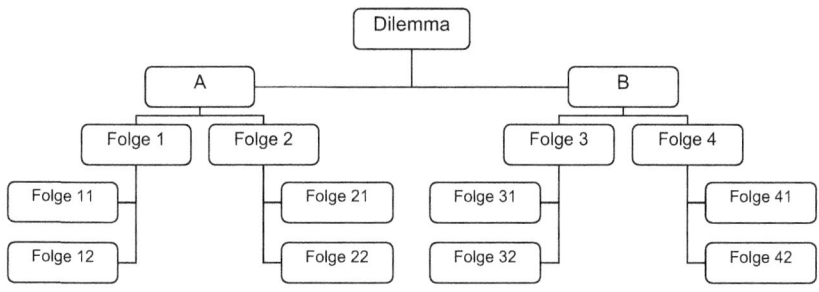

Abb. 3.4 Entscheidungsbaum bei Güterabwägung

▶ **Definition Güterabwägung** Die Güterabwägung versucht – unter Einbeziehung aller möglichen realen Alternativen und ihren absehbaren Folgen – einen Entscheidungsprozess zwischen zwei oder mehreren Handlungsmöglichkeiten gegeneinander auszutarieren und eine wohlüberlegte Entscheidung über das Handeln einzuleiten.

Die Güterabwägung kann abwägen zwischen obersten Werten und Maximen, oder aber zwischen den Folgen, die eine Handlung oder Unterlassung nach sich ziehen. Umgangssprachlich kann dies in einem negativen Sinne als der „Weg des kleineren Übels" übersetzt werden.

3.3.7 Gewissen

Oft lassen sich Entscheidungen in Konfliktsituationen nicht durch rationale Motive, Normen und Werte oder durch verantwortliches Abwägen zwischen bestimmten Handlungsfolgen oder Gütern treffen, sondern – wenn zum Beispiel die Folgen einer Handlung nicht abzusehen sind – nur durch subjektive Einschätzung oder *Gefühl*. Das heißt: Der Ort, an dem eine Entscheidung getroffen wird, liegt dann im Innersten des Menschen, dem Ort des Gewissens. Während Handlungen meist auf andere fixiert sind, also auf den sozialen Kontext einwirken, ist man im Gewissen als Subjekt bei sich selbst. Man spricht von einer *Gewissensentscheidung*.

Der Mensch muss unter Umständen in schwierigen Entscheidungssituationen eine Handlung aufgrund seiner Erfahrungen, Überzeugungen und Wertvorstellungen, die seine innere Einstellung prägen, vollziehen. Diese Entscheidung ist – wurde sie mit einem wirklich entwickelten und authentischen Gewissen getroffen – nicht mehr anfechtbar. Aus diesem Grund ist es schwierig, die Motive des Gewissens einer Analyse oder Prüfung durch andere Menschen zu unterziehen.

▶ **Definition Gewissen** Gewissen ist der Ort des Menschen, den er als „innere Stimme" („inneren Gerichtshof" [Kant]) verspürt.

Bevor das Gewissen in einen ethischen Entscheidungsprozess über eine menschliche Handlung als Argument verwendet wird, muss man sich sicher sein, dass das Gewissen verantwortlich entwickelt ist. Das Gewissen bleibt für den Menschen letzte nicht-transzendente Instanz, mit der er über Entscheidungen emotional reflektieren kann. Dem Gewissen gegenüber muss sich der Mensch selbst verantworten; ist er bei Handlungen meist auf andere Menschen fixiert, so ist er im Gewissen bei sich selbst.

3.3.8   Konflikt

Wenn in einer Entscheidungssituation (Dilemma) weder rationale Argumente noch sachliche Folgen, sondern vor allem die emotionale Ebene sowie subjektive Werte wichtig werden, kann ein Dilemma in einen Konflikt (von lat. *confligere* = aneinander geraten, verbittert kämpfen) führen. Ein Konflikt entsteht mithin, wenn die Alternativen im Hinblick auf die dahinter stehenden Werte unvereinbar sind. Eine klassische Konfliktsituation im ökonomischen Handeln entsteht etwa, wenn eine Entscheidung, die den Bestand des Unternehmens oder des Betriebes sichert, gleichzeitig zu menschlich oder gesellschaftlich problematischen Folgen – etwa Entlassungen – führt.

▶ **Definition Konflikt** Konflikt bezeichnet einen Gegensatz – nicht: unversöhnlichen Widerspruch – zwischen Handlungsalternativen, Ideen, Werten, Personen, dann auch zwischen staatlichen, ökonomischen oder ideologische Ordnungen aufgrund unterschiedlicher Voraussetzungen, Ideologien, Einstellungen und Werte. Neben sachlichen Themen, die dabei in Konfrontation stehen, mischt sich bei Konflikten immer auch eine emotionale Ebene ein, da es um persönliche Wert- und Normvorstellungen geht.

3.3.9   Sanktion

Grundsätzlich gilt, dass für die Durchsetzung und zur Einhaltung ethischer Normen auch *Sanktionen* (von lat.: *sanctio* = Heiligung, Billigung; später dann: Verordnung, Strafgesetz) notwendig sind. Sanktionen als Strafen finden sich überall im Alltagsleben. Wenn Sie mit dem Auto zu schnell fahren und dabei erwischt werden, müssen Sie Bußgeld zahlen, da die Einhaltung der Regeln (in diesem Beispiel die vorgegebene Geschwindigkeit) Voraussetzung für deren Funktionieren ist. Vergleicht man – wie es der Wirtschaftsethiker *Karl Homann* tut – das Marktgeschehen in der Wirtschaft mit einem Fußballspiel, so muss die Nichtbefolgung der Regeln, etwa Foulspiel, mit einer Sanktion, also einem Freistoß für die gegnerische Mannschaft und einer gelben oder roten Karte für denjenigen, der gegen die Regeln verstoßen hat, geahndet werden. Solche Sanktionen muss es auch für ethische Regeln geben.

Sanktion darf nicht nur als einschränkende oder bestrafende Maßnahme angesehen werden. Eine Sanktion kann auch positiv sein – die ursprüngliche Wortbedeutung *Heiligung* deutet darauf hin. So können etwa Anreizzahlungen im Unternehmen für gute Leistungen auch als (positive) Sanktion bezeichnet werden.

▶ **Definition Sanktion** Eine Sanktion ist eine Reaktion auf eine Handlung oder Unterlassung des Menschen. Sie kann negativ (Strafe) oder positiv (Belohnung, Anreiz) sein.

3.4   Bindestrich-Ethiken

3.4.1   Definition

In Medien wie Literatur findet man den Begriff Ethik häufig in Verbindung mit Adjektiven oder Substantiven – wie etwa die Wirtschafts- und Unternehmensethik. Man spricht von *Bindestrich-Ethiken*, die sich wie in Tab. 3.1 dargestellt genauer unterscheiden lassen:

3.4.2   Formale und materiale Ethik

In den klassifizierenden Bindestrich-Ethiken geht es um die Frage, nach welchen Kriterien eine Theorie der menschlichen Lebensführung ausgerichtet wird. Dies kann nach äußerlichen oder nach innerlichen Kriterien geschehen. So bezeichnet man eine Ethik, die sich ausschließlich an einer Regel oder Form orientiert, also keine inhaltlichen Werte oder Handlungsmaximen setzt, als *formale Ethik*.

Formale Ethik fragt nicht nach einer einzelnen Handlung, sondern nach dem grundlegenden Prinzip. Herausragender Vertreter einer formalen Ethik ist *Imma-*

Tab. 3.1 Unterscheidung der Bindestrich Ethiken

Formale Ethik Materiale Ethik	*Klassifizierend*
Folgen-Ethik Verantwortungs-Ethik Gesinnungs-Ethik	*Begründungsbezogen*
Individual-Ethik Institutionen-Ethik System-Ethik	*Adressatenbezogen*
Politische Ethik Umwelt-Ethik Natur-Ethik Unternehmens-Ethik Wirtschafts-Ethik	*Geltungsbereich- oder anwendungsbezogen*

nuel Kant, der mit seinem Kategorischen Imperativ eine in seinen Augen für jeden Menschen anwendbare formale Regel setzt.

Ein reltiv aktuelles Beispiel für formale Ethik ist die Diskursethik von *Jürgen Habermas* und *Karl-Otto Apel.* Hier geht es um eine Bestimmung der Methoden für Ethik (herrschaftsfreier Diskurs, vernunftbegabter Subjekte), nicht um inhaltliche Füllung.

▶ **Definition Formale Ethik** Formale Ethik ist eine allgemeine Qualifikation von Ethik, ohne dabei die Inhalte näher zu erläutern. In der formalen Ethik spielen keine konkreten Tugenden, Werte, Normen oder Inhalte eine Rolle, sondern sie bestimmt sich alleine aus der durch die allgemeine Vernunft gegebenen Qualifikation zum sittlichen Leben.

Die materiale Ethik hingegen, die – wie in der kurzen Übersicht über die Geschichte der Ethik angedeutet – vor allem *Nicolai Hartmann* und *Max Scheler* in Abgrenzung zu *Immanuel Kant* in den Vordergrund rückten, bestimmt Werte, Tugenden als ihre Inhalte. Diese Ethik hat inhaltliches Material, über das diskutiert werden kann. So genannte *angewandte Ethik* (*applied ethics*) als konkrete Auseinandersetzung mit spezifischen Handlungsfeldern (Wirtschaftsethik, Medizinethik, Genethik etc.) ist immer auch materiale Ethik.

▶ **Definition Materiale Ethik** Materiale Ethik ist der spezifische Inhalt der Theorie der menschlichen Lebensführung. Zu ihr gehören letztlich alle Spielarten von Ethik, die sich *teleologisch* (auf ein bestimmtes Ziel gerichtet), *utilitaristisch* (auf den Nutzen der anderen gerichtet), *hedonistisch* (auf die Vermeidung von Unlust) oder anderweitig genauer einfassen lassen.

3.4.3 Angewandte Ethik (applied ethics)

Angewandte Ethik werden diejenigen Ansätze benannt, die sich konkret mit speziellen Handlungsfeldern ethischer Diskussion beschäftigen, wie zum Beipsiel Wirtschaftsethik, Unternehmensethik oder Bioethik. Als Teil der Materialen Ethik (s.o.) setzt sie jeweils eine Theoriebildung voraus, die auf praktische orientierte Handlungsfelder angewendet wird. Wenn Sie sich zum Beispiel als Verantwortlicher in einem Unternehmen oder einem Betrieb fragen, ob Ihre ethisch fundierte Haltung, Menschen keinen Schaden zuzufügen, ob es verantwortbar ist, Menschen zu entlassen, wenden Sie Ihr ethische Grundwissen auf eine spezielle Handlungsfrage an.

▶ **Definition Angewandte Ethik** Angewandte Ethik als Teil der materialen Ethik legt ethisch fundierte Werthaltungen und Normen an konkrete Handlungssituationen und versucht dadurch, zu vertretbaren Entscheidungen zu gelangen.

3.4.4 Folgen- und Verantwortungsethik

Eine weitere Form der Bindestrich-Kombination bezieht sich auf die Begründung, die für Werte, Normen und Regeln herangezogen wird. Das Wort vor dem Bindestrich gibt mithin an, was als das entscheidende Kriterium gilt, das zu einer Entscheidung führt. Es geht also nicht um metatheoretische Begründungsmodelle, sondern um die Frage, aufgrund welcher Werte oder welcher Begründung man eine Entscheidung im Konfliktfall trifft. Ein klassisches Beispiel ist die Folgenethik.

Die Folgenethik ist der alltägliche Fall der Ethik. Nahezu immer, wenn Entscheidungen getroffen werden, im privaten wie im politischen Bereich, bezieht man mehr oder weniger automatisch die Folgen einer Handlung oder einer Unterlassung mit ein.

Schwierig gestaltet sich Folgenethik dann, wenn – wie angedeutet – über die Konsequenzen einer Handlung oder Unterlassung nichts oder nur wenig ausgesagt werden kann. Dies ist häufig bei technischen oder technologischen Projekten der Fall. Dann gerät die Diskussion über den richtigen Weg der Lebensführung oft in Fundamentalkonflikte der Welt- oder Wertanschauung. Man kann die Entscheidung häufig nur noch grob, etwa mit Hilfe von Wahrscheinlichkeitsurteilen treffen. Hier stößt die Folgenethik an ihre Grenzen.

▶ **Definition Folgenethik** Folgenethik beschreibt eine Theorie der Lebensführung, die sich mit den Konsequenzen einer Handlung oder Unterlassung wie einer Entscheidung befasst. Der Schwerpunkt der Überlegung liegt darin, wie Handlungen nach ihren Folgen bemessen und bewertet werden können. Dabei ist bei den Folgen zwischen unabsehbaren und absehbaren – so weit es möglich ist – zu unterscheiden.

Ein klassischer Fall der Folgenethik ist die schon im Zusammenhang mit *Max Weber* erwähnte Verantwortungsethik. Stärker wird aber in ihr noch das rationale und emotionale Element berücksichtigt. Zugleich rückt bei der Verantwortungsethik das Individuum in seiner rationalen Entscheidungsfähigkeit in den Mittelpunkt.

▶ **Definition Verantwortungsethik** Die Verantwortungsethik ist die Form der menschlichen Lebensführung, die eine Entscheidung aufgrund verschiedener Kriterien fällt. Zum einen spielen die Folgen einer Handlung oder Unterlassung bei der Entscheidungsfindung eine Rolle (Güterabwägung). Zum andern wird das Gewissen berücksichtigt, muss aber unter Umständen im Zweifelsfalle gegenüber den Folgen, die realistisch eintreten werden, zurückgestellt werden.

3.4.5 Gesinnungsethik

Bei der Gesinnungsethik wird das eigene Gewissen zum entscheidenden Kriterium, an dem sich eine Entscheidung auszurichten hat. Damit birgt die Gesinnungsethik enormes Konfliktpotenzial. Denn die eigene Gesinnung oder das eigene Gewissen als alleiniges Entscheidungskriterium zu setzen, führt meist automatisch in ein emotionales Dilemma, also einen Konflikt mit Menschen, die eine andere Gesinnung haben. Zum Beispiel führe – so die Kritiker – eine gesinnungsethische Ablehnung des technischen Fortschritts dazu, dass man auf *alle* technischen Hilfsmittel verzichten muss, was aber faktisch nicht möglich und nicht wünschenswert ist. Umgekehrt ist ein gesinnungsethisch begründetes, kritikloses Befürworten des technischen Fortschritts ebenso gefährlich, da dies zu einer unkritischen Fortschrittsgläubigkeit und zu einem Glauben an die vermeintliche Machbarkeit aller Dinge führt. Letztlich stünden sich in einer solchen Situation zwei antagonistische (von griech.: *antagonizesthai* = gegeneinander kämpfen) Positionen gegenüber, zwischen denen nicht mehr vermittelt werden kann.

▶ **Definition Gesinnungsethik** Die Gesinnungsethik trifft eine Entscheidung aufgrund der inneren Stimme, aufgrund des Gewissens. Dabei fließen die Folgen einer Handlung oder Unterlassung nicht in die eigentliche Güterabwägung ein, sondern eine Entscheidung wird alleine aufgrund der aktuellen Gewissenssituation getroffen.

3.4.6 Individual-, Institutionen- und Systemethik

Bei den adressatenbezogenen Bindestrich-Ethiken geht es nun darum, genauer zu definieren, an wen sich die Ethik wendet, mit welcher Ebene menschlichen Handelns sie sich beschäftigt. Dabei kann man grundsätzlich drei Adressaten unterscheiden, nämlich den einzelnen Menschen (das Individuum), die überindividuelle Organisation (die Institution) sowie das umfassende Umfeld (System). Demnach unterteilen sich die adressatenbezogenen Bindestrichethiken nach Individual-, Institutionen- und Systemethik. Die Beschreibung des Adressaten sagt noch nichts über die methodische Bestimmung und den Inhalt von Ethik aus. Man kann also auf allen drei Ebenen jeweils materialethisch, verantwortungsethisch, gewissensethisch etc. argumentieren.

Die Individualethik wendet sich an den einzelnen Menschen, mit seinen Werten und Normen. Sie beschäftigt sich damit, welche Regeln und Normen der verantwortliche Mensch zur Gestaltung seiner individuellen Lebensbezüge einhalten soll.

▶ **Definition Individualethik** Individualethik untersucht das Verhalten des einzelnen gegen sich selbst und gegenüber anderen. Sie geht vom Menschen als einem Individuum aus und hebt vor allem auf die Selbstverantwortung ab, ohne dabei die soziale, institutionelle (politische oder wirtschaftliche) Dimension des Menschen zu leugnen.

Eine Institution setzt sich zwar aus einzelnen Individuen zusammen, ist aber zugleich eine überindividuelle Organisation, deren Struktur unter Umständen formal (zum Beispiel gesetzlich etc.) festgelegt ist. Herausragendes Kennzeichen einer Institution ist, dass sie das Individuum nicht zum Fortbestand ihrer Existenz benötigt. Ein Beispiel für eine Institution im wirtschaftlichen Raum ist *der Betrieb* oder *das Unternehmen.* Dementsprechend untersucht die Institutionenethik, welche Werte und Normen in einer überindividuellen Organisation wichtig sind und wie sie dort eingebracht werden können. Gegenstand ist also nicht der Mensch als Individuum, sondern der nächstgrößere Rahmen.

▶ **Definition Institutionenethik** Institutionenethik ist die Theorie der menschlichen Lebensführung, die sich auf das Verhalten, die Entscheidungssituationen und die Güterabwägungen von überindividuellen Organisationen bezieht. Sie berücksichtigt zugleich, dass es sich bei den überindividuellen Institutionen um Gebilde handelt, die ihrerseits wiederum aus Individuen bestehen und durch diese konstitutiv geprägt, gleichzeitig aber nicht auf diese angewiesen sind.

Die dritte Ebene ist das *System*. Systeme haben als Charakteristikum eine gewisse Ordnung. Nur wenn die Verbindung der einzelnen Systemteile gegeben ist, kann ein ganzes System existieren. Innerhalb eines Systems hat eine Handlung Wechselwirkungen. Das heißt: Das Handeln an der einen Stelle hat Folgen an einer Stelle innerhalb des Systems. Man geht mit der Systemethik noch einen Schritt über die Institution hinaus und fragt, welche Wechselwirkungen sich im großen Rahmen (etwa politisch, gesellschaftlich) ergeben und wie diese ethisch zu bewerten sind. Zugleich befasst sich die Systemethik mit den grundsätzlichen Werten, die ein System tragen.

▶ **Definition Systemethik** Die Systemethik ist die Theorie der menschlichen Lebensführung, die sich auf das Verhalten sowie die Handlungen und Unterlassungen in überindividuellen und zugleich institutionenübergreifenden Beziehungsgeflechten bezieht.

Kennzahlen in der Übersicht: Erfolgsfaktor Ethik

4

4.1 Erfolgsfaktoren im Unternehmen

Wenn Sie der Meinung sind, Ethik müsse wehtun und Ihnen den wirtschaftlichen Erfolg verderben, dann sollten Sie das Buch nun beiseite legen.

Wenn Sie neugierig sind, ob Ethik ein Erfolgsfaktor für Sie persönlich, für Ihren Betrieb und Ihr Unternehmen sein kann, dann sollten Sie weiterlesen. Dazu eine Vorbemerkung: Im Sinne mancher Ethiker, allen voran *Immanuel Kant*, ist die Frage, ob Ethik zum Erfolg werden kann, schon falsch gestellt, ja, der Erfolg darf kein Kriterium für moralisches Handeln sein. Dieser inneren Haltung ist durchaus zuzustimmen, gleichwohl ist es im wirtschaftlichen Kontext ebenso legitim, die Frage nach dem sekundären Nutzen moralischen Handelns zu stellen. In diesem Sinne ist der folgende Abschnitt zu verstehen.

Richtig ist: Es gibt Fälle, in denen eine unternehmerische Entscheidung mit ethischen Maßstäben in Konflikt gerät; es gibt Fälle, bei denen Sie sich grundlegend entscheiden müssen, ob Sie etwa ein Geschäft anstreben oder nicht. Es gibt dazu eine Reihe offensichtlicher Beispiele, es gibt noch viel mehr Beispiele, die sich latent im Führungsalltag zeigen. Darauf ist zurückzukommen. Dieses Buch wird und will Ihnen also, wie eingangs erwähnt, keine grundlegende Absolution erteilen. Dieses Buch will auch nicht Ethik zur Magd der Ökonomie machen. Die Mahnung Immanuel Kants, der Mensch (und die Moral) dürfe nicht als Mittel zum Zweck benutzt werden, ist ernst zu nehmen.

Gleichwohl ist die Grundüberzeugung dieses Buches ist: Der Kantschen Mahnung eingedenk, muss Ethik gleichwohl nicht immer wehtun, sondern kann und sollte im Idealfall sowohl für Sie als Führungskraft, als auch für Ihren Betrieb,

© Springer Fachmedien Wiesbaden 2015
D. Dietzfelbinger, *Praxisleitfaden Unternehmensethik*,
DOI 10.1007/978-3-8349-4711-6_4

für Ihre Abteilung, kurz: für Ihr Unternehmen zu messbaren Erfolgskennzahlen führen. Dabei dient die Ethik zugleich als Korrektiv gegenüber einem einseitig verstandenen *Ökonomismus*.

Mit anderen Worten: Ethik wird in diesem Zusammenhang nicht gegen wirtschaftlichen Erfolg entwickelt. Ethik muss in der großen Linie ihr berechtigtes ökonomisches Interesse als Unternehmer, als Manager, als Führungskraft berücksichtigen. Aber umgekehrt muss Ihr ökonomisches und geschäftliches Verhalten im Einklang mit bestimmten ethischen Normen und Regeln stehen, die allgemein gesellschaftlich wünschenswert sind. Ideales Ziel ist also eine *multiple* (*vielfache*) *Win-Situation.* Zugleich wird es immer Einzelfälle geben, bei denen Sie sorgfältig abwägen, sich im Zweifelsfall für oder gegen ethisch wünschenswertes Verhalten entscheiden müssen. Diese Entscheidung müssen Sie eigenverantwortlich treffen.

Ethik sollte also grundsätzlich als ein Erfolgsfaktor in Ihrer Unternehmensbilanz auftauchen, nicht als Verlustbringer. Das ist möglich und lässt sich anhand von Kennzahlen darstellen. Aber bevor auf Kennzahlen und messbare Erfolgsfaktoren von Ethik eingegangen wird, lohnt sich ein Blick auf den Erfolgsbegriff. Denn der Begriff hat seine Tücken und Falltüren.

Erfolg hängt ab von Zufälligkeiten, bestimmten Konstellationen und dem Umfeld, das gerade diesen Faktor als Erfolg wertet (und nicht etwas anderes). Das heißt: Sie müssen sich klar werden darüber, was für Sie und Ihren Betrieb oder Ihr Unternehmen Erfolg bedeutet:

• Ist es ausschließlich eine finanzielle Frage, also finanzieller Erfolg? Wie definieren Sie ihn?

• Geht es Ihnen darum, im kommenden Jahr ein möglichst gutes Ergebnis zu machen oder langfristig den Betrieb und das Unternehmen zu sichern?

• Welche Rolle spielt für Sie als Führungskraft immaterieller Erfolg? Wie wichtig sind Ihnen Reputation, Respekt, Vertrauen, Ansehen?

• Welche Instanz entscheidet bei Ihnen darüber, wie erfolgreich Sie sind (als Unternehmen, als Betrieb und als Führungskraft)?

▶ **Nehmen Sie sich einen Augenblick Zeit** und denken Sie darüber nach, was für Sie Erfolg in den einzelnen Zusammenhängen bedeutet. Stellen Sie sich den hier aufgelisteten Fragen (vielleicht finden Sie ja noch weitere) und versuchen Sie für sich und Ihren Betrieb oder Ihr Unternehmen Antworten zu finden!

Zusammenfassung

Ethik soll für Sie und Ihren Betrieb zum Erfolgsfaktor werden. Dazu ist wichtig, dass das Interesse an ethisch wünschenswertem Verhalten und Ihr ökonomisches Interesse in eine Richtung gehen. Damit aber Ethik auch zum Erfolgsfaktor wird, müssen Sie für sich klären, was Sie unter dem Begriff Erfolg verstehen.

4.2   Ethik als Erfolgsfaktor

Die klassische Management-Literatur teilt Erfolgsfaktoren normalerweise in zwei Kategorien ein:

4.2.1   Harte und weiche Erfolgsfaktoren

* *harte Erfolgsfaktoren* sind alle messbaren Erfolgszahlen, Marktführerschaft, Kernstrategie, Strategie-Implementation und -Kontrolle, Marketing, Spezialisierung, Kundenähe, solide Partnerschaften, hoher Innovationsgrad, Qualität bei Produkt und Service, Organisationsstruktur, Produktionstechnologie, Ressourcenverfügbarkeit etc.
* *weiche Erfolgsfaktoren*sind solche, die sich auf den ersten Blick nicht gleich in Zahlen messen lassen wie Mitarbeiteridentifikation und -motivation, Offenheit für Neuerungen, Zuhören beim Kunden, Unternehmenskultur, Zeitmanagement, authentische Führungsstile, Managementqualität, eindeutiges Leitbild und Code of Conduct etc.

Nach dieser klassischen Einteilung wäre Ethik ein sogenannter weicher Faktor, da das Thema etwas mit Leitbildern, Motivation und Identifikation zu tun hat, als mit Controlling, Marketing und Produktmanagement.

Nur: Die Frage ist, ob diese Einteilung in harte (*weil messbare*) und weiche (*weil nicht messbare*) Faktoren sinnvoll ist. Es gibt gute Gründe, die Unterteilung aufzugeben. Denn die sogenannten harten Faktoren hängen ab von den weichen Faktoren und umgekehrt. Kundennähe, Qualitätssicherung, Strategie haben damit etwas zu tun, wie stark Sie sich mit Ihrem Betrieb und Unternehmen identifizieren. Es helfen die auf dem Papier und mit Beratern bestorganisierten Produktionsabläufe nichts, wenn die Mitarbeitenden nicht mitziehen. Die Anzahl der Verbesserungsvorschläge und Innovationen in Ihrem Betrieb oder Ihrer Abteilung ist abhängig davon, wie motiviert Ihre Mitarbeitenden sind. Die Strategie-Implementation steht und fällt mit der Kultur und den Werten, die in Ihrem Betrieb und Unternehmen herrschen: Macht diese Kultur eine schnelle Umsetzung möglich oder verhindert sie diese eher?

Man kann das eine nicht vom anderen trennen, auch wenn Controlling-Experten und Prozess-Gurus das Gegenteil verkaufen wollen. Es sei zugestanden, dass es Kennzahlen und Erfolgsfaktoren gibt, die rein sachlicher Natur sind. Diese beziehen sich zumeist unmittelbar auf ein Produkt und haben somit eher technischen Charakter. Für die meisten so genannten harten Faktoren in Management-Prozessen des operativen Geschäfts lassen sich dagegen ergänzende sogenannte weiche Faktoren finden. Insofern ist eine Trennung nicht sinnvoll, weil sie die Kontrollierbarkeit einzelner Prozesse bis ins Detail nur vorgaukelt. Deswegen wird diese Unterscheidung hier aufgegeben.

Wie also kann strategisch betriebene und gelebte Unternehmensethik zum Erfolgsfaktor werden? Zunächst: Unternehmensethik, ethisch wünschenswertes Verhalten im Betrieb und Unternehmen ist nicht kostenlos zu haben. Durch praktizierte Ethik und Verantwortung, die Einübung in Werte und Kultur, in der inneren wie äußeren Unternehmenspolitik und -führung entstehen zunächst Kosten. Jedoch ist diese Investition in ethisch wünschenswertes Verhalten im doppelten Sinne nicht umsonst, mit etwas Geduld wird Ethik zum Erfolgsfaktor für Sie und Ihren Betrieb oder Ihr Unternehmen.

Geduld haben heißt auch: Gehen Sie das Ethik-Thema nicht mit einer herkömmlichen Wirtschaftlichkeitsrechnung an. Wirtschaftlichkeitsrechnungen beziehen sich auf Sachinvestitionen und haben im Normalfall einen kurzfristigen Horizont. Eine solche nüchterne, kurzfristige Kalkulation greift bei Ethikmaßnahmen, wie sie im Weiteren zu erläutern sind, meist nicht, auch wenn es einige Beispiele gibt, bei denen Sie schon nach kurzer Zeit den Erfolg Ihres Ethik-Managements messen können. In der Summe aber ist die Orientierung des Verhaltens am ethisch Wünschenswerten ein längerfristiges Engagement, dessen Erfolg demzufolge erst mittelfristig gemessen werden kann. Zur Messung brauchen Sie keine neuen Instrumente, sondern Kennzahlen, die Ihnen aus der klassischen Betriebswirtschaftslehre vertraut sind. Diese lassen sich durch ein im Betrieb oder Unternehmen betriebenes Ethik- und Werte-Management verbessern.

4.2.2 Erfolgsfaktoren für Ethik im Unternehmen

a. Bezogen auf Ihre Mitarbeitenden, z. B.:
 − Krankheitstage: In einem gut geführten Unternehmen/Betrieb wird weniger blaugemacht.
 − Fluktuation: Aus einem gut geführten Unternehmen/Betrieb bewerben sich weniger Spitzenkräfte weg.
 − Bewerberzahlen: Gut geführte Unternehmen/Betriebe sind für Spitzenkräfte interessant.
 − Qualität der Produkte: Motivierte Mitarbeitende gehen mit mehr Verantwortung und Sorgfalt an ihre Arbeit.
 − Reputationsmanagement: Ein guter Ruf (s. u.) wirkt auch auf die Mitarbeitenden.
b. Bezogen auf die Kunden, z. B.:
 − Gesamtergebnis: Zufriedene Kunden bezahlen Ihre Leistung zuverlässiger.
 − Kundenbindung: Zufriedene Kunden kommen auch in Zukunft wieder auf Sie zu.
 − Markterweiterung: Zufriedene Kunden empfehlen Sie weiter.
 − Gewährleistungskosten: Qualitativ hochwertige Produkte und sorgfältige Kundenpflege verursachen langfristig weniger Kosten.
c. Bezogen auf Produkte und Lieferanten, z. B.:
 − Brandmanagement: Ein Produkt oder eine Marke, die einen guten Ruf hat, erreicht mehr Kunden.
 − Produktionskosten: Motivierte Mitarbeitende produzieren mit mehr Sorgfalt.
 − Produktmanagement: Ist Ihr Unternehmen/Betrieb im ethischen Verhalten vorbildlich, kaufen die Kunden Ihre Produkte lieber.
 − Transaktionskosten: Wer auf Vertrauen setzt, braucht weniger Verträge.
d. Bezogen auf die Gesellschaft, z. B.:
 − Berichterstattung in den Medien: Gelten Sie als vorbildliches Unternehmen/ Betrieb in der Lokal- oder Fachpresse, werden Kunden auf Sie aufmerksam.
 − Reputationsmanagement: Kümmern Sie sich am Standort auch um nicht-betriebliche Fragen, erarbeiten Sie sich einen guten Ruf.
 − Krisenmanagement: Geraten Sie in ökonomische Schwierigkeiten, hilft Ihnen manchmal Ihre gute Stellung in der Öffentlichkeit/Gesellschaft, um Krisen zu meistern.
 − Zertifikate: Haben Sie bestimmte Auszeichnungen oder Zertifikate ist das auch für Ihre Kunden interessant.

e. Bezogen auf die Kapitalgeber (insbesondere bei Aktiengesellschaften), z. B.:
- Börsenkurs: Der Ruf Ihres Unternehmens hat Einfluss auf den Kurs Ihrer Aktie.
- erfolgreiche Vermarktung: Investoren fragen nach, bei wem sie investieren; Krisenanfälligkeit (auch im Hinblick auf die Reputation oder auf die innere Struktur des Unternehmens) wird zu Ihrem Nachteil.
- Stabilität der Aktionärsstruktur: Vorbildliche Unternehmen werden von Aktionären mit Treue belohnt.
- Berichterstattung in den Medien: Wird über Sie wegen Ihres gesellschaftlichen Engagements positiv berichtet, stärkt das Ihre Stellung im Kapitalmarkt.

Mit anderen Worten: Die Investition in ethisch wünschenswertes Verhalten amortisiert sich mittelfristig – und zwar messbar. Über solche Kennzahlen (die erweiterbar sind) wird es Ihnen möglich, die ethischen Maßnahmen, die Sie in Ihrem Betrieb oder in Ihrem Unternehmen anwenden, in einem Prozess der Wirtschaftlichkeitsrechnung mittelfristig zu analysieren und deren Ertrag zu prognostizieren.

___

Zusammenfassung

Herkömmlich trennt die Management-Literatur zwischen harten und weichen Erfolgsfaktoren. Da diese sich immer gegenseitig bedingen, wird diese Trennung hier aufgegeben. Anhand von klassischen Kennzahlen aus der Betriebswirtschaftslehre und Unternehmensführung lässt sich auch Ethik als mittelfristiger Erfolgsfaktor messbar machen.

Individualebene: Ethik für die Führungskraft

5.1 Das Individuum in Systemzusammenhängen

5.1.1 Die Prägung des Individuums

Der Mensch steht in sozialen Beziehungsgeflechten und -systemen. Dies beginnt im Kontakt mit der Familie, in der man unmittelbar aufeinander bezogen ist. Nach den familiären Beziehungen kommen die Beziehungen zu Freundinnen und Freunden, dann zum weiteren Umfeld: Schule, Arbeit, Beruf.

Das heißt auf der einen Seite: Der Mensch ist ein Wesen, das immer in Beziehung zu anderen Menschen steht, genauer, das sich dadurch erst selbst bestimmen kann – in Abgrenzung zu den anderen Menschen. Zugleich spricht man in der wissenschaftlichen Diskussion nicht nur in der Ethik vom Individuum (lat. für das *Unteilbare*, griech. *átomos).* Gemeint ist damit, dass der Mensch, obschon er immer in sozialen Beziehungen lebt, zugleich immer ein eigenes Wesen mit eigenen Gedanken, Gefühlen und Charakter ist, die sich erst in Abgrenzung zu dem sozialen Umfeld herausbilden. Biologisch ausgedrückt: Jeder Mensch ist in seiner genetischen Zusammensetzung einmalig. Der Begriff Individuum betont also den einzelnen Menschen in seiner Würde, die er als Einzelwesen hat.

Der Mensch besitzt ein gewisses Maß an Freiheit für individuelle Entscheidungen, steht aber zugleich immer in Bezug zu dem ihn umgebenden Umfeld, das auf ihn Einfluss nimmt, oder Einfluss genommen hat. Diese Wechselwirkung von Selbstbestimmung (griech. *Autonomie*) und von fremden (d. h. von außen) kommenden Einflüssen ist für die ethische Wertbildung wichtig. Wenn die äußeren Ein-

© Springer Fachmedien Wiesbaden 2015
D. Dietzfelbinger, *Praxisleitfaden Unternehmensethik,*
DOI 10.1007/978-3-8349-4711-6_5

flüsse so dominant werden, dass das Individuum danach seine ethischen Entscheidungen ausrichtet, spricht man von *Heteronomie, also* von Fremdbestimmung. Woher aber kommen Wertvorstellungen, Traditionen, die normativen Einfluss auf das Handeln des Menschen haben? Zunächst kommen diese Vorgaben aus Kindheit und Jugend. Die Erziehung durch Eltern, durch das familiäre Umfeld, später durch die Schule prägen langfristig Denken und Handeln. Die Erziehung, die dem einzelnen Menschen zuteil wird, beeinflusst im hohen Maße die eigenen Einstellungen zu Werten oder Normen, wie überhaupt zu Gedanken, Ideen und Systemen.

> ▶ **Nehmen Sie sich einen Moment Zeit** und denken Sie über folgende Fragen nach: Welche Werte haben Sie von Ihren Eltern mit auf den Weg bekommen? Welche Werte hatten Ihre Eltern von Ihren Großeltern übernommen? Welche Werte Ihrer Eltern geben Sie an Ihre Kinder weiter? Welche Werte Ihrer Eltern sind heute nicht mehr wichtig für Sie und warum?
> Haben Ihre Kinder bereits neue Werte entdeckt?

Neben den kindlichen Prägungen durch Eltern und Familie und den jugendlichen Prägungen durch Schule und Ausbildung spielt etwa auch der erste Chef oder die erste Chefin in Betrieb und Unternehmen eine Rolle, gerade wenn es um Ihr individuelles Führungsverhalten geht. Der Mensch ist also nie frei von Prägungen durch sein Umfeld. Aber: Erst in der Auseinandersetzung mit diesen Werten und Themen kann das Individuum seine Selbstbestimmung vollziehen.

Zugleich prägt jeder Mensch, prägen auch Sie Ihr Gegenüber, Ihre Kinder, Ihr berufliches Umfeld durch Ihre Art und Weise, wie Sie im jeweiligen Kontext auftreten. Wichtig ist, dass Sie sich dessen bewusst sind: Sie sind sowohl aufnahmebereit für neue Ideen, neue Einflüsse, neue Prägungen von außen und zugleich wirken Sie auf Ihr Umfeld ein: Systeme bedingen sich gegenseitig.

> ▶ **Nehmen Sie sich einen Moment Zeit** und denken Sie an Ihren ersten Chef, Ihre erste Chefin im betrieblichen Umfeld: Was haben Sie von ihm, von ihr gelernt? Wo haben Sie sich geärgert (oder ärgern sich noch heute)? Was haben diese Erfahrungen mit Ihrem jetzigen Führungsstil zu tun? Hat er oder sie Sie entscheidend geprägt (positiv oder negativ, d. h. in Abgrenzung), was Ihr Führungsverhalten betrifft?

Was heißt das für die Ethik? Im Blick auf die ersten Prägungen durch Eltern und Familie wandelt sich das Bewusstsein: Mit dem Älterwerden – das heißt zunächst bei Heranwachsenden mit Pubertäts- und Adoleszenzphase – beginnt der Mensch darüber nachzudenken, was die ersten Prägungen für Leben und Handeln bedeuten. Erinnern Sie sich an das Beispiel: Das Kind, das älter wird und darüber nachdenkt, warum es nicht lügen soll. Die Wertvorgabe, die Regel, die von Ihnen kam, übernahm Ihr Kind im Beispiel zunächst, ohne intensiv darüber nachzudenken. Mit der Zeit aber dachte Ihr Kind darüber nach und setzte sich eine eigene Regel. Der Mensch reflektiert, nimmt also innerlich oder äußerlich Stellung zu den von außen auf ihn zukommenden Wertprägungen, und entfaltet aufgrund dieser Auseinandersetzung sein eigenes Werteprofil, sein ethisches Bewusstsein.

Aus, mit und während dieser Auseinandersetzung entwickelt der Mensch *Kriterien für sein Handeln*. Das heißt, dass Wertvorstellungen nicht aus dem Nichts entstehen, sondern ein Prozess der Lebenserfahrung sind. Maßstäbe für *Güterabwägungen* entstehen im Laufe der Auseinandersetzung mit der eigenen Biographie und mit den Menschen, die das eigene Leben und die eigene Persönlichkeit geprägt haben. Auch die Intuition spielt hier eine entscheidende Rolle, wobei immer noch umstritten ist, wie *Intuition* zu erklären ist. Hier wird Intuition als verdichtete Erfahrung verstanden.

▶ **Nehmen Sie sich einen Moment Zeit** und denken Sie darüber nach, welches die drei wichtigsten Werte sind, nach denen Sie Ihr Handeln ausrichten. Gelingt Ihnen das in der Praxis immer? Wann und wie stoßen Sie auf Grenzen bei der Alltagsumsetzung Ihrer Werte?

Neben diesen individuellen Werten und Kriterien, die das Handeln eines einzelnen Menschen leiten, gibt es *gesellschaftliche Werte*, die sich als allgemeiner Erfahrungsschatz in einer Gemeinschaft als sinnvoll oder notwendig herausgestellt haben, um das Leben der Menschen untereinander zu regeln (nach der Definition also moralische Werte). Auch diese Werte beeinflussen das individuelle Handeln des Menschen, oft auch dann, wenn sich das Individuum dessen gar nicht bewusst ist.

5.1.2 Gesellschaftliche Regeln und Erwartungen

Stellen Sie sich folgende Situation vor: Sie sind Führungskraft in einem mittelständischen Betrieb. Heute ist Ihr Hochzeitstag. Sie rufen Ihren Chef an und sagen ihm, dass Sie später ins Büro kommen, um mit Ihrem Ehepartner oder -partnerin zu frühstücken – solche Ausnahmen genehmigt Ihr Chef an besonderen Tagen! Auch Ihre Mitarbeitenden informieren Sie. Nachdem dies geklärt ist, machen Sie sich daran, das Frühstück vorzubereiten. Sie gehen zum Bäcker, um frische Brötchen zu holen. Der Bäcker liegt drei Straßen weiter, sie müssen dabei eine Ampel überqueren.

In einer solchen Situation wechseln Sie innerhalb von Minuten die Rollen: Als Sie beschließen, mit den Jahrestag zu feiern, sind Sie in der Rolle des Partners oder der Partnerin, also in einer vorderhand privaten Rolle. Als Sie mit Ihrem Chef telefoniert haben, um ihm anzukündigen, dass Sie später kommen, waren Sie in der *Rolle der Mitarbeiterin oder des Mitarbeiters.* Unmittelbar darauf, als Sie einen Ihrer Mitarbeitenden informiert haben, *Chef* und *Führungskraft.* Auf dem Weg zum Bäcker sind Sie zunächst *Verkehrsteilnehmer*, wenn Sie als Fußgänger an der Ampel stehen. Nun haben Sie die Regeln des Straßenverkehrs zu beachten, damit ein gutes Auskommen im Straßenverkehr gewährleistet ist. Zeigt die Fußgängerampel grün, gehen Sie davon aus, dass die Autos anhalten werden. Unbewusst, gewohnheitsmäßig verlassen Sie sich auf Regeln (in dem Fall des Straßenverkehrs). Kommen Sie beim Bäcker an und wickeln dort das Geschäft ab, werden Sie zum *Konsumenten.* Als Teil der wirtschaftlichen Struktur der Gesellschaft wird nun von Ihnen erwartet, dass Sie ein Produkt (die Brötchen) kaufen und dafür dem Bäcker, der dafür eine Leistung erbracht hat, Geld geben.

Für den sozialen Kontakt gelten mithin Regeln, die sich in der Geschichte als *funktionsunterstützend* erwiesen haben, in diesem Fall etwa zunächst die hierarchischen Regeln in Ihrem Betrieb, dann die Verkehrsregeln und schließlich der Schutz des Eigentums und der Austausch von Waren. Dazu kommt der letztlich sozial-kulturell geprägte Anlass. Es wäre Unsinn, müsste man diese Regeln jeweils neu verhandeln. Stellen Sie sich vor, Sie müssten – bevor Sie die Straße überqueren – zuerst mit dem Autofahrer diskutieren, wer zuerst passieren dürfte. Oder Sie gingen zum Bäcker und fingen an, dort um den Preis der Brötchen zu feilschen, während hinter Ihnen eine Schlange hungriger Menschen unruhig wird. Gewissen Regeln, allgemein gültig und weitgehend akzeptiert, unterwirft sich der Mensch notwendigerweise, damit eine Gesellschaft funktionieren kann.

Mit anderen Worten: Sie stehen mit Ihren *individuellen Prägungen* aus Kindheit, Schule und Ausbildung zugleich immer in Beziehung zu *gesellschaftlichen Regeln und Werten*, die Ihr individuelles Leben beeinflussen. Hier kommen Regeln und Anforderungen auf Sie zu, deren Erfüllung von der Gesellschaft erwartet wird und die Sie meist automatisch befolgen.

▶   **Nehmen Sie sich einen Moment Zeit** und denken Sie an die (ungeschriebenen) Regeln, die in Ihrem Betrieb oder in Ihrem Unternehmen herrschen. Erweisen sich diese Regeln als funktionsunterstützend oder eher hinderlich? Wenn hinderlich, warum versucht dann keiner, diese Regeln außer Kraft zu setzen?

Beim Einhalten gesellschaftlicher Regeln geht es nicht um Willkür, sondern um das Funktionieren einer Gemeinschaft von Individuen. Das geht nur, wenn die

Mehrheit bestimmte Regeln befolgt. Regeln sind *überindividuelle Institutionen,* die für die oder den Einzelnen entlastend wirken. Sie helfen in Situationen, in denen sich der Mensch in sozialen Kontakt begibt. Wenn Sie als Fußgängerin oder Fußgänger bei Grün über die Straße gehen wollen, müssen Sie nicht erst die Autofahrenden fragen, ob Sie über die Straße gehen dürfen, sondern Sie verlassen sich auf die Verkehrsregeln. Regeln, geschrieben wie ungeschrieben, existieren überall dort, wo der Mensch in ein soziales Umfeld tritt.

Das gilt auch für Sie als Führungskraft im Unternehmen oder Betrieb: Zum einen agieren Sie dort als Individuum mit den Werten und Prägungen, die Sie aus Ihrer Biographie mitgebracht haben, zum anderen sind Sie den Einflüssen ausgesetzt, die das unmittelbare Umfeld auf Sie hat. Wie Sie Ihre individuellen Werte und Prägungen im Beruf leben und gestalten, zeigt sich insbesondere bei der Art und Weise, wie Sie Ihre Mitarbeitenden *führen.*

Zusammenfassung

Der Mensch ist in seinem Wesen und in seiner Würde einmalig und unteilbar (Individuum); zugleich steht er in Beziehungen zu seinem sozialen Umfeld, das auf ihn Einfluss nimmt. Neben diesen individuellen Einflüssen gibt es gesellschaftliche Regeln, die das Leben bestimmen, zugleich aber auch das Funktionieren einer Gesellschaft garantieren.

5.2 Führung und Ethik: Grundsatzfragen

5.2.1 Womit Führung zu tun hat

Führung hat es mit Visionen zu tun, aus denen Sie Ziele ableiten oder aus denen heraus Ihnen Ziele vorgegeben werden. Führung ist eine bestimmte *Handlung,* mit der Sie darauf hinwirken, dass *einzelne Menschen* oder eine *Gruppe* (Abteilung, Team) bestimmte *Ziele* (vorgegeben, selbst entwickelt/gesetzt) in die Tat umsetzen. Dieses Ziel kann die Durchführung eines bestimmten Projektes sein (z. B. *Prozessoptimierung xy),* das Erreichen bestimmter Kennzahlen (z. B. *Controlling, Vertrieb etc.)* oder die Verbesserung eines bestimmten Zustandes (z. B. *Durchführungsquote des Mitarbeitergesprächs)* sein.

Führung hat zu tun mit *Zielvorgaben, Klarheit* und *Überzeugungskraft.*

Damit Ihre Mitarbeitenden das Ziel erreichen können, gehört es zur Führung, im Rahmen der Gruppe oder des Teams die geeigneten Wege zur Erreichung des Ziels zu besprechen. Dabei kommt es darauf an, dass die Mitarbeitenden je ihre

Wege gehen können, zugleich müssen Sie als Führungskraft Methoden bereitstellen, mit denen Ihre Mitarbeitenden das Ziel leichter erreichen.
Führung hat zu tun mit *Methoden* und *Instrumenten.*

Damit Sie ein Team oder eine Gruppe zu einem Ziel führen können, müssen Sie die sozialen Beziehungen beachten, auf unterschiedlichen Ebenen: Zum einen spielen die sozialen Beziehungen, die Sie als Führungskraft zu Ihren Mitarbeitenden haben (den einen mögen Sie mehr, die andere weniger), eine Rolle. Sie müssen sich im Klaren über diese Beziehungen sein! Das heißt: Sie müssen wissen, wem Sie mit Sym- und wem Sie mit Antipathien begegnen. Erst wenn Sie sich darüber im Klaren sind, werden Sie sich in einer professionell bedingten Situation davon nicht beeinflussen lassen. Sie müssen darüber hinaus die sozialen Beziehungen beachten, die sich innerhalb der Gruppe oder eines Teams ergeben (die Beziehungen der Mitarbeitenden untereinander). Es ist zum Beispiel nicht produktiv, zwei Mitarbeitende, die sich nicht riechen können, zusammen in ein wichtiges Projekt zu schicken, wenn deren Auseinandersetzung ein Team lähmt statt produktive Spannung zu erzeugen. Zugleich geht es bei sozialen Beziehungen auch um Fragen der Hierarchie, also der Über- und Unterordnung in einem Team, das sich dem Willen und den Vorgaben der Führungskraft fügen soll.

Führung hat zu tun mit *Menschenkenntnis* und *Einfühlungsvermögen* wie mit profunder *Selbstprüfung.*

Doch mit der Vorgabe der Ziele, der möglichen Bereitstellung von Methoden und dem Management der sozialen Beziehungen ist es nicht getan. Führung ist zu einem großen Teil *Motivation.* Denn die Geführten müssen nicht nur Sinn und Zweck des vorgegebenen Ziels einsehen, sondern auch emotional bereit sein, für dieses Ziel (das sich das Team vielleicht nicht selbst gesetzt hat, sondern von außen vorgegeben wurde) zu arbeiten und sich einzusetzen.

Führung hat zu tun mit *Psychologie.*

Mit anderen Worten: Führung ist nicht nur mechanisches Handwerkszeug, sondern ein Mix aus Werthaltung, Methoden, Menschenkenntnis und Fingerspitzengefühl. Das macht Führung schwierig: Denn als Führungskraft und Vorgesetzter greifen Sie in die Arbeits- und Lebenswelt Ihrer Mitarbeitenden ein. Manchmal hat das zur Folge, dass Sie indirekt in das Privatleben hineinwirken, etwa, wenn Sie für ein befristetes Projekt Ihre Mitarbeitenden bitten, Überstunden zu machen oder einen Tag vom Wochenende zu opfern. Das setzt voraus, dass Ihre Rolle als Führungskraft anerkannt wird – es geht bei Führung auch um Ihre Autorität! Stellen Mitarbeitende Ihre Autorität in Frage, wird es Ihnen nicht gelingen, erfolgreich zu führen. Allenfalls erreichen Sie, dass Ihre Mitarbeitenden Dienst nach Vorschrift machen. Ihre Autorität wäre eine rein bürokratische (man erkennt Sie an, weil Sie

in der Hierarchie höher angesiedelt sind und demnach eine gewisse Macht haben).
Von Teamgeist und Motivation kann hier keine Rede sein.
Führung hat zu tun mit *Autorität*.
Schließlich gehört zum Thema Führung das Umfeld. In einem Betrieb mit einer
positiven Stimmung werden Sie anders führen und Sie selbst als Führungskraft anders wahr genommen, als in einem Unternehmen, in dem die Stimmung schlecht ist.
Führung hat also mit der *Kultur des Unternehmens* zu tun.
Hinter diesen verschiedenen Aspekten der Führung steht schließlich grundle-
gend die Frage, mit welchem Menschenbild und auf Basis welcher Wertgrundla-
gen, also aus welcher Haltung heraus Sie Ihre Mitarbeitenden führen. Diese im-
pliziten oder expliziten Wertvorgaben, die Sie als Mensch mit in den Berufsalltag
einbringen, und die dementsprechend auch Ihr Verhalten, Ihr Handeln und Nicht-
Handeln steuern, sind Teil Ihres moralischen und ethischen Bewusstseins, Ihres
Ethos. Das aber heißt im ganz eminenten Sinn:
Führung hat mit *Ethik* zu tun.

▶ **Nehmen Sie sich einen Moment Zeit** Machen Sie sich eine Skala,
auf der sie die oben genannten unterschiedlichen Faktoren anordnen:
Welcher Faktor spielt in Ihrem betrieblichen Alltag die größte Rolle?
Welchem würden Sie gerne eine größere Rolle zuweisen? Warum? Was
können Sie dafür tun? Was würde passieren, wenn Sie die Faktoren alle
außer Acht ließen?

In Ihrer betrieblichen Alltagssituation geht es darum, dass Sie sich bewusst werden,
in welchem internen und externen Kontext Ihr Führungsverhalten steht. Basierend
auf den genannten verschiedenen Aspekten der Führung lassen sich schematisch
vier Bausteine ausmachen (Abb. 5.1).

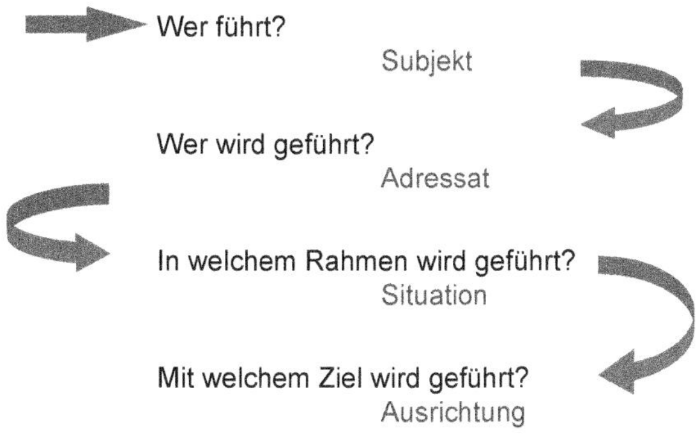

Abb. 5.1 Bausteine der ⟹ Wer führt?
Führung   Subjekt

                          Wer wird geführt?
                                     Adressat

                 In welchem Rahmen wird geführt?
                                     Situation

                 Mit welchem Ziel wird geführt?
                                     Ausrichtung

5.2.2   Bausteine der Führung

Aus den vier Bausteinen *Subjekt, Ziel, Adressat und Situation* ergibt sich das *Wie* der Führung, also der *Führungsstil.* Führungsstil ist die Art und Weise, wie Sie als Führungskraft *(Wer?)* Ihre Mitarbeitenden *(Adressaten)* in der Abteilung, im Team, im Betrieb, im Unternehmen *(Situation)* oder in anderen Institutionen auf ein bestimmtes *Ziel* ausrichten.

Was bedeutet das?

Zunächst zum Subjekt der Führung, also zur Frage nach dem Wer. Hier geht es um die sogenannten *positionalen Aspekte* der Führung, also darum, wie Posten und Fachgebiete hierarchisch in Ihrem Team verteilt sind. Folgende Fragen sind damit zum Beispiel gemeint:

- *Autorität:* Sind Sie als Führungskraft anerkannt oder müssen Sie Ihre Autorität durch besondere Maßnahmen (positiv wie negativ) bei den Mitarbeitenden sichern? Ist Ihre Autorität nur eine abgeleitete (aus der Funktion, Hierarchie) oder haben Sie eine natürliche Autorität?
- *Berechtigung:* Sind Sie als Führungskraft zu Recht an dieser Stelle? Sind Sie aus fachlichen Gründen an diese Stelle gekommen oder wegen Ihrer Management-Qualifikationen? Oder in einem Team gleichrangiger Mitarbeitenden: Wer übernimmt die Leitungsfunktion und warum? Wurde er vom Team gewählt? Hat die oder der Vorgesetzte sie oder ihn als Teamleader eingesetzt? Hat sie oder er selbst die Führung des Teams an sich gerissen?
- *Rangordnung:* Welche hierarchischen Ebenen haben Sie als Führungskraft noch über sich? Wie sind die Positionen in Ihrem Team, in Ihrer Abteilung besetzt? Gibt es im Team oder in der Projektgruppe offizielle Rangunterschiede (Abteilungsleiter/in, Referatsleiter/in, Sachbearbeiter/in)? Spielen die unterschiedlichen hierarchischen Positionen bei dem Projekt/bei der Aufgabe/im Führungsalltag eine Rolle? Wenn ja: latent oder manifest?
- *Zuständigkeiten:* Wer darf was in Ihrem Team (unterschreiben, anweisen, delegieren)? Wer soll was tun? Wer berichtet an Sie als Führungskraft?

Bei dem Blick auf das Ziel, zu dem Sie als Führungskraft Ihre Mitarbeitenden führen wollen, tritt der funktionale Baustein der Führung in den Vordergrund. Dabei geht es um folgende Detailfragen:

- *Ziele setzen:* Haben Sie als Führungskraft das Ziel klar formuliert (egal, ob es Ihnen wiederum vorgegeben war oder das Team es entwickelt hat oder Sie es gesetzt haben)? Wissen Ihre Mitarbeitenden, wer was wann zu tun hat und warum? Haben Sie die Vision klar gemacht? Ist Ihre Haltung zu dem Ziel/den Zielen authentisch?

- *Planen:* Haben Sie als Führungskraft das Ziel und dessen Erreichen in Abstimmung mit Ihrem Team klar strukturiert (Zeitplan, Verantwortungszuweisung, Meilensteine etc.)? Zwar sollten Sie nie das Große, also Ihre Vision, aus den Augen verlieren, aber bei bestimmten Projekten ist es sinnvoll, Teilziele und -schritte zu formulieren, die Sie gegebenenfalls mit Ihren Mitarbeitenden besprechen. Aber Achtung! Wenn Sie zu viel kontrollieren, fühlen sich die Mitarbeitenden gegängelt und verlieren die Motivation. Je freier Mitarbeitende arbeiten können, desto motivierter sind sie. Hier ist Ihr Fingerspitzengefühl gefragt.
- *Entscheiden:* Haben Sie Fragen geklärt und sind Sie bereit, während eines Prozesses klare Entscheidungen zu treffen? Überprüfen Sie sich, denn in kritischen Situationen erwarten die Mitarbeitenden von Ihnen, dass Sie als Führungskraft entscheiden (das ist manchmal leichter gesagt als getan!).
- *Delegieren:* Haben Sie die Aufgaben gut verteilt? Delegation ist eine der wichtigsten Aufgaben einer Führungskraft und dabei gilt: Je mehr Sie delegieren können, desto besser. Verabschieden Sie sich von der Vorstellung, dass Sie selbst alles am besten können! Schließlich haben Sie ein Team/eine Abteilung/ einen Betrieb mit ausgezeichneten Mitarbeitenden!
- *Kontrollieren:* Wissen Sie, wie weit Ihr Team oder Ihre Gruppe mit dem Projekt ist? Bis zu einem gewissen Maß ist es notwendig, Ihre Mitarbeitenden bei Ihren Arbeitsfortschritten zu kontrollieren (s. o.). Kontrolle heißt, dass Sie entsprechende Zielvorgaben zusammen mit Ihren Mitarbeitenden überprüfen. Kontrolle heißt im Normalfall nicht, Ihren Mitarbeitenden ständig über die Schulter zu schauen. Der Respekt vor dem Menschen gebietet, dass Sie Ihre Mitarbeitenden als eigenständige Personen mit Herz und Verstand wahrnehmen und entsprechend behandeln. Wenn es bei bestimmten Mitarbeitenden notwendig wird, dass Sie häufiger nach der Durchführung einzelner Arbeitsschritte fragen müssen, dann versuchen Sie es auf motivierende Weise. Dazu gehört, die Mitarbeitenden für erreichte Ziele und Schritte zu loben.

Neben dem funktionalen Blick auf die Ziele und deren Erreichung treten die sozialen Beziehungen (Adressaten) in den Vordergrund, denen Sie als Führungskraft gleichermaßen Aufmerksamkeit widmen sollten. Denn auf dieser – häufig etwas diffusen und schwer durchschaubaren – Ebene entscheidet sich der Erfolg einer Führungssituation. Neben Ihren fachlichen Fähigkeiten sind – wie oben angedeutet – auch psychologische Fähigkeiten gefragt. Denn es geht um:

- *Helfen und Begleiten:* Sind Sie ansprechbar, wenn das Team oder einzelne Mitarbeitende auf Schwierigkeiten stoßen? Wenn Sie wollen, dass Ihre Mitarbeitenden zusammen mit Ihnen das Ziel erreichen, dann müssen Sie führen als *begleiten* verstehen. Sie geben als Führungskraft die Leitplanken vor, an denen sich Ihre Mitarbeitenden orientieren können. Begleiten heißt auch, in kritischen Situationen Ihren Mitarbeitenden den Rücken zu stärken.

- *Beraten:* Fühlen sich Ihr Team sowie Ihre Mitarbeitenden von Ihnen ernst genommen? Als Führungskraft haben Sie im Normalfall mehr Erfahrung als Ihre Mitarbeitenden. Gerade bei jüngeren Mitarbeitenden ist es wichtig, dass Sie – auf fachlicher Ebene! – Hilfestellung anbieten. Dabei geben Sie nicht die Inhalte vor, sondern setzen beratende Meilensteine, die Ihren Mitarbeitenden helfen, das Projekt oder die Aufgabe zu erfüllen.
- *Fördern:* Unterstützen Sie Ihre Mitarbeitenden in und außerhalb von Projekten? Ihre Mitarbeitenden erwarten, dass Sie sie fördern, sowohl bei einzelnen Arbeitsprojekten wie im allgemeinen Berufsleben. Ihre Aufgabe als Führungskraft ist es, Ihren Mitarbeitenden diese Förderungen (Weiterbildung, Beratung) zu ermöglichen.
- *Schützen:* Wie verhalten Sie sich, wenn Ihre Vorgesetzte oder Ihr Vorgesetzter eine Person Ihrer Abteilung kritisiert? Halten Sie im Zweifelsfall die Hand über Ihre Leute? Mitarbeitende sind Ihnen beruflich anvertraut, Sie haben Fürsorgepflicht für sie. Das heißt auch, dass Sie sich im Normalfall schützend vor Ihre Mitarbeitenden stellen müssen. Macht jemand aus Ihrer Abteilung oder Betrieb einen Fehler, müssen Sie dieser Person im Normalfall die Chance geben, aus dem Fehler zu lernen, um diesen nicht noch einmal zu begehen. Oder, wie es der Managementberater *Fredmund Malik* ausdrückt: *Fehler der Mitarbeiter sind Fehler des Chefs. Fehler des Chefs sind Fehler des Chefs.*
- *Schlichten:* Kümmern Sie sich ausreichend darum, dass Ihr Team oder Ihre Abteilung an einem Strang zieht? Ein wichtiger sozialer Aspekt der Führung ist es, Ihr Team, Ihre Abteilung, Ihren Betrieb zur echten Zusammenarbeit zu bringen. Denn nur, wenn Ihre Mitarbeitenden an einem Strang ziehen, werden Sie zusammen Erfolg haben. Das heißt, bei Reibungen und Spannungen zu schlichten (Konfliktmanagement). Dabei geht es um Fingerspitzengefühl: Gewisse Reibungen können produktiv sein. Ihre Aufgabe ist es zu spüren, zu welchem Zeitpunkt solche Reibungen ins Negative drehen und ein Team oder eine Abteilung hemmen statt fördern.

Zum Thema Führung und Fehlermanagement kursiert bei Seminaren und Vorträgen immer wieder eine schöne Geschichte, deren Ursprung leider nicht ermittelt werden konnte. So diese Geschichte denn nicht wahr ist, ist sie doch schön erfunden:

Eine schöne Geschichte ...
Ein Mitarbeiter einer Firma setzt in der Probezeit ein Projekt in Höhe von 50 000 Euro in den Sand. Völlig geknickt erzählt er seinem Vorgesetzten von der Geschichte, bereit, seine Papiere bei der Personalabteilung abzuholen. „Ich soll Sie jetzt entlassen?", fragt der Chef überrascht, „jetzt, wo ich gerade 50 000 Euro in Ihre Ausbildung investiert habe?"

Betrachtet man schließlich noch die Situation, in der Sie führen, so sind folgende Aspekte zu betrachten:

- *Bürokratie:* Wie viel Freiheit gibt es für Sie und Ihr Team? Welche bürokratischen Hürden sind zu nehmen, welche Grenzen zu beachten? Wie weit können Sie sich mit Ihrem Team über Regeln hinwegsetzen? Wie wichtig ist Ihnen die Bürokratie?
- *Klima und Kultur:* Hören Sie gelegentlich Flurfunk? Je nach Stimmung in Betrieb oder Unternehmen, wird Ihnen das Führen leichter oder schwerer fallen. Sie müssen darauf achten, wie Ihre Mitarbeitende die Stimmung im Unternehmen wahrnehmen und auf sich wirken lassen. Glauben Sie nicht, dass Ihr persönlicher Eindruck der allgemeinen Stimmung entspricht, der Flurfunk wird Sie schnell eines Besseren belehren.

▶   **Nehmen Sie sich einen Moment Zeit** Nun haben Sie eine Reihe von Bausteinen der Führung kennen gelernt, die Sie sich immer wieder vor Augen führen sollten. Machen Sie sich eine Skala, auf der Sie die Bausteine anordnen: Wie sind bei Ihnen diese Bausteine gewichtet? Welcher Aspekt ist in Ihrem Führungsalltag am wichtigsten? Welchem Aspekt würden Sie gerne eine größere Rolle zuweisen? Warum? Was können Sie dafür tun?

5.2.3   Besondere Anforderungen an Führungskräfte

Als Führungskraft im Betrieb und Unternehmen haben Sie besondere Verantwortung. Sie treffen Entscheidungen, müssen bestimmte Vorgaben Ihrer Vorgesetzten erfüllen. Stehen Sie an der Spitze eines Unternehmens egal welcher Größe, müssen Sie die Richtung des Unternehmens für die Zukunft entwickeln (Strategie). Und: Als Führungskraft haben Sie Verantwortung für Mitarbeitende. Sie müssen diese motivieren, fordern und fördern, in Konfliktfälle gegebenenfalls mit entsprechenden Sanktionen belegen.

Zum einen kommt es bei Ihrer Leistung als Führungskraft darauf an, wie erfolgreich Ihr Handeln in Bezug auf den *wirtschaftlichen Erfolg* des Unternehmens ist (strategeische Perspektive). Zum anderen werden Sie danach beurteilt, wie Ihr *Umgang mit Mitarbeitenden, Kolleginnen* und *Kollegen* sowie mit *Vorgesetzten* ist. Die einschlägige Management-Literatur vermittelt, dass beide Eigenschaften, die soziale Fähigkeit wie der unternehmerische und ökonomische Geist im gleichen Rang stehen, also nur miteinander betrachtet werden können.

Denn es geht bei den sozialen Fähigkeiten nicht nur um die Pflege von gutem Kontakt, um ausgeglichenes Konfliktmanagement und den Respekt vor Mitarbeitenden, sondern es geht auch um die Frage, inwieweit Sie als Führungskraft dazu in der Lage sind, Ihre Mitarbeitenden zu motivieren. Das hier häufig der Begriff *soft skills* fällt, ist unglücklich, weil man damit zunächst Weichheit, Betroffenheit assoziiert. Gleichwohl sind diese Fähigkeiten keineswegs weich, sondern für gut motivierte Mitarbeitende entscheidend – damit aber auch gleichbedeutend mit analytischen und ökonomischen Kompetenzen. Neben ökonomischer und fachlicher Kompetenz wird also von Ihnen als Führungskraft verlangt, dass Sie sich in die Mitarbeitenden einfühlen können, um diese zur vollen Arbeitsleistung motivieren zu können. Bezahlung oder andere materielle Incentives sind dabei nicht entscheidend. Diese sind wichtig, verlieren aber spätestens nach einem halben Jahr ihre motivierende Wirkung. Achten Sie einmal darauf, wie Kollegen, die sich aus welchen Gründen auch immer, in einem Betrieb oder Unternehmen nicht mehr wohl fühlen, von ihrem Gehalt reden: Meist fällt der Begriff Schmerzensgeld. Viel Motivation können Sie bei solchen Mitarbeitenden nicht abrufen!

Führungsleitbilder oder *Anforderungen an Führungskräfte,* die von Unternehmen oder Betrieben intern und extern publiziert werden, beschreiben meist eine Palette von Eigenschaften und Fähigkeiten, die eine Führungskraft haben sollte. Die in solchen Katalogen geforderten Eigenschaften und Fähigkeiten klingen häufig ähnlich, sind also in einer gewissen Form austauschbar. Die im Folgenden dargelegte Übersicht spiegelt das Grundgerüst solcher Anforderungen an Führungskräfte wider.

5.2.4   Anforderungen Führungskräfte (schematisch)

Eine Führungskraft soll ...

... *kritisches Urteilsvermögen besitzen.* Ein kluger Personalentwickler achtet darauf, dass es in einem Unternehmen nicht nur angepasste und hörige Führungskräfte gibt, sondern auch mutige, die sich trauen, ihre Meinung zu sagen. Das allerdings muss das Umfeld (die Unternehmenskultur) auch zulassen.

... *kreativ sein.* Diese Anforderung schließt ein, dass Führungskräfte indirekt oder direkt aufgefordert werden, gegen den Strich zu denken; Kreativität heißt auch, dass Führungskräfte neue Ideen suchen und alternative Denkweisen einzuschlagen bereit sind. Kreativität ist eine Grundvoraussetzung für Innovation in jedweder Hinsicht.

... *Commitment für die Aufgabe haben.* Im Grunde können Sie Ihre Mitarbeitenden nur motivieren, wenn Sie selbst von einer Sache überzeugt sind.

... *loyal* (von franz/lat.: *legalis* = gesetzestreu; treu der Regierung gegenüber) *sein.* Loyalität unterscheidet sich von einer totalen Identifikation mit dem Unternehmen und Betrieb. Loyalität schließt eine kritische Distanz ein, die dem vollständig mit der oder dem Unternehmen und Betrieb Identifizierten abhanden gekommen ist.

... *charakterlich integer sein.* Das geht über eine gesetzliche Integrität hinaus und bezieht sich – implizit wie explizit – auch auf *moralische Prinzipien.* Integrität schließt *fairen Umgang* mit Mitarbeitenden, Kolleginnen und Kollegen sowie Vorgesetzten ein.

... *engagiert sein.* Auch hier gilt Ihre Vorbildfunktion gegenüber Mitarbeitenden: Wenn Sie kein Engagement für ein bestimmtes Projekt oder für eine bestimmte Strategie zeigen, werden das Ihre Mitarbeitenden auch nicht tun.

... *Ausstrahlung besitzen.* Charisma (von griech.: *charisma* = Geist, Ausstrahlung) ist eine Mischung von natürlicher Begabung und erlernbarer Fähigkeit. Als Führungskraft sollten Sie klar ausstrahlen, dass Sie erstens über Ihre Verantwortung Bescheid wissen und zweitens dieser auch jederzeit gerecht werden, ohne dabei überheblich zu wirken.

... *verantwortlich und überzeugend sein.* Wer seine Autorität auf entsprechendes Verhalten aufbauen muss, wird auf Dauer ein Angstklima schaffen, in dem kein kreativer Gedanke möglich ist. Wer überzeugend ist, hat von alleine Autorität.

... *sozialkompetent und charakterfest sein.* Mit dem Handwerkszeug zur Führung alleine ist es nicht getan. Als Führungskraft müssen Sie gegenüber Ihren Mitarbeitenden Fingerspitzengefühl und psychologisches Geschick zeigen. Zugleich müssen Sie Ihre Position klar für sich geklärt haben. Es geht um Ihre Haltung im Blick auf Werte, Mitmenschen und die Organisation.

... *konfliktfähig sein.* Konfliktfähigkeit in der Führung hat zwei Bedeutungen: Zum einen geht es darum, dass Sie als Führungskraft fähig sind, sich mit Mitarbeitenden, Kollegen und Vorgesetzten sachlich auseinandersetzen können, ohne dabei ins Persönliche abzuleiten. Das heißt: Es geht zum einen bei der Konfliktfähigkeit darum, sich auf Konflikte einlassen zu können, ohne dass sie eskalieren.

Konfliktfähigkeit bedeutet zweitens, dass Sie als Führungskraft die Fähigkeit haben, Konflikte bei anderen zu schlichten. Das heißt: Entscheidend ist, dass Sie als Führungskraft erkennen, wo *Konfliktpotenziale* und deren Ursachen liegen. *... offen sein und den Blick über den Tellerrand wagen.* Dabei geht es darum, dass Sie sich als Führungskraft nicht in Details verlieren, sondern immer zugleich den Blick in die Zukunft auf das nächste Projekt oder auf den nächsten strategischen Schritt richten.

▶ **Nehmen Sie sich einen Moment Zeit** und denken Sie darüber nach: Wenn in Ihrem Unternehmen ein Anforderungskatalog an Führungskräfte oder etwas Vergleichbares existiert: Haben Sie diesen schon einmal gelesen? Bewerten Sie nach einer Skala von null bis sechs, wie weit Sie diese Anforderungen erfüllen *(null = gar nicht, sechs = vollständig)*. Wenn Sie mutig sind, dann lassen Sie sich einmal von Ihren Mitarbeitenden nach dem gleichen Schema beurteilen und vergleichen Sie dann Selbst- und Fremdeinschätzung. Sie werden überrascht sein!

Nach dieser Auflistung mögen Sie sich fragen, ob Sie als Führungskraft Supermann oder Superfrau sein müssen. Sie können als Führungskraft nicht in jeder Situation allen Anforderungen in gleicher Weise gerecht werden. Immer wieder werden Sie sich oder Kollegen dabei ertappen, wie sie dem Geforderten nicht entsprechen oder sogar zuwider handeln.

Gleichwohl sind solche Eigenschaften- und Fähigkeitskataloge aus Unternehmen und Betrieben nicht sinnlos, denn sie beschreiben den Sollrahmen, die Leitplanken der Persönlichkeit einer Führungskraft. Leitplanken geben die große Bahn vor und sind zugleich schützende Begrenzungen, damit man nicht aus der Spur kommt. Mit anderen Worten: Anforderungsprofile an Führungskräfte wollen Orientierung geben. Zugleich helfen sie den Personalverantwortlichen bei internen Besetzungen: Denn gerade bei großen Unternehmen fließen solche Kriterien in die persönliche Bewertung von (angehenden) Führungskräften ein – zumindest sollten sie es in einer modernen Personalentwicklung tun.

Als Führungskraft müssen Sie die positiven wie negativen Grenzen eines solchen Soll-Rahmens kennen. Sie sollten sich bewusst sein, dass zwischen Ihrem tatsächlichen Können und Ihren wirklichen Fähigkeiten auf der einen Seite sowie den in solchen Katalogen zusammengestellten Eigenschaften meist eine *Differenz,* eine *Diskrepanz* besteht. Diese Diskrepanz sollte möglichst minimiert werden.

Auch wenn solche Anforderungsprofile zum Teil umstritten sind: Die Orientierungsfunktion, die sie vor allem nach innen haben, ist nicht zu unterschätzen. Unabhängig, wie groß Ihr Unternehmen oder Ihr Betrieb ist, Sie sollten wenigstens einige Grundanforderungen verschriftlicht haben. Denn Sie geben damit Ihren Führungskräften Orientierung. Das gilt auch dann, wenn Sie in einem kleinen Unternehmen arbeiten. Orientierung hängt nicht von der Unternehmensgröße ab! Wenn möglich, erarbeiten Sie solche Führungsanforderungen mit den Führungskräften zusammen! Setzen Sie dafür Workshops und Kommunikationsplattformen ein!

Zusammenfassung

Neben handwerklichen Instrumenten und einer genauen Analyse der Führungssituation geht es bei dem Thema Führung um soziale und psychologische Fähigkeiten und Fertigkeiten, die nur zum Teil trainierbar sind. Normalerweise entwickeln sich solche Fähigkeiten erst im Laufe eines Berufslebens.

Auch Anforderungen an Führungskräfte, die in Leitbildern oder Katalogen von Unternehmen und Betrieben festgeschrieben sind, legen Wert auf eine umfassende Charakterbildung von Führungskräften.

5.3 Beispielhafte Themen der Führungsethik

5.3.1 Grundsätzliches

Bei genauerem Hinsehen zeigt sich, dass bereits in der groben Darstellung möglicher Anforderungsprofile viele Kompetenzen angesprochen sind, die mit ethischen Werten zu tun haben. Denn Ethik als das Nachdenken über die Lebensführung kommt bewusst oder unbewusst ins Spiel, wenn Entscheidungen zu treffen sind. Das bezieht sich auf Entscheidungen gegenüber Mitarbeitenden wie auf Sachentscheidungen. Deswegen hat es Führung mit Ethik zu tun.

▶ **Nehmen Sie sich einen Moment Zeit** und denken Sie darüber nach: Wie würden Sie Ihren Führungsstil nennen? Wie würden Ihre Mitarbeitenden Ihren Führungsstil nennen? Welche Methoden nutzen Sie? Oder nutzen Sie keine erlernten Methoden, sondern begegnen Führungssituationen aus dem Bauch heraus?

Ethische Fragen für Führungskräfte tauchen zunächst im Umgang mit Mitarbeitenden auf. Denn hier geht es in erster Linie um Problem- oder Konfliktsituationen, die von latenten oder manifesten Wertvorstellungen getragen werden. Darüber hinaus gibt es aber auch Sachprobleme, die das Thema Führungsethik betreffen.

Wie kann das Ethos einer Führungskraft näher erläutert werden? Lässt sich ein ethisch wünschenswerter Führungsstil definieren? Das Problem: Es gibt keine allgültigen Checklisten, anhand derer man bei einem ethisch einwandfreien und wünschenswerten Führungsstil einzelne Abschnitte abhaken und anschließend entsprechen beurteilen könnte. Gleichwohl lassen sich bestimmt Elemente eines ethisch wünschenswerten Führungsstils beschreiben.

5.3.2   Verantwortlich führen

Ethik für Führungskräfte hat es im eminenten Sinn mit Verantwortung zu tun. Es geht also darum, wie Sie sich als Führungskraft in bestimmten Situationen verhalten, wie Sie Ihre Mitarbeitenden behandeln und mit welchen Methoden Sie auf das gemeinsame Ziel hinarbeiten. Der häufigste Konfliktfall entsteht dann, wenn Sie zwischen fachlichen und sachlichen Interessen auf der einen Seite und menschlichen, ethischen Werten auf der anderen Seite entscheiden oder einen Zwischenweg finden müssen.

▶   **Nehmen Sie sich einen Augenblick Zeit** und überlegen Sie, was für
        Sie Verantwortung bedeutet. Wann ist Verantwortung etwas Positives
        für Sie? Wann wird Verantwortung zur Last? Können Sie Verantwortung
        teilen?

Bei dem Thema Verantwortung spielen verschiedene Faktoren zusammen: Konkret heißt Verantwortung für Sie als Führungskraft, sich klar zu werden über sich selbst (die Haltung, das Ethos im Blick auf die eigenen Werte), über das, was Sie tun, und darüber, wie Sie handeln. Das verlangt ein Grundwissen davon, was moralische Regeln und Werte sind. Darüber hinaus müssen Sie sich bewusst sein, welche Folgen ein bestimmtes Handeln oder Unterlassen auslöst oder auslösen könnte. Unreflektiertes Führungshandeln nach der Maxime *Nun schmeiße ich einen Stein ins Wasser und sehe mal, wie sich die Wellenkreise entwickeln*, ist gefährlich. Meist prallen die Ausgangswellen bald an ein sichtbares oder unsichtbares Hindernis und wenden sich zurück gegen den Ausgangspunkt!

Der Begriff Verantwortung betrifft Inhalte und Folgen einer Handlung: Wenn Sie als Führungskraft eine Entscheidung treffen, die für nichts und niemanden Folgen hat, so werden Sie dafür normalerweise nicht zur Rechenschaft gezogen werden. Wenn Sie Ihre Blume im Büro nicht gießen und dies auch sonst niemand tut, wird die Pflanze eingehen, ohne dass es für Mitarbeitende, Kolleginnen oder Kollegen sowie Vorgesetzte eine – zumindest für den Arbeitsalltag – entscheidende

Rolle spielt. Entscheiden Sie aber zum Beispiel über ein Projekt, das Einfluss auf die Arbeitsweise oder -bedingungen der Mitarbeitenden hat, so werden die Mitarbeitenden Sie für die Folgen verantwortlich machen (im Positiven wie im Negativen).

Was heißt das konkret für Ihr Handeln im Unternehmens- oder Betriebsalltag?

Verantwortlich handeln heißt, in allen Situationen nach bestem Wissen, nach Erfahrung und Gewissen unter Einbeziehung der eigenen wie der gesellschaftlichen Wertvorstellungen zu entscheiden. Das heißt nicht, dass Sie als Führungskraft in jeder Situation zu jedem Zeitpunkt fehlerfrei handeln. Sie sind ein Mensch, und Menschen machen Fehler. Wichtig ist, dass Sie verantwortlich Konsequenzen aus Fehlern ziehen – Fehlern bei Ihnen wie bei anderen: Das kann bei falschem Umgang mit Mitarbeitenden ein Wort der Entschuldigung sein, das muss bei Projekten, die buchstäblich in den Sand gesetzt wurden, die Übernahme der ökonomischen wie der moralischen Verantwortung sein.

Es ist auch möglich, dass Sie sich trotz jahrelanger Erfahrung in einem Thema täuschen oder Ihre Mitarbeitenden Aspekte einbringen, an die Sie noch nicht gedacht hatten. Als verantwortungsvolle Führungskraft nehmen Sie Einwände und Ergänzungen auf, die Ihnen und Ihrem Team hilfreich sind. Verantwortlich führen, heißt auch, mit den eigenen Grenzen und Begrenztheiten umzugehen.

Schließlich heißt verantwortliches Handeln von Führungskräften, authentisch zu sein. So sollten – kommt es denn zum Konfliktfall zwischen persönlichen Werten und Anforderungen des Unternehmens – Entscheidungen in einem internen oder externen Dialog und Konsens getroffen werden. Verantwortung fordert von Ihnen, dass Sie sowohl Ihren inneren Wertekonflikte wahrnehmen *(Friedemann Schulz von Thun* hat hier das wunderbare Modell des *Inneren Teams* vorgelegt) wie auch die Ansichten Ihrer Mitarbeitenden anhören.

Praxisbeispiel 1

Sie sind Abteilungsleiter/Abteilungsleiterin mit zehn Mitarbeitenden in einem mittelständischen Unternehmen. Sie bekommen von Ihrem Vorgesetzten den Auftrag, eine neue Software im Unternehmen einzuführen. Zunächst setzen Sie einen Projektleiter ein, der Ihnen aus vielen Jahren guter Zusammenarbeit vertraut ist. Er hat viele solcher Großprojekte gemeistert, war stets zuverlässig und belastbar. Zusammen mit ihm und seinem Team bereiten Sie die einzelnen Schritte vor, zugleich machen Sie dem von Ihnen eingesetzten Projektleiter und den Teammitgliedern klar, dass dieses Projekt in den nächsten drei Monaten viel Arbeit bedeutet, konkret: mit Überstunden und Wochenendarbeit verbunden sein wird.

Projektleiter und Team lassen sich auf die Bedingungen ein. Das Projekt startet und im ersten Monat läuft die Zusammenarbeit sehr gut, auch wenn Sie, der Projektleiter und das Team häufig bis in den späten Abend und zum Teil auch am Wochenende in den Büros sitzen. Doch ist das Projekt mittlerweile soweit gediehen, dass eine Umkehr nicht mehr möglich ist (point of no return).

Nach einem Monat bittet Sie der Projektleiter um ein Gespräch. Er teilt Ihnen mit, dass seine Ehefrau ihm mit Trennung gedroht habe, wenn er weiterhin kaum zu Hause bei der Familie sei. Daher müsse er aus dem Projekt aussteigen, zumindest sich wieder an einigermaßen regelmäßige Arbeitszeiten halten, andernfalls drohe ihm, dass seine Ehe kaputt und seine Familie auseinander gehen.

- Wie verhalten Sie sich als Vorgesetzter in dieser Situation?
- Was erfordert ein verantwortungsvoller Führungsstil?
- Wem sind Sie Rechenschaft schuldig?
- Wie sehen Sie das Verhältnis von Projektleiter und Team? Wer hat hier welche Verantwortung?

Praxisbeispiel 2

Als Chef/Chefin der Marketing-Abteilung eines mittelständischen Automobilzulieferers kommen Sie zusammen mit Ihrem jungen Mitarbeiter zu einer Kundenpräsentation. Ihr junger Mitarbeiter ist stolz, bei einem solchen Meeting dabei zu sein. Ihre Meinung ist, dass der junge Mann eine große Karriere vor sich hat. Während des Gesprächs mit dem potenziellen Kunden mischt sich auch ihr junger Mitarbeiter ein – grundsätzlich ist Ihnen das recht, weil frische Meinungen frischen Wind bringen.

An einer Stelle bemerkt Ihr Mitarbeiter einen kritischen Punkt in der Kundenanforderung und benennt ihn. Zunächst finden Sie das gut, weil Ihr Mitarbeiter zeigt, dass er kritisch mitdenkt. Doch plötzlich merken Sie, dass Ihr Mitarbeiter übermütig wird und sich verrennt. Er löst damit nicht nur bei Ihnen, sondern auch bei dem Kunden Missfallen aus. Der Abschluss mit dem Kunden droht zu scheitern.

- Wie reagieren Sie auf die Situation?
- Im Grunde hat Ihr Mitarbeiter den wunden Punkt des Projekts angesprochen, bei dem auch Sie glauben, dass der Kunde in seinen Anforderungen zu weit geht. Sie wollen Ihren Mitarbeiter schützen, zugleich droht er, durch seine direkte Art den Kunden zu verprellen. Was heißt hier Verantwortung, für wen und für was?
- Sie merken, wie die Kunden zunehmend verstört sind, haben aber keine sachlichen Argumente gegen Ihren Mitarbeiter. Welchen Ausweg gibt es?

5.3.3 Vertrauen

Von *Laotse* (chinesischer Philosoph, Begründer des *Taoismus*, Lebenszeit unklar [6. oder 4. Jahrhundert v. Chr.) ist der Sinnspruch überliefert: *Wer Menschen führen will, muss hinter ihnen gehen.* Das hat mit Vertrauen zu tun. Zugleich: Wer Vertrauen in die Mitarbeitenden investiert, bekommt motivierte, engagierte Mitarbeitende als Rendite. Das ist der Grund, warum sich Vertrauen lohnt.

Vertrauen ist etwas Aktives und etwas Passives. Aktiv kann man Vertrauen schenken, geben, aber man kann Vertrauen auch empfangen. Wenn Ihnen etwas anvertraut wird, dann haben Sie Verantwortung dafür. Das kann zum Beispiel ein materielles Gut sein oder eine vertrauliche Information. Vertrauen hat also mit Verantwortung zu tun.

▶ **Nehmen Sie sich einen Augenblick Zeit** und denken Sie darüber nach: Was bedeutet für Sie Vertrauen im beruflichen Alltag? Gehen Sie Ihren Mitarbeitenden voraus oder – um im Bild von Laotse zu bleiben – gehen Sie hinter Ihnen? Gibt es Mitarbeitende, Kolleginnen und Kollegen, Vorgesetzte, denen Sie mehr vertrauen als anderen? Wie viel Freiheit gewähren Sie Ihren Mitarbeitenden, finden Sie den richtigen Weg zwischen Freiheit und Kontrolle? Was trauen Sie Ihren Mitarbeitenden zu? Wem misstrauen Sie?

Genauer betrachtet scheint Vertrauen – führungstechnisch gesehen – ein Risikogeschäft. Wenn Sie in der Führungsposition im geschäftlichen Umfeld – ähnlich wie im privaten Bereich – einem anderen Menschen vertrauen, öffnen Sie eine Flanke, Sie machen sich abhängig von einem anderen Menschen. Denn derjenigen, dem Sie etwas anvertraut haben, hat Macht über Sie und kann das, was er oder sie über Sie weiß, dazu verwenden, Ihnen zu schaden. Vertrauen hat also mit Verantwortung auf beiden Seiten zu tun. Die Person, der Sie etwas anvertrauen, muss im Wortsinne würdig sein.

Dabei ist wichtig, dass Sie sich bewusst für Vertrauen entscheiden. So fußt Vertrauen nicht auf Naivität, sondern setzt eine klare Bewusstseinsbildung, eine rationale Entscheidung voraus. Zugleich müssen Sie sich vom Gedanken, alle Situationen und alle Ihre Mitarbeitenden unter Kontrolle zu haben, verabschieden. Das ist nicht immer die leichteste Entscheidung für Führungskräfte.

Wenn Sie sich davon befreien, alles unter Kontrolle haben zu wollen, gewinnen Sie doppelt: Sie haben mehr Zeit, mehr Energie, um sich um eigene Aufgaben zu kümmern, wenn Sie darauf vertrauen, dass die Mitarbeitenden ihre Projekte selbständig und – jedenfalls weitgehend – ohne Kontrolle bearbeiten. Vertrauen ist das

Bewusstsein der eigenen Freiheit und zugleich der positive Umgang mit der Freiheit des anderen Menschen.

Ein zweiter Vorteil: Sie geben Ihren Mitarbeitenden notwendigen Freiraum. Das nehmen Ihre Mitarbeitenden wahr, denn das hat mit Vertrauen zu tun: Sie haben sich Ihren Mitarbeitenden ausgeliefert mit der vertrauensvollen Delegation einer Aufgabe. Im Normalfall werden die Mitarbeitenden eine solche Situation nicht ausnutzen. Vielmehr werden Sie eine Verpflichtung verspüren. Mit anderen Worten: Wenn Sie einem Mitarbeitenden, einem Kollegen vertrauen, wird er sich verpflichtet fühlen, diesem Vertrauen etwas im guten Sinn entgegenzusetzen, Ihnen etwas zurückzugeben, das den vorher zugedachten Vertrauensbeweis erwidert.

Über zwei Dinge müssen Sie sich allerdings im Klaren sein: Wenn Sie jemanden *Vertrauen schenken,* dann legen Sie im Sinne der Aspekte der Führung großes Gewicht auf das Thema soziale Beziehungen. Das muss nicht verkehrt sein, im Gegenteil, wie oben beschrieben, erwachsen Ihnen, den Mitarbeitenden und damit dem gesamten Prozess im Normalfall Vorteile. Sie müssen nur darauf achten, dass die anderen Aspekte der Führung nicht in den Hintergrund treten, sondern immer wieder abrufbereit sind. Andernfalls haben Sie keine Führungssituation mehr, sondern reines Beziehungsmanagement, und das sollte nicht Ihre Hauptaufgabe als Führungskraft sein.

Das heißt: Vertrauen ist eine Gratwanderung, die Ihr Fingerspitzengefühl fordert. Wie lässt sich im beruflichen Kontext Vertrauen aufbauen? Man kann Vertrauen gewinnen durch Zuverlässigkeit, Berechenbarkeit, Fairness, Loyalität – all dies sind Eigenschaften, die Vertrauen fördern. Neben diesen individuell zu steuernden Kriterien gibt es Maßnahmen, mit denen die Führungsperson Vertrauenskultur in einer Organisation aufbauen kann.

5.3.4 Vertrauensbildende Maßnahmen

Eine vertrauensbildende Maßnahme könnte zum Beispiel sein, dass ...

... Sie am Morgen durch Ihre Abteilung gehen und die Mitarbeitenden begrüßen und dabei *nicht* nach dem Stand der Arbeit oder dem Fortgang des Projektes fragen! Denn solche Fragen empfinden Mitarbeitende meist als Kontrolle.

... Sie regelmäßig Abteilungs- oder Teambesprechungen einberufen, bei denen jede und jeder Mitarbeitende vom Stand der Projekte erzählt und Sie anschließend über neue Aufgaben, die anstehen oder die Sie von Ihrem Vorgesetzten bekommen haben, sprechen.

... Sie Mitarbeitenden bei neuen Projekten um deren Meinung fragen und nicht von Ihnen vorgefasste Problemlösungswege diktieren. Offenheit und Transparenz sind Schwestern von Vertrauen.

... Sie die Tür Ihres Büros offen stehen lassen und die Mitarbeitenden auch dazu auffordern, in Ihr Büro zu kommen.
... Sie nicht auf Hierarchie bauen, sondern auf Kollegialität.
... etc.

▶ **Nehmen Sie sich einen Augenblick Zeit** und denken Sie darüber nach, welche Möglichkeiten für vertrauensbildende Maßnahmen in Ihrem Betrieb oder in Ihrer Abteilung möglich sind. Haben Sie als Führungskraft überhaupt Interesse, zu Ihren Mitarbeitenden ein vertrauensvolles Verhältnis aufzubauen? Haben Ihre Mitarbeitenden daran Interesse?

Es geht beim Thema Vertrauen nicht darum, dass Sie Ihre Abteilung oder Ihren Betrieb zur Kuschelecke werden lassen. Sie selbst wissen am besten, wo die Grenzen von Vertrauen zu Ihren Mitarbeitenden liegen. Es gibt immer wieder Menschen, die ihnen anvertraute Informationen nicht für sich behalten können, obschon sie ansonsten die besten Mitarbeitenden sind. Die logische Konsequenz: Hier müssen Sie mit dem Anvertrauen von Informationen vorsichtig sein. Noch einmal: Wenn vertrauensbildende Maßnahmen dazu führen, dass Sie Ihren Berufsalltag als Führungskraft nur noch mit Beziehungsmanagement verbringen, hätten Sie mit Vertrauen nichts gewonnen.

Vertrauen ist auch ein ökonomischer Faktor. Es bringt nicht nur auf der individuellen Ebene Gewinn, sondern auch für ein Unternehmen als Ganzes. Vertrauen ist Basis für eine gute Unternehmenskultur und umgekehrt: Gute Unternehmenskultur zeichnet sich dadurch aus, dass im Unternehmen Vertrauen herrscht. Es geht also beim wohlverstandenen Vertrauen im Unternehmen darum, dass alle Beschäftigen gemeinsam an einem Strang ziehen. Es geht darum, dass Beschäftigte zu echten Mit-Arbeitenden werden und darauf vertrauen, dass die Unternehmensziele richtig sind.

Vertrauen ist wichtig im Hinblick auf Kunden und Gesellschaft. Wer als Unternehmen beim Kunden ankommen will, der versucht, Vertrauen aufzubauen. Denn ein Kunde gibt sein Geld nicht dem Unternehmer oder dem Handwerker, der ihn schlecht behandelt. Der Kunde bezahlt dann deutlich zuverlässiger, wenn er mit einem Produkt zufrieden ist und vertrauensvoll behandelt wird. Also ist Vertrauen ein Baustein einer Win-Win-Situation.

Vertrauen ist wichtig für die Geschäftsbeziehungen zwischen Unternehmen, also bei Lieferanten. Wenn Sie einen Zulieferer haben, auf den kein Verlass ist, überlegen Sie sich trotz aller Preismöglichkeiten, ob Sie weiter an einer Zusammenarbeit interessiert sind. Wenn Sie aber mit einem Partner längerfristig zufrieden sind, nehmen Sie mit Sicherheit einen Fehler, eine Terminverzögerung, ein beschädigtes Los wenn nicht in Kauf, so doch hin.

Vertrauen zeigt sich in allen Bereichen zwar als Risiko, in letzter Konsequenz aber als Erfolgsfaktor, der ethisch wünschenswert ist. Das heißt zugleich, das richtige Maß zu finden, individuell für Ihren Umgang mit Ihren Mitarbeitenden, aber auch institutionell für die Vertrauenskultur in Ihrem Team, In Ihrem Betrieb oder in Ihrem Unternehmen. Denn Vertrauen heißt nicht, dass Sie immer blind vertrauen müssen, schon gar nicht im beruflichen Umfeld. Blindes Vertrauen hieße, man lässt sein Gegenüber tun und lassen, was es will. Das mag in manchen Partnerschaften funktionieren, aber nur selten im beruflichen Umfeld.

Praxisbeispiel 3

Sie treten eine Führungsposition in einem neuen Unternehmen an. Ihr Vorgänger war über zwanzig Jahre lang Chef dieser Abteilung und hat stets gute Ergebnisse erzielt. Die 15 Mitarbeitenden, für die Sie nun die Verantwortung tragen, erledigen ihre Aufgaben termingerecht und sachlich zuverlässig. Bei den ersten Gesprächen mit den Mitarbeitenden stellen Sie fest, dass die Mitarbeitenden stets vor Ihnen sitzen und darauf warten, von Ihnen Anweisungen zu bekommen. Wenn ein Mitarbeitender oder eine Mitarbeitende mit Ihnen sprechen will, lässt er oder sie sich – auch mitten in heißen Projektphasen – über die Teamassistenz einen Termin geben. Obwohl Sie Ihre Bürotüre immer offen lassen, kommt kein Mitarbeitender und keine Mitarbeitende unaufgefordert in Ihr Büro.

• Wie nehmen Sie eine solche Stimmung auf?
• Haben Sie das Gefühl, in einem kreativen Arbeitsumfeld zu arbeiten?
• Wie schätzen Sie den Führungsstil Ihres Vorgängers ein?
• Wie schaffen Sie es, dass sich die Mitarbeitenden ernst genommen fühlen?

Praxisbeispiel 4

Die Marketingabteilung eines mittleren Unternehmens stellt Lampen aller Art her. Mit dem Chef der Technikabteilung Ihres Unternehmens kommen Sie nicht nur beruflich, sondern mittlerweile auch privat gut aus. Häufig gehen Sie abends aus. Eines Tages erzählt Ihnen dieser Kollege vertrauensvoll bei einem Bier, dass er und seine Mitarbeitenden bei der Deckenlampe Standard, die seit drei Jahren Bestseller ist, erst jetzt ein technisches Problem bei der Aufhängung entdeckt haben. Dieses Problem kann dazu führen, dass die Lampe aus ihrer Deckenverankerung bricht und herunterfällt. Da aber die Kosten für eine Rückrufaktion zu teuer wären und bisher keine Kundenklagen an das Unternehmen herangetragen wurden, hat man den Fehler erst vor kurzem stillschweigend bei der Neuproduktion korrigiert. Ihr Kollege bittet Sie, absolutes Stillschweigen darüber zu wahren.

- Wie gehen Sie mit der Aufforderung Ihres Kollegen und Freundes um?
- Was bedeutet Vertrauen in einer solchen Situation?
- Wo sind Grenzen des Vertrauens, aus Ihrer persönlichen Sicht und vielleicht auch aus Sicht der Ethik?

5.3.5   Delegation

Als Führungskraft können und müssen Sie nicht jede Teilaufgabe, die Ihre Mitarbeitenden bearbeiten, unter Kontrolle haben. In einem solchen Fall hätten Sie nur *Zu*arbeitende, keine *Mit*arbeitende. Entscheidend ist, dass Sie wissen, wer an welchen Projekten arbeitet und wer welches Ziel verfolgt.

Aus diesem Grund bezeichnen viele Managementbücher Delegation von Aufgaben als *das Thema* der Führung. Zu Recht. Denn mit der Delegation von Aufgaben zeigen Sie Ihren Mitarbeitenden, was Sie ihnen zutrauen und was Sie von ihnen halten. Delegation ist also die praktische Fortführung des vertrauensvollen Umgangs mit Ihren Mitarbeitenden. Delegation ist zugleich eine der Grundvoraussetzungen für motivierte Mitarbeitende sowie Ausdruck der Wertschätzung, die Sie Ihren Mitarbeitenden gegenüber aufbringen. Es gehört zur Würde der oder des Mitarbeitenden, von Ihnen mit entsprechendem Respekt behandelt zu werden – das heißt beruflich, Aufgaben delegiert zu bekommen, die den Fähigkeiten und Kompetenzen der oder des Mitarbeitenden entsprechen.

Für Sie als Führungskraft hat die Delegation Vorteile: Wenn es Ihnen gelingt, Arbeit an Ihre Mitarbeitenden zu delegieren, erreichen Sie drei Dinge: Sie haben mehr Zeit, um Ihre Arbeit im ruhigerem Umfeld zu erledigen, Sie haben mehr Zeit, über strategische Fragen nachzudenken, und schließlich: Je mehr Sie Ihren Mitarbeitern zutrauen, desto motivierter werden sie sein.

▶   **Nehmen Sie sich einen Augenblick Zeit**   Denken Sie daran, wann Sie das letzte Mal eine Aufgabe delegiert haben und an wen. Warum haben Sie die Aufgabe delegiert? Haben Sie wirklich den kompletten Vorgang abgegeben? Konnten Sie wirklich loslassen oder haben Sie nach kurzer Zeit schon auf die Uhr gesehen? Wie viel Eigenverantwortung haben Sie Ihren Mitarbeitenden zugetraut?

Um sich darüber klar zu werden, wie weit es um Ihre Bereitschaft bestellt ist, Aufgaben zu delegieren, können Sie folgenden Test nutzen, der in der Grundform als *Eisenhower-Matrix* eingeführt ist.

5.3.6   Selbsttest: Bereitschaft zur Delegation

Vor Ihnen liegen vier Kategorien von Aufgaben:
D sind die Aufgaben, die weder zeitkritisch noch wichtig sind.
C sind die Aufgaben, die zwar wichtig, aber weniger eilig sind.
B sind die Aufgaben die eilig, aber nicht so wichtig sind.
A sind die Aufgaben, die eilig und wichtig sind (Abb. 5.2).
Denken Sie kurz darüber nach, welche Aufgaben Sie an wen delegieren können.
Zu welchem Ergebnis sind Sie gekommen?

Aufgaben der Kategorie D können Sie problemlos delegieren, meistens können diese gar in den Mülleimer wandern, weil diese unnötig Zeit und Kapazitäten binden.

Aufgaben der Kategorie C? Kann und muss man delegieren.

Aufgaben der Kategorie B? Kann und muss man delegieren.

Aufgaben der Kategorie A? Hier beginnt das Problem: Hand aufs Herz, hätten Sie wirklich gesagt, Sie können diese Aufgaben delegieren? Wenn ja, dann trauen Sie Ihren Mitarbeitenden etwas zu. Normal ist das nicht. Bei der praktischen Durchführung dieses Spiels in Seminaren antworten die Teilnehmenden zu mehr als 95 %, Aufgaben der Kategorie A müssten sie selbst übernehmen, weil diese wichtig und eilig sind und dafür seien Sie ja schließlich Führungskraft. Auch in der diesem Modell zugrunde liegendenen Eisenhower-Matrix ist die Quintessenz, dass Sie die Aufgaben der Kategorie A selbst erledigen sollten.

Aber halten Sie kurz inne und überlegen, was das bedeutet: Sie haben Mitarbeitende, die wichtige Dinge erledigen können und müssen (C-Aufgaben), Sie haben Mitarbeitende, die zeitkritische Dinge erledigen können und müssen (B-Aufgaben), aber sie trauen keiner Mitarbeiterin oder Mitarbeiter zu, beides zugleich zu können? Sie meinen, dass Sie das nur selbst können? Dann hätten Sie kein gutes Personal. Und es sagt einiges aus über Ihre Wertschätzung der Mitarbeitenden.

Abb. 5.2 Kategorisierung
von Aufgaben

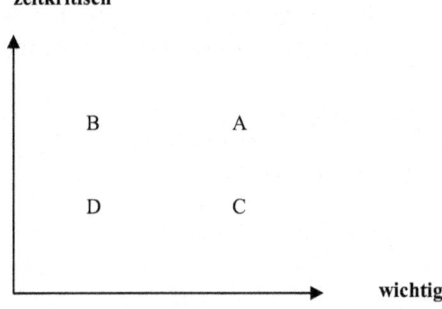

Delegation zu Ende gedacht, muss soweit gehen, dass Sie als Führungskraft im Idealfall – das ist wirklich nur als Idealbild zu verstehen – vor einem leeren Schreibtisch sitzen, und über neue Projekte nachdenken, während Sie das operative Geschäft schon delegiert haben. Sie haben hoch motivierte Mitarbeitende, denen Sie etwas zutrauen.

Es geht hier auch *um den komparativen Vorteil der Delegation:* Natürlich können Sie manches genauso schnell oder vielleicht sogar schneller machen, wie Ihre Mitarbeitenden. Aber vielleicht können Sie manche Dinge, die Ihre Mitarbeitenden nicht können: Zum Beispiel zu strategische Fragen und Themen arbeiten. Auf die müssen Sie sich konzentrieren.

Delegation beginnt mit der Grundfrage an Sie selbst, ob Sie bereit sind, Aufgaben abgeben zu können und darauf zu vertrauen, dass Ihre Mitarbeitenden diese selbständig erledigen. Es hat wieder mit der eigenen Haltung zu tun. Nur so schaffen Sie sich mehr Freiraum für Ihre Projekte. Mit anderen Worten: Sie sollten Delegation nicht als lästige Pflicht, sondern als Ihre Grundaufgabe betrachten.

Es ist klar, dass Sie mit jeder Aufgabe, die Sie delegieren, einen kleinen Teil Ihrer Macht abgeben. Erledigten Sie alle A-Aufgaben stets selbst, so sichern Sie sich damit Macht, allerdings zu einem hohen Preis: Denn Ihre Mitarbeitenden durchschauen dies mittelfristig und lassen Sie als Führungskraft spüren, dass Sie Ihre Autorität auf ein autoritäres System („Wissen ist Macht") gründen.

Ethisch wünschenswert ist ein Höchstmaß an Delegation auch deswegen, weil Sie damit signalisieren, dass Sie Ihre Mitarbeitenden als Menschen mit einer großen Palette an Fähigkeiten wahrnehmen. Durch Delegation auch schwieriger und zeitkritischer Aufgaben signalisieren Sie Ihren Mitarbeitenden: Ich traue Euch etwas zu, ich will Euch fordern, mit dieser Aufgabe werdet Ihr wachsen!

Nehmen Sie sich also Zeit, wenn Sie Aufgaben delegieren, denn Delegieren heißt nicht, schnell einen Vorgang loszuwerden, weil er unliebsam ist. Sondern: Sie geben bewusst eine Aufgabe an einen Mitarbeiter oder eine Mitarbeiterin weiter, dem oder der Sie die Lösung zutrauen.

Auch hier gibt es Grenzen: Sie müssen aufpassen, dass Sie Ihre Mitarbeitenden nicht überfordern. Das können Sie nur feststellen, wenn Sie Ihre Mitarbeitenden zunächst fordern. Auch bei der Delegation von Aufgaben liegt es in Ihrer Verantwortung, dass Sie gerade die unterschiedlichen Qualitäten und Begabungen Ihrer Mitarbeitenden sinnvoll nutzen und jeweils abzurufen, wenn bestimmte Qualitäten gefragt sind.

Sehen Sie sich Ihre Mitarbeitenden mit ihren Stärken und Schwächen mit dem geistigen Auge an. Sie wissen, wem Sie was zutrauen können. Es bringt nichts, Mitarbeitende mit Aufgaben zu konfrontieren, von denen Sie wissen, dass sie daran scheitern werden. Dabei ist – wie häufig in Führungssituationen – Fingerspitzengefühl gefragt, denn Sie müssen das richtige Maß finden zwischen Unter-, Heraus- und Überforderung! Diese Entscheidung müssen Sie aufgrund Ihrer Erfahrung treffen. Grundsätzlich gilt: Die Leistung ist steigerbar, wenn Sie in der zunehmenden Anforderung vorsichtig, aber klar sind. Hier haben Sie Verantwortung für das entsprechende Maß.

Praxisbeispiel 5

Als Chefin/Chef der Vertriebsabteilung eines mittelständischen Software-Unternehmens mit Hauptsitz in München und einem Standort in Hamburg bereiten Sie eine Kundenpräsentation vor, die demnächst in Hamburg stattfinden wird. Der potenzielle Interessent könnte zu einem Großkunden werden und den Ertrag des Unternehmens für die kommenden Jahre sichern. In der Vorbereitung des Treffens ließen Sie es sich nicht nehmen, die wichtigsten Unterlagen selbst zu bearbeiten, schließlich wollten Sie den Kunden an Land ziehen. Als Sie zur Präsentation nach Hamburg fliegen wollen, hat das Flugzeug wegen eines plötzlichen Wintereinbruchs zwei Stunden Verspätung. Per E-Mail schicken Sie die Folien Ihrem Mitarbeitenden in Hamburg und bitten ihn, den Termin wahrzunehmen. Ihr Mitarbeiter kann die von Ihnen mehrfach überarbeiteten Folien nur ablesend vortragen.

Am Abend noch ruft Sie der Mitarbeiter an und sagt Ihnen, dass das Geschäft nicht zustande gekommen ist. Sein Auftritt wäre nicht überzeugend gewesen.
- Wie reagieren Sie?
- Was geht nach Ihrer Meinung im Mitarbeiter vor?
- Was waren mögliche Gründe fürs Scheitern?
- Werden Sie aufgrund dieser Erfahrung etwas ändern? Wenn ja, was?

Praxisbeispiel 6

Sie sind Leiterin/Leiter eines kleinen Handwerksbetriebes in der Branche Innenausbau. Der Branchen-Alleinstellungsfaktor Ihres Unternehmens mit 15 Mitarbeitenden ist, dass Sie sich individuell auf Ihre Kunden einstellen und tatsächlich – so es denn in Ihrer Möglichkeit liegt – dem Kunden jeden Wunsch erfüllen. Ihre oberste Führungsmaxime im Betrieb ist es, alle Aufgaben zu delegieren. Sie sehen Ihren Job darin, im Gespräch mit den Mitarbeitenden kundengerechte Lösungen zu finden und sie zum kreativen Mitdenken zu motivieren. Dabei geben Sie wichtige Informationen über individuelle Lösungsmodelle, Verfahren, Marktentwicklungen, Konkurrenten etc. offen an Mitarbeitende weiter.

Eines Tages merken Sie, dass der Mitarbeiter Willem Wichtig die Informationen, die er von Ihnen bekommen hat, dazu nutzt, bei Kunden und Lieferanten Eindruck zu schinden. Zufällig erfahren Sie, dass er sich bald mit einem Konkurrenz-Unternehmen in dem hart umkämpften Markt selbständig machen will.
- Wie reagieren Sie?
- Ändern Sie in Zukunft Ihr Führungsverhalten?
- Wie stehen Sie in Zukunft zu den Themen Vertrauen, Offenheit und Delegation?

5.3.7 Motivation

Eine Ihrer Hauptaufgaben als Führungskraft ist es, Ihre Mitarbeitenden zu motivieren, das angestrebte Ziel im angestrebten Zeitraum zu erreichen. Über die Frage, wie man Mitarbeitende sinnvoll motiviert, gibt es Bibliotheken an Management-Literatur. Hier soll es nur kurz darum gehen, welche Form der Motivation ethisch wünschenswert ist und welchen Nutzen Sie davon haben.

▶ **Nehmen Sie sich einen Augenblick Zeit** und überlegen Sie, wie Ihre Mitarbeitenden reagieren, wenn Sie Ihnen von einem neuen Projekt erzählen. Wie reagieren Ihre Mitarbeitenden in Stressphasen von Projekten? Sind sie bereit, im Zweifelsfall länger im Büro oder im Betrieb zu bleiben? Haben Sie das Gefühl, dass Ihre Mitarbeitenden bei der Lösung von Problemen aktiv mitarbeiten oder machen sie Dienst nach Vorschrift?

Genau genommen ist Motivation der Antrieb, den Mitarbeitende mitbringen sollten, um ihre Aufgaben im Unternehmen oder Betrieb zu erledigen. Zugleich ist Motivation die Form von Energie, von Kraft, von Aufmunterung, die Sie als Führungskraft im Betrieb oder Unternehmen an Ihre Mitarbeitenden weitergeben müssen und können, jeden Tag neu.

Als Führungskraft müssen Sie geben, zunächst als Einbahnstraße: Sie bekommen von Ihren Mitarbeitenden wenig zurück. Es dauert einen gewisse Zeit, bis Ihre Mitarbeitenden die Energie, die Kraft aufgenommen und in die richtigen Kanäle verteilt haben. Bald aber werden Sie merken, dass ein gut motiviertes Team nicht nur Energie von Ihnen absaugt, sondern Ihnen diese zurückgeben wird, nämlich dann, wenn Ihre Mitarbeitenden die Motivation, die Energie aufgenommen haben und sie positiv umwandeln und in das Projekt, in die Abteilung, in den Betrieb einfließen lassen.

▶ **Nehmen Sie sich einen Augenblick Zeit** und überlegen Sie: Motivation heißt auch die Summe der Beweggründe, Werte, mithin der inneren Haltung, aus der heraus eine Entscheidung getroffen wird *("Ich tue
das aus der oder der Motivation heraus")*. Was hilft Ihnen diese weitere
Bedeutung, wenn Sie über den Motivationsbegriff in der Führungstheorie nachdenken?

Wünschenswert ist es, dass Sie Ihre Mitarbeitenden ehrlich motivieren und Sie
dabei authentisch bleiben. Es geht also darum, dass Sie selbst hinter dem Projekt oder hinter der Aufgabe stehen. Denn Motivation im ethischen Sinne hat es
mit *Authentizität* zu tun. Authentizität heißt, dass Sie Mitarbeitende wie Kollegen
als Menschen und nicht als Teil der Betriebs- oder Unternehmensmaschinerie sehen. Wenn Sie Ihre Mitarbeitenden als Menschen wahrnehmen, also dem sozialen
Aspekt der Führung gerecht werden, werden Sie im Normalfall besser motivierte
Mitarbeitende haben! Wenn sich Ihre Mitarbeitenden von Ihnen ernst genommen
fühlen, gehen sie mit Sicherheit besser motiviert an die Arbeit und sind bereit, Sie
in kritischen Zeiten zu unterstützen.

Wer glaubt, etwas Großes erreichen zu können, der wird auch ins Detail viel
Energie stecken. Wer weiß, dass sein Beitrag wichtig für den Gesamterfolg ist, der
wird sich seiner Verantwortung für alle bewusst. Motivation hat es mit *Visionen*
zu tun. Es geht darum, Ihre Mitarbeitende an Ihrer Vision teilhaben zu lassen. Ihre
Mitarbeitenden müssen davon überzeugt sein, etwas Großes zu erreichen, egal, wie
ihre jeweilige Aufgabe im Gesamtsystem ist.

Es ist Ihre Aufgabe, in Gesprächen, Besprechungen, Konferenzen Ihre Vision
immer wieder deutlich zu machen. Sie müssen Ihre Mitarbeitenden dafür gewinnen.

Auch hier gibt es ein Beispiel, das bei Seminaren und Literatur immer wieder
erwähnt wird, dessen Ursprung bzw. Quelle nicht auffindbar ist.

Eine alte Geschichte ...
Ein Mann trifft auf vier Maurer, die alle an der gleichen Wand bauen. Er
fragt die Maurer, was sie tun.
Der erste Maurer sagt: „Ich setze einen Stein auf den anderen."
Der zweite Maurer sagt: „Ich baue eine Wand."
Der dritte Maurer sagt: „Ich baue ein Haus."
Der vierte Maurer sagt: „Ich baue eine Schule für Kinder."

Alle üben dieselbe Tätigkeit aus, die Visionen aber sind unterschiedlich. Parallel zu den vier Antworten könnte man eine Skala mit vier Stufen der Motivation von (erster Maurer) *kaum* bis (vierter Maurer) *hoch motiviert* anlegen. Motivation im ethisch wünschenswerten Sinne hat es mit *gerechtem Verhalten* zu tun. Gerechtes Verhalten heißt, dass Sie in der Führung Kritik üben, wenn nötig, und loben, wo möglich. In der Tat kann auch ein Gespräch mit einer Mitarbeiterin oder einem Mitarbeiter, in dem Sie Kritik an ihr oder ihm äußern, zur Motivation für den oder die Beteiligten führen. Es sollte sogar bei jedem kritischen Gespräch, das Sie mit Mitarbeitenden führen, Ziel sein, dass die Gesprächsteilnehmenden motiviert und nicht beleidigt der Situation herauskommen. Motiviertes Führen hat es mit *Wertschätzung* zu tun.

Zum gerechten und ethisch wünschenswerten Verhalten gehört es auch zu loben. Leider vergessen immer noch viele Führungskräfte, welch wichtiger Motivationsschub Lob sein kann.

▶ **Nehmen Sie sich einen Augenblick Zeit** und überlegen Sie: Wann wurden Sie das letzte Mal im beruflichen Kontext gelobt? Was hat das in Ihnen ausgelöst? Wann erfuhren Sie im privaten Bereich das letzte Mal Lob und von wem? Wie war das für Sie? Wann haben Sie Ihre Mitarbeitenden das letzte Mal gelobt? Aus welchen Grund? Ist es Ihnen schwer gefallen? Wann haben Sie im privaten Bereich das letzte Mal jemanden gelobt? Wen? Hat Ihnen das Freude gemacht?

Kaum etwas motiviert Ihre Mitarbeitenden mehr, als ein überzeugendes und überzeugtes, mithin authentisches Lob aus dem Munde ihrer oder ihres Vorgesetzten. Seien Sie aber dabei auch wieder vorsichtig: Es geht nicht darum, jeden Morgen ins Büro zu kommen und zu sagen: *„Wir sind die beste Truppe hier im Haus und ich habe nur die besten Leute!"* Lob – wie auch Kritik – müssen stets angemessen sein, damit beides nachvollziehbar und glaubwürdig ist.

Praxisbeispiel 7

Als Leiterin/Leiter der Kundenabteilung haben Sie mitbekommen, dass die Kunden mit den Produkten Ihres Betriebes nicht mehr in dem Maß zufrieden sind, wie noch im Jahr zuvor. Ihr Ziel ist es, die Zufriedenheitsrate mindestens wieder auf Vorjahresniveau zu heben, besser gar zu steigern.

Zunächst wollen Sie die Gründe erfahren und beschließen deshalb, Kundenbefragungen durchzuführen. Es geht dabei um eine kontinuierliche Befragung der Kunden durch Service- und Vertriebsmitarbeitende Ihres Betriebes.

Anschließend, so Ihre Vision, wollen Sie aufgrund dieser Erkenntnisse ein völlig neues Customer-Relations-Management aufbauen.

Mit Ihrem Team, bestehend aus drei Mitarbeitenden, beginnen sie das Projekt „Befragung". Sie erläutern, wie die Befragungen aussehen sollen und welche Schulungen der Vertriebs- und Servicemitarbeitenden für die Befragungen sinnvoll sind.

Als Ihr Mitarbeiter den ersten Workshop durchführt, kommt es zum Eklat: Der Mitarbeiter trat, wie Sie später erfahren, lustlos auf. Die Service- und Vertriebsmitarbeitenden fürchteten mehr Arbeit und protestierten lautstark gegen das Projekt. Der Mitarbeiter musste schließlich den Workshop abbrechen.

- Wie erklären Sie sich das Verhalten Ihres Mitarbeiters?
- Hätte der Eklat mit den Vertrieb- und Servicemitarbeitenden vermieden werden können?
- Kannte der Mitarbeiter ihre „geheimen" Wünsche (Einführung eines neuen CR-Managements)?
- Kannte der Mitarbeiter Ihre Visionen (Steigerung der Kundenzufriedenheit)?

Praxisbeispiel 8

Sie haben ein kleines Beratungsunternehmen mit Schwerpunkt Unternehmenskultur und Organisationspsychologie. Dazu halten Sie Seminare und gehen für Beratungsprojekte in Unternehmen. Das Geschäft läuft gut. Sie setzen sich für den Nachwuchs ein und nehmen gerne Praktikanten und Trainees auf. Nun ist eine junge Frau als Trainee bei Ihnen, die engagiert, motiviert und ehrgeizig ist. Sie fordern und fördern sie durch Aufgaben, wie auch dadurch, dass Sie sie häufiger auf Seminare mitnehmen, bei denen Sie Organisationspsychologie und Unternehmenskultur schulen. Ihr Impetus ist, der Nachwuchs-Frau Gefühl für die Seminar- und Gruppendynamik, die Ihnen nach jahrelanger Praxis vertraut ist, weiter zugeben.

Nach dem zweiten Seminar kommt Ihre Trainee auf Sie zu und sagt, dass sie es sich zutraue, diese Seminare in Zukunft zu halten. Sie aber wissen, dass sich Ihre Trainee überschätzt und in Gefahr ist, den guten Ruf Ihres jungen Unternehmens zu gefährden, weil Sie – nach Ihrer Meinung – bei der Einschätzung von gruppendynamischen Prozessen in Seminaren schlicht überfordert wäre.

- Wie gehen Sie mit der Situation um?
- Haben Sie vielleicht im Vorfeld nicht alles richtig gemacht?
- Wie schaffen Sie es, die Trainee auf ihre offensichtliche Selbstüberschätzung hinzuweisen und Sie dennoch zu motivieren?
- Welche wünschenswerte Lösung gibt es?

5.3.8 Konfliktmanagement

Konflikte unterscheiden sich von fachlichen Problemen dadurch, dass die Beziehungsebene latent oder manifest mit in die Auseinadersetzung hineinspielt. Konflikte entstehen, wenn unterschiedliche Interessen, Erwartungen oder Güter (Werte) aufeinander treffen und sich zunächst unvereinbar gegenüberstehen. Konflikte müssen in sich noch nicht unlösbar sein, vielmehr drücken sie meist einen Zustand aus, der geändert werden kann. Im Unternehmen oder Betrieb können Konflikte allerdings häufig weniger klar gelöst werden, als im Umgang mit gut vertrauten Menschen. Hierarchien und Verantwortlichkeiten, Zeitdruck und Kostenaufwand erfordern einen straff organisierten Umgang mit Konfliktsituationen. Das heißt: Äußere Rahmenbedingungen verschärfen in Betrieb und Unternehmen die Konfliktsituation, umgekehrt ist in manchen Situationen gerade der entsprechende Rahmen (das *Setting*) hilfreich, um einen Konflikt professionell zu managen, also zu lösen.

Offensichtlich muss man zwischen zwei Arten von Konflikten unterscheiden. Den *intrapersonalen* (von lat.: *intra* = innerhalb) und *interpersonalen* Konflikten. Für beide gibt es eine Reihe von Instrumenten, die hilfreich sind.

Zunächst zu den *intrapersonalen Konflikten,* also zu innermenschlichen Dilemma-Situationen, in denen sich eine Person befindet. Solche Konflikte entstehen im Menschen, wenn er zum Beispiel mit *Forderungen* von Kolleginnen und Kollegen, Vorgesetzten oder Unternehmensführung konfrontiert wird, die sich nicht mit dem eigenen *Ethos, mit den eigenen Werten* verbinden lassen. Solche Konfliktsituationen können grundsätzlicher Art sein oder situativ, also nach speziellen Anforderungen entstehen (Tab. 5.1).

Wie ist mit solchen Konfliktsituationen umzugehen?

Tab. 5.1 Intrapersonale Konfliktsituationen

Ich	<>	Geschäft
Gesetz	<>	Ich
Geschäft	<>	Gesetz
Berufsverantwortung	<>	Geschäft
Familie	<>	Beruf/Karriere
Beruf	<>	Freizeit
Geschäftsgebaren	<>	Eigene Überzeugungen
Produkt	<>	Persönliche Werte (Ethos)
?	<>	?
?	<>	?

Frau Trude Treu, aufstrebende Führungskraft im Speditionsunternehmen Flott-Transport AG, ist Sicherheitsbeauftragte und hat drei Mitarbeitende. Eines Tages fordert sie eine ranghöhere Führungskraft auf, bei der nächsten Ladung von Gefahrstoffen nicht allzu genau auf die Sicherheitsaspekte beim Transport zu achten, da dies erstens zu lange dauern und zweitens hohe Kosten erzeugen würde, die der Kunde nicht zahlen will. Man wolle aber diesen großen Kunden nicht verlieren.
- Wie reagieren Sie in der Situation von Frau Treu?
- Wie reagieren Sie als Vorgesetzte/r von Frau Treu?
- Wie reagieren Sie als Mitglied der Geschäfts- oder Unternehmensleitung?

Bei näherer Betrachtung ergeben sich unterschiedliche Möglichkeiten, auf einen solchen Konflikt zu reagieren. Zunächst ist zu klären, wer in diesem Fall was erwartet:

Der *Kunde* der Flott-Transport AG erwartet einen reibungslosen und schnellen Transport der Gefahrstoffe. Er sucht sich vermutlich den kostengünstigsten Spediteur. Fragen der Sicherheit und das Wie des Transportes sind dabei für den Kunden von untergeordnetem Interesse. Dem Kunden liegt daran, dass die Gefahrstoffe von A nach B gelangen, zu einem angemessenen Preis.

Die *Marktbedingungen* diktieren Flott-Transport, rasch zu handeln, damit das Geschäft nicht an die Konkurrenz geht. Es geht nicht nur um das eine Geschäft, sondern auch um Marktanteile.

Die *Führung* von Flott-Transport ist daran interessiert, den Auftrag zu bekommen, da die Lage im Speditionsmarkt nicht rosig ist. Sie wird alles versuchen, um den Transport nach den Wünschen des Kunden zu erledigen, also so schnell wie möglich durchzuführen. Die Führung gibt diesen Wunsch an die zuständige Abteilungsleitung weiter, und *erwartet*, dass die zuständige Abteilung alle Vorkehrungen trifft, damit das Interesse des Kunden befriedigt wird.

Die *ranghöhere Führungskraft* bittet Frau Treu darum, von zu genauer Kontrolle Abstand zu nehmen.

Frau *Treu* wiederum will ihre berufliche Aufgabe gut erledigen. Also müsste sie auf die strenge Einhaltung der Sicherheits- und Transportvorschriften achten. Das ist nicht nur rechtlich erwartet, sondern entspricht auch der inneren Überzeugung, dem Ethos von Frau Treu. Nur ausnahmsweise, bei diesem speziellen Kunden, bittet sie die Führungskraft, nicht so genau zu sein. Die Führungskraft ist dafür verantwortlich, ob Frau Treu beruflich weiterkommt oder nicht.

Frau Treu befindet sich in einem Konflikt, in einem emotionalen *Dilemma* zwischen unterschiedlichen Erwartungen; zugleich hat Frau Treu in dieser Situation verschiedene Rollen: Sie ist Sicherheitsbeauftragte und müsste in dieser Rolle alles daran setzen, den Transport gemäß der Vorschriften durchzuführen. Zugleich ist Frau Treu in der Rolle einer Führungskraft: Die Unternehmensleitung erwartet von Frau Treu Loyalität zur Führung, die Mitarbeitenden von Frau Treu erwarten von ihr Vorbildfunktion.

Wie kann Frau Treu reagieren? Zunächst hat sie die Möglichkeit, zu kündigen und sich in einem anderen Unternehmen eine Stelle zu suchen. Bei ihrer fachlichen Qualifikation wäre das überhaupt kein Problem.

Sie könnte der Bitte oder Aufforderung der Führungskraft Folge leisten, ohne darüber nachzudenken.

Möglich wäre, dass sie aus Karrieregründen ein Auge bei den Sicherheitsvorschriften zudrückt, weil zwei Wochen später die Gespräche über die weitere Förderung der Führungskräfte anstehen. Eine loyale Haltung gegenüber Vorgesetzten ist eine gute Visitenkarte.

Frau Treu hat aber auch die Möglichkeit, ihre Mitarbeit zu verweigern.

Oder aber Frau Treu bemüht sich, auf indirektem Wege die Geschichte unternehmensintern oder gar extern an die Öffentlichkeit zu bringen, ohne sich selbst als Quelle preiszugeben. Lancierte und geschickt gestreute Gerüchte dringen schnell an die Öffentlichkeit.

Frau Treu könnte die Situation für sich nutzen und die Führungskraft erpressen, indem sie droht, die Geschichte an die Öffentlichkeit zu bringen, falls sie nicht entsprechend befördert wird.

Frau Treu könnte schließlich auch sofort den Weg der öffentlichen Anzeige einschlagen, um dieses offensichtlich unsaubere Geschäftsgebaren anzumahnen.

Schließlich könnte sich Frau Treu bemühen, in einem Gespräch mit der Führungskraft oder der Unternehmensführung den Fall in einem *Konsensgespräch* zu lösen, etwa mit dem Ergebnis, dem Kunden finanziell entgegenzukommen bei gleichzeitiger Wahrung der Sicherheitsvorschriften. Schließlich muss auch der Worst-Case eingerechnet werden, dass bei dem Transport etwas passiert. Dann wäre das Unternehmen auf lange Sicht hin geschädigt.

Der Unternehmensethiker *Horst Steinmann* fasst die erwähnten Handlungsalternativen schematisch so zusammen wie in Tab. 5.2 dargestellt.

Es zeigt sich, dass die erstgenannten Möglichkeiten (Kündigung, gedankenloser Gehorsam, Opportunismus) nicht erstrebenswert sind, wenn es um eine ethische Konfliktlösung geht. Eine tatsächliche Konfliktlösung beinhalten sie auch nicht, denn ein Konflikt setzt voraus, dass sich beide Seiten der Problematik bewusst sind.

Demgegenüber fordern die anderen Reaktionsmöglichkeiten zunehmende Verantwortung des oder der Einzelnen, also ein zunehmendes Bewusstsein für die

Tab. 5.2 Möglichkeiten der Reaktion bei intrapersonalen Konflikten

Kündigung
Gedankenloser Gehorsam
Karriereorientierter Opportunismus
Sabotage
Heimliches Drohen mit Publizität
Öffentliches Drohen mit Publizität
Protest
Bewusste Widerrede
Schrittweise Konsensbildung

Konfliktsituation und deren mögliche Konsequenzen. In Konfliktsituationen ist es notwendig, verantwortlich zu handeln und den Konflikt zu lösen, also nicht unausgesprochen schwelen zu lassen. Wünschenswert ist, alltägliche Konflikte zwischen Gesetz und Anforderungen des Marktes, zwischen individuellem Vorteilsstreben und gesellschaftlicher Meinung in einem Konsens zu lösen. Das heißt, dass möglichst alle Erwartungen und Rollen in ihrer Eigenart berücksichtigt werden und für eine Konfliktlösung mitbedacht werden.

Nun treten Konflikte aber nicht nur in einem Menschen auf, viel häufiger – und damit auch wichtig für die Frage nach wünschenswerter Lösung – handelt es sich um interpersonale Konflikte, also emotional verstrickte Dilemma-Situationen zwischen zwei Menschen.

Zu einem Problem ...

Herr Ruhig und Herr Forsch sind zusammen verantwortlich, in einem kleinen Automobilzulieferbetrieb eine neue Software zu installieren, die die Arbeitszeitkonten von jedem der dreißig Mitarbeitenden erfasst. Herr Ruhig und Herr Forsch kennen sich seit Jahren nicht nur aus dem Berufsleben, sondern zufälligerweise sind sie auch Nachbarn. Da setzt man sich auch gerne mal auf ein Bier zusammen.

Herr Ruhig möchte die neue Software erst zum nächsten Monatsersten einführen, Herr Forsch sofort. Sachlich gibt es für beide Vorgehensweisen gute Gründe, die die beiden ebenso sachlich diskutieren (Problemebene).

... kommen emotionale Äußerungen ...

Beide sehen die Problemlage und sind auf dem Weg, einen Kompromiss zu finden, der sachlich sinnvoll erscheint (nämlich die Software in zehn Tagen einzuführen – so geht jeder zehn Tage auf den anderen zu). Herr Ruhig und Herr Forsch setzen sich an den Tisch und vergleichen Ihre Kalender.

Bei der endgültigen Terminabsprache glaubt Herr Ruhig, den emotionalen Dampf, der sich bei ihm aufgebaut hat (Kompromisse sind immer auch Revierverluste), ablassen zu können und sagt zu Herrn Forsch: „Du warst immer ein ungeduldiger Mensch, das ist mir schon dauernd aufgefallen!"

... und schon eskaliert ein Problem zu einem Konflikt!

Denn auch Herr Forsch hat während der sachlichen Diskussion seine Emotionen unterdrückt, die sich nun Platz verschaffen: „Mit Deiner Langsamkeit sind wir noch nie vorangekommen, jedes Mal, wenn wir gegen Michael zusammen Tennis spielen müssen, verlieren wir, weil Du zu langsam bist."

Nun befinden sich beide komplett auf der emotionalen Eben und es ist unwahrscheinlich, dass sie den eben noch gefundenen, sachlich auch richtigen Kompromiss, nun nach dieser Eskalation beibehalten werden.

Zum Konflikt kommt es, wenn jenseits sachlicher Argumente – die sich vielleicht in ihrem Gewicht die Waage halten – persönliche Motive eine Rolle spielen. Sie lesen in Führungshandbüchern, dass Sie bei Problem- und Konfliktsituationen – im beruflichen wie im privaten Bereich – immer wieder den Weg auf die sachliche Ebene suchen sollen. Die Schwierigkeit dabei: Auch bei einer Diskussion auf rein sachlicher Ebene schwingen immer Emotionen mit. Wichtig ist also, dass Sie diese Emotionen richtig einsortieren, unterdrücken sollten Sie sie auf keinen Fall, da diese sonst an anderer Stelle – an der Sie sie noch weniger brauchen können – hervorbrechen.

▶ **Nehmen Sie sich einen Augenblick Zeit** und überlegen Sie, wie Sie in Ihrem letzten Konfliktgespräch (beruflich oder privat) mit Ihren Emotionen umgegangen sind. Platzten sie aus Ihnen heraus oder konnten Sie sie im Zaum halten? Ist Ihnen gelungen, das Gespräch im Rahmen der sachlichen Diskussion zu halten (und Ihre Emotionen zu kontrollieren)? Gibt es Muster, in die Sie in Streigesprächen – beruflich oder privat – immer wieder fallen?

Für Sie als Führungskraft ist Konfliktmanagement mit dem Ziel, eine ethisch wünschenswerte Lösung zu finden, doppelt wichtig. Denn Sie können dabei in unterschiedliche Positionen geraten: Erstens kann es Ihre Aufgabe sein, Konflikte bei anderen zu lösen. Dies ist Teil Ihrer Führungsaufgabe. Zweitens können Sie aber auch Beteiligter oder Beteiligte eines Konfliktgesprächs sein.

Im ersten Fall haben Sie die Aufgabe eines Mediators (lat.: = *Mittler*). In diesem Zusammenhang müssen Sie zunächst bewerten, ob es sich um ein Problem handelt – also sich weitgehend (gewisse emotionale Verstrickungen gibt es auch bei Problemen in der Praxis) – auf der fachlichen Ebene lösen lässt, oder ob es bereits ein Konflikt ist. Hier helfen Ihnen nur Menschenkenntnis und Fingerspitzengefühl. Gleichwohl gibt es eine Reihe von Alarmsignalen:

- *Zusammenbrauen:* Ein berufliches Problem wird ins Private gezogen oder umgekehrt: Eigenschaften aus dem privaten Kontext werden in einer beruflichen Situation ausgespielt (etwa wie im Beispiel: von der Softwareeinführung zu sportlichen Aktivitäten). Oder aber das gegenüber spricht einen auf die vermeintliche Berufsehre an: *Sie als Ingenieur, sie als Betriebswirtin sollten doch....* Man nennt diese erste Eskalationsstufe *Privatisierung, Personifizierung.*
- *Aufladung:* Jeder sieht sich im Recht. Die Konfliktparteien erkennen nicht mehr, dass die andere Partei an dem einen oder anderen Punkt auch Recht haben könnte. Man sieht nur noch sich nach dem Motto *Ich würde ja, aber der/die andere....* Man nennt diese zweite Eskalationsstufe auch *Polarisierung.*
- *Ausbruch:* Das eigene Handeln ist gut, das Handeln der oder des Anderen schlecht: Die Konfliktparteien rechtfertigen das eigene Handeln. Die andere Partei und deren Handlungs- bzw. Lösungsvorschläge werden grundsätzlich abgewertet. Man nennt diese Eskalationsstufe *Diffamierung.*

Neben diesen Auffälligkeiten im Verhalten, sind es sprachliche und kommunikative Merkmale, anhand derer Sie erkennen können, ob aus einem Problem ein Konflikt geworden ist:

- Es fallen Worte wie immer, dauernd, ständig *(Killerfloskeln).*
- Kollegialer Humor geht über in Ironie und Zynismus. Man versucht, sich gegenseitig vor Dritten bloß zu stellen. Insbesondere in Gruppensituationen treten bei bestimmten Personen Spannungen auf. Man nutzt das Publikum der Gruppe, um das Gegenüber lächerlich zu machen, weil man die Gruppe auf seine Seite zieht *(Bündnisbildung).*
- Die Mitarbeitenden X und Y machen buchstäblich einen großen Bogen umeinander.
- In Gesprächen mit Mitarbeitenden kommt es wiederholt zu Anspielungen in Bezug auf Arbeitsweise/Typ/Arbeitsmodelle etc. des/der Mitarbeitenden XY.
- Ihre Abteilung geht nicht mehr geschlossen zum Mittagessen/zur After-Work-Party/zur Betriebsfeier etc.

- Äußere Wesenseigenschaften eines Mitarbeitenden werden – wenn auch nur flapsig – plötzlich zum Thema *(„Du bist zu klein, zu groß, zu dick, zu dünn");* das kann weiter bis zu *Diskriminierungsthemen* gehen, also Angriffe aufgrund von Geschlecht, Hautfarbe, Alter, sexueller Orientierung etc.
- Mitarbeitende, von denen Sie wissen, dass sie sich gut kennen und einen vertrauten Umgang miteinander haben, kommunizieren plötzlich nur in einem *sachlichen* und *sachbezogenen* Dialog.
- etc.

Für die Lösung von Konflikten in Ihrem Betrieb, in Ihrer Abteilung, in Ihrem Unternehmen gibt es keine Standard-Konzepte. Denn zum Glück haben Sie es bei Konflikten und deren Management mit Menschen zu tun, die mit je unterschiedlichen Werten, Persönlichkeiten, Haltungen, Eigenschaften und Macken im guten wie im schlechten Sinne auftreten.

Eine Grundregel des Konfliktmanagements sollte Ihnen Richtschnur sein, egal, ob Sie einen Konflikt bei anderen zu schlichten haben oder selbst Partei in einem Konflikt sind: Versuchen Sie, das Thema oder das Gegenüber oder die Konfliktparteien wieder auf die sachliche Ebene zu bringen. Die meisten Konflikte im Berufsleben entstehen aufgrund einer fachlichen/sachlichen Differenz – also eines Problems – und rutschen dann erst in die (emotionale) Konfliktebene. Es wurde schon angedeutet, dass es dabei nicht darum gehen kann, die emotionalen Verstrickungen, die bei ernsten Problemen automatisch auftreten, zu unterdrücken. Sie sollten nur richtig einsortiert werden – im Bilde ausgedrückt: Zunächst sollten die Emotionen nach hinten gestellt werden, damit Sie sie dann in aller Ruhe betrachten können. Emotionale Regungen bei Problemfällen wollen Ihnen ja irgendetwas sagen, allein es fehlt noch die Klarheit. Sie sollten nicht unsortiert in einen Konflikt eingebracht werden, weil die Reaktionen des Gegenübers ebenso emotional wirr sein können. *Friedemann Schulz von Thun* hat das mit seinen vier Mündern und vier Ohren treffend beschrieben, wie sich Menschen schon in der Alltagskommunikation kaum richtig verständigen können, wie schwierig ist es dann in emotional aufgeladenen Konfliktgesprächen.

Was ist, wenn Sie als Führungskraft in einen Konflikt geraten? Stellen Sie sich vor, im Mitarbeitergespräch wollen Sie auf einen Punkt kommen, bei dem Sie – zunächst aus sachlichen Gründen – Kritik an Ihrer Mitarbeiterin oder Mitarbeiter üben. Sie wollen, dass dies in Zukunft bei ihr oder ihm anders wird.

▶ **Nehmen Sie sich einen Augenblick Zeit** und vergegenwärtigen Sie sich Ihren letzten größeren Konflikt mit einem Mitarbeitenden. Wie kam es dazu?

Es kann passieren, dass die oder der betroffene Mitarbeitende Ihre Kritik als persönlichen Angriff auffasst; dann wird das Problem zu einem Konflikt. Der oder die Mitarbeitende wird versuchen, Sie auf die Beziehungsebene zu ziehen – es reichen Sätze wie „Chef, das hätte ich jetzt nicht gedacht, dass gerade Sie hier so kritisch sind!“ Ihre Aufgabe ist es, im Falle eines Konfliktes die Mitarbeiterin oder den Mitarbeiter nicht als Person zu verletzen, sondern zu respektieren und ausschließlich einen etwaigen fachlichen Fehler oder sachliches Verbesserungspotenzial anzusprechen.

Praxisbeispiel 10

Herr Ungenau legt Ihnen zum wiederholten Male einen Bericht mit vielen Rechtschreibfehlern vor. Sie wissen, dass Herr Ungenau, der sehr schnell und kreativ arbeitet, keine Probleme mit der Rechtschreibung hat, oft aber nicht darauf achtet, weil er findet, dass Inhalt wichtiger als die Form ist.

Sie sprechen den Punkt im Mitarbeitergespräch an und sagen: „Herr Ungenau, Sie legen mir immer Berichte mit Rechtschreibfehlern vor, haben Sie denn nie in der Volksschule aufgepasst?“

Bei einem solchen Gesprächsverlauf können Sie sich sicher sein, dass Sie Ihren Mitarbeiter bereits auf der persönlichen Ebene getroffen haben und dass das sachliche Gespräch zu kippen droht. Denn Sie haben nicht nur eine Killerfloskel *(immer)*, sondern zusätzlich eine sogenannte Killerphrase benutzt. Killerphrasen sind Sätze, mit denen Sie pauschal Ihr Gegenüber angreifen, erniedrigen, ins Lächerliche ziehen, herabsetzen wollen. Zugleich sind Killerphrasen so pauschal, dass Sie Ihrem Gegenüber keine Chance lassen, angemessen zu reagieren.

5.3.9 Typische Killerphrasen

- „Das haben wir noch nie so gemacht!“
- „Das haben wir schon immer so gemacht!“
- „Sie sind *immer* unpünktlich!“
- „Typisch Mann/Frau!“
- „Das ist doch wohl nicht Ihr Ernst!“
- „Das führt uns jetzt ab!“
- „Dazu haben wir jetzt wirklich keine Zeit!“
- „Sie wollen mich wohl für dumm verkaufen?“
- „Das machen wir so, Ende der Durchsage!“

- „Was meinen Sie eigentlich, wer Sie sind?"
- etc.

Mit solchen Killerphrasen bringen Sie Herrn Ungenau in eine Oppositionshaltung, da der pauschale Vorwurf („immer") so sicher nicht zutrifft. Darüber hinaus greifen Sie mit dem Nachsatz *„Haben Sie denn nie in der Volksschule aufgepasst"* auf persönlicher Ebene an.

Sie können auch reagieren, indem Sie Herrn Ungenau auf das Problem aufmerksam machen und ihn zugleich motivieren: *„Die drei Berichte, die Sie mir in den vergangenen Wochen vorgelegt haben, waren inhaltlich sehr gut. Aber die Rechtschreibung war nicht sonderlich genau. Ich würde mich freuen, wenn Sie in Zukunft auch auf die korrekte Rechtschreibung mehr Wert legen würden. Die Berichte gehen nach außen. Ich will nicht, dass Ihre ausgezeichnete inhaltliche Arbeit aufgrund von Schreibfehlern nicht gewürdigt wird. "*

Mit einer solchen Formulierung sprechen Sie deutlich das Problem an (das, worüber Sie sich ärgern), ohne Herrn Ungenau vor den Kopf zu stoßen; bestenfalls gelingt es Ihnen sogar, Herrn Ungenau noch zu motivieren. Das Entscheidende ist: Sie bleiben auf der Sachebene. Sie fühlen sich durch unnötige Rechtschreibfehler gestört, vor allem aber – und das ist der sachliche Grund – gehen die Berichte an die Öffentlichkeit (Abb. 5.3).

Für ein ethisch wünschenswertes Konfliktmanagement ist es wichtig, dass Sie bestimmte Formulierungen und Standards einhalten. Denn bei Konflikt und Streit gilt: Das Gegenüber ist ein Mensch, der es verdient, mit dem Respekt und der Anerkennung behandelt zu werden, die Sie sich für sich wünschen. Ein Konflikt sollte auf das Sachliche beschränkt und nicht ins Persönliche gezogen werden. Konflikte auf der persönlichen Ebene zielen darauf ab, das Gegenüber zu verletzen – damit man als Sieger aus einem Konflikt hervorgeht. Aber: Wer Sieger sein will, schafft Verlierer und damit neues Konfliktpotenzial.

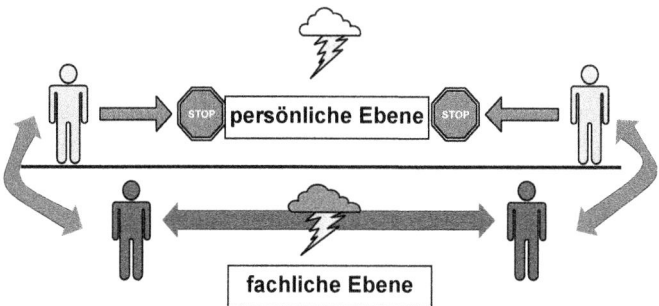

Abb. 5.3 Konfliktmanagement

Um bei einem Konfliktgespräch auf der Sachebene zu bleiben, die Emotionen in geeignetem Maße nach hinten zu stellen und dabei Ihr Gegenüber in aller Würde zu respektieren, gibt es eine Reihe von Verhaltensregeln, die Ihnen helfen können:

- *Eins-zu-Eins-Situation:* Konfliktgespräche sollten Sie immer in Eins-zu-Eins-Situation führen. Selbst wenn ein Konflikt zwischen einem Teil der Mitarbeitenden Ihrer Abteilung, Ihres Betriebes und einem einzelnen Mitarbeiter oder einer einzelnen Mitarbeiterin existiert, müssen Sie das Konflikft-Gespräch alleine mit dem oder der Betroffenen führen. Das gebietet der Respekt und eine ethisch wünschenswerte Grundhaltung. Sollten zwei Gruppen in einen Konflikt verwickelt sein, den Sie zu schlichten haben, so achten Sie darauf, dass immer gleich viel Vertreter der jeweiligen Parteien im Konfliktgespräch zusammen sind.
- *Seien Sie klar!* Ein Konflikt löst sich umso schneller, je deutlicher er angesprochen wird. Das heißt: Sie als Führungskraft müssen sich *klar machen,* was genau das Problem ist, das Sie mit dem Mitarbeiter oder der Mitarbeiterin haben. Bauen Sie nicht auf so genannten Subtext, also unausgesprochenen Sinn zwischen den Worten; setzen Sie nicht auf unausgesprochene Erwartungen, die der andere doch sehen muss, etc. Kommunikation muss unverkennbar sein, Konflikte müssen deutlich kommuniziert werden. Ethisch wünschenswerte Führung heißt nicht, dass alles harmonisch sein muss. Im Gegenteil. Konflikte sind der Lebenssaft der Ethik.
- *Sprechen Sie immer in der Ich-Form.* Zitieren Sie nicht Kollegen *(„Herr Müller sagt, dass ... "),* andere Mitarbeitende *(„aus der Abteilung habe ich gehört, dass ... "),* sondern stellen Sie sich der Situation: *„Ich nehme wahr, ich sehe, ich habe den Eindruck... ".* Ihr Gegenüber erkennt dadurch Sie als seinen Konfliktpartner. Die Ich-Form gilt auch, wenn Ihnen Kritik von außen zugetragen wurde (etwa von Kunden, Kollegen etc.). Wenn Sie der Meinung sind, dass diese von außen herangetragene Kritik berechtigt ist, dann müssen Sie sich diese zu eigen machen. Ihr Gegenüber hat einen konkreten Konfliktpartner verdient!
- *Suchen Sie nach Lösungen (Kompromissen), bei denen beide Konfliktparteien gleichviel gewinnen oder abgeben müssen!* Beide Parteien sollen ihr Gesicht wahren können. Der gegenseitige Respekt gebietet es, dass Sie sich nicht aufgrund höherer Hierarchie durchsetzen, sondern einen Weg suchen, den alle Beteiligten gehen können. Denken Sie daran: Sie brauchen Ihre Mitarbeitenden auch morgen und übermorgen noch.
- *Schuldzuweisungen und Anklagen sind keine Lösung, im Gegenteil:* Hier ist man mitten in den Emotionen! Wenn Sie mit einem Mitarbeitenden einen Konflikt haben, sollten Sie ihn lösen wollen. Verurteilungen, Schuldzuweisun-

gen, eigene Rechtfertigungen helfen nicht weiter. Klarheit heißt auch, Fehler zugeben zu können – auch auf Chefseite.

* *Versuchen Sie, sich zwischendurch in die Position Ihres Gegenübers zu versetzen!* Was bedeutet es für das Konfliktgespräch, dass Sie hierarchisch höher stehen? Wie frei können Ihre Mitarbeitenden Ihnen gegenüber argumentieren?

Praxisbeispiel 11

In Ihrem Betrieb arbeiten die zehn Mitarbeitenden immer im Team. Projekte werden gemeinsam erledigt, alle wissen, was sie zu tun haben. In den zurückliegenden Jahren hat das wunderbar geklappt. Sie konnten auf diese Weise mit Ihrem Betrieb und den Mitarbeitenden manche Krisenzeit überstehen.

Nun steht ein Großprojekt bei einem Kunden an, das alle Mitarbeitenden einbinden wird. Da es mit viel Arbeit verbunden ist, teilen Sie Ihre Mitarbeitenden in zwei Teams à fünf Leute. Pro Team bestimmen Sie einen Teamsprecher/in, mit dem Sie Maßnahmen und Planungen durchsprechen.

Nach einer Woche merken Sie, dass in einem Team gar nichts voran geht. Sie nehmen an einer Teambesprechung teil und hören folgende Sätze:

Frau Windisch: „Wir sind keinen Schritt weiter!"

Herr Müller: „Lass' uns das doch einmal probieren!"

Frau Wenzel: „Trial and Error ..., wo sind wir denn? Ich glaube, wir machen es nach Variante XY. Damit kommen wir weiter."

Frau Windisch: „Glauben kannst Du in der Kirche, wir brauchen Fakten."

Herr Meier: „Sagt mir, wenn ihr euch geeinigt habt, ich beschäftige mich so lang mit etwas anderem."

Teamsprecher/in: „So bringt das doch nichts!"

Herr Müller: „Meinst Du, weil Du Teamsprecher bist, weißt Du alles besser?"

Frau Wenzel: „Natürlich, er/sie ist doch der geborene Leader!"

...

* Was ist passiert?
* Greifen Sie in die Teambesprechung ein?
Wenn ja, wie?

Praxisbeispiel 12

Sie leiten eine Abteilung mit fünf Mitarbeitenden, die zusammen in einem Büro sitzen, während Sie ein Einzelbüro haben.

Eines Abends kommen vier Mitarbeitende aus Ihrem Team auf Sie zu und beschweren sich über den Kollegen Stefan Schlampig, der häufig ungewaschen rieche und damit das Büroklima im Wortsinne verderbe. Sie haben das auch schon öfter wahrgenommen.

Die Mitarbeitenden bitten Sie nun, einmal mit Herrn Schlampig zu reden, weil die Anspielungen der Mitarbeitenden bei Herrn Schlampig folgenlos geblieben sind.

*   Wie bereiten Sie sich auf das Gespräch vor?
*   Mit welchen Konflikten müssen Sie rechnen?
*   Wie führen Sie das Konfliktgespräch durch?

5.3.10 Mobbing

Mobbing (von engl.: *to mob* = bedrängen) bezeichnet eine Vielzahl von Verhaltensweisen am Arbeitsplatz, die sich gegen eine oder mehrere Personen richten, um diese aus der Gruppe, aus dem Team, aus dem Betrieb zu drängen. Für Sie als Führungskraft ist es wichtig, bereits die ersten Anzeichen, alltägliche kleine Mobbing-Versuche in Ihrem Betrieb oder in Ihrer Abteilung zu erkennen.

Das Problem beim Mobbing: Häufig sind die kleinen, gegen Kolleginnen oder Kollegen gerichteten Gemeinheiten anfangs schwer zu erkennen, vor allem, wenn Sie aufgrund Ihrer Führungsposition nicht unmittelbar in das Abteilungs- oder Teamleben eingebunden sind.

Doch es gibt erkennbare Alarmzeichen, die Sie mit der Zeit wahrnehmen können:

*   Beim mittäglichen Gang in die Kantine wird ein Kollege oder eine Kollegin *nie mitgenommen.*
*   In Teambesprechungen *rollen alle mit den Augen*, wenn der Kollege oder die Kollegin XY etwas sagt.
*   Eine Mitarbeiterin oder ein Mitarbeiter, die oder der bisher hervorragende Arbeitsergebnisse geliefert hat, *lässt ohne ersichtlichen Grund nach.*
*   Eine bisher stets zuverlässige Mitarbeiterin oder ein Mitarbeiter wird *dauerhaft nachlässiger* (unpünktlich, unmotiviert etc.).
*   Eine Mitarbeiterin oder ein Mitarbeiter *verliert sichtbar Spaß und Motivation* an der Arbeit.
*   Bei der Zusammenstellung von Projektteams wird eine Mitarbeiterin oder ein Mitarbeiter immer *übersehen.*

Wie können Sie mit solchen Anzeichen umgehen? Ethisch wünschenswert ist es, dass der Arbeitsplatz für niemanden zur Hölle wird – weder durch Vorgesetzte noch durch Kollegen. Mobbing verlangt Ihr Fingerspitzengefühl, denn die Anzeichen dafür, dass eine Mitarbeiterin oder ein Mitarbeiter in Ihrem Verantwortungsbereich gemobbt wird, sind meist latent. Das heißt: Der Konflikt bricht nicht offen aus. Häufig kann auch der- oder die vom Mobbing Betroffene, keinen alleine ausmachen, der oder die dafür verantwortlich ist. Darüber hinaus kommt es häufig vor, dass sich die oder der Gemobbte selbst schuldig fühlt an der Situation.

Sobald Sie Anzeichen für Mobbing in Ihrer Abteilung oder in Ihrem Verantwortungsbereich erkennen, sollten Sie diese ernst nehmen. Lassen Sie sich nicht leiten von Großmutters Hausarzt-Weisheit: *Das heilt schon wieder!* Das tut es mit Sicherheit nicht. Mobbing-Situationen fangen im Verborgenen an, schwelen eine Weile und eskalieren irgendwann. Dann aber gibt es bereits Verlierer und Verlierer schlagen irgendwann zurück. Je früher Sie die Situation erkennen, desto besser Ihre Möglichkeiten, schlichtend einzugreifen.

Gibt es in Ihrer Abteilung oder Bereich eine Person, die besonders lautstark ist *(Opinion Leader)* und diese Position dazu nutzt, andere zu diffamieren, müssen Sie mit dieser Person sprechen. Fragen Sie in einem Zweier-Gespräch, ob er oder sie mit der Kollegin oder dem Kollegen XY Probleme hat und wenn ja, welcher Art diese sind. Ihre Aufgabe ist es zu klären, ob die Probleme ausgeräumt werden können. Da die Probleme beim Mobbing auf der emotionalen Ebene liegen, müssen Sie auch dort eingreifen und versuchen, das Sachliche in den Vordergrund zu stellen. Unter Umständen können Sie in einem solchen Gespräch zu einem späteren Zeitpunkt auch den oder die betroffene Kollegen oder Kollegin dazu bitten.

Nehmen Sie wahr, dass sich die Gruppe oder das Team gegen eine Person stellt, ohne dass Sie dabei einen Opinion Leader ausmachen können, bleibt Ihnen nur die Möglichkeit, das Thema bei einer Abteilungs- oder Teamzusammenkunft anzusprechen. Bleiben Sie dabei – wie beim Konfliktgespräch – in der Ich-Formulierung, also:

- „Ich habe den Eindruck, dass Frau Meier von Ihnen übergangen wird"
- „Ich sehe, dass Sie Herrn Müller nie richtig zu hören!"
- „Ich sehe, dass sich die Stimmung im Team gegen Herrn Weber richtet."

Sie müssen sich dabei darüber im Klaren sein, dass es in einer solchen Situation an Ihnen liegt, ob der Konflikt eskaliert, oder Sie das Team wieder auf einen gemeinsamen Weg bringen. Wenn Sie als Vorgesetze oder Vorgesetzter das Thema ansprechen, kann es in einer Teambesprechung auch dazu kommen, dass sich alle Mitarbeitenden offen gegen die bisher latent gemobbte Person richten, weil Sie den Raum dafür geöffnet haben. Alle, die bisher im Verborgenen gegen XY gemobbt hat, können nur öffentlich, geschützt durch die anderen, XY angreifen. Eine solche Situation müssen Sie schnell unterbinden, denn sie schaukelt sich hoch.

Auch hier gilt wieder: Ziehen Sie das Gespräch von der emotionalen auf die sachliche Ebene. Das gelingt Ihnen durch geschlossene, sachliche Fragen *(sogenannte W-Fragen: Wer? Was? Warum? Wozu? Womit? etc.).*
Achten sie darauf, dass auch die oder der Betroffene zu Wort kommt! Aber Achtung: Sie sind nicht von vornherein Anwalt oder Anwältin der gemobbten Person! Ihre Rolle ist die eines Mediators! Demnach ist es Ihre Aufgabe, beiden Parteien (manchmal werden auch mehrere Personen gemobbt) wieder auf die sachliche Ebene zu bringen.

Sollte die Lage im Team bereits so verfahren sein, dass eine sachliche Lösung nicht mehr möglich ist, müssen Sie versuchen, in Einzelgesprächen die Situation zu klären. Sie dürfen sich dabei auch Hilfe von außen holen (Personalabteilung etc.)!

Ethisch wünschenswert ist bei Mobbing-Fällen, dass Sie dabei jede und jeden mit der gleichen Sorgfalt und Rücksicht behandeln, mit der Sie selbst behandelt werden wollen. Die Unterschätzung der Situation birgt eine Gefahr in sich: Die Stimmung im Team, in der Gruppe, im Betrieb kann sich mittelfristig gegen Sie richten, weil Ihre Mitarbeitenden von Ihnen erwarten, dass Sie die Situation lösen. Tun Sie das nicht, gerät Ihre Führungsautorität in Frage.

Praxisbeispiel 13

Sie laden Ihre Führungskräfte anlässlich eines runden Geburtstages zum Abendessen ein. Frau Schneider – die einzige weibliche Führungskraft – hat sich entschuldigt. Im Laufe des fröhlichen Abends fallen immer mehr merkwürdige Bemerkungen der männlichen Führungskräfte über Frauen allgemein, Anspielungen auf Frau Schneider bleiben dabei nicht aus.

Am nächsten Tag bei der Besprechung mit Ihren Führungskräften nehmen Sie zur Kenntnis, dass Frau Schneider zwar anwesend ist, aber kaum ein Wort sagt. Früher war das anders. Ihnen waren Frau Schneiders sachliche und kompetente Beiträge immer hilfreich, weil Frau Schneider Ihnen auch widersprach und neue Aspekte einbrachte.

Nach Ende der Besprechung geht Frau Schneider wieder umgehend in ihr Büro, während die zehn männlichen Kollegen gemeinsam zum Mittagessen gehen.

- Wie reagieren Sie?
- Nehmen Sie Alarmsignale wahr, oder sehen Sie das immer noch als „normal" an in einer von Männern dominierten Wirtschaft?
- Mit wem würden Sie als erstes über die Situation reden?

Praxisbeispiel 14

Sie machen jeden Morgen einen Rundgang bei Ihren Mitarbeitenden und begrüßen sie persönlich. Wenn es sich ergibt, unterhalten Sie sich kurz mit Ihren Mitarbeitenden – über das gestrige Fußballspiel, die politische Weltlage, das Wetter.

Mit der Zeit merken Sie, dass sich Ihre Mitarbeitenden kaum noch auf das Gespräch mit Ihnen einlassen, allenfalls erwidern sie Ihre Begrüßung, mehr nicht. Sie registrieren diese Verhaltensänderung, verbinden es aber mit der letzten Teambesprechung, bei der Sie Ihren Mitarbeitenden ins Gewissen geredet haben, weil ein großes Projekt ansteht.

Doch auch nach einigen Tagen reden die Mitarbeitenden mit Ihnen immer noch nur das Notwendigste. Während der Kaffeepausen in der Küche verstummt das Gespräch, wenn Sie den Raum betreten. Kaum haben Sie ihn wieder verlassen, hören Sie heitere Gespräche und Lachen.

• Wie reagieren Sie?
• Halten Sie diesen Zustand für normal – Sie sind eben der Chef oder die Chefin?
• Wie lange würden Sie auf eine Normalisierung des Zustandes warten?

5.3.11 Resümee: Verantwortlicher und verantwortbarer Führungsstil

Gute Führung zeigen Sie, wenn Sie sich auf Mitarbeitende wie auf die Situation einlassen, also das notwendige Einfühlungsvermögen und Fingerspitzengefühl haben.

Ein ethisch wünschenswerter Führungsstil orientiert sich an dem gesetzten Ziel, berücksichtigt dabei die Anforderung der Situation (also etwa des Betriebes, der Abteilung, des Unternehmens) sowie die Ansprüche, Rechte und Kooperationsbereitschaft der Mitarbeitenden.

Ein ethisch wünschenswerter Führungsstil zeigt sich darin, dass Mitarbeitende ernst genommen werden und Freiraum für selbstverantwortliches Handeln haben. Kurz: Ihre Mitarbeitende sind Personen wie Sie. Sie sollten Sie also so behandeln, wie Sie selbst von Vorgesetzten behandelt werden wollen. Darüber hinaus kann Ihnen folgende Orientierung helfen: Ihr Führungsstil sollte als der Idealstil für Führung in der Management-Literatur beschrieben werden können.

Ein ethisch wünschenswerter Führungsstil fordert von Ihnen, offen und klar zu sein. Es geht bei ethisch wünschenswertem Verhalten weder um *Gutmenschentum* noch um vorgegaukelte Harmonie. Es geht darum, dass Sie Ihr Gegenüber als eine Person sehen, die Würde und Ehre hat. Das fordert von Ihnen, Probleme und Konflikte klar anzusprechen, Kritik zu üben, wenn es dafür sachliche Gründe gibt, wie auch eigene Fehler einzusehen. Die Leitfrage dabei ist: Behandeln Sie Ihre Mitarbeitenden auch in kritischen Feedback-Gesprächen so, wie Sie behandelt werden möchten, wenn Ihnen jemand anderes etwas Kritisches sagt? *Gute Führung ist eine Haltungsfrage.*

Ziel Ihrer Mitarbeiterführung sollte sein, dass Ihre Mitarbeitenden von heute auf morgen Ihren Job machen können. Das heißt: Sie sollten Ihre Mitarbeitende dahingehend fördern und fordern, dass diese Sie ersetzen könnten. So sehr Ihnen dieser Gedanke beim ersten Lesen Unwohlsein bereitet: Nur wenn Sie so führen, dass Sie morgen von jeder und jedem Ihrer Mitarbeitenden ersetzt werden können, haben Sie gute Führungsarbeit geleistet. *Gute Führung ist Befähigung.*

Die Mitarbeitenden stellen dem Unternehmen zwei Potenziale zur Verfügung: Zum einen die Arbeitskraft, also die körperliche, natürliche Energie. Zum anderen bringen sie ihre geistige Ressourcen, ihr Denken, ihre Kreativität und ihre Ideen ein – eine Bereicherung für das Unternehmen, den Betrieb, die Abteilung. Dieses Potenzial entfaltet sich nicht allein im stromlinienförmigen Handeln. Kritische Gedanken, kreative Ideen sind es, von denen beide Seiten profitieren. Ihre Aufgabe ist, dieses Potenzial zu entwickeln und zu nutzen, aus ökonomischen Interesse gegenüber Ihrem Arbeitgeber oder sich selbst gegenüber, aber auch aus ethischen Interessen, weil Mitarbeitende, die ihre Energie in ein Unternehmen einbringen, entsprechend wahrgenommen werden wollen. *Gute Führung ist Potenzialentwicklung.*

Ein Führungsstil ist umso besser, je weniger er auffällt. Mitarbeitende, die ernst genommen werden und sich den Anforderungen der Situation stellen, sind motivierter, als solche, die von ihrer oder ihrem Vorgesetzten *gegängelt* werden. Ziel eines ethisch wünschenswerten Führungsstils muss die verantwortliche Führung unter Berücksichtigung der Interessen der Situation sein. Solch ein Führungsstil zeichnet sich dadurch aus, dass er Menschen in ihrer Vielschichtigkeit wahrnimmt und den Ansprüchen der Handlungssituation gerecht wird. *Gute Führung ist das Managen von menschlicher Vielfalt.*

Es geht nicht darum, Autoritäten und Hierarchien zu verwischen oder als überflüssig zu erklären. Klare Hierarchien sind notwendig, aber sie sollten in der alltäglichen Arbeitspraxis nur zum Vorschein kommen, wenn sich Zuständigkeits- oder Verantwortungsfragen explizit stellen. Sie sollten dann zu Tage treten, wenn mit verantwortlichem und verantwortbarem Führungsstil der gewünschte Erfolg nicht erreicht werden kann. Ansonsten sollten die Hierarchien im Alltag in den Hintergrund treten. Es geht bei Führung darum, das Individuum in seiner Würde und in seinem Recht auf Personsein zu schützen. Verantwortlicher und verantwortbarer Führungsstil erlaubt denjenigen, die geführt werden, das kritische Mitdenken und schafft kreativen Freiraum, den Arbeit in der Wirtschaft wie auch in anderen gesellschaftlichen Bereichen im Sinne einer demokratischen Weiterentwicklung braucht.

Zusammenfassung

Ethik wird in allen klassischen Bereichen der Führungstheorie relevant. Es geht bei einem ethisch wünschenswerten Führungsstil darum, dass Sie als Führungskraft authentisch bleiben und zugleich Ihre Mitarbeitenden als eigenständige Subjekte, ausgestattet mit Würde und Persönlichkeit, sehen und sie befähigen. So fördern und fordern Sie das kreative und kritische Potenzial Ihrer Mitarbeitenden.

5.4   Instrumente der Führungsethik

5.4.1   Anforderungsprofile an Führungskräfte

Wie erwähnt, legen Anforderungsprofile für Führungskräfte eine Reihe von gewünschten Fähigkeiten *(Kompetenzen)* und Eigenschaften fest, die die Unternehmensleitung von Führungskräften erwartet.

Bei der Konzeption solcher Anforderungsprofile müssen Sie sich als Unternehmens- oder Betriebsleitung Gedanken darüber machen, was Sie von den Führungskräften erwarten. Das heißt: Eine solche Konzeption beinhaltet zugleich eine innere Klärung der Philosophie und der Werte in Ihrem Unternehmen oder Betrieb. Basierend auf diesen Werten dienen die Anforderungsprofile der Orientierung für Führungskräfte. Gegebenenfalls geben sie auch Unterstützung bei der Frage, welche Aus- und Weiterbildungen für einzelne Führungskräfte notwendig sind.

Ethisch wünschenswert ist diese Art von Anforderungsprofil, weil jede Form der Transparenz und Wertsetzung in einem Unternehmen dem einzelnen Mensch weiterhilft. Wenn ein solches Anforderungsprofil auf einem menschengerechten Wertgefüge bei gleichzeitiger notwendiger Sach- und Aufgabenausrichtung steht, ist das einer wertgerechten Unternehmenskultur zuträglich. Aber Achtung: Anforderungsprofile sollten realistisch sein und der sozialen Kompetenz Raum lassen. Denn nur auf Basis einer soliden Sozialkompetenz erzielen Führungskräfte wie Mitarbeitende auch ökonomischen Erfolg.

Gleichwohl ist die Konzeption eines Anforderungsprofils für Führungskräfte eine Gratwanderung. Sie müssen inhaltlich darauf achten, dass ein Anforderungskatalog differenziert genug ist, um den Kern Ihres Menschenbildes erkennbar zu machen, aber auch allgemein genug, dass Sie Menschen in all ihrer Vielfalt wahrnehmen und zugleich die jeweils unterschiedlichen Talente für Ihren Betrieb und Ihr Unternehmen sinnvoll nutzen können. Bei der Formulierung von Anforderungsprofilen sollten Sie einen Weg zwischen dem *Sachgerechten (Was erfordert die Aufgabe? Welche Fähigkeiten braucht man an welcher Stelle?)* und dem *Menschengerechten (Was können Führungskräfte an sozialen Fähigkeiten mitbringen? Wie reif können Nachwuchsführungskräfte bereits sein? etc.)* finden.

Grundsätzlich ist es für jeden Betrieb und jedes Unternehmen, unabhängig von der Größe, sinnvoll, Anforderungsprofile zu formulieren. Denn solche Anforderungskataloge haben eine leitende und orientierende, manchmal auch erzieherische Funktion für Führungskräfte, aber auch für Mitarbeitenden; zugleich weiß eine angehende Führungskraft, was von ihr erwartet wird.

5.4.1.1 Checkliste – Das sollte in Ihrem Anforderungsprofil für Führungskräfte stehen

▶ Grundsätzlich: Achten Sie darauf, dass Sie nicht zu allgemein bleiben, aber doch so weit offen, dass Sie Menschen mit unterschiedlichen Charakteren und Talenten einbinden!

* *Zielgruppe:* Wer? Soll das Anforderungsprofil allen Mitarbeitenden, die sich dafür interessieren, zugänglich gemacht werden (Intranet etc.)?
* *Grundphilosophie des Unternehmens,* angewandt auf das Thema Führung und die Führungskräfte: Diese sollte sich aus dem Leitbild und den Werten Ihres Unternehmens oder Betriebes ableiten. Sie sollte zugleich mit dem Führungsleitbild eng abgestimmt sein (man kann Führungsleitbild und Anforderungskatalog auch sinnvollerweise in einem Dokument zusammenfügen).
* *Kurzdefinition, welche Führungskultur* im Unternehmen herrscht und herrschen sollte: Auch hier gilt dasselbe wie beim Führungsleitbild. Häufig lässt sich die Führungskultur und damit die Anforderung an Eigenschaften und Fähigkeiten von Führungskräften direkt oder indirekt mit dem Produkt oder der Dienstleistung, die man auf dem Markt anbietet, in Verbindung bringen.
* *Konkrete Kompetenzen (Fähigkeiten),* die Sie von Ihren Führungskräften erwarten, etwa unterteilt nach
  – *visionäre und motivatorische Kompetenz:* Wie eine Führungskraft Ziele formulieren und an die Mitarbeitenden weitergeben sollte.

- *soziale Kompetenz*: Wie eine Führungskraft mit ihren Mitarbeitenden, Kolleginnen und Kollegen und Vorgesetzten umgehen sollte.
- *strategische Kompetenz*: Welche Weitsicht, aber auch kurzfristige Entscheidungsfähigkeit eine Führungskraft mitbringen sollte. Wie eine Führungskraft mit Risiken und Chancen umgehen soll.
- *analytische Kompetenz:* Wie weit eine Führungskraft eine spezielle Situation standardisieren und zugleich die entsprechenden Regeln daraus ableiten kann.
- *organisatorische Kompetenz:* Welches Handwerkszeug eine Führungskraft beherrschen und weiterentwickeln muss.
- etc.
- *Konkrete menschliche Eigenschaften,* die Ihre Führungskräfte mitbringen müssen
  - Integrität, Offenheit, Lernbereitschaft, Weitsicht, soziale Kompetenzen, Fürsorgebereitschaft etc. Hier sollten Sie sich überlegen, welches Menschenbild Ihre Führungskultur trägt. Entsprechend ergibt sich eine Wunschliste von Eigenschaften, die eine potenzielle Führungskraft mitbringen sollte.
  - etc.

5.4.2 Führungsleitbild

In manchen Betrieben und Unternehmen existieren Führungsleitbilder, die etwaige Anforderungskataloge ergänzen oder als Teil von ihnen gesehen werden. In Führungsleitbildern geht es darum, aus einem übergeordneten Unternehmensleitbild Leitsätze und Verhaltensvorgaben für Führungskräfte zu extrahieren.

Erste Zielgruppe solcher Führungsleitbilder sind alle, die Personal- und damit Führungsverantwortung haben. Solche Führungsleitbilder sollten intern öffentlich gemacht werden. Schließlich haben alle Mitarbeitenden das Recht zu erfahren, welche Vorstellungen die Unternehmensleitung über die Führung im eigenen Hause hat.

Ein Führungsleitbild gibt den Verantwortlichen Orientierung, wenn es um das Verhalten in bestimmten Situationen geht. Zusätzlich kann man in einem Führungsleitbild die grundsätzliche Philosophie des Unternehmens beschreiben, Bausteine der Führung- und Führungskräfteentwicklung festhalten (Mitarbeiter-Gespräche, Fördermaßnahmen etc.). Kurz: Ein Führungsleitbild versucht, den Führungskräften in der besonderen Situation ihrer Verantwortung Orientierung zu geben.

Aber Achtung: Ein Führungsleitbild ist – wie jedes Leitbild – kein Ersatz für eigenes Denken. Es ist auch keine Checkliste, anhand derer Sie gewünschtes Verhalten abhaken könnten. Leitbilder, ob auf Unternehmensebene, ob für Führungs-kräfte oder Managementprozesse, beschreiben lediglich einen Korridor, innerhalb dessen Sie ihre Entscheidungen eigenständig treffen müssen! Ethisch wünschenswert ist, dass Sie bei einem Führungsleitbild auf Authenti-zität Wert legen. Ein Führungsleitbild sollte sich damit auseinandersetzen, dass es neben allen positiven Funktionen von Führung auch Konfliktbereiche im Unter-nehmen gibt, die professionell zu lösen sind. Also müssen Sie sich bei der Erstel-lung eines Führungsleitbildes fragen, welche Werte Ihnen wichtig sind. Vor allem geht es um die positiven Führungssituationen, aber Sie sollten die Konfliktbereiche nicht aussparen. Gerade für solche Situationen brauchen Führungskräfte Orientie-rung, bei schönen Wetter entwickelt sich die gute Laune von alleine.

5.4.2.1 Checkliste – Das sollte in Ihrem Führungsleitbild stehen

- *Zielgruppe:* Wer? Soll das Führungsleitbild zugleich allen Mitarbeitenden, die sich dafür interessieren, zugänglich gemacht werden (Intranet etc.)?
- *Grundphilosophie des Unternehmens,* angewandt auf das Thema Führung: Die-se kann und sollte sich aus dem Leitbild und den Werten Ihres Unternehmens oder Betriebes ableiten.
- *Kurzdefinition,* welche *Führungskultur* im Unternehmen herrscht und herr-schen sollte: Häufig lässt sich die Führungskultur direkt oder indirekt mit dem Produkt oder der Dienstleistung, die man auf dem Markt anbietet, in Verbin-dung bringen. Je anschaulicher Sie hier formulieren, desto verständlicher und vor allem einprägsamer wird das für Ihre Führungskräfte.
- *Konkrete Leitsätze,* die Führungskräften Orientierung geben, zu:
  - Gesprächskultur (Mitarbeitergespräch etc.)
  - Erreichbarkeit
  - Ansprechbarkeit
  - Förderung und Forderung
  - Konfliktfragen
  - etc.
- *optional:*
  - Beschreibung des Führungskräfte-Entwicklungsprozesses und seiner Ange-bote bzw. Stufen (wenn ein solcher in Ihrem Unternehmen existiert)
  - Beschreibung möglicher Entwicklungsprozesse für Mitarbeitende
  - weitere Förderungsmöglichkeiten, die Führungskräfte ihren Mitarbeitenden anbieten können
  - Umgang mit Arbeitsverweigerung, Konfliktmitarbeitern etc.

- strategische Unterstützung bei Führungsfragen (etwa ein Art Kurzhandbuch Führung mit Kurzbeschreibungen zu klassischen Führungsthemen wie Delegation, Motivation etc.)
- gewünschte Eigenschaften und Fähigkeiten einer Führungskraft (Anforderungsprofil)
- etc.

5.4.3 Balanced Scorecard

Ein weiteres Instrument, unternehmensethischer Gestaltung ist die Balanced Scorecard – also (etwas holprig übersetzt) die *ausgeglichene Wertungskarte*. Sie ist ein umfassenderes Bewertungssystem für Mitarbeitende im Rahmen der Jahresgespräche (Mitarbeitergespräch etc.). Neben ökonomischen Kennzahlen (also etwa Steigerung des Marktanteils um xy Prozent, Steigerung des Umsatzes um xy Prozent) fließen in dieses Schema weitere Aspekte in die Gesamtbewertung eines Mitarbeiters oder eines Mitarbeiterin am Jahresende ein. Erst aus dem gesamten Ergebnis errechnet sich der Punktwert oder die Beurteilung, die als Baustein der Potenzialentwicklung oder als Grundlage für Sonderausschüttungen dienen. Solche Aspekte sind etwa: Die Kundenbindung, die Anzahl der Verbesserungsvorschläge, die Mitarbeiterführung, der ökologische Ertrag etc. Die Menge der zusätzlich gewählten Aspekte variiert je nach Unternehmen und nach Aufgaben und Rang der oder des Mitarbeitenden. Die Zielvereinbarungen sind variabel gestaltbar. Ihre Auswahl hängt von den Prinzipien ab, die in Ihrer Personalentwicklung richtungweisend für Führungskräfte und Mitarbeitende sind. Sinnvollerweise sollte ein solches Instrument für alle Mitarbeitende eingesetzt werden, die – ob tariflich oder außertariflich – in den Genuss etwaiger Sonderausschüttungen oder Boni kommen.

Der Vorteil der Balanced Scorecard ist, dass die Mitarbeitenden umfassend in ihrem Beitrag für das Unternehmen oder den Betrieb Wertschätzung erfahren. Aus diesem Grund sind Bewertungsverfahren im Jahresgespräch sowie die Vereinbarungen von Zielen nach einer Balanced Scorecard wünschenswert.

5.4.3.1 Checkliste – Nach folgenden Kriterien sollten Sie eine Balanced Scorecard aufbauen

▶ Grundsätzlich: Es geht darum, dass Sie die Ziele und die Bewertung Ihrer Mitarbeitenden nach einer in Ansätzen ganzheitlichen Methode erfassen wollen, also nicht nur nach den ökonomisch messbaren Faktoren.

Dabei sollten Sie klären, ob Sie eine solche Methode für alle Mitarbeitenden einsetzen (mittelfristig sinnvoll) oder nur für Führungskräfte.

- *Überlegen Sie, welche Zielbereiche grundsätzlich zu Ihrem Unternehmen oder Betrieb, also Ihrer Grundphilosophie, aber auch zu Ihren Produkten passen.* Unternehmensziele sind immer abhängig davon, was Sie am Markt anbieten.
- *Definieren Sie Ihre Zielbereiche!* Sie müssen festlegen, welche Themen Sie außer den ökonomischen Kennzahlen als Ziel definieren wollen (also zum Beispiel Kundenbindung, Mitarbeiterführung, Verbesserungsvorschläge, strategisches Engagement, Werte-/Leitbildorientierung etc.). Dabei ist es möglich und wünschenswert, dass Sie je nach Aufgaben die zusätzlichen Zielgebiete festlegen – eine Mitarbeiterin oder ein Mitarbeiter im Vertrieb wird andere zusätzliche Kennzahlen brauchen als jemand im Marketing oder in der Kommunikation.
- *Legen Sie verständliche Kennzahlen fest.* Wichtig ist, dass Sie die Zielbereiche (be-)greifbar machen. Unklar definierte Ziele führen zu unklaren Aufgabenbeschreibungen und machen Kennzahlen überflüssig. Kennzahlen etwa in der Mitarbeiterführung könnten sein: Krankheitstage (innerhalb einer Abteilung), Verbesserungsvorschläge, Anzahl der von der Führungskraft durchgeführten Mitarbeitergespräche, Bewertung des Bereichs bei Mitarbeiterumfragen, Anzahl der Bewerbungen auf eine Stelle innerhalb der Abteilung etc.).
- *Prüfen Sie vorab, ob das Bewertungsschema der Balanced Scorecard in Ihrem Betrieb tatsächlich durchführbar ist.* Papier ist auch bei der Formulierung von Kennzahlen geduldig: Praxis und Erfahrung Ihrer Top-Führungskräfte sind ungeduldiger und damit klarer.
- *Legen Sie Pilotprojekte fest.* Häufig gibt es gerade bei der Neueinführung der Balanced Scorecard Missverständnisse bei Führungskräften wie Mitarbeitenden, wie ein solches Instrument zu verstehen ist. Klärung schaffen Sie, indem Sie sogenannte Pilot- oder Initialprogramme definieren. So schaffen Sie Transparenz (Tab. 5.3).

5.4.4   Code of Conduct (Verhaltenskodex)

Insbesondere bei größeren Unternehmen empfiehlt es sich, neben einem Unternehmens- und Führungs-Leitbild zusätzlich einen Verhaltenskodex zu formulieren, der die Anforderungen aus einem Leitbild, das den groben Rahmen unternehmerischen Handelns absteckt, konkretisiert. Ein Verhaltenskodex (engl. *code of conduct)* gibt darüber Auskunft, wie sich Mitarbeitende und Führungskräfte in bestimmten Situationen verhalten sollen.

Tab. 5.3 Beispiel für eine Balanced Scorecard

Ökonomische Ziele		Kundenzufriedenheit	
Marktanteil	*Ziel:* Steigerung um zwei Prozent	*Neukunden-geschäft*	*Ziel:* vier Prozent über Vorjahr
	Initialprojekt: Kunde wirbt Kunde		*Initialprojekt:* Roadshow in China
Umsatz	*Ziel:* Erhöhung um drei Prozent	*Premium-kunden:*	*Ziel:* Aufbau einer Premiumkunden-Mitgliedschaft
	Initialprojekt: Kostensenkung im Bereich xy und Marketing im Bereich yz		*Initialprojekt:* Premiumkunden erhalten neues Produkt vor Markt
Mitarbeiterführung		*Nachhaltigkeit und Gesellschaft*	
Fortbildung	*Ziel:* Jeder Mitarbeiter/in macht eine Fortbildung pro Jahr	*Recycling-quote*	*Ziel:* Anteil an Wiederverwertung auf 70 % steigern
	Initialprojekt: Yellow Pages im Intranet mit den absolvierten Fortbildungen		*Initialprojekt:* Was kann man im Büro recyceln?
Fluktuation/ Bewertung:	*Ziel:* eine Mitarbeiterumfrage pro Jahr, Gesamtnote mindestens bei 2,0	*Stakeholder-Dialog*	*Ziel:* einmal im Jahr Diskussion mit NGOs und Politik
	Initialprojekt: regelmäßig offene Runde in der Abteilungsbesprechung		*Initialprojekt:* Einladung von NGO-Vertretern und Politiker zur Werksbesichtigung

Häufig wird eingewendet, dass solche Dokumente überflüssig seien, da die Gesetzgebung die Dinge regele. In einem Code of Conduct könne nicht mehr stehen, als die Gesetzeslage zulasse. Dagegen sind zwei Dinge einzuwenden: Selbst wenn ein Code of Conduct nur die gesetzlichen Grundlagen für das Verhalten von Führungskräften widerspiegelt, so ist es immerhin eine interne Veröffentlichung der Rechte und Grenzen einer Führungskraft, die nicht immer allen präsent sind.

Zweitens ist es allein Ihre Entscheidung oder die Ihrer Betriebs- und Unternehmensleitung, wie weit ein Code of Conduct über Recht und Gesetz hinausgeht. So gibt es etwa beim Thema Umgang mit Mitarbeitenden eine Reihe von gesetzlichen Bestimmungen, die Grenzen beschreiben (etwa Diskriminierung etc.), aber nicht positive Förderungsmöglichkeiten.

Sie sollten in einem Code of Conduct nicht nur die (negativen) Grenzen (Verbote) für das Verhalten von Führungskräften und Mitarbeitenden festhalten. Ein Code of Conduct sollte vor allem positive Entwicklungs- und Fördermöglichkeiten sowie Formen der Transparenz und der wertorientierten Führung beinhalten. Damit wird ein Code of Conduct zu einem Motivationsfaktor.

Sinnvollerweise orientieren sich Verhaltenskodizes nach der Gliederung Ihres Unternehmens- und Führungsleitbildes. Die Ausführungen zum Verhalten insbesondere in *kritischen Situationen* (Führungskonflikte, Interessenkonflikte, Zuwendungen, Insiderinformationen etc.) sollten so konkret wie möglich sein, während das Leitbild eher allgemein gehalten sein sollte. Mit einem Verhaltenskodex legen Sie Grenzen und Richtlinien fest, an die sich die Mitarbeitenden in kritischen Situationen zu halten haben. Selbstverständlich kann das nicht heißen, dass Sie jede Einzelsituation erfassen. Sie schildern nur schematisch, was eine Mitarbeiterin oder ein Mitarbeiter in bestimmten Situationen aus Sicht der Unternehmensleitung zu tun und zu lassen hat. Auch ein Code of Conduct hat nur Orientierungscharakter, gleichwohl sollte er differenziert sein.

Damit ein Verhaltenskodex im Unternehmen lebendig wird, müssen Sie entsprechende Kontroll- und Sanktionsmöglichkeiten einrichten. Je nach Unternehmensgröße kann die Kontrolle der Einhaltung durch Einzelpersonen oder ein Team *(Compliance-Beauftragter, Compliance Board)* gewährleistet werden. Zugleich muss eine solche Stelle als Anlauf- und Schiedsstelle fungieren, wenn Mitarbeitende Orientierung benötigen. Vertraulichkeit ist dabei Grundvoraussetzung.

Darüber hinaus muss klar kommuniziert werden, was bei Verstößen gegen den Verhaltenskodex passiert. Erst dann erreichen Sie Verbindlichkeit, ohne die ein solches Instrument unwirksam bleibt. Diese Verbindlichkeit sollten Sie parallel auch dadurch sicherstellen, dass mindestens die Führungskräfte, bestenfalls alle Mitarbeitenden Ihres Betriebes oder Ihres Unternehmens, den Verhaltenskodex gegenzeichnen. Nur so gewährleisten Sie die Kenntnisnahme, die Voraussetzung der Einhaltung ist.

Ein Code of Conduct ist ein Instrument nicht nur für das interne Verhalten aller Mitarbeitenden in Konflikt- und kritischen Führungssituationen. Ein Code of Conduct wirkt auch nach außen und gewinnt immer mehr an Bedeutung, wenn Ihr Betrieb oder Ihr Unternehmen international tätig ist. Vor allem börsennotierte Unternehmen brauchen einen Code of Conduct, wollen sie den Anforderungen des internationalen Kapitalmarktes gerecht werden.

Zugleich nutzt ein Code of Conduct der internen Personalentwicklung wie der Corporate Identity. Denn – im Sinne der Konsistenz der Botschaft – ist ein Code of Conduct geleitet durch die Werte, die Sie im Unternehmen in Form der Unternehmensvision, der Unternehmens- und Markenwerte sowie im Leitbild definiert haben. Ein Code of Conduct steht somit an der Schnittstelle zwischen dem individuellen Ethos einer Führungskraft und der Unternehmensethik.

Folgende Ziele lassen sich dabei unterscheiden:

Intern

1. Sie fördern Sicherheit für Mitarbeitende bei Entscheidungen.
2. Sie geben Mitarbeitenden eine Leitvorgabe und Orientierung in Konfliktsituationen.
3. Sie haben ein Instrument der Prävention gegen kriminelle Machenschaften einzelner Mitarbeitender.
4. Sie schrecken potenzielle Täter und Täterinnen ab.
5. Sie fördern die Kommunikation (intern), insbesondere in Krisenfällen.

Extern

1. Sie stärken das Vertrauen von Kunden, Partnern und Anlegern *(Stakeholder-Value)*.
2. Sie stärken Ihre Position im Stakeholder-Dialog *(license to operate)*.
3. Sie beugen kriminellen Machenschaften vor.
4. Sie haben ein Instrument, wenn es zu Krisenfällen kommt, und stärken damit die externe Kommunikation.

Grundsätzlich regelt ein Code of Conduct das Verhalten aller Mitarbeitenden gegenüber den Stakeholdern. Die wichtigsten (Kunden, Mitarbeitende, Lieferanten, Kapitalgeber, Öffentlichkeit) sollten dabei berücksichtigt werden. Für jede einzelne Stakeholder-Gruppe lassen sich Themenfelder definieren, die ein Code of Conduct behandeln sollte (Tab. 5.4).

In der Tat können ein Code of Conduct, Unternehmenswerte sowie Führungs- und Unternehmensleitbilder nicht verhindern, dass einzelne Mitarbeitende dagegen verstoßen. Denn weder im Zehn-Personen-Betrieb noch in einem großen Unternehmen mit 500 Mitarbeitenden ist ein Einzelner oder eine Einzelne in der Lage, das Verhalten jedes oder jeder Mitarbeitenden zu kontrollieren. Das ist nicht Sinn eines Verhaltenskodex. Gesetze helfen bekanntermaßen nicht in jedem Fall gegen Verbrechen. Aber sie sind notwendig, um den Verstoß gegen sie definieren zu können.

Gleichwohl: Als Betriebs- oder Unternehmensleitung bestimmen Sie den Rahmen, innerhalb dessen sich Ihre Beschäftigten zu bewegen haben. Zugleich muss die klare Botschaft sein: Wer sich nicht daran hält, hat mit Konsequenzen zu rechnen. Dies gelingt Ihnen, wenn Sie eine Compliance-Stelle in Ihrem Unternehmen einrichten. Diese Stelle dient als Anlaufstelle für positive wie negative Reaktionen auf den Code of Conduct.

Tab. 5.4 Beispiele für Stakeholder-Gruppen und deren Themen

Kunden:	Zuwendungen und der Umgang damit
	Verbot von Absprachen
	Authentizität in der Kundenkommunikation
	Integrität im Wettbewerb
	etc.
Mitarbeitende	Zuwendungen
	Umgang mit Einladungen
	Führungsverhalten
	Ansprüche auf Weiterbildung
	Verhalten in Konfliktsituationen
	Umgang mit Unternehmens-/Betriebseigentum
	Diskriminierung
	Kommunikation in der Öffentlichkeit
	Diversity-Management
	etc.
Lieferanten	Bedingungen in der Zulieferkette
	Integrität im Wettbewerb
	Voraussetzungen für Lieferanten
	Umgang mit Lieferanten
	Preispolitik
	Erwartungen an Lieferanten
	etc.
Kapitalgeber	Transparenz
	Einordnung in den Stakeholder-Kontext
	Insider-Informationen
	Aktienbeteiligung bei anderen Unternehmen
	etc.
Öffentlichkeit	Auskunft über Unternehmensstrategie
	Transparenz der Produkte und Lieferantenkette
	Strategien der Nachhaltigkeit
	Corporate Citizenship
	etc.

Ein Compliance-Beauftragter oder ein Compliance-Team dient als Anlaufstelle, wenn …

- … Formulierungen oder Inhalte des Code of Conduct unklar sind
- … Mitarbeitende und Führungskräfte in Einzelsituationen Orientierung und Beratung benötigen

- … Mitarbeitende Verstöße melden wollen
- … es Konflikte in der Auslegung gibt, zum Beispiel zwischen Führungskraft und Mitarbeitenden
- … es darum geht, den Code of Conduct immer wieder zu überprüfen (und abzugleichen mit gesetzlichen Anforderungen etc.)

Zugleich ist die entsprechende Person oder das Team Kontaktstelle zu Personalabteilung sowie Betriebs- oder Unternehmensleitung.

▷ **Achtung** Eventuelle Sanktionen bei Verstößen müssen mit der Unternehmens- oder Betriebsleitung abgesprochen und dürfen nur von der Personalabteilung ausgesprochen werden! Zu beachten ist dabei auch die betriebliche Mitbestimmung.

Eine wichtige Frage im Rahmen eines Code of Conduct ist, wie mit dem Thema *Whistle Blowing* (Alarmpfeife blasen; *nicht:* verpfeifen) umgegangen wird. Ethisch befindet sich man hier in einer Dilemma-Situation, da der Übergang von der allen nützenden Alarmpfeife zur einzelne schädigenden Denunziation fließend ist. Denunziation kann Personen irrtümlicherweise verletzen und dem Unternehmen als Ganzem schaden (ob begründet oder unbegründet). Man unterschiedet in der Unternehmensethik das *interne* und das *externe Whistle Blowing.* Extern heißt, eventuelle Verstöße nicht (zunächst) über unternehmensinterne Maßnahmen in den Griff zu bekommen, sondern damit sofort an die Öffentlichkeit zu gehen.

Die Möglichkeit, im Rahmen eine Code of Conducts Verstöße Dritter namentlich oder anonym zu melden, gehört zum sogenannten internen Whistle Blowing. Es sei darauf hingewiesen, dass auch internes Whistle Blowing ethisch umstritten ist.

Hier müssen Güter abgewogen werden: Wenn eine unbeteiligte Person einen kritischen Vorgang mitbekommt, der einzelnen Personen, dem Produkt oder dem Unternehmen Schaden zufügen kann, muss der oder die Beobachtende das ansprechen. Wünschenswert ist, zuerst mit den (potentiellen) Tätern zu sprechen und sie von ihrem Vorhaben abzubringen. Ob diese Variante realistisch ist, müssen Sie selbst in jedem Fall abschätzen.

Die zweite Stufe der Konfliktbehandlung ist demnach ein internes Anzeigen an den oder die Compliance-Beauftragten oder das Compliance-Team. Das interne Anzeigen lässt dem Unternehmen oder dem Betrieb immer noch die Möglichkeit, mit eigenen Maßnahmen das Problem an der Wurzel zu bekämpfen.

Das externe Anzeigen ist die äußerste Eskalationsstufe, wenn alle anderen Maßnahmen (direktes Ansprechen, internes Anzeigen) nicht dazu geführt haben, dass sich die Situation ändert.

Hier müssen Sie einen für Ihr Unternehmen und Ihrem Betrieb sinnvollen Weg finden, Standardantworten gibt es in dem Fall nicht. Grundsätzlich ist ein gut durchgeführtes Whistle-Blowing-System eine gutes, flankierendes Instrument für Leitbilder, Codes of Conducts oder vergleichbare interner Publikationen, solange ein solches Whistle-Blowing-System nicht dazu anreizt, (unbegründet) Kolleginnen und Kollegen oder Vorgesetzte zu diffamieren.

Anhand zweier Praxisbeispiele lässt sich die Dilemma-Situation erfassen.

Praxisbeispiel 15

Die junge Führungskraft Friedel Fleißig, Alleinerziehende mit zwei Kindern, arbeitet erst seit Kurzem im kleinen Unternehmen Heimlich und Co. als Vorstandskoordinatorin. Schon nach wenigen Monaten stellt sie fest, dass der Vorstand Rüdiger Rüchig, zugleich ihr Vorgesetzter, kleinere Geldbeträge an der Bilanz vorbei in seine eigene Tasche schleust. Als Friedel Fleißig ihn dabei in flagranti ertappt und darauf anspricht, droht er ihr mit Kündigung, falls etwas an die Öffentlichkeit gerät.

Praxisbeispiel 16

Im Unternehmen Wünschenswert AG gilt seit wenigen Monaten der neue Verhaltenskodex. Unter anderem ist darin festgehalten, dass Diskriminierung jedweder Art verboten ist und Fehlverhalten zu Sanktionen führt.

Als es um die Nachfolge der Abteilungsleitung geht, wird Michael Möchtegern von der Unternehmensleitung nicht berücksichtigt, obschon er sich als geborener Nachfolger des Abteilungsleiters sah. Als er erfährt, dass seine Kollegin Inge Integer – erst kurz im Unternehmen – den Posten bekommt, schickt er einen anonymen Brief an den Compliance Beauftragten, in dem er behauptet, dass Inge Integer mehrfach damit angegeben habe, bei der Lieferantenauswahl darauf zu achten, wer ihr die bessere Einladung zum Abendessen und Sportevents anbieten würde.

Bei Beispiel 15 würde man instinktiv ein Anzeigen unterstützen, beim zweiten Fall tut man sich schwer. In der Praxis braucht man also ein Instrument, das für beide Fälle ein wünschenswertes Ergebnis bringt.

Wie ist das zu erreichen?

Halten Sie in Ihrem Code of Conduct fest, dass alle Mitarbeitenden das Recht haben, ungewöhnliche Vorgänge im Unternehmen, auch wenn sie selbst nicht unmittelbar beteiligt sind, zu melden. Die Möglichkeit der Frühwarnung durch Dritte ist ein wirkungsvolles Instrument zur Abschreckung potenzieller Täter. Zugleich müssen Sie sicherstellen, dass bei einer Anzeige nicht das Eigeninteresse des Mitarbeiters oder der Mitarbeiterin, der oder die etwas meldet, im Vordergrund steht – wie im zweiten Fall, wenn Herr Möchtegern einen Verdacht ausspricht, um einen Dritten zu schädigen.

Deswegen sollten Sie bei der Formulierung exakt sein und darauf Wert legen, dass Verdachtsmomente gegen Dritte wohlbegründet sein müssen. Zugleich sollten Sie festhalten, dass der oder die Anzeigende während des gesamten Verfahrens gegen einen Dritten einbezogen wird. Das bedeutet: Werden die Verdachtsmomente allein aus Eigeninteresse oder dem Willen zur Schädigung Dritter ausgesprochen, ist die entsprechende Mitarbeiterin oder der entsprechende Mitarbeiter, der oder die das Vergehen angezeigt hat, zur Rechenschaft zu ziehen.

Schwieriger wird es bei anonymen Hinweisen von Dritten. Als Compliance-Beauftragte oder als Compliance-Team müssen Sie in einer solchen Situation mit Fingerspitzengefühl arbeiten. Wird ein anonymer Verdacht ohne konkrete Hinweise ausgesprochen, müssen Sie dem nicht nachgehen. Verdichten sich aber – auch anonyme – Hinweise auf das Fehlverhalten einer Person oder einer Abteilung, sollten Sie diesen Verdachtsmomenten mit aller gebotenen Vorsicht verfolgen.

Achten Sie aber darauf: Auch im unternehmerischen Kontext gilt die Regel, im Zweifel für den Angeklagten!

Ethisch wünschenswert und für ein solches System grundlegend ist der Schutz der Whistle Blower. Sie müssen darauf achten, dass Whistle Blowern kein Nachteil entsteht, unabhängig von der jeweiligen Rang oder Aufstiegsebene.

5.4.4.1   Checkliste – Das sollte in Ihrem Code of Conduct stehen

▶   Grundsätzlich: Wie schon bei den anderen genannten Instrumenten und Dokumenten sollten Sie darauf achten, dass alle aufeinander abgestimmt und inhaltlich konsistent sind (interne *One-Voice-Policy*). Dies erreichen Sie bei einem Code of Conduct zum Beispiel dadurch, dass Sie einige Kernsätze aus dem Unternehmens- oder Führungsleitbild vorne anstellen.

Ein Code of Conduct bestimmt die Zielgruppen (meist auch verschiedene externe Stakeholder) und beschreibt dann die wünschenswerten Verhatlensweisen, also zum Beispiel:

• *Umgang mit Kunden:* Was dürfen Ihre Mitarbeitenden Kunden anbieten? Bis zu welcher Höhe sind gegenseitige Einladungen und Geschenke erlaubt?

- *Umgang mit Lieferanten:* Was dürfen Ihre Mitarbeitenden annehmen? Bis zu welcher Höhe sind Einladungen und Geschenke erlaubt?
- *Umgang mit Konkurrenten:* Wie geht Ihr Unternehmen oder Ihr Betrieb damit um, wenn Preis- und Marktabsprachen angeboten werden *(Kartellbildung)*? Was bedeutet für Ihr Unternehmen oder Ihren Betrieb fairer Wettbewerb?
- *Umgang mit Mitarbeitenden:* Wie sollen Mitarbeitende behandelt werden – zum Beispiel in Konfliktsituationen oder bei Entlassungen. Was bedeutet Transparenz in Ihrem Unternehmen oder Betrieb konkret? Welche Führungswerte und –haltungen sollen wie zur Geltung kommen?
- *Umgang untereinander:* Welcher Kommunikationsstil soll in Ihrem Unternehmen oder in Ihrem Betrieb gepflegt werden?
- *Umgang mit Betriebseigentum und Insiderwissen:* Wie sieht es aus mit der Transparenz von sensiblen Informationen; welche Verpflichtung entsteht dabei für wen?
- *Umgang mit Geldgebern:* Welches Maß an Transparenz sollte gepflegt werden? Wie werden die Geldgeber in den Stakeholder-Kontext eingeordnet?
- *Umgang mit der Öffentlichkeit:* Wer darf wann was in wessen Namen sagen?
- etc.

5.4.5   Führen mit Zielen und Mitarbeitergespräch

Ein wichtiges Instrument der Führungsethik ist das Führen mit Zielen, zu dessen Grundlage das Mitarbeitergespräch zählt. Führen mit Zielen *(management by objectives)* ist insofern ethisch wünschenswert, als der oder dem einzelnen Mitarbeitenden das nötige Maß an Freiheit gewährt wird, zur Umsetzung der Unternehmensziele beizutragen. Zugleich ist durch klare Ziele festgelegt, was Sie sich als Vorgesetzte oder Vorgesetzter von dem oder der Mitarbeitenden in der kommenden Zeit wünschen.

Im Normalfall sollte dieses Ziel im Mitarbeitergespräch vereinbart werden. Je nach Arbeitsbereich kann man dabei unterscheiden, wie die Ziele formuliert werden.

Ziele im Mitarbeitergespräch können formuliert sein als ...
... konkrete Zahlen: z. B. *Ergebnisverbesserung um xy Prozent; Steigerung der Umsatzrendite um xy Prozent; Erhöhung des Anteils der Verbesserungsvorschläge in der Abteilung xy etc.*
... neue Ziele: *Was man bisher nicht als Aufgabe hatte, muss neu formuliert werden.*

> ... Verbesserung von Vorhandenem: z. B. *Optimierung von Durchlaufzeiten; Bekanntheitsgrad bestimmter EDV-Tools; Verbreiterung des Service etc.*
>
> ... Konkretisierung des Aufgabenbereichs: z. B. *Relaunch des Intranets bis Mitte des Jahres; Einführung der Mitarbeiterzeitung bis Ende des Jahres; unternehmensweiter Event zur Einführung des neuen Produktes innerhalb von drei Monaten etc.*
>
> ... *etc.*
>
> Verabschieden Sie sich von der Vorstellung, Ziele nur in Ziffern und Zahlen zu definieren. Auch Controller oder Vertriebler brauchen neben ökonomischen Kennzahlen zusätzliche Ziele.

Entscheidend ist bei Zielvereinbarungen, dass sich die Ziele Ihrer Mitarbeitenden ableiten lassen aus den gesamtstrategischen Vorhaben, die sich die Unternehmensführung für das jeweilige Jahr gesetzt hat. Ihre Aufgabe als Führungskraft ist es, diese Vorhaben für Ihre Mitarbeitenden sinnvoll in deren Aufgaben zu übersetzen.

Wenn Sie ein Mitarbeitergespräch durchgeführt und dabei feste Ziele vereinbart haben, müssen Sie sich an diese Vereinbarungen halten. Wenn Sie mit einer Mitarbeiterin zum Beispiel die Einführung einer bestimmten Software bis Mitte des Jahres vereinbart haben, sollten Sie nicht nach dem ersten Quartal die Beendigung des Projektes erwarten. Zielvereinbarungen sind klare Abmachungen zwischen Ihnen und Ihren Mitarbeitenden. Sie beruhen auf gegenseitiger Verlässlichkeit. Sie sollten Ihren Mitarbeitenden die nötige Selbstverantwortung zugestehen, die getroffene Abmachung auch einzuhalten. Das macht Mitarbeitergespräche mit klaren Zielvereinbarungen auch ethisch wünschenswert: Denn Sie geben damit Ihren Mitarbeitenden Orientierung und klare Vorgaben, die Sie vorher mit ihnen entwickelt haben.

5.4.5.1 Checkliste – Diese Spielregeln tragen das Management by Objectives

- *Gemeinsam vereinbaren:* Ziele definieren Sie zusammen mit Ihren Mitarbeitenden, Sie verordnen sie nicht! Vereinbaren heißt, dass Sie Ihrem Gegenüber Raum lassen. Im Gespräch kann sich dann weiter entwickeln, ob Ihre Vorstellungen vom Ziel zu hoch oder zu niedrig waren.
- *Klares Ziel:* Ihre Mitarbeiterin oder Ihr Mitarbeiter und Sie müssen das vereinbarte Ziel im gleichen Sinn verstehen und dürfen es nicht unterschiedlich deuten!

- *Konsistenz der Ziele:* Die Ziele für Ihre Mitarbeitenden sollten die gesamtstrategischen Ziele der Unternehmensleitung unterstützen.
- *Jede Mitarbeiterin und jeder Mitarbeiter ist ein Individuum!* Achten Sie bei der Zielvereinbarung darauf, dass jede und jeder unverwechselbare Talente und Potenziale mit sich bringt. Scheren Sie – auch in den Zielvereinbarungen – nicht alle über einen Kamm, sondern nutzen Sie diese unterschiedlichen Talente bei den Zielsetzungen produktiv!

5.4.6　Führungskräfte-Entwicklung

In den meisten großen Unternehmen wie auch in kleinen und mittelständischen Betrieben gehört die Führungskräfte-Entwicklung zu einem wichtigen Baustein der Unternehmenssicherung und der nachhaltigen Personalplanung. In einer global agierenden Wirtschaft gleicht sich die Qualität der Produkte immer mehr an, unterscheiden kann man sich vom Wettbewerber häufig nur noch durch das bessere Personal. Deswegen ist es wichtig, dass sich Unternehmen und Betriebe rechtzeitig um den Aufbau und die Entwicklung der eigenen Führungskräfte kümmern, da im Bedarfsfall gute Leute nicht immer auf dem Markt zu bekommen sind.

Die dabei verwendeten Systeme – von Seminaren bis hin zu echten Akademien und Führungskräfte-Schulen – sind je nach Unternehmensphilosophie unterschiedlich. Potenzialkandidatinnen und -kandidaten sollten sinnvollerweise frühzeitig identifiziert und ihnen Möglichkeiten zu weiterer Entwicklung gegeben werden. Dies ist nicht nur eine Frage des Systems, das dazu in einem Unternehmen oder in einem Betrieb vorgegeben ist, sondern zugleich auch eine Frage Ihres Fingerspitzengefühls als Führungskraft! Es liegt an Ihnen zu entscheiden, welche und welcher Ihrer Mitarbeitenden das Potenzial hat, in Zukunft Führungskraft im Unternehmen zu werden.

Ethisch wünschenswert an einer Führungskräfte-Entwicklung sind deren Transparenz und deren Konsistenz mit den Werten und Leitlinien, die in Ihrem Unternehmen oder in Ihrem Betrieb prägend sind. Gerade die Führungskräfte zeigen als Barometer, inwieweit Werte und Leitlinien nur auf dem Papier stehen oder tatsächlich gelebt werden. Demzufolge ist es unabdingbar, dass diese Werte, Menschenbilder und Führungsleitlinien auch in der Aus- und Weiterbildung von (Nachwuchs-)Führungskräften an prominenter Stelle stehen.

Weil der Aufbau und die Auswahl künftiger Führungskräfte schwierig ist und manchmal auch von subjektiven Eindrücken überlagert wird, ist es sinnvoll, verschiedene, annähernd objektive Kriterien festzulegen, die Ihnen als Führungskraft helfen, Anforderungsprofile und Entwicklungspotenziale für Ihre Mitarbeitenden zu formulieren. Man kann zwar auch durch umfassende Anforderungsprofile nicht verhindern, dass manche Festlegungen willkürlich sind, gleichwohl haben Sie als Vorgesetzte oder Vorgesetzter mit solchen Anforderungsprofilen eine Entscheidungshilfe.

Die Führungkräfte-Entwicklung sollte ein systematischer Prozess sein, der die Teilnehmenden auch nach den eigentlichen Seminaren und Weiterbildungen betreut. Punktuelle Seminare ohne weitere Betreuung durch Vorgesetzte oder Personalentwickler führen mittelfristig zu Frustration statt zur Motivation. Mitarbeitende, die in die Führungskräfte-Entwicklung aufgenommen werden, erwarten zu Recht ein kontinuierliches System, innerhalb dessen Aufstiegsmöglichkeiten offen stehen, gute Leistung und Engagement vorausgesetzt.

Systematische Führungskräfte-Entwicklung heißt, dass Weiterbildungen aufeinander aufbauen, heißt aber auch, dass die Teilnehmenden während des beruflichen Alltags mit Maßnahmen und Hilfestellungen unterstützt werden. Denn in Seminaren oder anderen Weiterbildungen können (Nachwuchs-)Führungskräfte allenfalls das grundlegende Handwerkszeug lernen, die Überprüfung des Erlernten muss in der Praxis erfolgen. Dabei benötigen die (Nachwuchs-)Führungskräfte häufig die Unterstützung von erfahrenen Unternehmensangehörigen oder professionellen Trainerinnen oder Trainern, die erfahren sind im Umgang mit besonderen Führungs-, Konflikt- oder Entscheidungssituationen.

Vor allem große Unternehmen mit ihrem Potenzial an Ressourcen können eine umfassende Personalentwicklung aufbauen. Gleichwohl ist es auch für kleinere und mittlere Betriebe sinnvoll, eine systematische Entwicklung potenzieller Führungskräfte vorzunehmen. Denn auf der Personalbeschaffungsseite stehen alle Arbeitgeber vor dem gleichen Problem, ob kleiner, mittlerer oder großer Betrieb: Gute Leute sind selten!

Ethisch wünschenswert ist, dass das System zur Führungskräfte-Entwicklung authentisch ist. Versprechen Sie Ihren Mitarbeitenden nichts, was Sie nicht halten können. Bleiben Sie auch in der Führungskräfte-Entwicklung ehrlich: Es gibt Mitarbeitende, Nachwuchsführungskräfte, die an einer bestimmten Position die letzte Stufe der Karriereleiter im Betrieb oder Unternehmen erreicht haben. Diese Menschen müssen Sie darauf hinweisen und ihnen keine falschen Hoffnungen über eventuelle weitere Aufstiegsmöglichkeiten machen, so sie denn nicht da sind. Das mag zwar im ersten Augenblick für eine Mitarbeiterin oder einen Mitarbeiter frustrierend sein, ihnen falsche, weil unrealistische Hoffnungen zu machen ist gleichwohl keine ethisch wünschenswerte Alternative.

5.4.6.1   Checkliste – Das sollte bei Ihrer Führungskräfte-Entwicklung funktionieren!

- *Konsistenz der Botschaft:* Achten Sie darauf, dass Werte und Leitlinien, die Sie Ihren Potenzialkandidaten in der Führungskräfte-Entwicklung vermitteln wollen, mit denen des Unternehmens- und Führungsleitbildes übereinstimmen. Verwenden Sie Schulungstools, mit denen Sie abstrakte Werte und allgemeine Leitlinien für die Führungskräfte anschaulich (operativ) vermitteln können.

- *Systematik der Weiterbildung:* Achten Sie darauf, dass einzelne Seminarteile – so Sie denn unterschiedliche Inhalte anbieten – aufeinander abgestimmt, zugleich aber nicht zu speziell sind, da Sie mit dem Führungskräfte-Entwicklungssystem Nachwuchs-Führungskräfte aus unterschiedlichen Bereichen ansprechen wollen. Manchmal bieten sich auch externe *curriulare Fortbildungen* (d. h. über mehrere Baustein) an.

- *Spezialtraining für Spezialisten:* Jedes Fachgebiet und jeder Bereich hält für Führungskräfte spezielle Aufgaben bereit. Die Vorbereitung darauf sollte in besonderen Seminaren geschult werden.

- *Austausch der Potenzialkandidaten untereinander:* Gerade in größeren oder großen Unternehmen sollte es zur Philosophie der Führungskräfte-Entwicklung gehören, dass sich die (Nachwuchs-)Führungskräfte standort- und bereichsübergreifend kennen lernen und austauschen. Denn neben dem vermittelten Fachwissen tauschen sich Führungskräfte im Gespräch häufig über konkrete Fälle aus und helfen so einander in schwierigen Situationen. Achten Sie also darauf, dass bei Schulungen und Seminaren ausreichend Zeit für diesen Austausch ist.

- *Pool der Potenzialkandidaten:* Es gibt mittlerweile eine Vielzahl durchdachter Software, die eine Datenbank von Potenzialkandidaten und (Nachwuchs-)Führungskräften generieren kann. Soweit die betroffenen Personen in Ihrem Unternehmen oder Betrieb mit der Aufnahme der Daten einverstanden sind, sollte diese Datenbank allen Vorgesetzten der höchsten, unter Umständen auch der zweithöchsten Ebene zugänglich gemacht werden. Eine solche Datenbank erleichtert die gezielte Suche nach passenden Personen bei internen Neubesetzungen – insbesondere in großen Unternehmen. Das Risiko einer Fehlbesetzung wird dadurch gemindert (nicht: gänzlich ausgeschlossen).

- *Durchsprache der Potenzialkandidatinnen und -kandidaten auf oberster Ebene:* Machen Sie es sich zur erfreulichen Gelegenheit – nicht zur Pflicht – einmal im Jahr die guten Nachwuchskräfte Ihres Unternehmens oder Ihres Betriebes zusammen mit der Personalabteilung und der obersten Leitungsebene durchzusprechen unter dem Gesichtspunkt, wer wann wo mittel- und langfristig eingesetzt werden kann. Schon nach wenigen Durchsprachen können Sie mögliche Nachfolgeplänen aufstellen, an denen Sie sich zumindest grob orientieren können.

5.4.7 Andere Weiterbildungen

Je nach Größe Ihres Unternehmens oder Betriebes, sollten Sie neben einer soliden Führungskräfte-Entwicklung auch die anderen Mitarbeitenden im Auge haben, deren Potenzial etwa nicht für weiter gehende Führungsaufgaben ausreicht, die aber in fachlicher Hinsicht viel zum Unternehmens- oder Betriebserfolg beitragen können.

Nicht jeder kann und wird Führungskraft werden, gleichwohl brauchen Sie auf allen Ebenen gut ausgebildete und qualifizierte Mitarbeitende. Deswegen ist es sinnvoll, über die Führungskräfte-Entwicklung hinaus sich als Führungskraft um zusätzliche Ausbildungsmöglichkeiten für Ihre Mitarbeitenden zu bemühen. Dies geschieht im Normalfall nicht über hausinterne Fortbildungen (Akademien etc.) – wie das bei manchen Führungskräfte-Entwicklungssystemen der Fall ist – sondern über externe Trainings, wie sie der Markt für jedes Fachgebiet anbietet.

Als Führungskraft sollten Sie darauf achten, dass die Weiterbildung tatsächlich in das Profil Ihres Mitarbeiters oder Ihrer Mitarbeiterin passt. Weiterbildung ist ein Teil Ihrer Fürsorgepflicht! Es ist sinnvoll, die Mitarbeitenden nach ihrem Bedarf zu fragen. Häufig erfahren Sie erst im Gespräch Interessengebiete oder Schwerpunkte, die Sie mit einer speziellen Weiterbildung entsprechend fördern können. Wenn Sie für eine Mitarbeiterin oder einen Mitarbeiter ein spezielles Förderprogramm im Auge haben, weil sie der Überzeugung sind, er oder sie gerade benötige gerade in diesem Bereich Schulung, so sprechen Sie das vorher mit dem betroffenen Mitarbeiter oder der Mitarbeiterin durch. Es besteht immer die Möglichkeit, dass Sie sich täuschen.

Bei der allgemeinen Fort- und Weiterbildung ist es ethisch wünschenswert, dass Ihre Motive ehrlich und transparent sind. Es geht auch hier darum, dass Sie mit entsprechendem Fingerspitzengefühl und Weitblick individuelle Entwicklungsmaßnahmen für Ihre Mitarbeitenden planen.

5.4.7.1 Checkliste – Das sollten Sie bei der Weiterbildung beachten!

- *Bilden Sie Mitarbeitende gezielt aus:* Achten Sie auf den speziellen Bedarf Ihrer Mitarbeitenden.

- *Setzen Sie sich Ziele:* Je nach Budget, sollten Sie festlegen, wie viele Fortbildungen Ihre Mitarbeitenden außerhalb der Führungskräfte-Entwicklung pro Jahr machen sollte (ein oder zwei).
- *Sprechen Sie mit Ihren Mitarbeitenden über deren Bedarf:* Nicht immer liegen Sie mit Ihrer Einschätzung über den Wunsch nach Fortbildungen richtig. Seien Sie lernbereit!
- *Nutzen Sie das Wissen Ihrer Mitarbeitenden:* Wenn Sie Ihre Mitarbeitenden auf Fortbildung schicken, sollten Sie anschließend deren Wissen nutzen. Lassen Sie die Mitarbeitenden damit nicht allein. Je eher eine Mitarbeitern oder ein Mitarbeiter in der Theorie gelerntes Wissen praktisch anwenden kann, desto mehr haben alle davon.

Zusammenfassung

Zur Durchsetzung und Implementierung einer ethisch-wünschenswerten Führungskultur in Ihrem Unternehmen oder in Ihrem Betrieb stehen Ihnen eine Reihe klassischer Instrumente der Führungstechnik zur Verfügung. Mit den richtigen Inhalten gefüllt und in ein umfassendes Führungssystem gegossen, brauchen Sie keine neuen Management- oder Leadership-Systeme, um in Ihrem Unternehmen oder in Ihrem Betrieb operationalisierbares und wirksames Ethik-Management zu betreiben. Auf der Ebene des Individuums ist wichtig, dass Sie als Führungskraft mit entsprechendem Commitment und Vorbildwirkung mit diesen Instrumenten umgehen, damit Sie die praktische Umsetzung in Philosophie und Kultur des Unternehmens erreichen.

5.5   Übersicht: Die klassischen Führungsstile

Im Folgenden finden Sie eine Übersicht der mehr oder weniger klassischen Typisierungen von Führungsstilen, wie sie in der einschlägigen Management-Literatur genannt werden. Dabei ist zu beachten, dass es sich hier tatsächlich um Schematisierungen handelt, also um eine analytische Darstellung klassischer Kriterien bestimmter Führungsstile. Selten werden Sie in der Praxis einen dieser Führungsstile in Reinform erleben. Hilfreich für Sie ist, die klassischen Merkmale zu kennen.

5.5.1   Autokratischer Führungsstil

Führt eine Führungskraft autokratisch, versucht sie, *unumschränkt* zu herrschen. Die Führungskraft ist überzeugt, dass sie selbst alles am besten weiß und kann.

Zugleich nützt die Führungskraft ihre Befugnisse aus, um Macht zu demonstrieren, die ihm oder ihr oft nur durch eine hierarchisch höher stehende Position verliehen ist – also sich nicht unbedingt mit der Persönlichkeit der Führungskraft deckt. Keiner der Mitarbeitenden darf diese Selbstherrschaft der Führungskraft hinterfragen. Die Mitarbeitenden werden bei Führungsfragen weder berücksichtigt noch beteiligt, der soziale Aspekt der Führung bleibt meist komplett auf der Strecke. Der funktionale Aspekt steht über allem. Delegation findet nicht statt, die einzelnen Arbeitsschritte, die die Mitarbeitenden zu vollziehen haben, werden von der Führungskraft penibel kontrolliert. Auch der personale Aspekt der Führung wird zugunsten der Amtsautorität in den Hintergrund gedrängt, es zählt allein die Macht der Führungskraft.

5.5.2 Autoritärer oder obrigkeitlicher Führungsstil

Der autoritäre oder obrigkeitliche Führungsstil beruht auf einem *Befehls- und Gehorsamsverhältnis* zwischen Führungskraft und Mitarbeitenden. Die Führungskraft weiß, dass sie hierarchisch über den Mitarbeitenden steht und nutzt diese Situation zu ihren Gunsten aus. Der Unterschied zum autokratischen Führungsstil liegt darin, dass Mitarbeitende für die Delegation von Aufgaben zur Verfügung stehen müssen und die Führungskraft ihre Macht aus der Hierarchie zieht – also nicht unbedingt selbstgefällig ist. Das heißt: Die Führungskraft stellt sich zwar kraft Amtsautorität in den Mittelpunkt der Aktion der Führung, betont aber noch stärker den funktionalen Aspekt. Die Delegation erfolgt nicht im dialogischen Gespräch, sondern in Form eines Befehls, dem die Mitarbeitenden zu folgen haben. Wer die Anweisungen oder delegierten Aufgaben nicht erfüllt, muss mit Sanktionen rechnen. Die Verteilung der anderen Führungsaspekte entspricht dagegen weitgehend dem autokratischen Führungsstil, mihin sind personaler und sozialer Aspekt der Führung weitgehend in den Hintergrund gedrängt.

5.5.3 Patriarchalischer Führungsstil

Leitbild des patriarchalischen Führungsstils ist die – im vormodernen Sinne verstandene – Autorität des Vaters in der Familie. Der Patriarch – auch in weiblicher Form (es handelt sich um die Beschreibung eines Führungsstils, matriarchalisch wäre hier der falsche Begriff) – führt im Bewusstsein, unmündige und unreife Mitarbeitende unter sich zu haben, die in keiner Weise an der Führung beteiligt werden können. Der oder die Vorgesetzte stützt sich ganz auf den positionalen Aspekt und meint, in der väterlichen Art bereits die sozialen Aspekte erfüllt zu haben. Die Führungskraft ist überzeugt, sie müsse für die Mitarbeitenden soziale Verantwortung tragen. Damit greift der patriarchalische Führungsstil in einer falsch verstandenen Sozialfürsorge oft weit in die Privatsphäre der Mitarbeitenden ein. In seiner stärksten Ausprägung kennt der patriarchalische Führungsstil nur *eine Instanz* mit ungeteilter Gesamtkompetenz, nämlich den Patriarchen. Das heißt: Allein die Position der Führungskraft zählt, gemischt mit einer starken Betonung des persönlichen Charismas. Weder Zwischeninstanzen noch Stäbe werden in einem so geführten Unternehmen aufgebaut. Die Verpflichtung der Mitarbeitenden beschränkt sich auf Gehorsam gegenüber Detailanordnungen. Elemente dieses Führungsstils finden sich häufig in Familienunternehmen oder bei alteingessenen Führungskräften in der Behandlung junger Mitarbeitender.

5.5.4 Charismatischer Führungsstil

Die charismatische Führung kommt durch eine als außergewöhnlich empfundene Qualität einer Persönlichkeit zustande; sie betont einseitig den personalen Aspekt. Allein die Qualität des Charismas der Führungskraft befähigt zur Führung, wobei nichts über die Art und Weise des Führungsstils ausgesagt ist. Die Mitarbeitenden folgen der Führungskraft allein wegen deren Ausstrahlung. Man findet Elemente dieses Führungsstils ebenfalls häufig in Familienunternehmen; aber die Führungsstile vieler Unternehmenschefs – insbesondere bei großen Unternehmen – sind oft getragen von der Ausstrahlung, die sie entweder haben, oder die ihnen im vorauseilenden Gehorsam von Mitarbeitenden unterstellt werden.

5.5.5 Bürokratischer Führungsstil

Beim bürokratischen Führungsstil steht die Versachlichung der Führungsfragen im Vordergrund, der funktionale Aspekt ist entscheidend. Führung wird so weit es geht auf viele spezialisierte Kompetenzträger verteilt, da am wichtigsten der klare Ablauf innerhalb der Führungssituation ist. Der Führungskraft geht es darum, das alles seine Ordnung hat. Die Kompetenzträger sind ihrerseits in der Unternehmens- oder Institutionenhierarchie in mehrere Führungsebenen gegliedert. Führungsanweisung und Erledigung von Aufgaben laufen nach unpersönlichen, streng vorgeschriebenen Regeln, die die Führungskraft weitgehend ohne Nachdenken befolgt. Diesen bürokratischen Gehorsam erwartet sie auch von ihren Mitarbeitenden. Der soziale Aspekt der Führung tritt in den Hintergrund. Eine direkte Kooperation und Information der Mitarbeitenden untereinander, spontanes Führen oder das Umgehen vorgeschriebener Instanzenwege ist – weil es formell nicht vorgesehen ist – unmöglich. Es liegt auch nicht im Horizont der Führungskraft. Der positionale

Aspekt spielt in der Form der reglementierten Amtsautorität eine Rolle, in der Verantwortung und Zuständigkeit genau festgelegt sind. Personale Aspekte fallen weitgehend weg, da Führung festgelegt ist durch Regeln, Verordnungen, Gesetze.

5.5.6 Formeller Führungsstil

Dieser Führungsstil ist in der formellen Organisation des Betriebes vorausgeplant. Auch hier steht der funktionale Aspekt im Vordergrund. Der Unterschied zum bürokratischen Führungsstil besteht darin, dass Führung zwar formell vorstrukturiert ist, damit aber noch nicht klar ist, wie Führung praktisch im Unternehmensalltag gelebt wird. Der Führungskraft bleibt es vorbehalten, sich, wenn es geboten erscheint, über die formellen Strukturen – etwa Regeln, Arbeitsanweisungen, Ablaufvorschriften – hinwegzusetzen und einen eigenen Stil zu entwickeln. Formeller Führungsstil konzentriert sich auf den funktionalen Aspekt, lässt aber den anderen Aspekten Freiraum zur Entwicklung.

5.5.7 Laissez-faire-Führungsstil

Bei dem Laissez-faire-Führungsstil lässt der oder die Vorgesetzte den Mitarbeitenden weitgehend *Freiheit* in Verhalten und Arbeiten, der soziale und personale Aspekt tritt in den Vordergrund. Die Führungskraft vermittelt Wissen nur auf Anfrage der Mitarbeitenden, sonst nimmt sie nicht an deren Tätigkeiten teil. Entscheidungen bleiben *Einzelnen* oder *Gruppen* überlassen, denen damit ein hohes Verantwortungspotenzial zuwächst. Die Führungskraft arbeitet nicht mit den Mitarbeitenden zusammen, sie zeigt auf der anderen Seite auch wenig Interesse an den Ergebnissen ihrer Arbeit. Problematisch ist, dass die Gruppe oder die Mitarbeitenden sich der ihnen zugewiesenen Verantwortung und Selbstentscheidung oft nicht bewusst sind oder mit dieser nicht umgehen können. Ein solcher Führungsstil ist nur dann möglich, wenn die Mitarbeitenden oder die Teams das in sie gesetzte Vertrauen und die ihnen ermöglichte Freiheit produktiv umsetzen können. Die Gefahr beim Laissez-faire-Führungsstil ist, dass die Führungskraft ihre Autorität schleichend verliert.

5.5.8 Liberalistischer Führungsstil

Führt ein Vorgesetzter oder eine Vorgesetzte liberalistisch, können die Mitarbeitenden weitgehend tun und lassen, was sie wollen. Funktionale und positionale

Aspekte treten in den Hintergrund, die Person der Mitarbeitenden tritt nach vorne. Der liberalistische Führungsstil ist eng mit dem Laissez-faire-Modell verwandt. Auch hier ist von den Mitarbeitenden ein hohes Maß an Verantwortung gefordert, wollen sie bei diesem Führungsstil erfolgreich mit der Führungskraft zusammenarbeiten. Eigenverantwortung und Engagement sind gefragt. Umgekehrt herrscht dieser Führungsstil nur bei Führungskräften, die entweder nicht in der Lage sind, die positionalen, sozialen, funktionalen und personalen Aspekte der Führung miteinander in ein Gleichgewicht zu bringen, oder aber bei solchen Führungskräften, die ihren Mitarbeitenden vertrauen können und wissen, dass diese eigenständig ihre Aufgaben erledigen. Allerdings ist auch hier Vorsicht geboten, da der Führungsstil ein hohes Maß an Eigenverantwortung bei den Mitarbeitenden voraussetzt. Darüber hinaus läuft die Führungskraft Gefahr, ihre motivatorische Kompetenz, ihre Aufgabe der Orientierungsermittlung sowie ihre Fürsorgepflicht zu vernachlässigen.

5.5.9 Demokratischer Führungsstil

Funktionaler, personaler und sozialer Aspekt sind beim demokratischen Führungsstil gleichermaßen präsent. Die Führungskraft beteiligt die Mitarbeitenden an Entscheidungen. Teamwork steht vor Einzelkämpfertum, jedem und jeder Mitarbeitenden wird Mitspracherecht eingeräumt. Im Konfliktfall hört die Führungskraft zunächst die verschiedenen Positionen an und macht gegebenenfalls Alternativvorschläge, auf die sich die Mitarbeitenden unter Wahrung ihres Gesichts einlassen können. Die Mitarbeitenden werden als gleichberechtigte Partner gesehen; der positionale Aspekt der Führung wird in den Hintergrund gedrängt. Dieser Führungsstil verlangt von den Mitarbeitenden, mit der ihnen ermöglichten Gestaltungsfreiheit und Partizipation umgehen zu können. Die Führungskraft muss dabei auf der Hut sein, dass ihre Autorität nicht in Diskussionen untergeht. Mit anderen Worten: Um Autorität zu wahren, muss die Führungskraft in der Lage sein, an bestimmten Stellen Diskussionen zu beenden und im Zweifelsfall – auch gegen Mehrheiten – zu entscheiden.

5.5.10 Kooperativer Führungsstil

Bei dem kooperativen Führungsstil sieht die Führungskraft die Mitarbeitenden als Mit-Arbeitende und Mit-Denkende an. Der soziale wie der personale Aspekt der Führung treten in den Vordergrund. Kooperativer Führungsstil unterscheidet sich vom demokratischen Führungsstil dadurch, dass er den personalen Aspekt stärker betont. Bei einem kooperativen Führungsstil ist die Führungskraft bereit, einen Teil ihrer Kompetenzen an die Mitarbeitenden abzugeben, wobei die Delegationsbereiche nach *sachlichen, nicht nach persönlichen Gesichtspunkten* festgelegt werden. Die Tücken der Kooperation müssen allerdings auch bewusst sein: Weiterführend ist ein solcher Führungsstil nur dann, wenn die Mitarbeitenden sich des speziellen Führungsstils ihres Vorgesetzten oder ihrer Vorgesetzten bewusst sind, das heißt: wenn sie die Autorität des oder der Vorgesetzten trotz der kooperativen Führungsform anerkennen. Andernfalls wird die Führungskraft früher oder später nicht mehr als solche anerkannt werden.

In der Praxis mischen sich die Idealtypen der Führung, abhängig von der Persönlichkeit der Führungskraft, ihrer Stellung, ihrer Position und ihrem Selbstverständnis. Nur selten trifft man Vertreter eines idealtypischen Führungsstils an. Die praktische Form der Führung ist immer beeinflusst von den persönlichen Wertvorstellungen und Normen, von den Einflüssen und nicht zuletzt von Emotionalität. Darüber hinaus wechseln die Führungsstile abhängig von den Mitarbeitenden, die jeweils ihre eigenen Kompetenzen mit in die Führungssituation einbringt.

Zusammenfassung

Die Beschreibung idealtypischer Führungsstile hilft, das eigene Führungsverhalten zu reflektieren. Dabei müssen Sie sich darüber im Klaren sein, dass Sie diese Typisierungen niemals in Reinkultur antreffen werden. Auch Ihr Führungsstil variiert je nach Ihrem Gegenüber.

5.6 Grenzen der Führungsethik

Zu Beginn dieses Buches waren für ethisch wünschenswertes Verhalten folgende Kriterien festgelegt worden:

- Bei Ihren Entscheidungen in kritischen Situationen ist der Weg vorzuziehen, von dem Sie sich vorstellen können, dass jeder und jede in einer solchen kritischen Situation so handeln könnte *(Universalisierbarkeit)*.
- Darüber hinaus und zugleich sollten Sie mit jeder Ihrer Entscheidungen
  - vor den Spiegel treten können, ohne ein schlechtes Gewissen zu haben *(ethische Selbstkontrolle)*,
  - die Entscheidung jederzeit publik machen können, ohne dabei in ein moralisches und ethisches Dilemma zu geraten *(ethischer Öffentlichkeitstest)* und
  - die Möglichkeit haben, im ethischen Zweifelsfall die Entscheidung revidieren zu können *(ethische Revidierbarkeit)*.

Dieses Buch will und kann Ihnen also keine Absolution für alle Entscheidungen im unternehmerischen Umfeld und im ökonomischen Kontext erteilen. Führung und Ethik in der Praxis unter einen Hut zu bekommen, erfordert von Ihnen als Führungskraft Engagement, also Zeit und Mühe.

Sich auf ethisch wünschenswerte Führung ein zulassen, heißt manchmal, kurzfristig den schwierigeren Weg zu gehen, etwa in Konfliktsituationen. Mittel- und langfristig wird aber dieser Weg einfacher sein, weil Sie durch einen verantwortlichen und verantwortbaren Führungsstil gegenseitiges Vertrauen erzeugen.

Mit Hilfe der beschriebenen Kriterien für einen ethisch wünschenswerten Führungsstil lassen sich auch die Grenzbereiche der Führungsethik beschreiben:

Immer dann, wenn Sie bei Führungsfragen im Zweifel sind, befinden Sie sich im Grenzgebiet der Ethik. Ethische Konflikte zeichnen sich dadurch aus, dass Werte und Güter miteinander in Konflikt geraten. Werte und Güter sind zu einem guten Teil subjektiv bestimmt und definiert.

Beim Führungshandeln gibt es viele solcher Grenzgebiete. Der offensichtlichste, zugleich aber auch scherste Fall ist der, wenn die eigenen Werte/Interessen mit den Werten/Interessen des Unternehmens dauerhaft kollidieren. Oder wenn wirtschaftliche Ziele vor menschliche Achtung gestellt werden. Ethisch wünschenswerte Regelungen im unternehmerischen Kontext wie Leitbilder, Verhaltenskodizes oder andere Instrumente können Ihnen dabei Orientierung geben, sie entbinden Sie aber eben nicht von der Verantwortung, letztlich selber entscheiden, sich verhalten zu müssen. Ein ethisch wünschenswertes Menschenbild geht davon aus, dass jeder Mensch als Individuum auch die Würde hat, selbständig in Freiheit entscheiden zu können und nicht durch andere entmündigt zu werden im Blick auf Werte, Güter und Interessen.

Im beruflichen Alltag sind es aber häufig auch die subtileren Grenzsituationen, die ein Sich-Verhalten-Zu notwendig machen. Dazu ein Beispiel:

Praxisbeispiel 17

Sigrun Schlau stellt sich mit ihrem Taxi gerne am Bahnhof oder am Flughafen ihrer Heimatstadt, weil sie es dort oft mit ortsfremden Fahrgästen zu tun hat. Die meisten erkennt sie an Aussehen oder Sprache. Ist sie sich nicht ganz sicher, stellt sie den Fahrgästen nach deren Fahrtzielwunsch eine Fangfrage: „Na, da bauen sie ja wieder an der XY-Straße." An der Reaktion ihrer Fahrgäste merkt Sigrun Schlau, ob Fahrgäste die Strecke kennen oder nicht. Wenn nicht, macht Sigrun Schlau bei jeder Fahrt ein gutes Geschäft. Manchmal kostet der Umweg nur fünf Euro, vom Flughafen aus werden es schnell zehn oder fünfzehn Euro. Und wenn es doch einmal jemand merken sollte, setzt Sigrun Schlau darauf, dass sich die wenigsten Fahrgäste beschweren.

Eine Petitesse, sollte man meinen. Der Schaden, den Sigrun Schlau bei den Fahrgästen anrichtet, ist überschaubar, zumeist wird dieser ohnehin von einer Firma getragen, die die Taxispesen dem Fahrgast erstattet. Aber anhand der zwei Kriterien
durchgespielt, zeigt sich schnell, dass es nicht nur um Sigrun Schlau geht.

Sigrun Schlau hat keine Probleme damit, mit ihrem betrügerischen Masche jeden Morgen vor den Spiegel zu treten, im Gegenteil, in ihrer Robin-Hood-Mentali-
tät freut sie sich darüber, dass sie es den reichen Geschäftsleuten wieder einmal
gezeigt hat. Natürlich erwirtschaftet sie sich dadurch kein Vermögen, aber sie zahlt
es – wie sie meint – den *Großkopferten* ordentlich zurück.

Doch Sigrun Schlau stellt sich nicht die Frage, ob es wünschenswert wäre,
dass ihr Verhalten verallgemeinbar wäre. Auch einem Öffentlichkeitstest würde
sie kaum bestehen. Denn Sigrun Schlau betrügt ja nicht nur bewusst, sie schadet
damit auch einer ganzen Branche. Was, wenn ein Fahrgast die Masche registriert,
kommentarlos zahlt, aber in seiner Firma sagt, die Taxifahrer in der Stadt XY seien
alle Verbrecher? Eine Branche gerät in Verruf.

Praxisbeispiel 18

Anton Agil, einem Mitarbeiter des multinationalen Konzerns Aktion AG, wird
eine Führungsposition in der wirtschaftlich etwas schwächelnden Tochter Abbau AG angeboten. Allerdings wird Anton Agil die Auflage erteilt, bei Übernahme der Tochter 30 Mitarbeiter zu entlassen, um Abbau AG zu retten. Herr
Agil weigert sich, da er erfährt, dass die Fehler nicht bei den Mitarbeitenden,
sondern beim Management der Muttergesellschaft liegen. Anton Agil will seiner Beförderung nur zustimmen, wenn die beschlossene Entlassung der altge-
dienten Mitarbeitenden zurückgenommen wird.

Auch hier ist eine Grenze der ethischen Führung erreicht. So viele Schattierungen
der Fall in sich birgt: Die Unternehmensführung würde weder den Öffentlichkeitstest bestehen, noch wäre es wünschenswert, dass ein solches Verhalten universalisierbar wäre.

Keine Frage: Es gibt Situationen, in denen Sie Grenzbereiche der Führungsethik betreten. Eine Auflistung zahlreicher Fallbeispiele wäre an dieser Stelle möglich. Dabei geht es im Grunde immer um die gleiche Fragestellung: Können Sie
mit Ihrer Entscheidung die oben genannten Kriterien erfüllen oder nicht? Immer
dann, wenn Sie im Zweifel sind, begeben Sie sich auf ethisch unsicheres oder
zweifelhaftes oder gar auf ungesichertes Terrain.

Der Alltag zeigt, dass viele Verantwortliche, nicht nur in der Wirtschaft, bei
einzelnen Entscheidungen und Handlungen oder Unterlassungen den gesetzten

Kriterien nicht entsprechen. Aber auch das ist eine bewusste Entscheidung, die mit Konsequenzen behaftet ist. Wer sein Handeln gegen eigene ethische Interessen ausrichtet, gerät nicht nur schnell in Verruf, sondern übersieht schlicht die strategischen und ökonomischen Möglichkeiten, die in einem *sinnvollen Zusammenwirken* von *Sachgerechtem* (die ökonomische Seite) und *Menschengerechtem* (die ethische Seite) ergeben. Das ist nicht zuletzt ökonomisch fahrlässig.

Zusammenfassung

Das individuelle Handeln als Führungskraft hat aus Sicht des ethisch Wünschenswerten dann Grenzen, wenn Sie und andere sich nicht vorstellen können, dass dieses Handeln verallgemeinerbar ist.

Institutionenebene: Unternehmensethik

6

6.1 Das Unternehmen in verschiedenen Systemzusammenhängen

6.1.1 Was ist ein Unternehmen?

Der Begriff *Unternehmen* ist – lexikalisch betrachtet – nicht eindeutig: Zum einen bezeichnet *Unternehmen* eine *Handlung*, wird also vom Verb *unternehmen* (*z. B.* was *unternehmen* wir heute Abend?) abgeleitet. Zum anderen bezeichnet der Begriff in den Wirtschaftswissenschaften eine *produzierende Wirtschaftseinheit*, wird also synonym mit *Unternehmung* gebraucht. Oft wird der Begriff Unternehmen mit dem Begriff *Betrieb* gleichgestellt. Das ist insofern nicht trennscharf, als ein Unternehmen mehrere Betriebe umfassen kann. Gleichwohl folgt auch dieses Buch dieser Unschärfe, indem es zwischen Betrieben (kleine und mittlere) und Unternehmen (Betriebe mit mehr als 1000 Mitarbeitenden) unterscheidet. *Lexikalisch* ist *Unternehmen* ein *Oberbegriff für Wertschöpfungseinheiten in der Ökonomie.*

▶ **Definition Unternehmen** Ein Unternehmen ist eine wirtschaftlich-rechtlich organisierte Institution und will ökonomischen Ertrag schaffen, also Wertschöpfung entlang der Beschaffungs- und Absatzkette betreiben. Grundstock eines Unternehmens ist entweder das private Kapital des Unternehmers oder fremdes Kapital, das der Unternehmensführung anvertraut wurde.

Ein Unternehmen ist eine wirtschaftlich-finanzielle Einheit. Als solche muss das Unternehmen eine oder mehrere Führungskräfte (Management) haben, die die Politik des Unternehmens einheitlich leiten und die Aktivitäten des Unternehmens

© Springer Fachmedien Wiesbaden 2015
D. Dietzfelbinger, *Praxisleitfaden Unternehmensethik,*
DOI 10.1007/978-3-8349-4711-6_6

139

nach den Prinzipien der Wertschöpfung und größtmöglicher Rentabilität ausrichten. Je nach Art und Ausrichtung des Unternehmens geht es um Gewinnerzielung entweder nach dem Prinzip der Gewinnmaximierung oder nach dem Angemessenheitsprinzip.

Ziel eines Unternehmens und eines Betriebes im wirtschaftlichen Kontext ist es, unter den Bedingungen von Knappheit mit möglichst geringem Aufwand Gewinn zu erzielen. Deswegen muss ein Unternehmen in erster Linie – nicht ausschließlich – ökonomische Interessen vertreten. In seiner *primär ökonomischen Ausrichtung* existiert das Unternehmen nicht isoliert von sozialen Beziehungsgeflechten. In diesen Geflechten muss es Unternehmensziel sein, sich jeweils und immer wieder neu die *license to operate,* also die *gesellschaftliche Arbeitserlaubnis,* die *gesellschaftliche Betriebslizenz* einzuholen.

Betriebe und Unternehmen – sieht man von den Ein-Personen-Unternehmen ab – sind *überindividuelle Organisationseinheiten.* Das heißt: Sie existieren zwar nur, wenn mehrere Menschen zusammenarbeiten, existieren aber weiter, wenn Einzelne aussteigen. Diese Wechselwirkung zwischen Individuen, die einen Betrieb und ein Unternehmen ausmachen, und der überorganisationalen Einheit, die ein Betrieb oder ein Unternehmen zugleich ist, erzeugt die meisten Spannungen in der Frage nach dem ethisch wünschenswerten Verhalten von Unternehmen.

6.1.2   Unternehmerische Beziehungsgeflechte

Ein Unternehmen muss ökonomische Ziele auf eine Art und Weise verfolgen, die von der Gesellschaft akzeptiert und getragen wird. Unabhängig von Fragen der Ethik, kann ein Unternehmen nicht dauerhaft gegen die Gesellschaft – sei es am Standort, sei es national, europäisch oder weltweit – wirtschaften. Ein Unternehmen und ein Betrieb, egal welcher Größe, benötigt die *license to operate,* die gesellschaftliche Betriebslizenz, die nur von außen erteilt werden kann. Da ein Unternehmen dabei in unterschiedlichen gesellschaftlichen Beziehungsgeflechten steht – vom Lieferanten über den Kunden bis zu den Mitarbeitenden – ist immer eine Vielzahl von ethischen Fragen zu beachten.

Die Öffentlichkeit nimmt Unternehmen zumeist als Gesamtheit wahr. Das heißt: Es wird nicht unterschieden zwischen einzelnen Betrieben des Unternehmens oder zwischen Management und Mitarbeitenden. Für die Öffentlichkeit ist das Unternehmen XY verkürzt als Ganzes gut oder schlecht. Das hat nichts mit der Größe zu tun, sondern gilt auch für den kleinen Handwerksbetrieb mit zehn Mitarbeitenden. Wenn einzelne Beschäftigte den Ruf des Unternehmens schädigen, kann das Image des gesamten Betriebes in Mitleidenschaft gezogen werden. Das heißt: Schuld- und Verantwortungszuweisungen finden schnell ihren Adressaten, wenn es um *die Unternehmen* geht.

Für die Öffentlichkeit sind Unternehmen also feste *Institutionen*, etwa wie die Kirchen, die öffentlichen Ämter, die Polizei etc. Diese auf den ersten Blick undifferenziert wirkende Einschätzung hat ihre Berechtigung darin, dass es für Außenstehende schwierig ist, hinter einem Unternehmen viele Interessenten zu sehen, also die *Stakeholders*, die erst in ihrer Gesamtheit das Unternehmen und seine Ausrichtung bestimmen.

Somit steht auch ein Unternehmen als Ganzes – ebenso wie das Individuum – in verschiedenen Handlungsfeldern und Erwartungen (Abb. 6.1).

Neben diesen strukturellen Erwartungen gibt es – wie beim Individuum – auch Erwartungen von Personen und Personengruppen, mit denen sich ein Unternehmen auseinanderzusetzen hat. Schematisch lassen sich diese folgendermaßen darstellen (Abb. 6.2):

Dabei kommt die genannte Spannung zum Tragen, dass Betriebe und Unternehmen rechtlich überindividuelle Organisationen sind, aber aus Menschen bestehen und erst durch sie zu lebendigen Institutionen werden. Weil aber neben diesen strukturellen Erwartungen auch solche von Personen aufeinander treffen und man als Betrieb und Unternehmen mit der Außenwelt kommuniziert, treten im betrieblichen und unternehmerischen Umfeld ethische Fragen auf, die sich nicht mehr allein auf der individuellen Ebene lösen lassen.

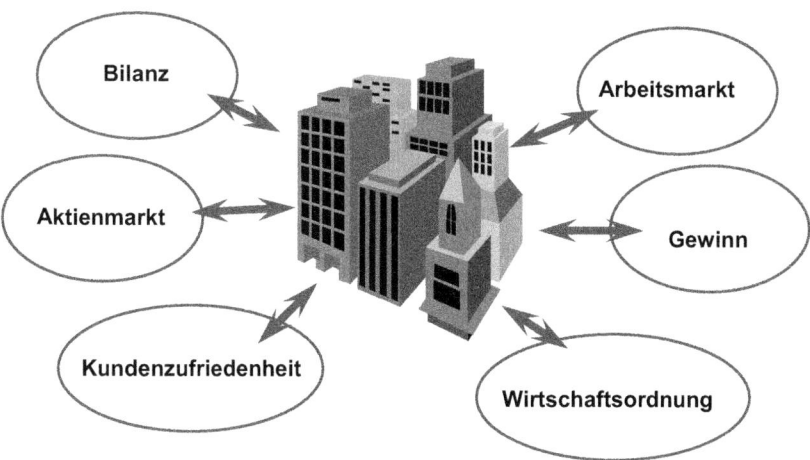

Abb. 6.1 Strukturelle Erwartungen an ein Unternehmen

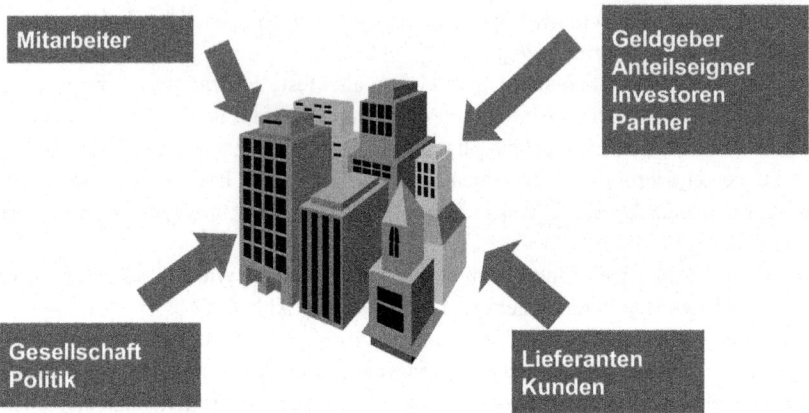

Abb. 6.2 Personelle Erwartungen an ein Unternehmen

Zusammenfassung

Wie Sie als einzelne Führungskraft, so steht auch Ihr Betrieb oder Ihr Unternehmen als überindividuelle Organisationseinheit in verschiedenen Beziehungsgeflechten und Systemen. Diese nehmen einerseits Einfluss auf bestimmte Entscheidungen im Unternehmen, zugleich beeinflussen Unternehmensentscheidungen auch die umliegenden Systeme.

6.2   Unternehmen und Ethik: Grundsatzfragen

6.2.1   Innen- und Außenbeziehungen eines Unternehmens

Bei den Beziehungsgeflechten eines Unternehmens lassen sich interne und externe unterscheiden. Das findet sein Pendant in der Trennung von interner und externer Kommunikation. Dieses Muster hilft, wenn es um die Klärung von ethischen Fragen im und für das Unternehmen geht. Da sich die ethischen Implikationen intern oft von den externen unterscheiden, kommt es darauf an, die jeweiligen Beziehungsfelder zu analysieren, um ethisch wünschenswert reagieren zu können.

Schematisch lässt sich das folgendermaßen veranschaulichen (Abb. 6.3):

Interne Unternehmensbeziehungen können nach unterschiedlichen Kriterien eingeordnet werden. Einige Beispiele für interne Unternehmensbeziehungen:

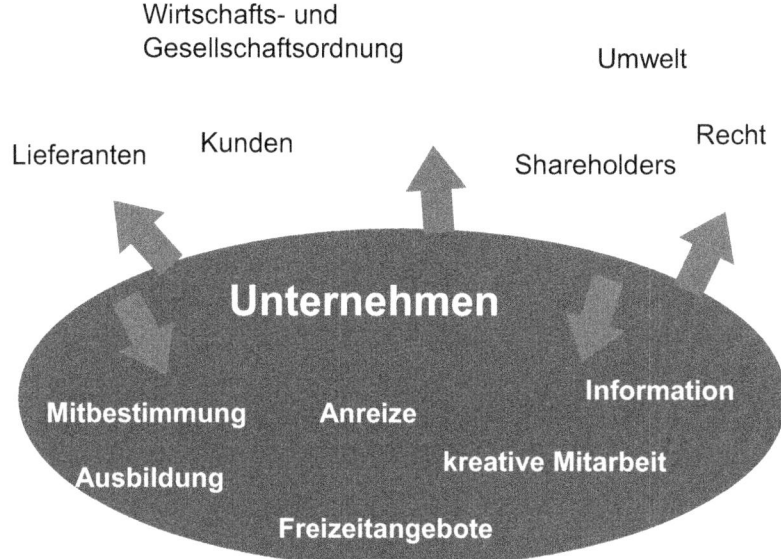

Abb. 6.3 Innen- und Außenbeziehungen des Unternehmens

Unternehmensinterne ethische Fragen

*   Alterssicherung
*   Ausbildungssystem
*   betriebliches Vorschlagswesen
*   Fortbildungsmaßnahmen für Mitarbeitende
*   Freizeitangebote
*   Führungskräfteentwicklung
*   Führungsverständnis
*   Gleichberechtigung und Gleichstellung von Frauen
*   Gleichberechtigung und Gleichstellung von Minderheiten
*   Stellung zu Extremfällen (Unternehmens-, Bereichsschließungen)
*   Vorhandensein und Struktur von Incentives
*   Umgang mit den Mitarbeitenden
*   Umgang mit vertraulichen Informationen
*   etc.

Außenbeziehungen des Unternehmens sind all die Kontakte, die das Unternehmen und seine Mitarbeitenden mit Menschen oder Institutionen außerhalb des eigenen Betriebes pflegen. Dazu gehören in erster Linie Kunden, Lieferanten und Zulieferer, aber auch Institutionen, Gesetze, Handlungsnormen wie die Gesellschaft als Ganzes. Je nachdem, an welcher Position Sie stehen, kann es sein, dass Sie in Ihrer Position einen Teil dieser Außenbeziehungen verkörpern. Die Themen, die sich dabei ergeben, lassen sich beispielhaft in folgenden Schlagworten zusammenstellen:

Unternehmensexterne ethische Fragen

- Gesetzestreue
- Investitionspolitik
- Korruption/Zuwendungen
- Marketing
- Preise
- Qualität der Produkte
- Standortfaktoren
- Steuerung der Liefer- und Wertschöpfungskette
- Strategie
- Umgang mit Medien und Öffentlichkeit
- Umweltverhalten
- etc.

6.2.2 Unternehmenskultur und Betriebsklima

Unternehmenskultur oder *Betriebsklima* bezeichnen die Wertvorstellungen, die Normen und die Soll-Vorgaben, die im Unternehmen oder im Betrieb implizit oder explizit vorhanden sind. Bei Unternehmenskultur und Betriebsklima geht es um Werte, Stimmung, Ansehen unter den Mitarbeitenden des Unternehmens. Mithin handelt es sich um betriebspsychologische Fragen. Als Führungskraft verkörpern Sie einen Teil dieser Kultur.

Welche Faktoren prägen die Unternehmenskultur? Unternehmenskultur kann entstehen aufgrund einer charismatischen Unternehmerpersönlichkeit, die etwa ein Unternehmen gegründet oder aus Familientradition übernommen hat. Unternehmenskultur zeigt sich dann etwa in traditionell überlieferten Wertvorstellungen, die im Geschäftsalltag gelebt werden sollen und gelebt werden. Die Kultur der Unternehmerpersönlichkeit färbt auf die Mitarbeitenden ab. Die Unternehmenskultur entwickelt sich also aus dem positiv verstandenen *Charisma* der Unternehmensführung (Einzelperson oder Gruppe).

Unternehmensinterne Ethik basiert auf der Unternehmenskultur und dem Betriebsklima. Sie geht aber einen Schritt weiter und versucht, die teilweise unausgesprochenen Regeln und Gesetze, die sich hinter der Unternehmenskultur oder dem Betriebsklima verbergen, explizit zu machen, anzusprechen und gegebenenfalls auch in Leitsätzen zu formulieren.

Dabei geht es nicht nur um die positiven Elemente der Unternehmenskultur oder des Betriebsklimas: Aufgabe Ihrer Unternehmensethik ist es, zu analysieren, warum zum Beispiel die Stimmung in einem Zehn-Personen-Betrieb schlecht ist, und was man künftig daran ändern kann. Unternehmensinterne Ethik versucht also, Werte, Haltungen, Gewohnheiten und Verhaltensmuster der Unternehmenskultur und des Betriebsklimas zu reflektieren und daraus Regeln und Maßnahmen abzuleiten, die ethisch wünschenswertes Verhalten im Unternehmen ermöglichen.

Wenn Sie neu in ein Unternehmen oder einen Betrieb kommen, finden Sie eine Unternehmenskultur oder ein Betriebsklima vor. Unternehmenskultur und Betriebsklima als Grundlage einer Corporate Identity können nicht einfach verordnet werden, sondern sind über Jahrzehnte entstanden. Veränderungsversuche stoßen häufig erst einmal auf Missstimmung und werfen die Frage bei den Mitarbeitenden auf: *Warum sollen wir etwas ändern, was jahrelang* (in unseren Augen) *gut lief?*

Änderungen an einer Kultur können nicht vom Management befohlen werden. Als Führungskraft können Sie allenfalls eine Entwicklung initiieren. Zugleich müssen Sie sich darüber im Klaren sein, dass ein solcher Änderungsprozess Jahre dauern wird, denn es geht um die Veränderung von Gewohnheiten, um Verhaltensänderung. Das ist ein Prozess, der individuell wie institutionell viel Zeit benötigt.

6.2.3 Externe unternehmensethische Fragen

Zunächst ist es sinnvoll, die externen Unternehmensbeziehungen nach Stakeholdern grob zu unterscheiden:

Es lassen sich folgende *externe Stakeholder-Gruppen* (Anspruchsgruppen) von Unternehmen identifizieren:

- Anteilseigner
- folgende Generationen
- Gesellschaft
- Gewerkschaften
- Kapitalgeber
- Kunden

- Lieferanten
- Medien, Öffentlichkeit
- Nachwuchskräfte
- Politik des Umfeldes (Standort lokal, national, international)
- Wissenschaft

Daraus ergibt sich beispielhaft folgende Relevanz ethischer Fragen bezogen auf die Stakeholder (Tab. 6.1).

Die Liste ist nur als Beispiel zu verstehen: Im Einzelfall ist das je zu überprüfen, an welchen Stellen mit welchen Stakeholdern wie auch immer geartete ethische Fragen relevant werden.

Ein Unternehmen steht mithin in vielen ethischen Beziehungsfeldern, mit denen sich die Unternehmensführung, ebenso die Mitarbeitenden, die das Unternehmen nach außen repräsentieren, auseinandersetzen müssen. Auch Sie als Führungskraft tragen für die Außenwirkung Verantwortung.

Im Blick auf die externen Stakeholder zeigt die Übersicht, dass es fast auf jeder Ebene Verflechtungen gibt, die ethischen Fragen berühren. Schon aus strategischem Interesse ist es für Unternehmen sinnvoll, sich intensiv mit den Themen unternehmensexterner Ethik zu beschäftigen. Es geht nicht um Fragen des *Gutmenschentums* oder um *Schönwetterreden,* sondern *um einen strategischen Grundanspruch unternehmerischen Handelns, das die Anspruchsgruppen innerhalb und außerhalb des Unternehmens betrifft und beschäftigt.*

Verlieren Unternehmen und Betriebe aufgrund unerwünschten Verhaltens in einer Gesellschaft den Rückhalt, verlieren sie auch die *license to operate,* also die Möglichkeit und Erlaubnis, in einer Gesellschaft zu wirtschaften. Aber nur die license to operate kann einen nachhaltigen und langfristigen Unternehmenserfolg sichern, ohne sie können Unternehmen und Betriebe nicht dauerhaft existieren. *Proaktives Ethikmanagement* ist deshalb gefragt.

6.2.4 Kategorien unternehmerischen Handelns

So sinnvoll und wünschenswert ethisches Engagement ist: Im unternehmerischen Alltag treten immer wieder Konfliktsituationen zwischen ökonomischen und ethischen Interessen auf. Anhand des beschriebenen Beispiels von Trude Treu (siehe S. 96 ff.) und der Unternehmensführung von Flott-Transport lässt sich das auf unternehmensethischer Ebene verdeutlichen.

Tab. 6.1 Relevanz ethischer Fragen bezogen auf die Stakeholder

	Anteilseigner	folgende Generationen	Gesellschaft	Gewerkschaften	Kapitalgeber	Kunden	Lieferanten	Medien, Öffentlichkeit	Nachwuchskräfte	Politik	Wissenschaft
Gesetzestreue	✓	✓	✓	✓	✓	✓	✓	✓	✓	✓	–
Investitionspolitik	✓	✓	✓	✓	✓	✓	–	–	–	✓	–
Korruption/Zuwendungen	✓	–	✓	✓	✓	✓	✓	✓	–	✓	–
(langfristige) Strategie	✓	✓	✓	✓	✓	–	–	–	✓	–	–
Marketing	–	–	✓	–	✓	✓	✓	–	–	–	–
Qualität der Produkte	✓	✓	✓	✓	✓	✓	✓	✓	✓	✓	✓
Preise	✓	–	✓	✓	✓	✓	✓	–	–	✓	–
Personalpolitik	–	–	✓	✓	✓	–	–	✓	✓	–	–
Standortfaktoren	✓	✓	✓	–	✓	✓	–	✓	–	✓	✓
Umwelt	✓	✓	✓	✓	✓	✓	✓	✓	✓	✓	✓
Vertrieb	–	✓	✓	–	✓	✓	–	✓	–	✓	–

Praxisbeispiel 9; II. Teil

Wie war die Ausgangslage? Das Speditionsunternehmen Flott-Transport hat eine Kundenanfrage, Gefahrgüter schnell von A nach B zu bringen. Das Unternehmen hat den Ruf, über die gesetzlichen Regelungen und Vorschriften hinaus, für die Sicherheit der Transporte zu sorgen. Bisher gab es bei Flott-Transport noch keinerlei Unfälle oder Beschwerden. Der Ruf von Flott-Transport ist hervorragend. Allerdings: Dafür ist Flott-Transport teurer als die Konkurrenz.

Das Unternehmen weiß, dass – würde in gewohnter Unternehmensmanier transportiert werden – die vom Kunden erwünschte Lieferzeit nicht einzuhalten ist, schon gar nicht zu dem vom Kunden gewünschten Preis.

Zugleich ist das Unternehmen an dem Geschäft interessiert, weil seine Marktanteile in den letzten Monaten schwanden. Daher befindet sich Flott-Transport in einer fundamentalen Konfliktsituation: Entweder macht das Unternehmen dem Kunden klar, dass bei genauer Beachtung der unternehmensinternen Vorschriften die Lieferzeiten und der gewünschte Preis nicht einzuhalten sind. Dann könnte der Kunde abspringen. Oder das Unternehmen versucht, mit allen Mitteln den Transport zu den Kundenwünschen zu erfüllen, muss aber dafür in Kauf nehmen, dass der Ruf des Unternehmens leiden könnte. Die Gefahr dafür ist gering, gleichwohl gegeben. Zudem würde es die Konkurrenz ausnutzen, wenn gerade der Vorreiter in Sachen Sicherheit dabei ertappt würde, wie er selbst gesetzte Standards unterläuft. Ein Risiko, das verheerende Folgen für Flott-Transport haben kann.

Es kann nun passieren, dass der Kunde wegen des höheren Transportpreises zum Konkurrenten *Schnell-Spedit* abwandert, weil die Unternehmensführung dort durchblicken lässt, dass Sicherheitsvorschriften dehnbar sind. Flott-Transport verlöre damit nicht nur ein gutes Geschäft, sondern auch dauerhaft einen Kunden. Das hätte weitreichende Folgen, nicht nur für die Bilanz des Unternehmens, sondern auch für die Belegschaft. Es könnte der Fall eintreten, dass Flott-Transport mittelfristig nicht mehr sicher stellen kann, ob – nach dem Wegfall eines solch potenten Kunden – das Unternehmen Löhne und Gehälter weiterhin bezahlen kann. Der Verlust eines Kunden dieser Größe könnte sogar die Existenz des gesamten Unternehmens in Frage stellen. Das Risiko, dass bei dem Transport der Gefahrstoffe etwas passiert, scheint demgegenüber weitaus geringer.

Hier entsteht ein Dilemma zwischen ethischen, gesellschaftlichen Fragen auf der einen Seite und ökonomischem Interesse auf der anderen Seite.

Wie kann ein solcher Konfliktfall gelöst werden? Der Münchner Wirtschaftsethiker *Karl Homann* hat die Möglichkeiten unternehmerischen Handelns zwischen den Spannungsfeldern Moral und Rentabilität in vier Kategorien eingeteilt.

Vier Kategorien unternehmerischen Handelns nach Homann/Blome-Drees

- *Kategorie 1: Positiver Kompatibilitätsfall* Unternehmerisches Handeln, das ökonomisch hoch rentabel und zugleich besonders moralisch ist (z. B. erfolgreiche Geschäfte im Naturschutz oder Umweltbereich).
- *Kategorie 2: Moralischer Konfliktfall* Unternehmerisches Handeln, das ökonomisch hoch rentabel, zugleich aber moralisch nicht akzeptabel ist (z. B. Waffengeschäfte mit Krisenregierungen).
- *Kategorie 3: Ökonomischer Konfliktfall* Unternehmerisches Handeln, das ökonomisch nur wenig rentabel, zugleich moralisch besonders angesehen ist (z. B. Förderung von Sozial- oder Kulturprogrammen).
- *Kategorie 4: Negativer Kompatibilitätsfall* Unternehmerisches Handeln, das weder rentabel noch moralisch akzeptiert ist (z. B. ökonomisch überzogene Investition in ein umweltschädliches Projekt).

Wünschenswert ist unternehmerisches Handeln nach der Kategorie 1, bei der moralische Akzeptanz und ökonomischer Erfolg zusammengehen. Das heißt im Fall der Flott-Transport: Das Unternehmen bleibt bei den erhöhten Sicherheitsstandards sowie dem gehobenen Preis und versucht den Kunden gerade dafür zu gewinnen – auch der Kunde könnte schließlich davon profitieren. Es geht also beim unternehmerischen Handeln nach Kategorie 1 um eine *Win-Win-Situation.* Der Aufwand dafür ist kurzfristig hoch, mittelfristig wird dieser Weg auch ökonomisch Erfolg haben. Voraussetzung ist, dass auch der Kunde sich vom Nutzen überzeugen lässt und dem höheren Preis zustimmt, weil er dadurch Sicherheit und Image nicht gefährdet.

Systematisch geht es beim unternehmerischen Handeln nach der Kategorie 1 etwa um Aktivitäten in Umweltschutzprodukten, Investitionen in neue Energien, aber auch um Fortbildung der eigenen Mitarbeitenden. Kurz: Es geht um solche unternehmerischen Aktivitäten, die im doppelten Sinne – also ethisch wie ökonomisch – zu einem positiven Ergebnis führen.

Handeln nach Kategorie 2 kann für ein Unternehmen *extern* (gegenüber der Öffentlichkeit) und *intern* (bei den Mitarbeitenden) zu Problemen führen. In dieser Situation befindet sich Flott-Transport. Nach ökonomischen Kriterien wäre es sinnvoll, die Gefahrgüter zu transportieren und dabei auf bestimmte Standards zu verzichten. Wenn nichts passiert und nichts an die Öffentlichkeit gerät, sind die Folgen ökonomisch positiv: Das Geschäft war rentabel und der gute Ruf des Unternehmens bleibt erhalten. Nach innen kann es jedoch negative Auswirkungen haben, sobald Mitarbeitende, die sich mit den hohen Standards des Unternehmens identifizieren, davon Wind bekommen – und sie werden es erfahren! Darüber hinaus besteht die Gefahr einer *Dammbruch-Mentalität:* Hat es einmal funktioniert, die Sicherheitsstandards niedriger zu setzen und dabei Geld zu verdienen, kann das vielleicht auch noch ein zweites, drittes, xtes Mal klappen.

Wenn allerdings bei besagtem Transport etwas passiert, ist der Ruf von Flott-Transport in der Öffentlichkeit ruiniert. Zukünftige Geschäfte würden ausbleiben. Es ist also ein eindeutig moralischer Konfliktfall, in dem sich Flott-Transport befindet.

Ein *ökonomischer Konfliktfall* nach der Kategorie 3 entsteht für ein Unternehmen dort, wo sich Handlungen, die die Öffentlichkeit gerne sieht, wirtschaftlich nicht rentieren. Das hieße zum Beispiel im Fall der Flott-Transport: Das Unternehmen hält weiterhin die hohen Sicherheitsstandards ein, senkt aber zugleich den Preis für die Transporte drastisch. Auch wenn sich eine solche Strategie mittelfristig wegen des Masseneffektes auszahlen könnte: Kurzfristig wäre das für Flott-Transport mindestens ein Risikogeschäft, auch wenn solches Handeln hohe gesellschaftliche Akzeptanz finden würde.

Unternehmerisches Handeln nach der Kategorie 4, der *negative Kompatibilitätsfall,* ist ein theoretisches Konstrukt. Es würde kein Unternehmen längerfristig bei Geschäften überleben, die weder ökonomisch noch moralisch Vorteile bringen.

Wünschenswert ist, unternehmerisches Handeln nach der Kategorie 1 auszurichten, also eine *Win-Win-Situation* in ökonomischen wie ethischen Fragen zu erzielen. Das freilich ist nicht immer möglich. Doch lässt sich das Handeln abstufen. Im Zweifelsfall ist unternehmerisches Handeln unter moralischen Gesichtspunkten nach der Kategorie 3 dem Handeln nach der Kategorie 2 vorzuziehen. Bei Kategorie 2, dem moralischen Konfliktfall, wäre wünschenswert, dieses der Kategorie 1 anzunähern.

Zusammenfassung

Ethische Fragen für Unternehmen und Betriebe ergeben sich sowohl innerhalb des Systems als auch nach außen. Dabei geht es nicht immer nur um Konfliktfälle (intern wie extern), sondern auch um herkömmliche Fragen der Organisationspsychologie, die unter ethischen Kriterien betrachtet werden können.

6.3   Beispielhafte Themen der Unternehmensethik

6.3.1   Grundsätzliches

Wie sieht die Gestaltung von Unternehmensethik aus? Unternehmensethik ist eng mit Führungsethik verbunden. Aber zur Unternehmensethik gehört noch mehr, als es in einem nur individuellen Ethos der Führungskraft oder in der Führungsethik definiert wäre. Denn es geht zugleich um die ethischen Fragen der überindividuellen Institution. Unternehmensethik schließt das gesamte Unternehmen als Komplex ein und lässt sich folgendermaßen definieren:

▶ **Definition Unternehmensethik** Unternehmensethik befasst sich mit der Frage, wie ethische und ökonomische Anforderungen gleichermaßen im operativen Geschäft wie in der langfristigen Strategie von wirtschaftlich arbeitenden Institutionen verankert werden können. Unternehmensethik reflektiert dabei Werte und Verhalten im Unternehmen (Unternehmenskultur, Betriebsklima) und entwickelt daraus Regeln, die mit den von außen an Unternehmen herangetragenen Werten kompatibel sind.

Dabei stellt Unternehmensethik auch dar, welche positive Folgen die Berücksichtigung ethischer Normen und Werte, die zum Teil auch aus dem Inneren des Unternehmens kommen, bei gleichzeitigem Verfolgen des ökonomischen Gewinnprinzips hat (Win-Win-Situation).

In der wissenschaftlichen Diskussion um Wirtschafts- und Unternehmensethik gibt es Stimmen, die eine eigenständige Unternehmensethik nicht für notwendig halten, weil die Themen grundsätzlich auf der Ebene des wirtschaftlichen Systems geklärt werden müssten. Allenfalls der Staat und seine gesetzgeberischen Institutionen könne das Verhalten von Unternehmen regeln, nicht die Unternehmen selbst.

Richtig an dieser Position ist, dass Unternehmen oder Betriebe nicht auf eigenständige Weise Gesetze oder gar Politik machen sollten. Zum einen ist es systematisch nicht ihre Aufgabe, zum anderen fehlt Unternehmen und Betrieben dazu die *demokratische Legitimation*. Die Aufgabenverteilung in der Gesellschaft ist klar: Unternehmen und Betriebe sollen Produkte und Dienstleistungen nach Bedarf verkaufen, Gesetze und Regeln stellt das demokratisch legitimierte Parlament auf.

Beim Blick auf die Praxis aber zeigt sich, dass Unternehmen dennoch in bestimmten Bereichen Regeln für ihr eigenes Wirken nach innen und nach außen aufstellen sollten. Denn gerade im internationalen Geschäftsverkehr gibt es unterschiedliche Maßstäbe etwa in Fragen des Umweltschutzes oder der Arbeitsbedingungen. Schon aus eigenem Schutz (und damit aus ökonomischen Interesse) müssen Unternehmen und Betriebe eines beachten: Was in einem Land erlaubt ist – etwa bestimmte Arbeitsbedingungen – kann in anderen Kontexten verboten sein.

▷   **Nehmen Sie sich einen Moment Zeit** und denken Sie darüber nach: Wie stellen Sie sich das ethisch ideale Unternehmen oder den ethisch idealen Betrieb vor? Welche Differenzen gibt es zu dem Unternehmen oder Betrieb, in dem Sie jetzt arbeiten oder den Sie jetzt führen?

Unternehmensinterne Regeln können zum einen bestehende Gesetze und Regelungen in die Sprache der Unternehmensmitarbeitenden übersetzen (zum Beispiel ein *Code of Conduct*); zugleich können solche Regelungen an bestimmten Stellen über die gesetzlichen Regelungen des Landes hinaus gehen. Denn es gibt – trotz hoher Gesetzesdichte – viele Bereiche, in die staatliche Regelungsmaßnahmen nicht vordringen können oder die Unternehmen und Betriebe umgehen können. Deswegen muss Unternehmensethik eigenständig entwickelt werden, in der Theorie wie in der Praxis. Wichtig dabei ist, dass dem Unternehmen innerhalb der Wirtschaftsordnung eine eigenständige Rolle für eine wirtschaftsethische Gesamtansicht zugestanden wird. Diese darf sich nicht nur auf Führungsethik beschränken. Gelebte Unternehmenskultur im Sinne einer weitgreifenden Ethik muss für das gesamte Unternehmen und die in ihm eingebundenen Mitarbeitenden auf allen Ebenen gelten.

Was heißt das für die konkrete Gestaltung von Unternehmensethik? Ziel unternehmerischen Handelns ist, Gewinn zu maximieren. Nur so arbeitet ein Unternehmen rentabel. Systematisch müssen Unternehmen unter den Bedingungen des derzeitigen Wirtschaftssystems langfristig und nachhaltig Gewinn erzielen. Dieser Fokus ist weder unethisch noch unmoralisch, sondern es handelt sich bei dieser Zielbestimmung zunächst um eine *a-moralische*, also *nicht-moralische* Frage. Das Thema hat isoliert betrachtet für die Ethik keine Relevanz.

Interessant wird es aber dann, mit welchen Methoden dieser Gewinn generiert wird, also: *Wie wird Gewinnmaximierung betrieben? Aus welcher Haltung heraus, aus welchem Charakter der Unternehmung und ihrer Führung? Mit welchen Methoden, welchen Strategien, welchen Produkten? Was wird mit dem Gewinn gemacht? In welcher Form können Mitarbeitende dazu beitragen und welche Aufgabe wird ihnen zu Teil* (hier liegt der Schnittpunkt zur Führungsethik)?

Innerhalb dieser Fragen gibt es viele Felder und Faktoren, die unter ethischen Gesichtspunkten relevant sind. Bei manchen kann Ethik dazu beitragen, bestimmte Prozesse und Faktoren effizienter zu machen.

Unternehmensethik in ihrer theoretischen Definition wie in ihrer operativen Praxis umfasst das ganze Unternehmen. Eine bestimmte Ethik oder Philosophie des Unternehmens (*Unternehmenskultur, Corporate Identity*) als *Netzwerkkultur* gelebten Verhaltens muss für *alle an einem Unternehmen Beteiligte* gelten und von allen Beteiligten gestaltet werden. Es geht also um die Ethik der überindividuellen Organisation (das Unternehmen mit seiner Philosophie, seiner Strategie, seiner Außendarstellung und seinem Selbstverständnis) und es geht darum, wie die aktiv an einem Unternehmen Beteiligten (Mitarbeitende und Führungskräfte aller Rangebenen) sich mit diesen Werten auseinandersetzen und diese im alltäglichen Geschäft umsetzen. *Was auf der Ebene der Individualethik die eigene Haltung ist, ist auf der institutionellen Ebene der Charakter einer Organisation.*

Das heißt: Bei dem Thema Unternehmensethik sind auch Sie als Führungskraft gefragt! Je höher Sie in der Hierarchie des Betriebes oder des Unternehmens stehen, desto wichtiger ist Ihr Anteil an einer funktionierenden und vor allem gelebten Unternehmensethik. Sie leisten Vorbildfunktion.

Unternehmensethisches Ziel ist es, ökonomische und ethisch wünschenswerte Interessen zusammenzubringen. Zum Themengebiet der Unternehmensethik gehören also alle Bereiche, die die Innen- und Außenbeziehungen betreffen.

Mögliche Ziele der Unternehmensethik

- Bewusstsein schaffen
- Charakter des Unternehmens explizit machen
- Corporate Identity ausbilden
- das Berufsleben in einen größeren Kontext einordnen
- Gemeinschaftsbewusstsein erzeugen
- Kollegialität erzeugen
- Kommunikation unterstützen
- Kompetenz bereitstellen
- Marke stärken
- Orientierungshilfe leisten
- Sensibilisierung erhöhen
- Verantwortungsgefühl stärken
- Vertrauen (intern wie extern), Reputation stärken
- Werte-orientierte Führungs- und Unternehmenskultur
- etc.

6.3.2 Korruption (Bestechung und Bestechlichkeit)

Der Begriff Korruption (von lat.: *corrumpere* = verderben, verführen, vernichten) meint zwei Seiten: Die aktive Seite – also diejenige, die besticht (*Bestechung*) – und die passive Seite – also diejenige, die sich bestechen lässt (*Bestechlichkeit*).

Beide Formen sind in vielen Ländern verboten; auch privatwirtschaftliche Vorgaben, etwa durch die *OECD* (*Organisation for Economic Cooperation and Development*), richten sich gegen eine Beeinflussung von Geschäften in Form von Zuwendungen an Geschäftspartner, Politiker oder fiktive Berater.

Gleichwohl vergeht kaum ein Tag, an dem in den Medien nicht über kleinere oder größere Korruptionsfälle berichtet wird. Die Methoden sind vielfältig, zu-

gleich bleibt immer ein Graubereich: Ab wann gelten Zuwendungen als Bestechung? Ist es bereits Korruption, Kunden oder Geschäftspartnern bei Gesprächen
ein gutes Essen oder Werbegeschenke zukommen zu lassen? Ist es Korruption,
Journalisten zur Präsentation eines neuen Produktes in ein Hotel einzuladen? Ist
die Ausnutzung persönlicher Beziehungen, etwa um einen Arbeitsplatz zu bekommen, oder um den eigenen Kindern irgendwo im Ausland einen Studienplatz zu
sichern, bereits unmoralisch?

► **Nehmen Sie sich einen Moment Zeit** und denken Sie darüber nach:
    Sind Sie schon einmal in eine kritische Situation geraten? Können Sie
    eine Essenseinladung durch einen Lieferanten genießen oder haben
    Sie Angst, in Abhängigkeit zu geraten? Aus welchem Grund und mit
    welcher Absicht laden Sie Geschäftspartner zum Essen ein?

Deutlich ist: Die Grenzen sind fließend. Es fehlt eine klare Markierung zwischen
erlaubtem Dehnen und unerlaubtem Überschreiten der Regeln. Es ist noch nicht
zulange her, da waren verschiedene Methoden der Geschäftsbeeinflussung nicht
strafbar, bekanntermaßen konnte man bis ins Jahr 1998 Gelder, die für Geschäftsanbahnungen im Ausland aufgewendet wurden, mithin Korruptionszahlungen, in
Deutschland steuerlich geltend machen. Mittlerweile ist auch dies nicht mehr ge-
stattet. Dieses Verbot erfordert allerdings auch ein Umdenken in Unternehmen, die
sich von bisher vertrauten Geschäftsmodellen verabschieden müssen.

Häufig wird argumentiert, dass in bestimmten Ländern Aufträge nur über bestimmte Zuwendungen zu akquirieren sind, die neben dem Prozess der inländischen Wertschöpfung einer gesamten Volkswirtschaft zu Gute kämen.

Korruption im internationalen Geschäft lässt sich also nur unterbinden, wenn
international verbindliche Standards geschaffen werden, die Zuwendungszahlun-
gen und Geschenke verbieten oder ächten. Allerdings bleibt offen, wer Verstöße
gegen solche Vereinbarungen kontrollieren kann und welche Möglichkeiten bestehen, eventuelle Verletzungen zu bestrafen. Die us-amerikanische Börsenaufsichtsbehörde *SEC* (*Securities and Exchange Commission*) etwa verhängt drastische Maßnahmen gegen in USA börsennotierte Firmen, die in Korruptionsfälle
verwickelt sind.

Eine andere, gesetzgeberische Möglichkeit besteht darin, Firmen, bei denen
Korruptionsfälle zu Tage getreten sind, von öffentlichen Aufträgen auszuschlie-
ßen, also sogenannte *Schwarze Listen* einzuführen.

Da aber Korruption trotz dieser verbindlichen Gesetze und Vorgaben weiterhin existiert, müssen weitere Methoden überlegt werden, wie Bestechung und Bestechlichkeit zu begegnen ist. Man kann zum Beispiel an Individuen appellieren.

Der moralische Appell an Führungskräfte und Verantwortliche trägt aber nicht die gewünschten Früchte, da sich die Täter vermutlich der moralischen und ethischen Fragwürdigkeit ihrer Handlungen durchaus bewusst sind, damit aber kein Problem haben. Eine andere Möglichkeit für Unternehmen und Betriebe besteht darin, Kodizes und Selbstverpflichtungen zu entwickeln. Diese Instrumente finden zunehmend Anklang.

Aktive Beeinflussungen von Geschäften haben höchst problematische ethische Implikationen. Denn es geht dabei um die Frage der Vorteilsverschaffung. Versucht man durch Zuwendungen einen Geschäftspartner oder am Geschäft Beteiligten zu beeinflussen, verschafft man sich gegenüber der Allgemeinheit oder im konkreten Fall gegenüber dem Mitbewerber einen Vorteil, den man ohne die Zuwendung nicht erreicht hätte. Es gibt dafür ethisch keine Legitimation, denn derjenige der sich den Vorteil verschaffen will, durchbricht die konsensorisch aufgestellten Regeln und Gesetze. Man setzt sich mit unlauteren Mitteln über die für alle geltenden, allgemeinen Bestimmungen hinweg, um sich persönlich oder der Institution einen Vorteil zu verschaffen. Dies kann nach dem Verallgemeinerbarkeitsprinzip nicht wünschenswert sein, denn das führte zur Anarchie.

Neben dieser ethischen Argumentation gibt es auch *ökonomische Gründe,* die gegen Geschäftsbeeinflussungen sprechen. Zum einen wird mit Zuwendungen jedweder Art zur Beeinflussung von Geschäften die marktwirtschaftlich gesteuerte Allokation verschoben. Mag man das im Einzelfall als vernachlässigenswert betrachten, wirkt es sich in der Summe zum Nachteil für den gesamten Wettbewerb aus.

Darüber hinaus verderben Zuwendungen zur Geschäftsanbahnungen im ganz banalen Sinne die Preise. Das macht sich schon beim nächsten Geschäft bemerkbar, nicht nur für die Konkurrenten, sondern auch für den Korrumpierenden selbst. Darüber hinaus entwickeln Korruptionsgeschäfte von sich aus eigene Dynamik (*Dammbruch-Mentalität*)*:* Ist die erste Schwelle einmal überschritten, drohen die Summen künftig immer höher zu werden. *Kurz: Zur Illegitimität von Zuwendungen und dem ethischen Verdikt kommt die ökonomische Unsinnigkeit.*

Ist damit jedes Geschäftsessen oder Weihnachtsgeschenk, das über den rechtlich erlaubten Rahmen von 40 € hinausgeht, anrüchiges Verhalten? Auf den ersten Blick scheint dies eine nachgeradezu lächerliche Frage. Aber Sie müssen sich im Klaren sein, dass es um Grundsatzfragen geht, die von der Größe der Geschäfte und Summen unabhängig sind. Es geht um das dahinter stehende System. Deshalb ist es hilfreich, wenn Sie sich in jeder Situation bewusst sind, was Sie tun, und welche Grundhaltung Sie gegenüber Geschenken oder Einladungen einnehmen wollen. Das müssen Sie zuerst für sich klären und dann für Ihren Betrieb und Ihr Unternehmen. Entsprechend müssen Sie es auch Ihren Mitarbeitenden kommunizieren.

Klar ist: Bestimmte kleinere Zuwendungen gehören zum alltäglichen Geschäft. Werden Sie von einem Geschäftspartner zum Essen eingeladen, sagen Sie sicher nicht nach dem Hauptgang: „So, Vorspeise, Suppe und das Glas Wein waren zusammen 40 € wert, Hauptgang, Nachtisch und Digestiv zahle ich selbst."

Gleichwohl ist Vorsicht geboten: Es hilft, wenn Sie sich in solchen Situationen mit drei Fragen beschäftigen:

a. *Was bezweckt Ihr Gegenüber mit der Einladung oder mit dem Geschenk?* Ist es eine Geste der Gastfreundschaft und des Respekts oder will Ihr Gegenüber mehr erreichen? Das merken Sie etwa daran, wenn Ihr Gegenüber während des Essens viel über das Geschäft und sein Unternehmen redet.

b. *Begeben Sie sich mit der Annahme einer Einladung oder eines Geschenkes in eine Abhängigkeit?* Erwartet Ihr Gegenüber bei nächster Gelegenheit nicht nur eine Gegeneinladung? Kann das Gegenüber Sie mit einer Einladung oder einem Geschenk erpressen?

c. *Kann ich über die Einladung oder das Geschenk jederzeit in der Öffentlichkeit – also vor Mitarbeitenden, Kolleginnen oder Kollegen, Vorgesetzten – reden (Öffentlichkeitstest)?* Wenn Sie etwa ein Geschenk an Ihre Privatadresse geschickt bekommen, sollten Sie dieses umgehend an Ihren Vorgesetzten oder Ihre Vorgesetzte melden und das Geschenk wieder zurückgeben.

Sind Sie sich nicht sicher, sollten Sie auf jeden Fall Rücksprache mit Ihrer Vorgesetzten oder Ihrem Vorgesetzten halten. Grundsätzlich sollten Sie innerlich immer so frei sein, eine Einladung oder ein Geschenk abzulehnen und vor allem: ablehnen zu können.

Praxisbeispiel 20

Als historisch interessierter Mensch fahren Sie gerne nach Italien, um dort Ausgrabungen aus der Römerzeit zu besuchen. Sie wissen, dass es gerade in Rom unter vielen Kirchen Ausgrabungen gibt, die nur selten für die Öffentlichkeit zugänglich sind. Als Sie wieder einmal eine römische Kirche besuchen, von der Sie wissen, dass sich darunter ein Teil des alten Roms befindet, sehen Sie, wie ein junger Mann den Mesner zu sich ruft, ihm zehn Euro in die Hemdtasche steckt und ihm daraufhin der Mesner das kleine Eisentor öffnet, von dem aus eine Treppe zu den öffentlich nicht zugänglichen Ausgrabungen führt.

• Wie reagieren Sie?
• Fühlen Sie sich durch die Handlung des jungen Mannes benachteiligt?
• Hat der junge Mann auf legale Weise etwas für seine Bildung getan?

Praxisbeispiel 21

Sie sind Chef/in eines kleinen Komponenten-Zulieferers für die Elektronik-branche. In den zurückliegenden Jahren lief das Geschäft blendend, aus dem Zwei-Personen-Unternehmen ist ein Betrieb mit 30 Mitarbeitenden geworden. Neuerdings laufen die Geschäfte nicht mehr so gut, da Konkurrenten aufgeholt haben. Die Lage wird brenzlig, wahrscheinlich ist, dass Sie nicht mehr alle Mitarbeitenden halten können, obschon sie zu einem echten Team zusammen-gewachsen sind.

Als Sie schon die ersten Pläne zur Verringerung des Personals machen, flat-tert Ihnen die Möglichkeit zu einem Großprojekt bei einem ausländischen Her-steller ins Haus. Unmissverständlich werden Sie aber bei dem Angebot aufge-fordert, Provisionszahlungen an einen so genannten Berater in Höhe von 4,5 % des Gesamtvolumens auf ein Konto in der Schweiz zu überweisen.
- Wie würden Sie in einer solchen Dilemma-Situation argumentieren?
- Wie würden Ihre Mitarbeitenden argumentieren?
- Welche Alternativen bleiben Ihnen?
- Was ist Ihr Lösungsvorschlag?

6.3.3 Preispolitik

Nach der Theorie entwickelt sich der Preis eines Produktes entsprechend der Nachfrage und des Angebots und zugleich der subjektiven Wertschätzung, die der Käufer einem Produkt beimisst. Demnach müsste sich ein *gerechter Preis* für ein Produkt oder eine Dienstleistung automatisch aus den genannten Faktoren bestim-men lassen.

▶ **Nehmen Sie sich einen Moment Zeit** und denken Sie darüber nach: Wenn Sie einkaufen gehen: Was macht für Sie ein Produkt – etwa eine Krawatte oder einen Schal – wertvoll? Und was macht das Objekt teuer? Welche Kriterien legen sie dabei an?

Die Praxis freilich lehrt andere Beispiele, denn die Bedingungen haben sich geän-dert. Nachfrage kann durch aggressive Werbung und Preispolitik künstlich gesteu-ert werden, zudem kommen für Unternehmen und Betriebe neben dem tatsächlich verdienten Geld andere Faktoren dazu: Etwa der *Marktanteil*, das *Neukundenge-schäft*, die *Kundenbindung* oder die Verdienstmöglichkeiten über *Service* und *Kun-dendienst*. Grenzüberschreitende Beschaffungs- und Absatzmärkte ermöglichen darüber hinaus, durch aggressive Preispolitik Konkurrenten aus dem Markt zu drängen. Dazu gehört auch der Kundendienst nach erfolgreichem Abschluss eines Geschäfts *(after sales services)*.

Unternehmen und Betriebe haben dadurch häufig die Möglichkeit, nicht mehr durch das einzelne Produkt zu verdienen, sondern durch die Masse an Produkten, die angeboten wird, und durch die Größe, die ein Unternehmen hat *(economies of scale)*. Das führt zu einer verzerrten Preispolitik: Denn häufig rechnen Unternehmen und Betriebe nicht mehr mit dem tatsächlichen Herstellungs- oder Vertriebspreis, sondern damit, welche zusätzlichen Potenziale sich durch Discountpreise ergeben.

Bei der Frage nach der ethischen Wünschbarkeit solch teilweise verzerrter Preispolitik betritt man schwieriges Terrain: Denn auf den ersten Blick profitieren davon zunächst die Kunden. Die Kehrseite zeigt sich aber in den Bedingungen, unter denen Discount-Preise auf Seite der Hersteller und Anbieter erzeugt werden können. Dazu kommt, dass der Erstkontakt mit Kunden häufig über ein günstig zu erwerbendes Produkt angebahnt wird, Nachlieferungen oder Kundendienst entsprechend teuer sind, weil der Kunde keine Wahl mehr hat, den Anbieter zu wechseln.

Ethisch wünschenswert ist in solchen Fällen Transparenz. Zwar ließe sich zunächst argumentieren, Kunden seien souverän genug, sich über ein Produkt und eventuelle Folgekosten zu informieren. Das ist in der Tat richtig, zugleich aber setzen viele Hersteller und Anbieter darauf, dass Kunden überfordert sind. Nach dem vorgeschlagenen Argumentationsmuster für ethisch-wünschenswertes Verhalten ist weiter die Frage zu stellen, ob es vorstellbar ist, dass alle an der Wirtschaft Beteiligten so handeln. Hersteller oder Anbieter müssen sich also fragen lassen, ob sie ihrerseits von einem Lieferanten so behandelt werden möchten.

Wenn Sie für die Preisgestaltung in Ihrem Unternehmen verantwortlich sind, müssen Sie überlegen, was Sie mit dem Preis eines Produktes oder einer Dienstleistung erreichen. In der Tat sind insbesondere für große Unternehmen Themen wie Marktanteil, Umsatz und After-Sales-Geschäft ein wichtiger Aspekt. Sie müssen sich aber auch darüber im Klaren sein, dass Sie mittelfristig durch intransparente Preispolitik und vorher nicht dargestellte Abhängigkeiten für Kunden, mehr Abnehmer verlieren als gewinnen. Denn wenn Kunden – egal ob Unternehmen oder Endverbraucher – sich durch intransparente Preispolitik vor den Kopf gestoßen fühlen, suchen sie in Zukunft andere Partner.

Transparente Preispolitik ist demnach nicht nur ethisch-wünschenswert, sondern muss auch in Ihrem Interesse als Unternehmer liegen.

▶ **Praxisbeispiel 22** Sie wollen Ihre Schreinerei mit zwölf Mitarbeitende auf moderne Zeiten umstellen. Controlling, Vertrieb, Lagerhaltung, Beschaffung, Produktionsabläufe etc., alles soll in Zukunft elektronisch gesteuert werden. Sie machen sich auf dem Markt schlau, welche Softwareprogramme dazu geeignet sind. Bald entdecken Sie einen günstigen Anbieter, der genau Ihre Anforderungen erfüllt. Sie kaufen die Software ein, doch schon nach Jahresfrist bittet Sie der Anbieter, das neueste Update zu installieren. Dieses Update kostet den dreifachen Preis des Erstproduktes. Dazu erhalten Sie den Hinweis, dass jährlich ein neues Update zwingend notwendig sei.

- Wie reagieren Sie?
- Bei wem sehen Sie die Informationsschuld? Hätten Sie sich besser informieren müssen oder hätten Sie erwartet, dass Ihnen der Lieferant von vornherein die Vertragsbedingungen klipp und klar macht?
- Kaufen Sie in Zukunft weitere Produkte bei dem Lieferanten?

▶ **Praxisbeispiel 23** Ihr Unternehmen hat eine neue Software für Unternehmensführung entwickelt. Die Software beinhaltet EDV-basierte Unterstützung bei allen herkömmlichen Abläufen im Unternehmen, vom Controlling bis zur Beschaffung, von der Gehaltsabrechnung bis zu einem übersichtlichen Intranet. In den zurückliegenden fünf Jahren waren Sie mit dieser Software mehr oder minder Alleinanbieter. Deshalb hatten Sie sich entschlossen, das Erstprodukt unter den tatsächlichen Entwicklungskosten anzubieten, und die Kunden erst bei den Updates den tatsächlichen Preis bezahlen zu lassen. Das Geschäft lief entsprechend gut, weil die Kunden keine realistischen Alternativen hatten.

Seit zwei Monaten nun bietet ein asiatischer Konkurrent eine Software an, die komfortabler ist als Ihre. Nicht nur der Ersteinkauf ist günstig, auch die Updates werden auf einer für Kunden zugänglichen Plattform weltweit kostenlos zur Verfügung gestellt. Schon in den ersten zwei Monaten haben Sie zehn Prozent Ihrer Kunden an die Konkurrenz verloren.

- Wie reagieren Sie?
- Halten Sie dieses Verfahren für „anständig"?
- Was setzen Sie Ihrem Konkurrenten entgegen?

6.3.4 Produktpolitik

Ethisch und ökologisch orientierte Indizes listen nur Unternehmen, deren Produkte nach bestimmten umwelt- und sozialverträglichen Kriterien einwandfrei sind. Weiterführend werden auch die Herstellungsverfahren auf ihre Ökologie- und Sozialverträglichkeit und Ökobilanzierung überprüft. Ethisch orientierte Indizes erweitern die Kriterienpalette für Produkte nach den Ausschlusskriterien Rüstung, Tabak, Alkohol, Pornographie etc. Damit implizieren die Indizes, dass bestimmte Produkte ethisch oder moralisch nicht wünschenswert sind. Neuerdings kommt als Kriterium dazu, wie transparent der Anbieter über das Produkt und seine Herstellungsprozesse öffentlich informiert.

► **Nehmen Sie sich einen Moment Zeit** und denken Sie darüber nach: Ist die Öffentlichkeit umfassend über Ihr Produkt informiert? Kennt die Öffentlichkeit auch eventuelle Nachteile oder Gefahren? Wie würden Sie auf einer Schulnotenskala die Informationspolitik Ihre Unternehmens oder Betriebes bezüglich der Produkte benoten?

Auch hier stößt man auf Grenzfragen der Verantwortungsdiskussion: Dabei geht es darum, wer bei der Produktherstellung welche Verantwortung trägt. Es gibt Produkte, bei denen die Frage nach der Verantwortung nicht eindeutig ist. Deutlich machen lässt sich das am – freilich schon vielfach exerzierten – Beispiel eines Küchenmessers. Mit ihm kann man Gemüse und Brot schneiden, man kann damit auch einen Menschen ermorden. Wo liegt die Verantwortung, wenn ein Mensch mit einem Küchenmesser einen anderen ersticht? Ist der Hersteller dafür verantwortlich zu machen oder der Benutzer?

Sogenannte Dual-Use-Waffen aus der Chemie machen das Problem noch schwieriger: Solche Waffen entwickeln dadurch ihre verheerende Wirkung, dass zwei gebräuchliche und leicht zu erwerbende chemische Stoffe erst bei deren unmittelbaren Kontakt diese verheerende Wirkung entwickeln. Kann man den Hersteller eines Stoffes – etwa Zucker – dafür verantwortlich machen?

Die Frage, ob Sie sich an der Herstellung oder Entwicklung von Produkten beteiligen wollen, die Menschen – ob bewusst oder unbewusst – Schaden zufügen, müssen Sie für sich selbst klären. Argumentativ kommen Sie nicht aus der Verantwortung, wenn Sie sagen: *„Wenn ich das nicht herstelle, macht es ein anderer."* Aus dem, was im Alltag passiert, erwachsen noch nicht zwingend Regeln.

Wichtig und wünschenswert ist, dass Sie sich über die Produkte die Sie, Ihr Unternehmen oder Ihr Betrieb herstellen, Gedanken machen. Welches Maß der Verantwortung haben Sie für die Verwendung des Produkts (*etwa Munition*), welches Maß der Verantwortung hat der Konsumierende (*etwa Küchenmesser*)? Wie eindeutig ist das von Ihnen hergestellte Produkt in der Ausrichtung, wie viele Dimensionen der Verwendung gibt es? Diesen Fragen müssen Sie sich aussetzen und für Sie annehmbare Antworten finden.

Praxisbeispiel 24

Ihr Unternehmen stellt Kunstdünger her, der sich bestens verkauft. Die chemischen Analysen hatten ergeben, dass Ihre Ware völlig ungefährlich ist und den Pflanzen ausgezeichnet hilft.

Eines Tages klingelt die Polizei bei Ihnen und berichtet, dass im Internet Pläne gefunden wurde, wie man mit dem von Ihnen produzierten Kunstdünger

in Kombination mit zwei anderen chemischen Stoffen Sprengstoff herstellen könne. Die Polizei meint, dass bereits einige solcher Bomben gebaut wurden.
• Wie reagieren Sie?
• Wer ist wofür verantwortlich
• Welche Konsequenzen ziehen Sie?

Praxisbeispiel 25

Für Ihr Kind tun Sie alles. Insbesondere bei der Ernährung achten Sie darauf, dass die Babynahrung, die Sie kaufen, nur nach strengen ökologischen Kriterien hergestellt wird. Eines Tages erkrankt Ihr Kind an einer Wurzelgemüseallergie, die nach Auskunft der Ärzte nur schwer therapierbar ist.
• Wie reagieren Sie?
• Wen machen Sie wofür verantwortlich?

6.3.5 Fusionen und Übernahmen (Mergers & Acquistions)

Fusionen und Übernahmen in allen Industrie- und Dienstleistungssparten werden durch die moderne Globalisierung gefördert. Mit dem Argument der *economies of scale* – also der Kostenvorteile durch Größe – erhöht sich der Druck auf Betriebe und Unternehmen. Das gilt nicht nur für große, börsennotierte Unternehmen, längst sind auch kleinere und mittlere Betriebe in den Fokus der Übernahmewelle gelangt. Meist werden Übernahmen oder Fusionen mit *Synergieeffekten* begründet, die sich insbesondere im Forschungs- und Entwicklungsbereich (F + E), in der Produktion sowie im Vertrieb ergeben. Außerdem seien Fusionen langfristig kostensparend, wenn vorhandene Dokumentations- und Informationssysteme vereinheitlicht werden.

▶ **Nehmen Sie sich einen Moment Zeit** und denken Sie darüber nach: Was sagen Sie, wenn Sie in der Zeitung lesen, dass wieder eine große Fusion zwischen zwei Unternehmen gescheitert ist?

Zusammenschlüsse und Übernahmen sind unter Umständen Methoden der Krisenbewältigung. Größe befähigt Unternehmen und Betriebe, Krisen besser durchzustehen, in denen kleineren Konkurrenten die Mittel ausgehen. Gleichwohl sind Fusionen und Übernahmen kein Allheilmittel, sie ziehen darüber hinaus meist auch die Freisetzung von Mitarbeitenden nach sich. Auch wenn die Zahl gering bleibt, führt der Fusionsgedanke demzufolge in der Öffentlichkeit zu einem massiven Imageverlust.

Kunden überprüfen häufig ihre Geschäftsbeziehungen zu international fusionierenden oder fusionierten Konzernen, da sie solchen Großunternehmen zum Teil mit Skepsis gegenüberstehen. Die Kunden begründen ihre Skepsis damit, dass kleinere Lieferanten meist flexibler auf Kundenanforderungen reagieren können. Außerdem seien die Vertrauensbeziehungen zwischen Kunden und Unternehmen bei kleinen Betrieben und Unternehmen häufig besser. Das heißt: Bei Fusionen und Übernahmen müssen Sie einrechnen, dass Sie zwar an einer Stelle neue Kunden gewinnen, unter Umständen aber an anderer Stelle Kunden wieder verlieren.

Etwa die Hälfte aller Fusionen scheitert mangels professioneller Vorbereitung oder wegen der Unverträglichkeit der Unternehmenskulturen. Häufig begnügen sich fusionierende Unternehmen allein mit der betriebswirtschaftlichen Seite von Fusionen und bemühen sich zu wenig um die politische und gesellschaftliche Akzeptanz.

Auch intern haben Übernahmen und Fusionen Folgen: Dem viel zitierten Argument, Fusionen und Übernahmen führten zu Innovationsschüben, steht das Argument gegenüber, dass durch das Zusammenführen unterschiedlicher Firmenkulturen und Geschäftsfelder neue Reibungsverluste entstehen, die Innovationen eher verhindern, denn fördern. Darüber hinaus fehlen bisher historische Beispiele, die den Erfolg einer Großfusion über einen längeren Zeitraum greifbar darstellen könnten.

Großfusionen führen häufig zu Problemen, die sich erst langfristig zeigen

- Art und Anzahl von Verpflichtungen gegenüber spezifischen Anbietern
- aktuelle Projekte, die sich in der Entwicklung befinden
- laufende Outsourcing-Vereinbarungen oder Stellenbesetzungsverträge mit Dritten
- elektronische Verbindungen, an die bereits vorhandene Kunden oder Lieferanten angeschlossen sind
- Datenumstellungen
- Übersetzungen (bei internationalen Fusionen)
- rechtliche und behördliche Fragen (insbesondere bei internationalen Fusionen)

Welche Alternativen gibt es, um im aktuellen Wettbewerb national und international bestehen zu können? Ein Mittel, die Marktposition zu verbessern, sind *strategische Allianzen* oder vorübergehende, projektbezogene Zusammenschlüsse mit anderen Unternehmen. Diese vorübergehenden Partnerschaften bewahren die Eigenständigkeit der Unternehmen, müssen sich also nicht mit dem Problem des Zusammenwachsens zweier Kulturen auseinandersetzen. Nach erfolgreichem Pro jektabschluss kann man sich wieder trennen oder ein neues Projekt gemeinsam anzugehen. Die Vorteile kleinerer Einheiten liegen insbesondere in

- der höheren Flexibilität,
- der größeren Kundennähe und
- der Möglichkeit, das Produktangebot regional auszurichten.

Gerade für kleinere und mittlere Unternehmen ergeben sich realistische Alternativen zu Fusionen und Übernahmen.

Fusionen und Übernahmen sind auch Thema der Ethik: Neben dem Thema Entlassungen haben auch die unternehmenskulturellen Schwierigkeiten sowie die öffentliche Meinung bei Fusionen ethische Implikationen. Darüber hinaus stellt sich die Frage, inwieweit immer größere Unternehmen zu einer Machtkonzentration führen, die den Wettbewerb verzerrt und es damit regionalen Anbietern schwer macht, im Markt bestehen zu können. Pauschale Antworten auf die ethischen Implikationen bei Übernahmen und Fusionen sollte man gleichwohl vermeiden, denn auch hier gilt, den Einzelfall je genau zu prüfen.

Praxisbeispiel 26

Ihr kleines Unternehmen bietet als Dienstleistung Print-Kommunikation für Großunternehmen an. Sie erstellen Mitarbeiterzeitungen, Geschäftsberichte, Imagebroschüren, Kundenzeitungen etc. Ihr Team besteht aus sieben ausgebildeten Journalisten, die entsprechend professionell produzieren.

Die elektronische Verarbeitung der Texte, also die Bereitstellung von Texten im Intranet, auf CDs oder DVDs haben Sie bisher immer zu einem Subdienstleister ausgelagert. Nachdem gerade in der elektronischen Verarbeitung der Bedarf zunimmt, entschließen Sie sich, den bisherigen Subdienstleister aufzukaufen. Sie übernehmen nur die drei festangestellten Mitarbeitenden. Die dort bisher frei Beschäftigten beauftragen Sie nicht weiter. Die Dienstleistung, die Sie bisher eingekauft haben, nehmen Sie damit in ihr Portfolio auf. Mit den Journalisten ziehen die drei Computer- und Grafikspezialisten zusammen in ein neues Büro, das Sie zu diesem Zweck gemietet haben. Die ersten Zahlen aus dem Controlling zeigen, dass sich der Aufkauf der anderen Firma schnell amortisieren wird.

Doch schon bald merken Sie, dass die Journalisten die Computerspezialisten abwertend behandeln – schließlich seien diese nur Dienstleister, die die hochkreative Arbeit der Schreibenden elektronisch umsetzen. Die Computerdesigner wiederum sehen die Schreibenden als vergeistigte Langweiler an, die die hoch kreative Arbeit der grafischen Darstellung nicht verstehen können.

Da die Kommunikation zwischen den Mitarbeitenden nicht mehr funktioniert, entstehen Reibungsverluste und die Qualität Ihrer Produkte leidet zusehends.
- Wie gehen Sie mit einer solchen Situation um?
- Was könnten Sie übersehen haben?
- Wie könnten Sie die Situation retten?

Praxisbeispiel 27

Der Bäcker, bei dem Sie Ihr Brot und Ihre Brötchen kaufen, legt besonderen Wert auf den Kontakt zu seinen Kunden. Individuelle Wünsche werden berücksichtigt, besondere Back- und Konditoreiwaren zu bestimmten Anlässen sind selbstverständlich.

Nun hat in der Nachbarstraße ein Backdiscounter aufgemacht. Zwar bietet auch diese „Backstation" eine große Auswahl, jedoch gehen Sie mit dem Tablett an Plastikkästen vorbei, in denen die Ware angeboten wird. Am Ende der Warentheke sitzt eine Kassiererin, bei der Sie die Ware bezahlen.

Die Backstation bietet die Ware günstiger an. Bald schon muss der alt eingesessene Bäcker schließen.
- Wie beurteilen Sie die Situation?
- Beschreiben Sie den Fall für sich einmal im Kontext der Begriffe Fusionen, Globalisierung, economies of scale und Ethik. Zu welchem Ergebnis kommen Sie?

6.3.6 Insider-Geschäfte

Nach den gesetzlichen Vorgaben sind Aktiengeschäfte aufgrund von Insider-Informationen, die Sie als Führungskraft eines Unternehmens haben, verboten. Gleichwohl ist man als Mitarbeiterin oder Mitarbeiter eines Unternehmens, egal an welcher Position man sich befindet, immer wieder der Versuchung ausgesetzt, mögliche Preisvorteile oder Gewinne zu realisieren. Wie man gesetzliche Vorgaben umgeht, ohne gegen sie zu verstoßen, ist mit etwas Phantasie leicht zu konstruieren.

▶ **Nehmen Sie sich einen Moment Zeit** und denken Sie darüber nach: Gab es für Sie schon einmal die Versuchung, unternehmens- oder betriebsinterne Informationen für private Zwecke oder Geschäfte zu nutzen?

Man befindet sich hier auf der gleichen Ebene wie beim Thema Korruption. Denn Insider-Informationen verschaffen Ihnen gegenüber der Allgemeinheit oder dem Mitkäufer von Aktien einen Vorteil, den Sie nicht aufgrund einer besonderen Leistung oder eines besonderen Angebots haben, sondern der sich für Sie allein durch die Zugehörigkeit zum Unternehmen ergibt. Oder aber Sie besitzen die Kenntnisse, weil Sie gerade in einem Beratungsprozess involviert sind, bei dem Sie an sensible Informationen gelangen. Auch Lieferanten haben häufig schon vor der öffentlichen Bekanntgabe bestimmter Informationen Wissen darüber, wie es um ein Unternehmen steht (etwa externe Agenturen, die Geschäftsberichte oder Pressemitteilungen erstellen).

Demnach gelten auch hier dieselben ethischen Bedenken wie beim Thema Korruption. Vorteilsverschaffung aufgrund von Insider-Informationen ist ethisch nicht wünschenswert, da hierbei der Allgemeinheitsgrundsatz verletzt wird.

Praxisbeispiel 28

Ihr mittelständisches Unternehmen mit 40 Mitarbeitern bietet Spezialtextilien für die Herstellung von polar-tauglichen Winterjacken an. Der Markt ist begrenzt und dementsprechend hart umkämpft. Ihr Rohstofflieferant ist ins Trudeln gekommen und kann für die nächste Zeit eine geordnete Lieferung nicht sicherstellen. Gleichzeitig haben Sie gerade einen Großauftrag zu bewältigen – ein selten gutes Geschäft auf einem schwierigen Markt. Sie verschweigen dem Großkunden die möglichen Lieferengpässe bei dem Rohstoff und bauen darauf, dass Sie das Projekt schon meistern werden.

Nach einiger Zeit ruft Sie der Auftraggeber an und fragt Sie, ob mit dem Auftrag alles in Ordnung ginge. Er habe nämlich gehört, dass Sie Engpässe bei der Rohstoffbeschaffung haben. Sollte dies zutreffen, werde er den Auftrag stornieren und an die Konkurrenz geben müssen.

Nach dem ersten Schreck fragen Sie sich, wie diese Information an den Kunden gelangt sein könnte. Da fällt Ihnen der Mitarbeiter Michael Miesepeter ein, der kürzlich in den Ruhestand gegangen ist.

- Wie reagieren Sie?
- Wie können Sie vorgehen, ohne dabei falsche Verleumdungen auszusprechen?
- Was sagen Sie Ihrem Kunden?

Praxisbeispiel 29

Ihr Software-Unternehmen arbeitet an einem Auftrag eines börsennotierten Unternehmens. Bei der Software-Umstellung erfahren Sie zufällig schon drei Wochen vor der Bilanzpressekonferenz, dass es um das Unternehmen nicht gut bestellt ist.

Als Sie am Abend mit einem guten Freund weggehen, unterhalten Sie sich über ihre jeweiligen Depots. Ihrem Freund geht es finanziell schlecht. Er hat in seinem einzig übrig gebliebenen Depot einen großen Bestand an Aktien des besagten Unternehmens hat. Sie wissen, dass diese Aktien nach Veröffentlichung der Zahlen allenfalls die Hälfte des aktuellen Kurses wert sein werden, Ihr Freund also auch noch den Rest seines angelegten Geldes verlieren wird.
- Wie reagieren Sie?
- Geben Sie Ihrem Freund – wenn auch nur versteckt – Hinweise, er möge doch noch vor der Bilanzpressekonferenz seine Aktien veräußern?
- In welche Zwickmühle geraten Sie?

Zusammenfassung

Die meisten der sogenannten alltäglichen Managementthemen sowie operative Geschäftsfragen haben ethische Implikationen. Zwar ist vieles über den Gesetzesweg geregelt, doch es bleiben Graubereiche, die eine nachsorgende Gesetzgebung (noch) nicht darstellt. Deshalb kommt es darauf an, dass Sie sich dieser Implikationen bewusst sind und ebenso bewusst Entscheidungen treffen, in welche Richtung Politik, Strategie und Kultur Ihres Betriebes oder Ihres Unternehmens gehen sollen.

6.4 Instrumente der Unternehmensethik

6.4.1 Leitbilder

Als Konkretion unternehmensethischer Gestaltung erstellen und veröffentlichen Unternehmen und Betriebe *Leitbilder*, die die Philosophie des Unternehmens in einen *Soll-Rahmen* einbinden. Wie für Führungskräfte Anforderungsprofile erstellt werden, innerhalb derer sich ihr Charakter ausbilden soll, kann dies auch für das Unternehmen als Ganzes geschehen. Leitbilder wirken dabei nach innen und außen. Unternehmensleitbilder sind ein Instrument *unternehmenspolitischer und -strategischer Rahmenplanung*, die die Identität des Unternehmens, die *Corporate Identity* umreißen und zugleich deren Ziele beschreiben.

Grundsätzlich haben Leitbilder unterschiedliche Funktion, je nachdem, zu welchem Zweck sie eingeführt werden. Man kann Leitbilder ihrer Zielrichtung nach unterscheiden in

- Orientierungsfunktion,
- Motivationsfunktion und
- Legitimationsfunktion.

Orientierend sind Leitbilder dann, wenn in ihnen ein Ziel beschrieben wird, an dem sich Mitarbeitende im Unternehmen auf allen Ebenen ausrichten sollen. Ein Leitbild mit Orientierungsfunktion beschreibt mithin eine *Soll-Vorgabe,* die zu erfüllen ist.

Motivierend sind Leitbilder, deren Ziel ist, Mitarbeitende in das Gesamtgefüge des Unternehmens einzubinden. Sie werden damit zu einem Element der *Corporate Identity.* Die Unternehmensleitung will mit Leitbildern in motivierender Funktion, die Belegschaft unter einem gemeinsamen Dach versammeln. Die Mitarbeitenden sollen sich mit Arbeit, Inhalten und Formen des Unternehmens weitgehend identifizieren können.

Legitimierend sind Leitbilder, wenn sie Produkte, Unternehmensformen oder dergleichen im positiven Sinne rechtfertigen.

Unabhängig von ihrer Funktion formulieren Leitbilder die Grundphilosophie eines Unternehmens und integrieren *ökonomische* wie *ethische* Werte. Sie beschreiben den *Charakter des Unternehmens.* Leitbilder vermitteln Mitarbeitenden wie Öffentlichkeit die Art und Weise, wie die ökonomischen und ethischen Werte eines Unternehmens umgesetzt und gelebt werden (sollen). Nicht weniger, aber auch nicht mehr. Denn Leitbilder dürfen zugleich nicht überfordert werden: Sie sind keine verbriefte Kontrollinstanz, mittels derer eine genaue Überprüfung einzelner Handlungsabläufe im Unternehmen möglich wäre. Leitbilder beschreiben vielmehr für Führungskräfte wie Mitarbeitende den *Orientierungsrahmen,* innerhalb dessen die alltäglichen Unternehmenshandlungen zu vollziehen sind. Sie haben damit bis zu einem gewissen Grad einen auf Moral und Reputation bezogenen verbindlichen Charakter, weil sie ein Bild des Unternehmens vermitteln, das nach außen wie nach innen wahrgenommen wird. Verstöße gegen das Leitbild – intern wie extern – werden schnell publik.

Oft steht beispielsweise in Unternehmensleitbildern, die Orientierung am Kunden sei ein wichtiger Faktor der Unternehmensstrategie. Unternehmen verpflichten sich, alles dafür zu tun, damit Kunden mit Produkten, Leistung und Service zufrieden sind. Das ist ein wichtiger Faktor für die Konsumierenden. Stellte sich aber heraus, dass weder Produktqualität, Service oder sonstige Leistungen dem selbst gesetzten Maßstab entsprechen, wirkt sich das negativ auf das gesamte Bild des Unternehmens bei Geschäftspartnern wie in der Öffentlichkeit aus.

Leitbilder haben also nur dann eine positive Funktion, wenn sie in die alltäglichen Managementprozesse integriert und gelebt werden. Zum Bumerang werden Leitbilder dann, wenn sie nicht befolgt werden oder mit dem tatsächlichen Gebaren des Unternehmens faktisch nichts zu tun haben. Gleichwohl: Leitbilder haben *keinen rechtlichen Charakter.* Sie sind nicht einklagbar oder zwangsweise durchsetzbar. Ihr verpflichtender Charakter entsteht allein aufgrund des selbst angelegten Maßstabes im Blick auf interne Kultur und externe Reputation.

Leitbilder fordern von allen an einem Unternehmen beteiligten Individuen, *glaubwürdig* nach innen wie nach außen zu handeln. Dieses glaubwürdige Handeln ist nicht nur von Mitarbeitenden, sondern insbesondere von Ihnen als Führungskraft und Unternehmensleitung gefordert. Wenn Sie sich als Führungskraft nicht zu einem Leitbild bekennen, können Sie sich einen solchen Prozess sparen: Mitarbeitende, die häufig zunächst kritisch auf Leitbilder reagieren, registrieren schnell, wenn sich Sie als Vorgesetzter nicht an das Leitbild halten.

Leitbilder sollten nicht von der Unternehmensführung dem Rest der Belegschaft *oktroyiert* werden. Leitbilder müssen sich in einem Unternehmen wie in einem Betrieb *prozesshaft entwickeln,* damit sie von möglichst vielen Mitarbeitenden getragen werden.

Dazu gibt es mehrere Möglichkeiten:

Bilden Sie in jedem Fall ein Projektteam. Dieses Projektteam sollte sich zunächst überlegen, in welche Richtung das Leitbild gehen soll. Welche Kernthemen wollen Sie ansprechen, welche inner- und außerbetrieblichen Interessenten und Anspruchsgruppen (*Stakeholder*) wollen Sie erreichen? Diese Grundsatzfragen müssen Sie vorab klären, denn sie beschreiben den Korridor, innerhalb dessen Sie einen Leitbildprozess durchführen wollen.

Nun beginnt der eigentliche Prozess. Die Idealvorstellung für kleine Betriebe mit bis zu 200 Mitarbeitenden ist eine umfassende *Mitarbeiterbefragung.* Darin können bestimmte Wertemuster abgefragt werden. Also zum Beispiel:

• Was ist Ihnen wichtig an Ihrer Arbeit?
• Was ist Ihnen wichtig an Ihrem Arbeitgeber?
• Was würden Sie tun, wenn Sie für ein Tag Unternehmenschef/in wären?
• Was stört Sie an Ihrem Arbeitgeber? (*Diese negativ gestellte Frage hat den Vorteil, dass Sie hierbei oft viel mehr hören als bei der Frage, was Mitarbeitenden am Unternehmen gefällt. Denn Kritik wird schneller und leichter geäußert als Lob! Aus der Kritik müssen Sie dann allerdings positive Schlüsse ziehen.*)

Mitarbeiterbefragungen sollten professionell betreut werden. Lassen Sie die Fragen von einem Spezialisten-Team (intern, wenn vorhanden; extern, wenn nötig) erstellen und auswerten.

Als Führungskraft ist es Ihre Aufgabe, sich vorher zu überlegen, was Sie von den Mitarbeitenden erfahren wollen (und was vielleicht nicht!) Ziehen Sie hier die Arbeitnehmervertretung mit ins Vertrauen.

Außerdem müssen Sie eine Mitarbeiterbefragung transparent ankündigen, insbesondere sollten Sie klar kommunizieren, welches Ziel und welchen Zweck Sie damit verfolgen. Alles, was in irgendeiner Form Misstrauen in den Prozess bringen könnte, müssen Sie – so weit es geht und soweit Sie es unter Kontrolle haben – ausschließen.

Mitarbeiterbefragungen sind auch bei größeren Unternehmen möglich, bis zu den DAX-Konzernen, die oft weltweit mittels Intranet einfache Kommunikationsmöglichkeiten haben.

Unabhängig von der Größe Ihres Unternehmens müssen Sie sich darauf einstellen, dass eine professionell erstellte Mitarbeiterbefragung Zeit und Geld kostet. Gleichwohl: Der Aufwand lohnt sich: Je mehr Mitarbeitende sich einbezogen fühlen, desto mehr identifizieren sie sich mit dem entwickeltem Leitbild. Noch einmal: Es geht bei einem Leitbild zunächst vor allem um den Prozess der Erstellung und die Einbeziehung der Mitarbeitenden. Was am Ende auf dem Papier steht, ist – nicht auf Dauer, aber für die Einführungsphase – sekundär.

Falls eine umfassende Mitarbeiterbefragung in Ihrem Unternehmen nicht möglich oder nicht gewünscht ist (dabei sollte allerdings der finanzielle Aspekt kein Hinderungsgrund sein!), können Sie in abgespeckter Form eine Mitarbeiterbefragung durchführen, in der Sie gezielt auf die so genannten *Peer-Groups* im Unternehmen oder im Betrieb zugehen: Unternehmensleitung, Arbeitnehmervertretung, Personalleiter, die Vertretung der Angestellten, die Öffentlichkeitsverantwortlichen, die internen Kommunikationsverantwortlichen, die Vertriebsverantwortlichen und – last not least eine wichtige Peer-Group – die Mitarbeitenden, die in Ihrer Kantine arbeiten. Denn diese bekommen von der Stimmung in Ihrem Betrieb tagtäglich am meisten mit.

Bei den Peer-Groups können Sie mit vorbereitenden Fragebögen Meinungen über bestimmte Werte und Leitsätze abfragen. Sie können auch mit halboffenen oder offenen Interviews arbeiten, in denen Sie Werte, die den einzelnen Vertretern wichtig sind, abfragen. Die Methode ist dabei abhängig von dem, was Sie erreichen wollen. Je offener Sie in einen Leitbildprozess gehen, desto authentischer wird das Ergebnis sein.

Kernfrage sollte sein, wie nach Meinung der Mitarbeitenden die aktuelle Stimmung, also die aktuelle Kultur des Unternehmens und des Betriebes ist. Sie erhalten also im besten Fall einen ehrlichen Spiegel der Kultur und des Klimas in Ihrem Unternehmens und Betrieb. Daraus können (und müssen) Sie dann eine gestaltete Unternehmensethik erwachsen lassen. Denn in der Unternehmenskultur spiegeln sich die für einen Betrieb typischen Formen des Umgangs und die spezifischen Werte der Unternehmung wider. Zusammenarbeit, Kommunikation und Mitarbeiterführung sind wesentliche Teile der Kultur. Ein weiteres kulturprägendes Element liegt im Stellenwert, der der Qualifizierung und Personalentwicklung zugemessen wird.

Beispielhaft könnten sich die Fragen auf folgende Bereiche der Unternehmenskultur beziehen:

- *Strategische Ziele:* Sind diese für alle Mitarbeitenden transparent und nachvollziehbar?
- *Führungsverständnis:* Wissen die Mitarbeitenden, nach welchen Wertvorstellungen und welchem Führungsverständnis im Haus geführt wird?
- *Mitarbeiterführung:* Fühlen sich die Mitarbeitenden von Ihren jeweiligen Vorgesetzten gut behandelt?
- *Werteorientierung:* Wissen die Mitarbeitenden, welche Werte für die Unternehmens- oder Betriebsführung leitend sind? Welche Werte haben die Mitarbeitenden und welcher Raum wird diesen Werten im geschäftlichen Alltag gegeben?
- *Kommunikation und Transparenz:* Fühlen sich die Mitarbeitenden über die wichtigsten Prozesse im Unternehmen informiert? Erfahren die Mitarbeitenden über ihren Arbeitgeber mehr aus der Zeitung als über die hausinternen Medien? Herrscht das Gefühl bei den Mitarbeitenden, das Unternehmen oder der Betrieb betreibe eine transparente Unternehmens- oder Betriebspolitik?
- *Kundenorientierung:* Wissen die Mitarbeitenden, wer die Kunden des Unternehmens oder des Betriebes sind?
- *Arbeitsorganisation und -gestaltung:* Entsprechen die Arbeitszeiten den Produkten oder Dienstleistungen, die das Unternehmen oder der Betrieb herstellen oder anbieten? Welche Verbesserungen an der Arbeitsorganisation sind möglich?
- *Aus- und Weiterbildung:* Bietet das Unternehmen oder der Betrieb gute Ausbildungschancen? Haben die Mitarbeitenden das Gefühl, gute Möglichkeiten zur Weiterbildung zu haben?
- *Umweltbewusstsein:* Achtet das Unternehmen oder Betrieb nach Meinung der Mitarbeitenden auf Umweltverträglichkeit der Produkte und Prozesse? Wie beurteilen die Mitarbeitenden das grundsätzliche Engagement des Unternehmens oder des Betriebes im Bereich Umweltschutz? Welche Gesprächspartner wünschen die Mitarbeitenden bei Umweltfragen (NGOs, Wissenschaft etc.)?

Kennen die Mitarbeitenden die Berichterstattung des Unternehmens oder des Betriebes beim Thema Umweltschutz und Nachhaltigkeit (etwa: Nachhaltigkeitsbericht, Umwelterklärung etc.)?

- *Gesellschaftliche Verantwortung:* Wissen die Mitarbeitenden, was das Unternehmen oder der Betrieb am jeweiligen Standort konkret tut für die gesellschaftlichen Belange? Was wünschen sich die Mitarbeitenden an zusätzlichen gesellschaftlichen Maßnahmen, die realistisch sind?
- *Aktionäre (so vorhanden):* Haben die Mitarbeitenden das Gefühl, das legitime Interesse der Kapitalgeber auf ausreichende Verzinsung zu befriedigen? Wie setzen sich die Mitarbeitenden für einen steigenden Aktienkurs ein?
- *Erscheinungsbild (Image):* Wo siedeln die Mitarbeitenden das Unternehmen oder den Betrieb im Vergleich zu Konkurrenzunternehmen ein? Wo im Vergleich zu den großen Namen in der Branche? etc.

Egal, in welcher Form Sie Ihre Mitarbeitenden beteiligen: Aus Befragungen lassen sich Wert-Cluster bilden, die nach einem Analyse-Prozess in eine Reihe von Leitsätzen gegossen werden können. In einer zweiten Runde ist es möglich, solche Leitsätze den Peer-Groups zur Kommentierung vorzulegen. Aus diesem Prozess lassen sich im Laufe der Zeit immer konkretere und damit authentische Leitsätze entwickeln.

Ein anderer – etwas kürzerer – Weg besteht darin, nur bestimmte Gruppen im Unternehmen oder im Betrieb zu befragen. Um ein gutes Bild von dem aktuellen Stand einer Unternehmenskultur zu bekommen, sind dabei zwei Personenkreise zur Befragung interessant: Zum einen Mitarbeitenden, die *erst kurz* im Unternehmen sind (ca. ein bis zwei Jahre). Es geht hier nur um die Dauer der Betriebszugehörigkeit, Sie sollten dabei gleichwohl darauf achten, dass Sie Mitarbeitende unterschiedlichen Alters und Ranges einbeziehen. Denn diese Gruppe leidet meist noch nicht an *Betriebsblindheit,* wie sie sich nach einiger Zeit bei den meisten Mitarbeitenden einstellt.

Als zweite Zielgruppe sollten Sie Mitarbeitende auswählen, die länger als *15 Jahre* im Unternehmen arbeiten. Gerade dann, wenn es um eine Veränderung der Kultur geht, sind sie die geeigneten Ansprechpartner, was die Akzeptanz von Neuerungen betrifft.

Abzuraten bei der Leitbilderstellung ist von der sogenannten *Konklave-Methode* (*Konklave* = das nicht öffentliche Zusammenkommen der katholischen Kardinäle zur Papstwahl): Damit ist gemeint, dass ein internes oder externes Projektteam im stillen Kämmerlein ein Leitbild für das gesamte Unternehmen oder den gesamten Betrieb entwickelt, welches von der Unternehmens- oder Betriebsleitung unterschrieben und anschließend verbreitet wird. Sie können sich sicher sein: Solch ein

Leitbild wird von keinem Ihrer Mitarbeitenden ernst genommen. Denn: Niemand hat das Gefühl, daran beteiligt gewesen zu sein. Was Sie ernten ist eine Akzeptanz nach dem Motto: *Gelesen, gelacht, gelocht.*

6.4.2 Unternehmenskultur

Um sich klar zu machen, was Kultur im Unternehmen bedeutet, hilft der Blick ins Lateinlexikon: Kultur kommt von *culturare,* das pflegen, bebauen bedeutet. So unterschiedlich Menschen den Begriff Kultur definieren würden, die Etymologie deutet darauf hin, dass es sich dabei um etwas handelt, was kontinuierlich bearbeitet werden muss, wie eine Pflanze, die ohne Pflege eingehen oder Wildwuchs betreiben würde. Damit ist auch klar, dass Unternehmenskultur und die Arbeit daran nicht ein Projekt sein kann, das Anfang und Ende hat, sondern dass es sich dabei um einen *Prozess* handelt, der, einmal angefangen, im Unternehmen oder Betrieb dauerhaft mitlaufen muss.

Das heißt aber auch: Wenn Sie sich an das Thema machen, sollte Ihnen klar sein, dass Sie damit etwas in der Organisation in Bewegung setzen, das von Dauer sein muss. Brechen Sie etwa einen Leitbild-, Werte- oder Kulturgestaltungsprozess – aus welchen Gründen auch immer – nach einem Jahr ab, ist das Thema auf Jahre hin verbrannt. Darüber müssen Sie sich von vornehrein im Klaren sein.

Um Unternehmenskultur aktiv zu gestalten, müssen Sie nicht bei Null anfangen. In jedem Unternehmen existieren bewusst oder unbewusst gelebte Werte und Führungsvorstellungen mit Stärken und Schwächen, die Sie über die Befragung der Mitarbeitenden detailliert erfahren. Eine solche Bestandsaufnahme ist eine solide Grundlage, um positive wie negative Elemente der Unternehmenskultur aufzuzeigen und die entsprechenden Maßnahmen in Gang zu setzen. Darüber hinaus sind in einem Unternehmen oder in einem Betrieb bestimmte Aufbau- und Ablaufstrukturen etabliert, die zur Gestaltung der Unternehmenskultur oder des Betriebsklimas hilfreich sind.

Das Entstehen und Vermitteln von Leitbildern, die Diskussion unter Mitarbeitenden wie Führungskräften, sind die entscheidenden Schritte hin zu einer ethisch wünschenswerten Unternehmenskultur. Deswegen ist es eine wichtige Forderung an Leitbilder, dass sie über den *Entstehungsprozess* Auskunft geben. Sie müssen intern wie extern klar machen, welche Motivation hinter einem Leitbildprozess in Ihrem Unternehmen oder Betrieb steht. So übernehmen Leitbilder zugleich die Funktion, über die Entwicklung der Unternehmenskultur zu berichten.

Nach der Erstellung eines Leitbildes beginnt die eigentliche Kommunikation und Umsetzung. Diese Phase ist genauso wichtig wie der Erstellungsprozess und erfordert demnach die gleiche Aufmerksamkeit. Setzen Sie sich dafür einen groß-zügigen Zeitrahmen. Veränderung von Kultur geht nicht von heute auf morgen! Wichtig ist, dass Sie aufgrund des formulierten Leitbildes abgleichen, wie der Ist-Zustand Ihres Unternehmens oder Ihres Betriebes im Vergleich zu dem im Leit-bild formulierten Soll-Zustand ist. Daraus lässt sich eine Schwächen/Stärken-Ana-lyse darstellen, die Ihnen zeigt, an welchen Stellen Sie zuerst die Hebel ansetzen müssen.

Je nach Themenbereich (Führung, Kundenorientierung, Gesellschaftspolitik etc.) werden dabei die Maßnahmen, die unmittelbar durchzuführen sind, unter-schiedlich ausfallen. Neben Workshops zur Umsetzung bestimmter Leitsätze im jeweils eigenen Arbeitsbereich, sind auch größere Events (Betriebsversammlungen etc.), Kommunikationsmaßnahmen in internen Medien sowie die Verankerung des Leitbildes in den Zielvereinbarungen wichtige Schritte der Implementation. Sie können auch – so Sie denn damit arbeiten – die *Balanced Scorecard* für die Umset-zung eines Leitbildes fruchtbar machen, wenn Sie einzelne Inhalte des Leitbildes in die Scorecard aufnehmen.

Wichtig dabei ist: Wenn die Maßnahmen einmal durchgeführt sind, sollten Sie nach einem gewissen Zeitraum (drei bis fünf Jahre) auch die Zielformulierung wie-der in den Blick nehmen. Daraus erwächst auf Dauer ein *dynamischer Kulturge-staltungsprozess.*

Maßnahmen zur Veränderung der Kultur bedürfen der vorsichtigen Abwägung. Sie sollten nur schrittweise vollzogen werden, da sie andernfalls die Mitarbeiten-den überfordern. Deswegen sollten Sie eine Prioritätenliste erstellen! Zum Beispiel kann sich in einer Mitarbeiterbefragung herausstellen, dass die Vertrauenskultur in Ihrem Unternehmen oder Betrieb wenig ausgeprägt ist. Solche grundlegenden Probleme der Unternehmenskultur sollten Sie als erstes angehen. Häufig ergibt sich aus der Behebung solcher grundlegenden Schwächen oder Problemstrukturen die Lösung anderer Probleme (zum Beispiel bezogen auf Führungsfragen) auto-matisch.

Die Gestaltung der Unternehmenskultur ist kein einmaliges, zeitbegrenztes Projekt, sondern dauerhaft. Es ist wichtig, dass Sie die Kultur Ihres Unternehmens oder Betriebes kontinuierlich pflegen. Das heißt, dass Sie eingeleitete Maßnah-men nachhalten müssen, denn die Gestaltung der Unternehmenskultur oder des Betriebsklimas ist ein dynamischer Prozess. Möglich ist zum Beispiel, nach einem Zeitraum von drei Jahren eine erneute Mitarbeiterbefragung zu starten, um Ver-änderungen in den Werten und Verhaltensweisen zu analysieren. Wird Unterneh-menskultur als Prozess aufgefasst, merken die Mitarbeitenden, dass die Pflege und kontinuierliche Verbesserung der Kultur auch im Sinne der Unternehmensleitung ist. Das führt zur erhöhten Motivation.

Zu Leitbildern oder vergleichbaren Dokumenten wie Werte-Chartas gibt es skeptische Stimmen und Argumente: Kritiker bringen den Einwand, dass Unternehmensleitbilder auf den ersten Blick alle ähnlich sind, von Austauschbarkeit ist die Rede. Das ist in der Tat so – aber kein Grund zur Kritik: Leitbilder dienen dazu, Mitarbeitende wie Führungskräfte zum Nachdenken über die eigenen Positionen, über die Wertvorstellungen, Haltungen und Verhaltensnormen anzuregen. Da verschiedene Unternehmen und Betriebe in einem gemeinsamen Umfeld (Marktwirtschaft) auf dasselbe Ziel (nachhaltiger Gewinn) ausgerichtet sind, müssen sich Leitbilder im Großen und Ganzen entsprechen. Aber, so ähnlich manche Leitbilder auf dem Papier sind: Erst das Vorleben und die Verbreitung im Unternehmen XY macht das Leitbild zu einem Leitbild der Firma XY.

Leitbilder werden weiter oft als Marketinginstrument, als Feigenblatt, kritisiert. Wenn es auch sicher Fälle gibt, in denen Unternehmen und Betriebe nach außen ein Leitbild missbrauchen, weil das in der Öffentlichkeit gut ankommt, intern aber ganz anders handeln, so kann dieser Vorwurf nicht allgemein gelten. Denn: Unternehmen legen mit öffentlich zugänglichen Leitbildern intern wie extern Maßstäbe vor, an denen sie sich messen lassen müssen. In einer kritischen Öffentlichkeit können es sich Unternehmen und Betriebe nicht leisten, Leitbilder zu publizieren, an die sie sich nicht halten. Ihre Glaubwürdigkeit geriete in Gefahr, wenn Geschäftspartner, Kunden oder die Öffentlichkeit feststellten, dass ein Leitbild nur aus taktischen Gründen kommuniziert wurde. Der Verlust der Glaubwürdigkeit würde sich schnell auf weitere Geschäftsbereiche ausweiten.

6.4.2.1   Checkliste – Das sollte in Ihrem Unternehmensleitbild stehen

▶   Grundsätzlich: Mit einem Leitbild legen Sie die Werte, Haltungen und Prinzipien vor, die in Ihrem Betrieb und Unternehmen prägend sind (oder sein sollen). Es ist also nicht irgendein Dokument, sondern eine organisationale Zielbeschreibung, die Sie intern publizieren. Deswegen sollten Sie bei Inhalt und Formulierung auf Seriosität achten. Es geht in einem Leitbild nicht darum, internes Marketing und die damit verbundene Sprache zu wählen, sondern darum, dass Sie die Werte, die für Ihr Unternehmen und Ihren Betrieb wichtig sind, formulieren.

• *Charakter des Unternehmens:* Was sind die Visionen, die für Ihren Betrieb und Ihr Unternehmen leitend sind? Was macht Ihren Betrieb oder Ihr Unternehmen aus? Was würde dem Markt fehlen, wenn Ihr Betrieb oder Ihr Unternehmen morgen nicht mehr auf dem Markt wäre? Beschreiben Sie auch, welche Kultur im Unternehmen herrscht und welche herrschen sollte. Das können Sie ganz allgemein halten, die Details folgen später.

- *Grundwerte des Unternehmens:* Welche Werte sollen in Ihrem Betrieb oder in Ihrem Unternehmen leitend sein?
- *Führungsverständnis:* Welches Verständnis von Führung, vom Miteinander von Führungskräften und Mitarbeitenden sollen für Ihr Unternehmen oder Ihren Betrieb leitend sein?
- *Klare Definition der Zielgruppen (Stakeholder) Ihres Leitbildes: An wen wenden Sie sich mit dem Dokument?* Berücksichtigen sollten Sie auf jeden Fall
  - *die Mitarbeitenden:* Was erwarten Sie von Mitarbeitenden, was bieten Sie ihnen?
  - *die Kunden:* Was bieten Sie – neben Ihrem Produkt – den Kunden an? Was zeichnet Sie gegenüber anderen Anbietern aus?
  - *die Lieferanten:* Was erwarten Sie sich von Ihren Lieferanten? Was können die Lieferanten von Ihnen erwarten?
  - *die Öffentlichkeit am Standort/die Gesellschaft:* Was bieten Sie – neben Arbeitsplätzen und Steuerbeitrag – zusätzlich am Standort? Was hat die Region von Ihrem Engagement? Welches gesellschaftliche Engagement ist Ihnen wichtig?
  - *die Aktionäre (so vorhanden):* Was tun Sie für Ihre Aktionäre? Wie definieren Sie die Verhältnisbestimmung Shareholder – Stakeholder?

Ein Leitbild dient dazu, den Stakeholdern an Ihrem Betrieb oder an Ihrem Unternehmen deutlich zu machen, welche Wertestrukturen, welche Produkte und welche Strategie für das Unternehmen und den Betrieb wichtig sind. Klar ist, dass Sie immer wieder in Konflikt geraten können – etwa zwischen Kundeninteressen und Verantwortung für die Mitarbeitenden oder dem öffentlichen Interesse auf der einen Seite und dem Aktionärsinteresse auf der anderen Seite. Diese Spannungen zu beschreiben, ist ein elementarer Baustein in Ihrem Leitbild. Sie müssen dazu keine Lösungen anbieten – die müssen die Mitarbeitenden in einer solchen Situation für sich selbst finden. Wichtig ist, dass Sie dabei so authentisch wie möglich sind, das heißt: Schreiben Sie nicht Sätze oder Werte in Ihr Leitbild, von denen Sie glauben, dass sie gut klingen, von denen Sie inhaltlich aber nicht überzeugt sind!

- *Klare Definition der Themen:* Jedes Unternehmen und jeder Betrieb hat unterschiedliche Zielrichtungen. Je nach Produkt, Unternehmenswerten, Alter und Tradition sollten Sie die Themen entsprechend clustern. Vielleicht ergibt sich bereits aus der Befragung, die Sie in Ihrem Unternehmen oder Betrieb durchgeführt haben, eine Grundorientierung über die Inhalte Ihres Leitbildes. Wichtige Themen sind also:

- *Führung und Verhalten am Arbeitsplatz:* Welchen Führungsstil wünschen Sie sich? Welches Verhalten erwarten Sie von den Mitarbeitenden? Wie soll der Umgang untereinander sein? etc.
- *fairer Wettbewerb:* Was heißt das für Sie insbesondere im Hinblick auf mögliche Wettbewerbsverzerrungen durch Korruption, Kartellbildung, Preispolitik? etc.
- *Kundenzufriedenheit:* Was können die Kunden von Ihnen erwarten, wie kümmern Sie sich um Ihre Kunden, wie gehen Sie mit Beschwerden um? etc.
- *Produktqualität:* Was können Sie heute anbieten, was können Sie in zehn Jahren produzieren? Was zeichnet Ihr Produkt gegenüber der Konkurrenz aus? etc.
- *Produktionswege:* Welche Ketten nutzen Sie? Wie beschaffen Sie Ressourcen? Welche Ziele möchten Sie erreichen? etc.
- *Umwelt/Nachhaltigkeit:* Welche Umweltziele haben Sie? Was haben Sie bisher erreicht? Wie sieht es aus mit recyclinggerechtem Konstruieren und Produzieren? Wie gehen Sie mit Emissionen um? Welche Rolle spielt Umweltschutz im Alltag? etc.
- *Profitabilität:* Welche strategischen Methoden und Ziele verfolgen und benutzen Sie, um Ihr Unternehmen oder Ihren Betrieb profitabel zu halten. Wie steuern Sie die operativen Geschäftseinheiten? Was erwarten Sie von den Geschäftseinheiten (Kennzahlen)? Welche Ziele setzen Sie sich? etc.
- *gesellschaftliche Verantwortung:* Was heißt es für Ihr Unternehmen und Ihren Betrieb im gesellschaftlichen Umfeld zu wirtschaften? Wie gehen Sie mit den internationalen Aktivitäten Ihres Unternehmens oder Ihres Betriebes um? Welche Werte und Grundsätze haben Sie dabei? Wie weit lassen Sie sich international auf Konflikte ein? etc.
- *Fernziele im Sinne einer späteren Überprüfung:* Ein Leitbildprozess ist nichts statisches oder lineares, sonder eine zyklische Bewegung im Unternehmen. Deswegen können Sie festlegen, wann Sie die Umsetzung der Ziele des Leitbildes überprüft werden (je nach Unternehmens- oder Betriebsgröße sollten Sie sich einen Zeitraum von drei bis fünf Jahren setzen).
- *Beschreibung des Kommunikations- und Implementierungsprozesses:* Es ist nicht damit getan, dass Sie nur die Inhalte beschreiben, Sie müssen zugleich Rechenschaft darüber ablegen, wie Sie das Leitbild in Ihrem Unternehmen oder in Ihrem Betrieb kommunizieren und implementieren wollen. Das kann im Leitbild selbst geschehen, in einer begleitenden Broschüre oder Präsentation. Wichtig ist, dass die Führungskräfte von Anfang an ein Hilfsmittel an der Hand haben, das ihnen die Umsetzung und Kommunikation des Leitbildes erleichtert.

6.4.3 Integrity Code

Ein weiteres Instrument unternehmensethischer Praxis ist ein Integrity Code – zuweilen werden auch Verhaltenskodizes mit diesem Titel bezeichnet. Faktisch sind es aber zwei unterschiedliche Dokumente. Während ein *Code of Conduct* (Verhaltenskodex, siehe dazu Kap. 5) konkret auf das Verhalten der Unternehmens- und Betriebsmitarbeitenden eingeht und bestimmtes Verhalten in kritischen Situationen beschreibt, ist ein Integrity Code ein Dokument der Unternehmensführung, in dem diese sich auf integeres Verhalten in kritischen Situationen (Korruption, Interessenkonflikte etc.) festlegt. Hier geht es um Fragen der *Compliance* (englisch für *Entsprechung, Einhaltung*)... nicht nur im Blick auf Gesetze, sondern auch im Blick auf allgemein anerkannten Spielregeln des Wettbewerbs (keine Korruption, fairer Kunden- und Lieferantenbehandlung). Ein Integrity Code ist deshalb im Allgemeinen recht kurz und gibt nur in Grundzügen die Politik des Unternehmens im Bezug auf kritische Situationen wieder. Somit bildet der Integrity Code gewissermaßen die Zwischenstufe zwischen Leitbild und Code of Conduct.

6.4.3.1 Checkliste – Das sollte in einem Integrity Code stehen

Ein Integrity Code sollte kurz und knapp darstellen, wie sich Ihr Betrieb bei bestimmten Themen grundsätzlich verhält, also etwa

- bei Gesetzesverstößen
- im Korruptionsgraubereich
- beim Umgang mit Lieferanten
- beim Umgang mit bestimmten Kundenwünschen

Die Ausformulierungen der einzelnen Sätze sollte dann in einem Code of Conduct erfolgen, entweder als gesondertes Dokument, oder Sie stellen einen kurzen Integrity Code vor die Ausführung des Code of Conduct.

6.4.4 Konsistenz in der Botschaft: Das Verhältnis von Vision, Werten, Leitbild und Verhaltenskodex

Egal, welche Elemente Sie zum internen und externen Ausdruck der Philosophie, des Charakters Ihres Unternehmens verwenden: Sie müssen darauf achten, dass die verschiedenen Dokumente und Aussagen in ihrer Grundbotschaft konsistent sind. Alles andere ist unglaubwürdig und führt zu Konflikten, bei der Wahrnehmung sowohl von außen wie durch die Mitarbeitenden.

Die Konsistenz in der Botschaft (*one-voice-policy*) erreichen Sie nur, wenn Sie das Verhältnis der einzelnen Instrumente kennen und aufeinander abstimmen (Abb. 6.4).

Die Vision stellt die allgemeine Überschrift eines Unternehmens für seine Zukunft dar, getragen von einem Selbstverständnis, das von vorneherein auch Konsistenz zwischen Vision und Unternehmensmarke herstellt. Achten Sie bei der Formulierung einer Unternehmensvision (*maximal zwei Sätze*) darauf, dass sie sowohl zum Image Ihres Unternehmens wie zur Marke Ihrer Produkte passt (*Branding*). Sie können auch mit einer Vision Veränderungsprozesse initiieren oder zum Ausdruck bringen.

Unter der Vision stehen die Unternehmenswerte. Je nachdem, ob Ihre Werte eher eine Unternehmens- oder eine Markenphilosophie tragen, sind sie mit entsprechender Emotionalität verbunden.

Nach den Werten folgt das Leitbild. Es setzt Vision und Werte in Leitsätze um, die noch allgemein gehalten ist, zugleich aber einen ersten Hinweis auf die Umsetzung dessen gibt, was in Vision und Werten festgehalten wurde – das hängt nicht zuletzt von der Größe Ihres Unternehmens ab. Als Faustregel gilt: Je größer das Unternehmen und je vielfältiger die Produktpalette, desto abstrakter das Leitbild.

Das Leitbild ist ein grober Orientierungsrahmen für die Mitarbeitenden, aber auch für externe Stakeholder, wie Ihr Unternehmen mit bestimmten Handlungssituationen umzugehen gedenkt und welche Ziele es sich für sein Handeln setzt. Nicht mehr und nicht weniger.

Erst ein Code of Conduct, ein Verhaltenskodex, der idealerweise aus und nach Vision, Werten und Leitbild entwickelt sein sollte, gibt Mitarbeitenden sowie Externen explizit Hinweise darauf, wie sich das Unternehmen und seine Mitarbeitenden in Konfliktfällen verhalten sollten. Der Grad der Verbindlichkeit ist hoch

Abb. 6.4 Verhältnis von Vision, Werte, Leitbild, Verhaltenskodex

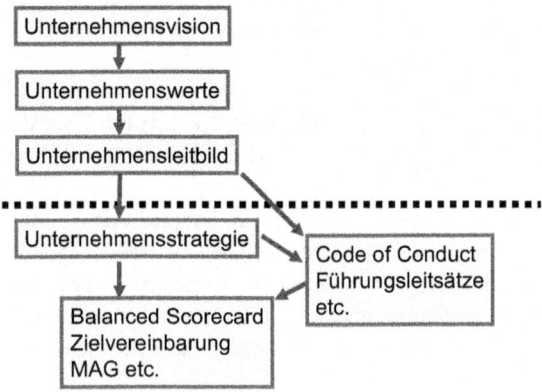

gesetzt (etwa durch ein Compliance-Board oder ähnliches), denn zumeist haben Verhaltenskodizes den Status von Richtlinien.

Es ist wichtig, dass diese Instrumente der individuellen wie der institutionellen Unternehmensethik in ihren Kernaussagen eindeutig und aufeinander bezogen sind. Sollten die Dokumente zu jeweils unterschiedlichen Zeiten in Ihrem Unternehmen verabschiedet worden sein, so achten Sie darauf, dass sie sich inhaltlich nicht widersprechen und unterziehen Sie diese Dokumente baldmöglichst einem Relaunch, um innere, aber auch äußerliche Konsistenz zu erreichen.

6.4.5 Wertemanagement

Bei dem Thema Wertemanagement geht es darum, wie Sie die in Leitbildern und vergleichbaren Dokumenten festgesetzten (nicht-materiellen) Werte in die Praxis des Betriebs- und Unternehmensalltages einfließen lassen und mit ihren operativen Zielen verbinden können (Abb. 6.5).

Voraussetzung für ein funktionierendes Wertemanagement ist, die vorhandenen Prozesse und Abläufe in Ihrem Betrieb und Unternehmen genau zu analysieren und nach vorhandenen Anknüpfungspunkten zu suchen, an denen Sie die übergeordneten nicht-materiellen Werte festmachen können. Denn beim Wertemanagement geht es um die Möglichkeit, die immateriellen Werte mit den vorhandenen Systemen zu verknüpfen, sie dort zu implementieren, um sie dann operationalisierbar zu machen und damit auch in den vorhandenen Systemen sichtbar werden zu lassen.

Sie haben beispielsweise in Ihrem Leitbild festgeschrieben: *Wir gehen mit unseren Mitarbeitenden verantwortungsvoll und zukunftsorientiert um.* Um die darin formulierten, zunächst immateriellen Werte wie Verantwortung und Zu-

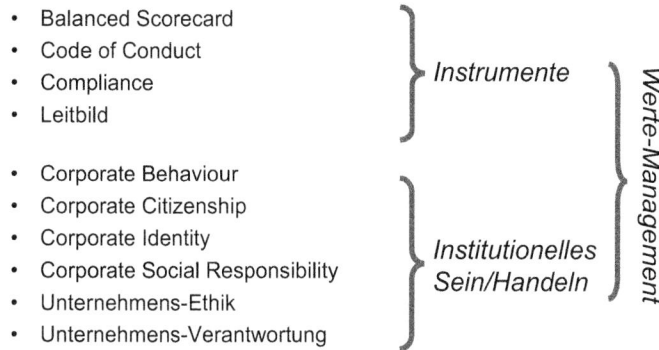

Abb. 6.5 Wertemanagement

kunftsorientierung operationalisierbar zu machen, müssen Sie sie in die Sprache Ihrer Management-Systeme übersetzen. Konkret: Die Werte Verantwortung und Zukunft müssen zu einem wichtigen Baustein in Ihrer (schon vorhandenen) Personalentwicklung werden. Das heißt: Ziel ist, Werte an vorhandene Managementsysteme und -instrumente anzudocken.

Bei dem Beispiel kann das konkret gemacht werden über eine professionelle Potenzial-Analyse angehender und mittlerer Führungskräfte sowie auf Basis eines adäquaten Entwurfs der weiteren Entwicklungsschritte eines Mitarbeiters oder einer Mitarbeiterin (*Laufbahngestaltung*). Verantwortungsvoller und zukunftsorientierter Umgang mit Mitarbeitenden heißt auch, über Beurteilungs- und Incentives-Systeme engagierte Mitarbeitende zu fördern. Das schließt zielorientierte Führung ein.

Ein anderes Beispiel: Haben Sie in Ihrem Leitbild formuliert, dass Ihnen die Kundennähe besonders wichtig ist, so müssen Sie untersuchen, inwieweit Ihre bisheriges Customer-Relationship-Management diesem Leitsatz tatsächlich entspricht. Hören Sie Ihren Kunden zu, führen Sie Kundenbefragungen durch, ist Ihr Service auf Kundennähe ausgerichtet, welche Rolle spielt *customized engineering* (kundenspezielle Entwicklung) etc.

Es geht also beim Wertemanagement um eine sinnvolle Einbindung der Leitbilder in Ihren täglichen Betriebsalltag, es geht um das Ethos, den *Charakter Ihres Unternehmens*. Es geht um die Weiterentwicklung vorhandener Management-Systeme nach den im Leitbild vorgegebenen Werten. Sie füllen Ihre Strukturen gewissermaßen mit ethischem, wertvollem Leben. Zumeist zeichnet sich bei solchen Prozessen ab, dass bereits vorhandene Management-Strukturen ausgesprochene oder unausgesprochene Wertsetzungen beinhalten, die sich unter Umständen mit den Werten des Leitbildes decken. Solche Deckungsverhältnisse gilt es explizit zu machen.

6.4.5.1 Checkliste – So bauen Sie sinnvoll internes Wertemanagement auf

▶   Grundsätzliches: Auch für das Wertemanagement in Ihrem Unternehmen gilt, dass Sie dabei die Unterstützung von ganz oben brauchen – das heißt ein Commitment der Betriebs- oder Unternehmensleitung. Ohne diesen ersten Top-down-Schritt können Sie kein ernsthaftes Wertemanagement betreiben. Haben Sie dieses Commitment, können alle weiteren Prozesse im Miteinander von Top-down und Bottom-Up entwickelt werden.

   Die folgenden Schritte sollten von einem Projektteam durchgeführt werden, dass die Prozesse entsprechend dokumentiert und für alle einsehbar macht (Lern- und Synergieeffekte nutzen!)

- Ordnen Sie die Werte, Leitsätze etc. aus Ihren internen Dokumenten inhaltlich vorhandenen Management-Systemen zu (z. B.: Mitarbeiter und Führung: Personalentwicklung; Umgang mit Vorschlägen: Ideenmanagement; Kunden- und Lieferantenleitsätze: Kunden-Management; etc.)!
- Überprüfen Sie, inwieweit die in den Leitsätzen festgelegten Werte und Visionen indirekt in manchen Management-Systemen Ihres Unternehmens oder Betriebs bereits festgelegt sind. Machen Sie diese explizit!
- Wenn sich die Werte nicht in vorhandenen Management-Systemen explizit oder implizit finden: Überlegen Sie, wie Sie die Werte aus den Leitsätzen in die Sprache der einzelnen Management-Bereiche umsetzen können (Möglichkeiten: Workshops, Vorschlagswesen, Ideenmanagement etc.).
- Überprüfen Sie regelmäßig und halten Sie nach, ob die Werte aus den Leitsätzen in die vorhandenen Management-Systeme einfließen. Ziel ist ein „natürliches Ineinander". Das heißt: Die Mitarbeitenden sollen sich in ihren alltäglichen Prozess- und Managementabläufen mittelfristig selbstverständlich an die Werte halten.

6.4.6   Die interne Information und Kommunikation

Ein wichtiger Baustein einer gestalteten Unternehmensethik ist eine gut organisierte interne Kommunikation. Mit der Größe eines Betriebes oder Unternehmens wachsen die Anforderungen an die interne Kommunikation. In einem Betrieb mit fünf Mitarbeitenden ist das Gespräch beim gemeinsamen Mittagessen effektiver als ein Intranet, das täglich gepflegt werden muss. Informationen werden hier aus erster Hand in direkter Kommunikation ausgetauscht, ganz sicher immer noch das wirkungsvollste Mittel, um Transparenz und Information im Unternehmen aufrecht zu erhalten.

Das aber wird in einem Betrieb mit 50 Mitarbeitenden schwieriger. Hier benötigen Sie zusätzliche Kommunikationsinstrumente, um mit Ihren Mitarbeitenden tatsächlich ins Gespräch (das ist Kommunikation!) zu kommen.

Unabhängig davon, welcher Instrumente der internen Kommunikation Sie sich in Ihrem Unternehmen bedienen (*Mitarbeiterzeitung, Intranet, Newsletter, Round Tables, Jour Fixe, Telefonkonferenz, Events etc.*), ist die offene Kommunikation nach innen ein wichtiger Baustein der Unternehmenskultur. Denn anhand der Kommunikationsstrukturen lässt sich überprüfen, inwiefern die unternehmenspolitische Linie konsistent ist. Es kommt also darauf an, dass das, was Sie kommunizieren, auch mit dem tatsächlich Gelebten im Unternehmen übereinstimmt – auf allen Ebenen der Hierarchie!

Zugleich fördert eine strategisch eingesetzte Kommunikation die Eigenverantwortung Ihrer Mitarbeitenden; denn diese werden dabei verstärkt in den unternehmerischen Gesamtprozess eingebunden und müssen sich mit unternehmerischen Denken auseinandersetzen.

Zunächst einmal muss zwischen *Information und Kommunikation unterschieden* werden. *Information ist einseitig.* Sie verlässt den Sender über ein beliebiges Medium und trifft auf den Empfänger. Dieser kann die Information aufnehmen. *Kommunikation dagegen bedeutet Austausch.* Der Empfänger nimmt die Information nicht nur auf, sondern er reagiert darauf, indem er dem Sender ein Signal gibt, dass er mindestens die Botschaft empfangen hat, vielleicht sie sogar ergänzt oder verändert. Kommunikation baut also auf Wechselseitigkeit auf. *Kommunikation ist ein Komparativ von Information.*

Deshalb ist Kommunikation auch ein Baustein ethisch wünschenswerten Verhaltens im Unternehmen und im Betrieb. Denn von einer gut gestalteten Kommunikation profitieren alle. Mitarbeitende, die sich informiert fühlen, sind motivierter. Sie werden diese Informationen weitergeben und damit entsprechend kommunizieren. Zugleich sind gut informierte Mitarbeitende ein wichtiges Kommunikationsinstrument nach außen. Haben die Mitarbeitenden schließlich auch noch den Eindruck, dass ihre Meinung gehört und berücksichtigt wird, steigt die Motivation noch einmal.

Es gibt eine Reihe von Instrumenten, mittels derer Sie aus einer reinen Information Kommunikation werden lassen können:

- „Meckerecke" im Intranet
- Chat mit der Unternehmensführung
- gezielte Interviews
- Leserbriefseite/private Kleinanzeigen in der Mitarbeiterzeitung
- Mitarbeiterbefragungen
- Vorschlagswesen/Ideenmanagement
- etc.

Anhand der Instrumente haben Sie folgende Potenziale, bestimmte Elemente der Unternehmenskultur und des Betriebsklimas messbar zu machen:

- *Grad der Kommunikation der Unternehmensziele:* Wie viele Mitarbeitenden kennen die Unternehmensziele? Wie weit haben sie diese schon umgesetzt?
- *Grad der Umsetzung von Umstrukturierungsprozessen:* Wie viele Mitarbeitenden fühlen sich davon betroffen? Wie viele sind tatsächlich davon betroffen? Wie bewerten Mitarbeitenden die Prozesse?

- *Grad der Information:* Wie schnell sind Informationen für Mitarbeitende abrufbar?
- *Stimmung im Unternehmen oder Betrieb:* Arbeiten die Mitarbeitenden gerne in dem Unternehmen?
- *Möglichkeit zur Optimierung von Arbeitsplätzen:* Was würden Sie an Ihrem Arbeitsplatz/-prozess verbessern?
- *Kostenoptimierungspotenzial:* Welche Einsparungen können durch Vermeidung von Doppelarbeit, Nutzung von Synergien sowie durch Verbesserungsvorschläge erreicht werden?

Strategisch sollte Ihre interne Kommunikation von folgenden Zielen geleitet sein:

- die internen Botschaften stimmen mit den externen überein
- die Mitarbeitenden erfahren bestenfalls vor, mindestens aber gleichzeitig mit der Öffentlichkeit, was im Unternehmen passiert.

Inhaltlich leiten sich die Themen der internen Kommunikation neben aktuellen Fragen aus der Geschäftsstrategie, aus der Führungsphilosophie und dem Leitbild ab.

6.4.7 Veränderung im Unternehmen: Change Management

Eine besondere Bedeutung gewinnt die interne Kommunikation, wenn es um Veränderungsprozesse (*change management*) im Unternehmen geht. Äußere Veränderungsprozesse (zum Beispiel neue Organisationsstrukturen, neue Unternehmensausrichtung, neue Führungskultur) verlangen von Mitarbeitenden meist einen teilweisen oder grundlegenden Bewusstseinswandel. Gerade wenn sich Ihr Unternehmen oder Ihr Betrieb strategisch neu ausrichten will, ist ein solcher Bewusstseinswandel Grundvoraussetzung.

Praxisbeispiel 32

Ein mittelständisches Unternehmen wurde seit Jahren von dem Unternehmensgründer geführt. Mittlerweile ist absehbar, dass „der Patriarch", wie der Unternehmensgründer von den Mitarbeitenden voller zweideutigen Respekt genannt wurde, sich zurückziehen und die Geschäfte seinen Kindern überlassen wird. In Zukunft sollen mithin Tochter und Sohn des Unternehmensgründers die Geschäfte gemeinsam führen. Die neue Generation plant, den zwar geschätzten, aber doch etwas veralteten Führungsstil im Unternehmen und damit die Kultur zu verändern. Tochter und Sohn denken, es reiche ihr Charisma, um den Veränderungsprozess voranzubringen. Sie hoffen dabei auf das Entgegenkommen der Belegschaft.

Als die Kinder die Unternehmensführung übernehmen, stoßen sie bei der Belegschaft auf ein Höchstmaß an Skepsis. Viele Mitarbeitende trauern dem Patriarchen nach.

Nachdem sich die Situation auch nach zwei Jahren nicht grundlegend geändert hat, beauftragen die Kinder des Gründers eine Beratung, um die Veränderungsprozesse im Unternehmen voranzubringen.

- Hätte man sich die Beratungskosten, die nun entstehen, sparen können?
- Wenn ja, wie?
- Wie kommentieren Sie den Fall?

Change Management, Veränderungsprozesse im Unternehmen basieren auf Kommunikation. Schlagworte der Management-Literatur wie *lernende Organisation, Organisationsentwicklung, kontinuierlicher Verbesserungsprozess, Strategie-Implementation etc.* sind nur dann sinnvoll angewendet, wenn sie sich nicht nur auf die Planungen im stillen Kämmerlein der Führungskraft beziehen, sondern wenn die Mitarbeitenden mitziehen und mitarbeiten. Voraussetzung dafür ist, dass sie über die Veränderungsprozesse informiert sind und Möglichkeiten haben, sich darüber auszutauschen (*Kommunikation*). Veränderungsprozesse werden so auch zum Thema der Ethik.

Häufig übersehen Führungskräfte, dass sie einen Wandel der Strategie nach innen mit der gleichen Intensität kommunizieren müssen, wie man es gewöhnlich nach außen hin tut (*Imagekampagne, Markenkampagne, Kunden- und Investoren-Roadshows etc.*). Denn Mitarbeitende sind Teil des Prozesses und müssen ihn tragen, zugleich sind sie Multiplikatoren nach außen, deren Wirkung meist immer noch unterschätzt wird (*Stammtisch-Marketing*).

Deshalb müssen Sie Veränderungsprozesse innerhalb des Unternehmens und des Betriebs genauso vermarkten wie nach außen, denn es geht darum, dass Mitarbeitende ...

- ... über die kommenden Veränderungsprozesse und deren Schritte Bescheid wissen und ihren eigenen Beitrag dazu kennen
- ... vertraut sind mit den neuen Unternehmenszielen oder Betriebsstrukturen, damit sie diese mittragen und an ihrem jeweiligen Platz mitgestalten.

Beides steht den Mitarbeitenden zu und ist ethisch wünschenswert. Ihr Ziel als Führungskraft sollte es sein, auch die Reaktionen der Mitarbeitenden im Blick zu behalten. Mit ähnlichen Reaktionen müssen Sie in der Außenwelt – also beim Kunden, beim Lieferanten, in der Öffentlichkeit, bei den Geldgebern etc. rechnen. Aus eventuellen Fehlern, die Sie bei der internen Kommunikation der Veränderungsprozesse gemacht haben, sollten Sie bei der externen Kommunikation lernen. Ethisch wünschenswert ist es, die Mitarbeitenden so transparent wie möglich über Veränderung im Unternehmen zu informieren. Klar ist auch, dass, egal, wie offen Sie über Veränderungen kommunizieren und diese womöglich schon betreiben nach einer Phase der kurzfristigen Akzeptanz oder gar Begeisterung (so genannter *Wow-Effekt*), die Begeisterungskurve zunächst erst einmal wieder steil nach unten zeigt (*klassische Change-Kurve*). Wichtig ist, die Falltiefe der Kurve so gering und die Dauer des Einbruchs so kurz wie möglich zu halten: Hier gilt es, kontinuierlich transparent zu kommunizieren und die Ziele des Veränderungsprozesses immer wieder deutlich zu machen.

Klar ist, dass es insbesondere bei börsennotierten Unternehmen Grenzen der internen Transparenz bei Veränderungsprozessen gibt, etwa wenn es um börsenrelevante Informationen geht, die Ad-hoc-publikationspflichtig sind. Doch auch bei Ad-hoc-Publikationen sollte der Maßstab sein, die Mitarbeitenden via interner Pressemitteilung wenigstens gleichzeitig zu informieren. Sonst kann es passieren, dass Mitarbeitende unternehmensrelevante Meldungen erst am nächsten Morgen aus der Zeitung erfahren.

6.4.8 Corporate Identity

Ein Baustein einer funktionierenden Unternehmensethik ist das Thema *Corporate Identity*. Corporate Identity – die Identität des Unternehmens oder des Betriebes – bezeichnet das Gesamterscheinungsbild nach innen wie nach außen. Die Identität eines Unternehmens besteht aus geschriebenen, noch mehr aus ungeschriebenen Regeln und Gesetzen und umfasst Themen wie Unternehmenskultur, Betriebsklima, Erscheinungsbild, Stimmung, Ausstrahlung derjenigen, die bei dem Betrieb oder Unternehmen beschäftigt sind etc. Entscheidend ist: Die Corporate Identity Ihres Unternehmens zeigt den Punkt, an dem sich Ihr Unternehmen, Ihr Betrieb von anderen unterscheidet. Wie es bei Menschen um deren jeweilige eigene Identität geht, so haben auch Betriebe und Unternehmen eine *je eigene Identität* und *einen eigenen Charakter*, die sie unverwechselbar machen.

Demzufolge ist es schwierig, Corporate Identity und den Grad ihrer Verwirklichung äußerlich messbar zu machen, denn es geht um die *Seele der Organisation*, um das Innenleben eines Unternehmens und Betriebs. Dieses Innenleben wird bestimmt durch die Menschen, die in ihm arbeiten, und bestimmt durch eine Reihe von überindividuellen Gewohnheiten, Regelungen, Gesetzmäßigkeiten, die nicht in verbrieften Leidbildern oder Verhaltenskodizes enthalten sind.

Für Sie als Führungskraft ist es wichtig, diese Identität, diese typischen Wesens-
merkmale Ihres Betriebes oder Unternehmens und der darin jeweils beschäftigten
Personen zu kennen. Insbesondere wenn Sie neu in ein Unternehmen oder einen
Betrieb kommen, müssen Sie Finger- und Nasenspitzengefühl dafür entwickeln,
wo es spürbare Elemente einer Corporate Identity gibt, wie diese intern bewertet
werden und wie Sie als Führungskraft damit umgehen sollten.

Ein klassisches Beispiel ist das sogenannte *Wir-Gefühl* in einem Unternehmen:
Nur wenn sich die Mitarbeitenden loyal zu ihrem Unternehmen stellen können,
vielleicht sogar stolz darauf sind, zu dem jeweiligen Unternehmen zu gehören, nur
dann kann eine positive Corporate Identity entstehen. Allerdings ist Vorsicht geboten, wenn die Corporate Identity in einem Unternehmen die Fügung des eigenen
Denkens unter die Unternehmensziele fordert. Corporate Identity ist wichtig, um
die Loyalität, das Wir-Gefühl, das Commitment zu fördern, sie darf aber nicht in
die Persönlichkeit der Mitarbeitenden eingreifen (*kritische Loyalität gegenüber
gedankenloser Identifikation*).

Aus der internen Corporate Identity erwächst die externe Corporate Identity.
Sie bezieht sich auf den Auftritt des Unternehmens nach außen. Hier geht es um
die Gestaltung des Images eines Unternehmens gegenüber Kunden, Partnern, Lieferanten und gegenüber der Gesellschaft. Eine externe Corporate Identity zeigt
also das, was Ihr Unternehmen oder Ihr Betrieb im Blick der externen Partner als
einmalig auszeichnet. Die externe Corporate Identity spiegelt ebenso den Charakter Ihres Unternehmens wider. Idealerweise laufen interne und externe Sichtweise
ineinander (faktisch ist dies so meist nicht gegeben). Dabei ist klar: Nur wenn die
positiven Aspekte einer Corporate Identity im Unternehmen intern wirklich gelebt
werden, wird sie auch nach außen glaubwürdig.

Es ist möglich, dass eine Corporate Identity nicht vorhanden ist, dass also
Kennzeichen fehlen, die Ihr Unternehmen, Ihren Betrieb gegenüber einem anderen
auszeichnen und damit unverwechselbar machen. Es ist auch möglich, dass der
interne wie externe Ruf Ihrer Unternehmensidentität negativ ist (*„So etwas kann
nur bei … passieren!"*). In einem solchen Fall sollten Sie rasch Ursachenforschung
betreiben. Mit den oben genannten Instrumenten können Sie diese negative Wahrnehmung mittelfristig ins Positive wenden.

6.4.9   Corporate Social Responsibility (CSR)

Bei den Themen *Corporate Social Responsibility* (*CSR*) und *Corporate Citizenship* geht es darum, inwieweit Unternehmen gesellschaftliche Verantwortung in
Form allgemeiner Bürgerpflichten übernehmen können, sollen und müssen. Für

manche Unternehmen, insbesondere die standortverwurzelten Familienunternehmen mag dies eine Selbstverständlichkeit sein. Doch die meisten Unternehmen engagieren sich gesellschaftlich kaum über allgemeinen Pflichten hinaus, die einem Unternehmen ohnehin aus gesetzlichen und steuerlichen Gründen gegeben sind. Woher kommt diese Debatte und was ist damit gemeint? Die Konjunktur der gesellschaftlichen (*nicht: sozialen*) Verantwortung der Unternehmen hängt unmittelbar mit den Folgen der modernen Globalisierung zusammen. Denn durch die Entwicklungen ändert sich die Rolle der Unternehmen, zugleich blickt die Öffentlichkeit mit anderen Augen auf Unternehmen und deren Geschäftstätigkeiten. Das betrifft nicht nur große Unternehmen, auch mittlere und kleinere Unternehmen agieren häufig mindestens als *continental* oder *global player* (Abb. 6.6).

Man muss bei der Frage nach der gesellschaftlichen Verantwortung von Unternehmen unterscheiden zwischen großen Unternehmen, die international aktiv sind, und solchen Unternehmen, die regional orientiert wirtschaften. Hier existieren unterschiedliche Verantwortungsperspektiven.

Das heißt: Unter den Bedingungen der modernen Globalisierung stellt sich für internationale Unternehmen die Frage nach der gesellschaftlichen Verantwortung nicht mehr nur im nationalen, sondern ebenso im internationalen Rahmen. Es geht also um das *globale gesellschaftliche Engagement* von Unternehmen, das je regional seine spezifischen Ausprägungen finden muss. International tätige Unternehmen werden gewissermaßen in verschiedenen Staaten zu Bürgern unter den jeweils dort herrschenden Gegebenheiten.

Während Corporate Social Responsibilty als Dachbegriff die grundsätzliche Ausrichtung und strategische Ausarbeitung der gesellschaftlichen Verantwortung

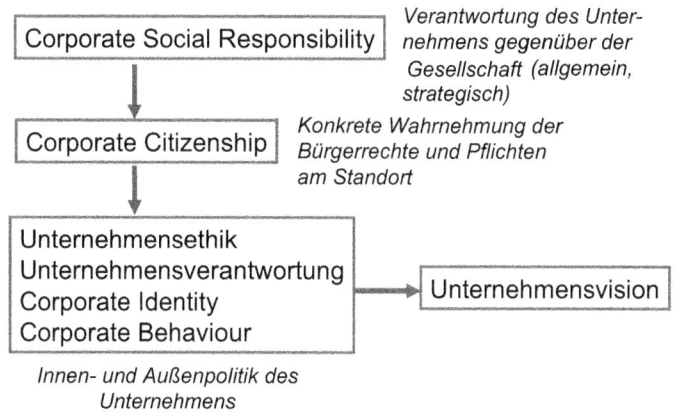

Abb. 6.6 Begriffsklärungen

von Unternehmen und Betrieben meint, bezeichnet *Corporate Citizenship* das unmittelbare bürgerschaftliche Engagement am Standort. Das bürgerschaftliche Engagement umfasst wie beim Individuum auch für Unternehmen Rechte und Pflichten. Corporate Citizenship bezeichnet mithin entweder das unmittelbare bürgerschaftliche Engagement von kleinen Unternehmen und Betrieben an ihrem jeweiligen Standort oder das bürgerschaftliche Engagement von Unternehmensstandorten. Mittlerweile tritt der Begriff aber zugunsten von CSR in den Hintergrund.

Bei CSR geht es um solche Aktivitäten und Tätigkeiten eines Unternehmens oder Betriebes, die nicht mit der unmittelbaren operativen Geschäftstätigkeit zu tun haben. Diese Aktivitäten sollten freilich der operativen Geschäftstätigkeit nicht im Wege stehen, bestenfalls diese sogar unterstützen. Denn: Unternehmen müssen systematisch gewinnorientiert arbeiten. Zum anderen leisten Unternehmen und Betriebe grundsätzlich bereits Beiträge, indem sie Arbeitsplätze bereitstellen, Steuern zahlen etc. Auch dies ist Teil ihrer gesellschaftlichen Verantwortung eines Unternehmens.

Beispielhafte Projekte im Rahmen von CSR

- Unterstützung regionaler Umweltprojekte am Standort
- Unterstützung regionaler Ausbildungsprojekte am Standort
- Unterstützung von Krankheitsbekämpfung in Entwicklungsländern
- Unterstützung sozialer Projekte
- Ausbildung im Unternehmen über den eigenen Bedarf hinaus
- Kultursponsoring
- Förderung von Schul- und Universitätsprojekten
- Mitarbeiterbindung (Retention-Management)
- etc.

CSR kann mithin als ein *Dachleitbild* betrachtet werden, das sich auf unterschiedliche Säulen stützt. Neben der für ein Unternehmen grundlegenden Säule der ökonomischen Ausrichtung stehen die Säulen der Gesellschafts- und Umweltverantwortung, Stichworte, die aus der Diskussion um *Nachhaltigkeit* bekannt sind und die im *Corporate-Citizenship-Konzept* ihre Konkretion in einem Unternehmen erfahren. Also ist CSR eine strategische Frage, die auf Ebene der Unternehmens- oder Betriebsführung geplant werden muss. Als Führungskraft müssen Sie überlegen, wie Sie das Thema platzieren wollen.

Wie bei allen strategischen Fragen hilft es nichts, wenn nur die unteren Management-Bereiche mit den Themen beauftragt werden, während sich die Unternehmensführung zurückhält. Je nachdem, auf welcher Ebene Sie in Ihrem Unternehmen fungieren: Sie müssen von dem Thema selbst überzeugt sein und gegebenenfalls Ihren Vorgesetzten überzeugen.

Eine CSR-Strategie orientiert sich am *Stakeholderansatz*. Bei der Ausarbeitung einer solchen Strategie geht es darum, in welchem Maße Sie als Führungskraft gesellschaftliche Aktivitäten über die herkömmliche Geschäftstätigkeit hinaus fördern, ohne dass Sie das ökonomische Ziel Ihres Betriebes oder Unternehmens aus den Augen verlieren.

Folgende Vorteile haben Sie von einer auf Ihr Unternehmen oder Ihren Betrieb abgestimmten CSR-Strategie:

- *Bei Kunden:* Neue Kunden werden auf Ihren Betrieb oder Ihr Unternehmen aufmerksam. Kunden, die bisher zufällig auf Ihre Produkte oder Dienstleistungen gestoßen sind, entwickeln Sympathie für Ihr Unternehmen, der Grad der Kundenbindung wird erhöht.
- *Bei Mitarbeitenden:* Sie stärken mit dem Ausbau Ihrer CSR die Identifikation der Mitarbeitenden mit Ihrem Betrieb und Unternehmen. Das überträgt sich auf die Belegschaft, die bei ihrer alltäglichen Arbeit mehr Verantwortung entwickelt und motivierter arbeitet.
- *Bei künftigem Personal:* Auch hier ist im Zweifelsfall (bei Alternativen) der Ruf des Unternehmens wichtig. Zeigt Ihr Unternehmen entsprechendes gesellschaftliches Engagement, kann das zum Zünglein an der Waage für potenzielle Nachwuchs-Führungskräfte werden.
- *Bei Kapitalanlegern:* Kapitalanleger, insbesondere Privatanleger und bestimmte Fonds honorieren eine nachhaltig gestaltete Unternehmensperformance. Der Ruf des Unternehmens ist auch ein Beitrag für die Entwicklung der Aktie Ihres Unternehmens. Diesen Ruf können Sie mit einer durchdachten und adäquaten CSR-Strategie stärken.
- *Bei den übrigen Stakeholdern:* Die Gesellschaft honoriert das Engagement von Betrieben und Unternehmen. Sie betreiben damit auch Vorsorge, indem Sie Risikopotenziale im Stakeholder-Dialog verringern.

Entscheidend für die detaillierte strategische Planung ist eine grundsätzliche positive Aussage der Unternehmensführung zum Thema (*Commitment*). Ziel eines solchen Commitments ist es, gesellschaftliche Aktivitäten, die meist dezentral organisiert werden, in ein strategisches Gesamtkonzept einzubinden. In einem weiteren Schritt müssen Sie klären, in welchem Umfang die verschiedenen, meist dezentral organisierten Aktivitäten zentral koordiniert und nach außen bekannt gemacht werden. Hier liegt die besondere Herausforderung einer erfolgreichen CSR-Strategie. Häufig sind die über die operative Geschäftstätigkeit hinausgehenden gesellschaftsrelevanten Aktivitäten auf die Gutwilligkeit des regionalen Standortes und seiner Leitung angewiesen, ohne dabei in eine Gesamtstrategie integriert zu sein. Um dies zu vermeiden, bietet sich an, die gesellschaftlichen Aktivitäten eines internationalen, kontinentalen oder auch nur national agierenden Unternehmens in ein Management-Konzept einzubinden.

Sie können zum Beispiel eine Koordinierungsstelle einrichten, die die Informationen über gesellschaftsrelevante Aktivitäten zusammenträgt und bündelt. Je nachdem, wie groß Ihr Betrieb oder Ihr Unternehmen ist, müssen Sie überlegen, ob Sie einen eigenen CSR-Manager oder -Managerin einstellen. Im Detail hängt das von der Unternehmensgröße und dem Etat an, der für diese Form der Aktivitäten vorgesehen ist.

Bei größeren Unternehmen, insbesondere bei Aktiengesellschaften, sollte eine solche CSR-Koordinierungsstelle möglichst nahe am Vorstand oder an der Geschäftsleitung angesiedelt sein. Vermeiden Sie es, einen CSR-Manager oder eine -Managerin beim Personal, im Umweltbereich oder in der Kommunikation zu platzieren. Denn: CSR ist eine *Querschnittsaufgabe*. Sie umfasst eine Vielzahl von Themen und Aufgabenbereichen in einem Unternehmen und Betrieb. Deswegen sollten Sie eine solche Stelle als Stabstelle oder Assistenzstelle einrichten. Allenfalls die Unterordnung unter einen eigenen Bereich Strategie erscheint noch sinnvoll.

Grundsätzlich gilt: Je unabhängiger und zugleich kooperativer eine CSR-Managerin oder ein CSR-Manager arbeiten kann, desto größeren Nutzen werden Sie und Ihr Unternehmen oder Betrieb aus dem Engagement ziehen. Eine solche Koordinierungsstelle steht quer zu den operativen Geschäftsbereichen in einem Unternehmen und muss im Zweifelsfall schnell an Informationen herankommen. Die klassischen Unternehmensbereiche (Produktion, Personal, Finanzen, Controlling, Qualität, Vertrieb etc.) bilden dabei die Ressourcen, auf die eine Koordinierungsstelle zugreifen können muss. Eine weitere Aufgabe der Koordinierungsstelle besteht neben der Organisation und der Bündelung der gesellschaftsrelevanten Aktivitäten in der internen wie externen Kommunikation dessen, was das Unternehmen oder der Betrieb zum Thema CSR leistet.

Dabei ist die nachgelagerte interne Kommunikation in einem zweiten Schritt ebenso wichtig. Denn die Mitarbeitenden Ihres Betriebes oder Unternehmens sind vielfache Multiplikatoren der Tätigkeiten und des Images ihres Arbeitgebers! Deswegen müssen Sie dafür sorgen, dass die interne Öffentlichkeit Ihres Betriebs oder Unternehmens einbezogen ist. Sie stoßen damit auf positive Resonanz bei Ihren Mitarbeitenden. Das motiviert. Hier zeigt sich die enge Verbindung von CSR und Corporate Identity.

Es geht bei CSR darum, eine *multiple Win-Win-Situation* zu erzielen, zur Sicherung der *license to operate*. Voraussetzung dafür ist, dass Ihr Unternehmen oder Ihr Betrieb ein solches strategisches Engagement ernsthaft betreibt und tatsächlich mit Inhalten füllen kann. Ist dies nicht der Fall und bedient sich Ihr Unternehmen allenfalls aus Marketing-Gründen des Themas, sollten Sie es ehrlicherweise unterlassen, von CSR zu sprechen, weder intern noch extern.

6.4.9.1 Checkliste – Das sollte Ihre CSR-Strategie leisten

* *Klärung des Ziels:* Was ist mit gesellschaftsrelevanten Aktivitäten zu erreichen?
* *Klärung der Form:* Welche Form des gesellschaftlichen Engagements passt zum Unternehmen, zum Betrieb sowie zu den Produkten und Dienstleistungen?
* *Klärung des Istzustandes:* Wer plant oder führt bereits solche gesellschaftsrelevanten Aktivitäten im Unternehmen oder Betrieb durch (einzelne Standorte etc.)? Wie lassen sich die bisher im Einzelnen vollzogenen Maßnahmen bündeln?
* *Klärung des Umfanges:* Welches Budget, welche Ressourcen werden für die CSR-Aktivitäten bereitgestellt?
* *Klärung der Umsetzung:* Welche Form soll eine Koordinierungsstelle bekommen (Stabsstelle, Projektteam, Assistenz)?
* *Klärung der Erwartung:* Welcher Return (auch immateriell in Form von Imageverbesserung etc.) wird in welchem Zeitraum erwartet? Sind die Planungen/ Erwartungen realistisch?

6.4.10 Stakeholder-Dialog

Ein konkretes Instrument gelebter Unternehmensverantwortung ist das regelmäßige Gespräch mit den von Ihrem Betrieb oder Unternehmen tangierten Anspruchsgruppen (*Stakeholder*), der sogenannte *Stakeholder-Dialog.*

Schematisch lassen sich – je nach Betriebsgröße – verschiedene Stakeholder an Ihrem Betrieb oder Unternehmen identifizieren (Abb. 6.7):

Bezogen auf die Mitarbeitenden als interne Stakeholder Ihres Unternehmens oder Betriebes haben Sie über Vorschlagswesen, Ideenmanagement, Mitarbeiterversammlungen sowie die Instrumente der Personalführung die Möglichkeit, regelmäßig Feedback einzufangen. Die Ideen, Anregungen und Kritik, die Mitarbeitende äußern, sollten im Normalfall, so sie denn inhaltlich richtig und prozessual realisierbar sind, in die alltäglichen Geschäftsprozesse einfließen.

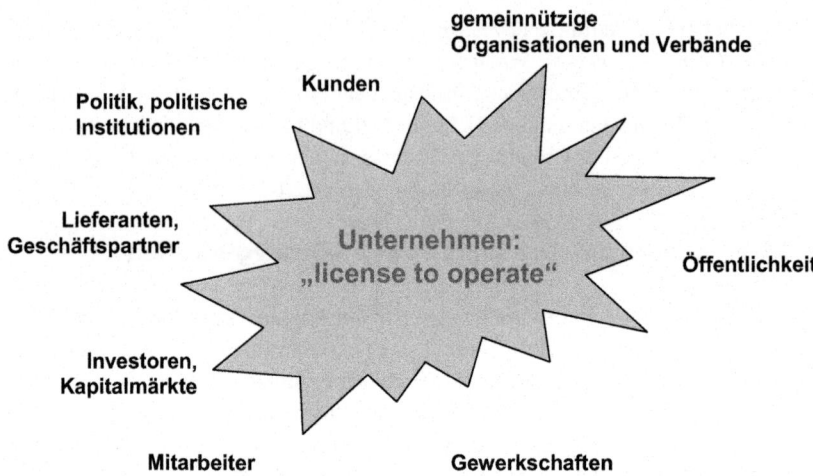

Abb. 6.7 Stakeholder eines Unternehmens

In einem börsennotierten Unternehmen haben Sie über Ihre Investor-Relations-Abteilung organisierte Instrumente, um Kontakt mit Investoren und Analysten zu halten. Bei Roadshows, Investorengesprächen oder bei Analystenkonferenzen erhalten Sie entsprechendes Feedback bezüglich der Investor-Relations-Politik, -Ausrichtung und -Arbeit. Solches Feedback sollten sie nicht nur bei Analysten, sondern auch bei anderen Stakeholdern ernst nehmen. Für Kunden und Lieferanten haben Sie im Normalfall bereits etablierte Instrumente, um deren Reaktionen wahrnehmbar und für Ihr Alltagsgeschäft fruchtbar zu machen (*Kundenbefragungen, Kundengespräche; Lieferantenworkshops, Lieferantengespräche etc.*)

Schwieriger wird es, wenn Sie sich auf die weiteren Stakeholder (*Nicht-Regierungs-Organisationen [NGOs], Medien, Verwaltung und Behörden, allgemeine Öffentlichkeit etc.*) und deren Meinung zu Ihrem Unternehmen oder Betrieb sowie zu Ihren Produkten und Dienstleistungen einlassen. Diesen Dialog müssen Sie professionell strukturieren und demnach gut vorbereiten.

Ein Stakeholder-Dialog dient dazu, ein Forum zu schaffen, auf dem die Anspruchsgruppen ihre Meinung und ihre Kritik zu Ihrem Betrieb oder Unternehmen kundtun können. Dies sollte in einer gut geplanten Form geschehen, damit Sie als Unternehmen oder Betrieb tatsächlich von Kritik wie Anregungen profitieren können. Dabei sollten Sie folgendes beachten:

- *Wer sind die kritischen Gruppen?* Welche wichtigen Stakeholder beschäftigen sich immer wieder mit Ihrem Unternehmen und der Branche?
- *Was waren kritische Themen?* Standen die Branche, das Unternehmen oder der Betrieb in der Vergangenheit häufiger im Blickfeld kritischer Auseinandersetzungen?
- *Was sind kritische Themen?* Gibt es spezielle Themen, mit denen die Branche, das Unternehmen oder der Betrieb regelmäßig in der Öffentlichkeit konfrontiert werden?
- *Was sind die kommenden kritischen Themen (Issues Management)?* Ist das Unternehmen oder der Betrieb in Forschungs- und Produktfeldern aktiv, die künftig kritisch diskutiert werden?
- *Wie sind die Standortbedingungen?* Arbeitet Ihr Unternehmen an einem Standort, der besonders kritisch von der Öffentlichkeit betrachtet wird, etwa im Blick auf die dortigen Arbeitsbedingungen?
- *Welche Prozesse, Produkte oder Dienstleistungen geraten ins Visier?* Arbeitet Ihr Unternehmen in einer Branche, die grundsätzlich kritisch von der Öffentlichkeit betrachtet wird? Produziert Ihr Unternehmen Produkte, die kritisch betrachtet werden? Werden die angebotenen Dienstleistungen kritisiert?

Nach der Klärung der Ausgangslage sollten Sie den Stakeholder-Dialog entsprechend organisieren und zunächst das interne Gespräch mit potenziellen Kritikern suchen. Denn Ziel ist, gemeinsam mit den Stakeholdern nach konsensorisch getragenen Lösungen zu suchen. Es geht also nicht um Konfrontation, sondern um kompromissbereite Kooperation.

Auch wenn diese Kooperation sich selten sofort einstellt, sollten Sie bei einem Stakeholder-Dialog nicht zu schnell aufgeben. Denn sinnvoll angewendet und durchgeführt, erreichen Sie mittelfristig wieder eine Win-Win-Situation.

6.4.10.1 Checkliste – Folgendes sollten Sie bei einem geordneten Stakeholder-Dialog berücksichtigen

- Regelmäßigkeit (*Kontinuität*)
- Gespräch immer außerhalb des Unternehmens/Betriebs (*Setting*)
- Hilfe durch Externe bei komplexen Themen (*Moderation*)
- Festhalten der Ergebnisse des Gesprächs (*Protokollierung*)
- Weitergabe der Ergebnisse an die dafür Verantwortlichen im Unternehmen mit Möglichkeit der Kommentierung (*Kommunikation*)
- Nachhalten des Verlaufes in Ihrem Unternehmen/Betrieb (*Dokumentation*)

6.4.11   Selbstverpflichtungen

Teil und Instrument der Unternehmensethik sind neben Leitbildern *freiwillige Selbstverpflichtungen*. Sie sind ein *einseitiger Schritt*, mit dem sich ein Unternehmen oder ein Verband aus eigenem Antrieb an bestimmte Vorgaben bindet. In einer Selbstverpflichtung werden bestimmte Handlungsmaßnahmen festgeschrieben, die entweder unbedingt eingehalten oder unbedingt vermieden werden. Selbstverpflichtungen sind Ausdruck *unternehmerischer Eigenverantwortung*. Sie lassen sich unterschiedlich charakterisieren:

- *Zielvereinbarungen* (etwa mit Behörden oder Mitbewerbern; Beispiel: Ausbildungspakt)
- *freiwillige Handlungsmaßnahmen* (die das Unternehmen/der Verband durchführt; Beispiel: umweltverträgliche Produktion)
- *Auflagenliste* (die für das Unternehmen/den Verband gilt; Beispiel: Einschränkungen aufgrund möglicher Gesundheitsschädigungen)
- *freiwillige Unterlassungen* (die Unternehmen/Verband betreffen; Beispiel: Verzicht auf bestimmte Produktionsweisen in bestimmten Ländern)

Im Unterschied zu Leitbildern sind Selbstverpflichtungen für Unternehmen stärker bindend, wenngleich ihnen ein (straf-)rechtlicher Charakter ebenso fehlt. Selbstverpflichtungen sind im Unterschied zu Leitbildern konkreter. Sie geben konkrete Handlungsanleitungen für den unternehmerischen Alltag.

Was könnte für Ihr Unternehmen oder Ihren Betrieb sowie Ihre Branche an solchen Selbstverpflichtungen wichtig sein? Oft lasten sich Unternehmen und Betriebe scheinbar größere Schwierigkeiten ökonomischer Art auf oder aber sie verzichten auf günstigere Produktionsweisen. Gibt es Anreize für Selbstverpflichtungen?

Selbstverpflichtungen entspringen zumeist ökologischen, sozialen und ethischen Überlegungen, die sich längerfristig ökonomisch bezahlt machen. Sie können also wieder als ein Instrument zur Umsetzung von Win-Win-Situationen betrachtet werden. Zugleich können sie Ausdruck einer *weit blickenden Unternehmenspolitik* sein, etwa dann, wenn sie gesetzgeberischen Maßnahmen vorgreifen. Damit setzen Unternehmen freiwillig bereits heute Maßstäbe, die morgen gesetzliche Vorschrift werden. Die vorausschauende Planung und das Voraberfüllen kommender Gesetzesregelungen, schließt das *Time-Lag,* das sich zwischen Gesetzgebungsverfahren und praktischer Umsetzung ergibt.

Ein ökonomischer Anreiz kann auch darin bestehen, dass Sie durch Einhalten bestimmter Maßnahmen einen imagebezogenen Marktvorteil erzielen gegenüber Mitbewerbern in einer kritischen Öffentlichkeit. Unternehmen und Verbände erreichen so einen weiteren wichtigen Effekt: Mitbewerber, die sich der Selbstverpflichtung nicht anschließen, geraten unter Druck.

Selbstverpflichtungen bieten schließlich die Möglichkeit, Konflikte zwischen Gesetzgeber auf der einen Seite und Unternehmen sowie Verbänden auf der anderen Seite *konsensorisch* zu lösen. Gesetzliche Auflagen sind meist mit höheren Kosten verbunden als freiwillige Selbstverpflichtungen, die ein Unternehmen, eine Branche oder ein Verband mit den entsprechenden politischen Gremien eingehen. Sie könnten mithin Ergebnis eines *Stakeholder-Dialoges* sein.

Selbstverpflichtungen sind also ein wichtiges Instrument der Unternehmensethik. Sie haben dort ihren Platz, wo gesetzgeberische Maßnahmen zu kurz greifen oder Graubereiche vorhanden sind. Sie verkürzen zum Teil den langen zeitlichen Rahmen, der sich zwischen Planung und Gültigkeit eines Gesetzes ergibt.

---

zusammenfassung

Um ethisch wünschenswertes Verhalten in Ihrem Unternehmen oder Betrieb zu gestalten, gibt es Instrumente und Konzepte, die sich weitgehend mit den herkömmlichen Managementinstrumenten und -systemen verbinden lassen. Wichtig ist, wenn es um die Umsetzung von ethisch wünschenswertem Verhalten geht, dass Sie diese vorhandenen und bekannten Instrumente mit den richtigen Inhalten füllen (Wertemanagement). Dann benötigen Sie auch keine zusätzlichen Systeme oder Instrumente, um ethisch wünschenswertes Verhalten in Ihrem Betrieb und in Ihrem Unternehmen zu implementieren.

6.5 Grenzen der Unternehmensethik

Die beim Thema Unternehmensethik (also auch Fragen der Unternehmenskultur und des Betriebsklimas) angeschnittenen Bereiche sind keine Mode. Glauben Sie nicht jenen Hardcore-Ökonomisten, die Ihnen vormachen wollen, beim Thema Ethik ginge es nur um Gutmenschentum! Das ist naiv. Bei allen Fragen der Ethik in der Wirtschaft geht es um die *license to operate,* also die Betriebslizenz, um in einer Gesellschaft zu wirtschaften. Mit anderen Worten: *Unternehmensethik ist eine Strategiefrage!*

Die Ethikdebatte ist ein Reflex auf die veränderte Umwelt, in der Unternehmen agieren. Die Sensibilisierung für umwelt- und sozialverträgliche Prozesse und Produkte ist gewachsen und der häufig zitierte Wertewandel veranlasst zur Reflektion über die Unternehmenskultur. Darüber hinaus ist das Thema einer soliden Ethik für und im Unternehmen eine gesellschaftsökonomische Frage geworden, gerade in einer global aktiven Wirtschaft.

In der Praxis des Betriebs- und Unternehmensalltages werden Sie aber auch immer an Grenzen kommen, an denen Sie je nach Ihrer beruflichen Position Entscheidungen treffen müssen. Zwei Grenzpositionen lassen sich abstecken, zwischen denen sich die unternehmensinterne Diskussion um Fragen der Kultur platzieren muss:

• Unternehmen müssen im Konflikt zwischen Ethik und Wirtschaftlichkeit im Zweifelsfall dem ethischen Interesse Vorrang einräumen.
• Unternehmen müssen im Konflikt zwischen Ethik und Wirtschaftlichkeit im Zweifelsfall dem ökonomischen Interesse Vorrang einräumen.

Beide Positionen beschreiben jeweils den äußersten Pol. Der erste Standpunkt ordnet die Ethik im Grenz- und Zweifelsfall über das ökonomische Interesse. Der zweite Standpunkt sieht Ethik als erfrischendes Beiwerk, so lange sie dem ökonomischen Interesse nicht im Wege steht, bestenfalls ein Unternehmen sogar davon profitiert.

Nicht jedes Unternehmen wird sich auf eine Grundsatzposition festlegen lassen wollen. Es ist auch eine Frage der Unternehmensgröße und damit der Überschaubarkeit einzelner Management-Prozesse. Kleinere Betriebe und Unternehmen können meist intern wie extern transparenter arbeiten als Großunternehmen mit mehreren zehntausend Mitarbeitenden in verschiedenen Ländern der Welt. Häufig zeigt sich gleichwohl, dass die hier beschriebenen Extrempositionen längerfristig nicht soweit auseinander liegen. Manchmal erweist sich ein kurzfristiger Verstoß gegen das Gebot der Wirtschaftlichkeit zu Gunsten der Ethik mittel- oder langfristig als ein Erfolgsfaktor.

Gleichwohl müssen Sie für sich und Ihr Unternehmen eine Position finden, was in dem Fall passiert, wenn es zu einem Konflikt zwischen ökonomischen und ethischen Interessen kommt. In der Praxis können das Fragen der Mitarbeiterbeförderung, der Versetzung und Entlassung, eines bestimmten Geschäfts, eines bestimmten Produktes oder bestimmter Organisationsformen sein. Beispiele finden sich dazu in der Literatur viele, in den Medien kommen tagtäglich neue hinzu.

Je nach Unternehmensphilosophie kommt es darauf an, dass Sie die einmal gefundene Position entsprechend durchhalten. Wenn Sie sich also in Ihren Werten und Leitbild für die Einhaltung bestimmter ethisch basierter und wünschenswerter Regeln verpflichten, heißt das auch, im Zweifelsfall diesen Regeln Priorität einzuräumen. Als Leitfaden Ihres Handelns können Sie sich immer die Frage stellen, ob ein solches Verhalten allgemein wünschenswert wäre.

Das vermeintliche Argument *Wenn ich es nicht tue, macht's ein anderer!* hilft Ihnen nicht aus der Dilemma-Situation. Denn es ist keine ernst zu nehmende Begründung, sondern lediglich ein Bestärken einer vermeintlichen Normativität des Faktischen. Aber aus dem Sein leitet sich nicht automatisch ein Sollen ab. Wenn die Gesellschaft diese vermeintliche Begründung als Handlungsmaxime hätte, herrschte Anarchie.

Wie auch bei der individuellen Ebene müssen auch Sie als Vertreter eines Unternehmens oder eines Betriebes im Blick auf Ethik folgendes beachten:

- Bei Ihren Entscheidungen in kritischen Situationen, die Ihr Unternehmen oder Ihren Betrieb betreffen, ist der Weg vorzuziehen, von dem Sie sich vorstellen können, dass jedes Unternehmen oder jeder Betrieb in einer solchen Situation so handeln könnte (*Universalisierbarkeit*).
- Darüber hinaus und zugleich sollten Sie mit jeder Ihrer Entscheidung am nächsten Morgen
    - vor Ihre Mitarbeitenden treten können, im Bewusstsein, Sie haben das Beste für das Unternehmen oder den Betrieb, einschließlich Mitarbeitenden getan, und
    - die Entscheidung jederzeit öffentlich machen können, ohne dabei in ein moralisches und ethisches Zwielicht zu geraten (*Öffentlichkeitstest*). Sie wissen selbst, was Öffentlichkeit heute in den Social Media bedeutet.

Zusammenfassung

Wie beim individuellen Handeln, gibt es auch für das Handeln einer Organisation Grenzen dessen, was ethisch wünschenswert ist. Teilweise sind diese Grenzen offensichtlich, manchmal sind sie aber latent. Gerade für die auf den ersten Blick nicht-offensichtlichen Grenzen müssen Unternehmen und Betriebe Sensoren entwickeln, denn hier lauern Gefahren nicht nur für Ihr Unternehmen oder Ihren Betrieb, sondern auch für den gesellschaftlichen Konsens.

Systemebene: Wirtschaftsethik

7.1 Was ist die Wirtschaft?

Der Begriff *Ökonomie* bedeutet Hausverwaltungslehre. Er wurde von *Aristoteles* geprägt. Ihm ging es beim Wirtschaften darum, wie das Haus (griech.: *oikos)* richtig zu verwalten sei und wie man daraus Gesetzmäßigkeiten (griech.: *nomos* = Gesetz) ableiten könne. Aristoteles sah in der Ökonomie die Deckung des Bedarfes zum Lebensunterhalt in Abstimmung mit den politischen Gegebenheiten (*Politik*), um so zur Glückseligkeit zu gelangen (*Ethik*).

Aristoteles' Deutung der Ökonomie umfasste auch Führungsfunktionen in Fragen der Ehe sowie der gesamten häuslichen Gemeinschaft, bezog sich also nicht alleine auf den Umgang mit Gütern. Das Handeln im Haus orientierte sich dabei an einem bestimmten Ideal häuslichen Zusammenlebens, das freilich sehr patriarchalisch ausgelegt war, da der Herr des Hauses auch wirklich dieser sein sollte. Der Patriarch sollte dafür Sorge tragen, dass auch die Bedürfnisse der häuslichen Lebensgemeinschaft befriedigt sind.

Zunächst lebte man in der Antike weitgehend auf der Basis von *Tauschhandel*. In der Neuzeit erst erlebte der Begriff *Wirtschaften* einen Wandel. Durch die zunehmende Individualisierung wurde er stärker auf Bedürfnisse im Allgemeinen und deren Befriedigung gerichtet. Nicht mehr das *Haus* war der Rahmen, innerhalb dessen gewirtschaftet werden sollte, sondern der Markt zwischen den Bedürfnissen der Menschen wurde zum Thema.

Heute ist mit Wirtschaften die rationale Verfolgung des wohlverstandenen Eigeninteresses unter den Umständen der ständig möglichen und zu kalkulierenden Ressourcenverknappung gemeint.

© Springer Fachmedien Wiesbaden 2015
D. Dietzfelbinger, *Praxisleitfaden Unternehmensethik,*
DOI 10.1007/978-3-8349-4711-6_7

Das der Ökonomie inhärente ökonomische Prinzip, interessanterweise auch *Vernunftprinzip* genannt, beschreibt die Zielsetzung, mit einer definierten Menge an Produktionsfaktoren (im klassischen Sinne sind dies *Kapital, Arbeit, Boden;* seit einiger Zeit rechnet man auch den Mensch mit seinen Erfahrungen und seinem Wissen zu den Produktionsfaktoren [*Human-Ressource*]) den besten Ertrag aus Gütern zu erzielen oder umgekehrt für einen fest zu erwartenden Güterertrag die geringstmöglichen Menge an Produktionsfaktoren einzusetzen. Entscheidend sind dabei zwei Grundsätze: Das *Minimalprinzip* (der Aufwand zur Erreichung eines Zieles sollte so gering wie möglich sein) und das *Maximalprinzip* (der Erfolg des Handelns sollte möglichst groß sein). Verkürzt gesagt: Das Ziel ökonomisch orientierten Handelns ist es, unter den Bedingungen der Knappheit mit minimalem Aufwand maximalen Nutzen zu erreichen.

Wirtschaften hat es zu tun mit allen Einrichtungen und Maßnahmen menschlicher Bedarfsbefriedigung. Es ist Aufgabe der angewandten Ökonomie, knappe Güter so zu beschaffen und zu verwenden, dass bestimmte individuelle oder soziale Zwecke (z. B. Grundnahrung, Lebenssicherung etc.) erreicht werden können. Diese Bewertung der Güter funktioniert in einer Marktwirtschaft auf Basis von Angebot und Nachfrage, durch die sich wiederum Preise bestimmen.

Formal geht es in der Ökonomie darum, nach *rationalem Kalkül* – also möglichst vernünftig – die vorhandenen Bedingungen und Möglichkeiten, mithin die Produktionsfaktoren, zu dem vorher bestimmten Zweck bestmöglich auszuschöpfen, das heißt: Wirtschaftssubjekte sollen – immer unter den Bedingungen der Knappheit gesehen – die vorgefundenen Möglichkeiten rational so nutzen, dass unnötige Verluste vermieden werden.

Von der Ökonomie als der Lehre vom Haushalten ist die Ansicht zu unterscheiden, die alles menschliche Handeln (also auch das, das nicht unter der Bedingung von Knappheit steht) unter das ökonomische Prinzip stellt (*Ökonomismus*). Der Ökonomismus verabsolutiert das ökonomische Prinzip und lässt nichts anderes außer der ökonomischen Sichtweise zu. Er interpretiert alle Ereignisse und Geschehnisse aus der Perspektive des Ökonomischen, ohne dass etwa Knappheit noch als Voraussetzung dafür gesehen wird.

▶ **Definition Ökonomie** Ökonomie umfasst alle Einrichtungen und Maßnahmen, die zur menschlichen Bedürfnisbefriedigung vorhanden sind. In ihrer praktischen Anwendung – unter marktwirtschaftlichen Bedingungen – geht es darum, unter Knappheit Güter zu beschaffen und zu verwenden, um vorher gesetzte Ziele und Zwecke umsetzen zu können. Ökonomisches Handeln hat zugleich darauf zu achten, dass Maximal- und Minimalprinzip gewahrt bleiben. Ökonomisches Handeln in der Marktwirtschaft basiert auf Angebot und Nachfrage, aus denen heraus sich der Preis eines Gutes bestimmt.

Zusammenfassung

Beim Wirtschaften geht es darum, möglichst haushalterischen mit Gütern umzugehen.

7.2 Wirtschaft und Ethik: Die moderne Globalisierung

7.2.1 Hinführung

Die Grundsatzfrage von Ethik und Wirtschaft auf der Systemebene ist getragen von den moralischen, kulturellen und ethischen Implikationen, die die moderne *Globalisierung* mit sich bringt. Deswegen steht an dieser Stelle zunächst einmal eine kurze Auseinandersetzung mit dem – selbstverständlich wesentlich umfassenderen – Thema Globalisierung.

Um sich etwas klarer zu werden, was Globalisierung bedeutet, lohnt ein genauerer Blick darauf, wo ihre Wurzeln liegen und was an ihr als die Herausforderung der Moderne bezeichnet werden kann.

Moderne Globalisierung hat es auf der einen Seite mit zunehmender *Vernetzung,* auf der anderen Seite mit *Entgrenzung* zu tun. Die *OECD* (*Organisation for Economic Cooperation and Development* [Organisation für wirtschaftliche Zusammenarbeit und Entwicklung]) bezeichnet Globalisierung als einen *Prozess, durch den Märkte und Produktion in verschiedenen Ländern immer mehr voneinander abhängig werden – dank der Dynamik des Handels mit Gütern und Dienstleistungen und durch die Bewegungen von Kapital und Technologie.*

Allerdings wäre es verkürzt, Globalisierung nur als ein ökonomisches Phänomen zu betrachten. Die moderne Globalisierung hat ebenso *soziale* und *kulturelle Implikationen:* Etwa die unbedeutender werdende Rolle des Nationalstaats (was allerdings Gegentendenzen hervorruft, siehe dazu im Folgenden), das Verhältnis von Nord- und Südhalbkugel, die Vermischung verschiedener Werte und Lebensstile, die weltweite Vernetzung der Menschen durch Social Media und schließlich auch die mit dem Globalisierungsprozess zunehmenden *Probleme,* wie international organisierte Kriminalität oder Migration sowie *last not least* die Frage nach dem globalen Ökosystem, das bereits zu kollabieren im Begriff ist.

Zwar nehmen die internationalen Verflechtungen der Unternehmen zu, doch nicht alle Experten sehen darin eine weltweite Vereinheitlichung. Parallel zur Globalisierung gibt es Entwicklungen, die gegenläufig erscheinen, aber erst durch die Globalisierung möglich werden: So erlebt der *Regionalisierungsgedanke* gerade in ökonomischer Hinsicht eine Renaissance. Politische Unabhängigkeitsbestrebungen und nationalstaatliche Politik sind ähnliche Themen. Regionen als Absatzmärkte haben für Unternehmen den Vorteil, dass sie weitgehend homogen und überschaubar sind, also marktstrategisch ein gut analysierbares Potenzial bieten.

Mit der Globalisierung gerät mithin auch die Regionalisierung in den Blickpunkt. Das mag zunächst paradox klingen, steht doch Globalisierung für *Entgrenzung*, Regionalisierung für *Begrenzung*. Regionalisierung kann aber auf die Globalisierung folgen, da erst durch die Entgrenzung der Räume die unmittelbare Umwelt, die Region, in das Bewusstsein tritt und zugänglich wird.

Auch für die Charakterisierung von Unternehmen scheint eine plakative Gegenüberstellung von national und global unzutreffend. Oft sind kleine Weltmarktführer (*hidden champions*) *lokal* eingebundene Unternehmen, die ihre Produkte und Dienstleistungen global anbieten.

7.2.2 Historische Aspekte

Globalisierung ist ein Prozessgeschehen, das verstärkt seit Beginn der Industrialisierung zu beobachten ist. Jedoch gab es kaum Phasen in der Geschichte des Wirtschaftens, in denen ein Land völlig unabhängig von anderen Regional- oder Volkswirtschaften agieren konnte. Bereits im Römischen Reich wurde grenzüberschreitend gewirtschaftet. Einige historische Meilensteine sind in Tab. 7.1 dargestellt.

Voraussetzung für die *Globalisierung* in ihrer modernen Form ist die *Arbeitsteilung*, die von Mitte bis Ende des 18. Jahrhunderts in Folge der Industrialisierung großflächig umgesetzt wurde. Globalisierung ist letztlich die konsequente Fortsetzung der Arbeitsteilung im internationalen Raum, die über die Zeit von einigen berühmten Theoretikern der Wirtschaft wie *Adam Smith, David Ricardo* (1772 bis 1823), *Karl Marx* (1818 bis 1883) und *Friedrich Engels* (1820 bis 1895) verschiedentlich kommentiert wurde.

Schon in 19. Jahrhundert galt die Auffassung, dass der Freihandel die Völker ökonomisch näher bringt und damit auch zu einer friedlichen Koexistenz im politischen Rahmen führt – ein Argument, das bis heute Gültigkeit hat, wenngleich daraus keine Automatik abgeleitet werden kann.

Am Ausgang des 20. Jahrhunderts begann das, w*as als moderne Globalisierung* zu bezeichnen ist: Nachdem 1973 das *Bretton-Woods-Abkommen von 1944*, das feste Wechselkurse garantieren sollte, infolge der inflationären Politik der USA zu Zeiten des Vietnam-Krieges zusammenbrach, kam es zu flexiblen Wechselkursen. Dies beschleunigte die Transaktionen auf dem internationalen Geldmarkt. Global war nun nicht mehr nur der Handel mit Gütern, Produkten oder

Tab. 7.1 Geschichtliche Daten zur Globalisierung

1415 bis 1800	Erste Phase des *Kolonialismus* durch das neuzeitliche Europa (Ausdehnung der europäischen Herrschaft auf Ostindien und Amerikas unter der Führung von Spanien und Portugal)
1492	*Entdeckung* Amerikas
1789	Letzte überarbeitete Ausgabe des Buches „*Der Wohlstand der Nationen*" von *Adam Smith*, in dem die Arbeitsteilung und der wohlverstandene Wirtschaftsliberalismus erstmalig systematisch erfasst und beschrieben werden
Anfang 18. Jahrhundert	*Theorie des komparativen Vorteils* am Beispiel der internationalen Beziehungen zwischen Portugal und England von *David Ricardo;* zugleich Fortsetzung der Theorie des Wirtschaftsliberalismus
1800 bis 1945	*Zweite Phase* des *Kolonialismus* (Kolonialisierung Asiens, Afrikas und des pazifischen Raumes geführt von Großbritannien)
ab 1834	*Deutscher Zollverein* (handelspolitische Einigung deutscher Staaten zur Herstellung einer deutschen Wirtschaftseinheit; der Verein führte im Deutschen Reich zum wesentlichen Abbau der Handelsbeschränkungen) Einigung auf Gold als Fundament des internationalen Zahlungsverkehrs (*Goldstandard*)
1914 bis 1918	*Erster Weltkrieg*, starke Einschränkung des internationalen Handels
1929 ff	Weltwirtschaftskrise
1939 bis 1945	*Zweiter Weltkrieg*, Lenkungswirtschaft in kriegsbeteiligten Ländern
1944	Gründung des Internationalen Währungsfonds (IWF) und der Weltbank; Abschluss des *Bretton-Woods-Abkommens* (Wechselkurssystem, Anbindung der Währungen an den Dollar)
ab 1947	Marshall-Plan für Europa
1948	Allgemeines *Zoll- und Handelsabkommen (General Agreement on Tariffs and Trade [GATT]);* seitdem nach acht Zollsenkungsrunden mengenmäßige Handelsbeschränkungen (Kontingente) *weitgehend* und Handelshemmnisse (Zölle) im *Wesentlichen* beseitigt)
1958	Gründung der *Europäischen Wirtschaftsgemeinschaft (EWG)*, zunächst sechs Länder: Deutschland, Frankreich, Italien, Benelux-Staaten, Weiterentwicklung zur *Europäischen Union* zahlreiche Entwicklungsländer sind mittlerweile der EU *assoziiert* (Zollfreiheit für Exporte in die EU).
1973	Ende des *Bretton-Woods-Abkommens* wegen hoher Inflation in den USA nach Vietnam-Krieg
1986 bis 1993	*Uruguay-Runde* des GATT, Abschluss: Handelsfreiheit auch für Agrarerzeugnisse und Erzeugnisse aus der Textil-/Bekleidungsindustrie sowie Dienstleistungshandel
1989	*Fall der Berliner Mauer*
1995	Ablösung des GATT durch *World Trade Organisation (WTO)* als eigenständige Behörde der UN
1999	Einführung des *Euro* als gemeinsame Währung der EU

Tab. 7.1 (Fortsetzung)

2001	*11. September:* Terroranschläge in den USA; weltweiter Kampf gegen Terrorismus
2002	*physische Einführung* des Euro als gemeinsame Währung
2004	so genannte *Osterweiterung* der EU mit der Aufnahme zehn neuer Mitglieder, seitdem kontinuierliche Erweiterung
2004	Launch von *Facebook* im Internet, mittlerweile weltweit ca. 1 Mrd. Mitglieder
2008	*Subprime-Crash:* Zusammenbruch der US-Investmentbank Lehman Brothers; *globale Finanzkrise* durch Platzen der amerikanischen Immobilienblase
2011/2012	so genannter *Arabischer Frühling*

Dienstleistungen, *global wurde der Handel mit Geld.* Diese erste Liberalisierung auf den Kapitalmarkt aus dem Jahre 1973 hat in den vergangenen Jahren weitere Impulse erfahren:

- Die *modernen Kommunikationstechnologien* ermöglichen es, binnen kurzer Zeit Informationen um den gesamten Globus auszutauschen (*faktische Gleichzeitigkeit*). Dadurch sind die weltweiten Finanzaktivitäten immens angestiegen, die Vernetzungen der Börsen haben zugenommen, damit entstanden und entstehen immer wieder neue Abhängigkeiten untereinander, die es in diesem Ausmaß bisher noch nicht gab. Die Finanzkrise ab dem Jahr 2008 hat das noch einmal verstärkt verdeutlicht.
- In den zurückliegenden Jahren haben sich die weltweiten *Transportkosten* rapide verringert. Das heißt nicht nur, dass Konsumgüter aus aller Welt fast auf jeden beliebigen Markt ohne größeren Preisaufschlag angeboten werden können. Die geringen Transportkosten machen es für Unternehmen interessant, unter Umständen weit weg vom Heimatmarkt produzieren zu lassen (*Outsourcing*).
- Die Beschaffungs- und Absatzmärkte für Unternehmen und Betriebe haben sich nach dem Zusammenbruch der Blocksysteme erweitert.

Diese Entwicklungen aus den zurückliegenden Jahrzehnten haben verschiedene Konsequenzen:

- *Die modernen Kommunikationsmöglichkeiten sind Bedingung und Instrument der modernen Globalisierung.* Ohne die Kommunikationsmöglichkeiten via

Computer und Internet hätte sich die moderne Globalisierung nicht in solch beschleunigter Form entwickeln können. Zugleich ist die Stabilität der modernen Globalisierung sowie deren Weiterentwicklung und Gestaltung abhängig von den Kommunikationstechnologien.

- *Eine globale Ökonomie löst die bisherigen Nationalökonomien ab:* Die schnellen Kommunikationsmöglichkeiten auf dem Finanzmarkt rund um den Globus kennen keine volkswirtschaftlichen Grenzen. Die Nationalökonomien müssen zugleich die sozialen Folgen der Globalisierung in der jeweiligen Region tragen.
- *Das ökonomische Paradigma hat sich gewandelt.* Nicht mehr die Schwerindustrie und die Verarbeitung von natürlich vorhandenen Ressourcen – sieht man einmal vom Energiemarkt ab – steht heute im Mittelpunkt ökonomischen Interesses, sondern die wissenschaftlich, technisch oder künstlich bedingten Industrien. Die reichsten Menschen der Erde sind nicht mehr die Industrie-Magnaten, sondern die Chefs von Internetfirmen und Banken.
- *Unternehmen beschaffen sich Kapital über die Börse.* Anstatt über die Aufnahme von Kapitalkrediten Zinsen zu bedienen, verschaffen sich Unternehmen notwendiges Kapital durch den Gang an die Börse. Das führt zu einer immer stärkeren Orientierung der Unternehmen an den Interessen der Kapitalgeber (*shareholder value*). Diese neue Ausrichtung führt zu einer massiven Veränderung der Unternehmenskultur, insbesondere bei traditionsgebundenen Unternehmen.

7.2.3 Veränderungen durch die moderne Globalisierung

Globalisierung ist kein ökonomisches Mega-Geschehen, das eigengesetzlich über die Menschen hereinbricht. Globalisierung hat politische Entscheidungen der Vergangenheit wie der Gegenwart zur Voraussetzung, die die Liberalisierung einer Volkswirtschaft nach innen (*Deregulierung*) wie nach außen betreffen (*außenwirtschaftliche Liberalisierung*). Dabei bringt die Liberalisierung der eigenen Wirtschaft nicht immer sofort die gewünschten Vorteile; es liegt auf der Hand, dass unterschiedliche Länder auch unterschiedlich von der Liberalisierung profitieren. Gerade bei der langsamen Öffnung von Staaten für den internationalen Wettbewerb gibt es gute Gründe, manche Wirtschaftsbereiche zunächst durch Zölle zu schützen (*Schutzzoll*), um den Binnenmarkt vorsichtig dem internationalen Wettbewerb heranzuführen.

Der Prozess der Globalisierung hat zur Folge, dass nicht nur Unternehmen, sondern auch Staaten miteinander in Wettbewerb treten, etwa bei Fragen der Steuergesetzgebung, der sozialen Sicherungssysteme oder in der Umweltgesetzgebung. Staaten müssen *Anreizsysteme* schaffen, damit ausländische Unternehmen investieren und inländische Unternehmen nicht ermutigt werden, Standorte ins Ausland zu verlagern. Durch verstärkte Investition ausländischer Unternehmen könnte zum Beispiel eine mögliche Senkung der Unternehmenssteuern als Anreiz haushaltspolitisch kompensiert werden.

Die Frage nach der Gestaltung einer global agierenden Ökonomie ist entsprechend schwierig zu beantworten. Öffentlichkeit und Wirtschaft erwarten von der Politik, dass sie globale Rahmenbedingungen für das weltwirtschaftliche System schafft. In welcher Form allerdings Politikerinnen und Politiker auf nationaler wie internationaler Ebene weltweite Rahmenbedingungen setzen sollen oder können, bleibt meist offen.

Meist scheitern Versuche, globale Rahmenbedingungen für weltweites Wirtschaften zu schaffen, an den Nationalinteressen einzelner Staaten der Weltgemeinschaft. Deutlich wird dies bei der Ökologie: Seit der Rio-Konferenz von 1992, bei der der Begriff *Nachhaltigkeit* prominent wurde, ist bezüglich einer globalen Umweltpolitik wenig passiert, nicht zuletzt deswegen, weil Einzelstaaten die Protokolle dieser wie auch der darauf folgenden Zusammenkünfte (Kyoto 1997 etc.) nicht ratifizierten. Selbst anlässlich der regelmäßig vorgelegten Klimaberichte der Vereinten Nationen, zuletzt 2014, in denen immer dringlicher rasches Handeln insbesondere der Industriestaaten zur Rettung von Klima und Umwelt in einer bisher nie da gewesenen, drastischen Weise angemahnt werden, können sich – bisher – die Nationalstaaten nicht auf ein übergreifendes Aktionsprogramm einigen.

7.2.4 Akteure der Globalisierung: Unternehmen und Politik

Als *global players* werden diejenigen Unternehmen bezeichnet, deren Wirtschaftsaktivitäten weltweit vernetzt sind. Die weltweite Vernetzung kann sich beziehen auf Vertriebs- und Servicenetze, auf verschiedene Produktionsstandorte oder auf eine Kontinent übergreifende Konzernzentrale.

Dabei sind heute, um den Stand der Globalisierung eines Unternehmens festzustellen, die Grenzen und Ebenen zwischen Beschaffungs- und Absatzmarkt fließend, auch die Aufteilung des Umsatzes auf verschiedenen Regionen der Welt ergibt häufig nur ein begrenztes Bild davon, wie weit ein Unternehmen global tätig ist. Der Grad der Globalisierung eines Unternehmens hängt von der innern Struktur eines Unternehmens ab, vom externen und internen Outsourcing, von der Verteilung der Arbeit über die Kontinente hinweg und schließlich von der strategischen Planung künftiger Absatzmärkte.

Bei börsennotierten Unternehmen kommt hinzu, dass viele vermeintlich einheimische Unternehmen bereits im globalen Besitz sind. Viele der im Deutschen Aktienindex DAX notierten Unternehmen befinden sich in den Händen ausländischer Investoren. Sie sind damit mithin keine deutschen Unternehmen mehr, bezogen auf die Besitzverhältnisse. Allenfalls die Unternehmenszentralen sowie inländische Produktionsstandorte lassen die historische Verankerung erkennen. Absatz- und Beschaffungsmärkte sowie Besitzstrukturen präsentieren sich aber mittlerweile global.

Unternehmen und Betriebe sehen sich heute also nicht mehr nur der inländischen Konkurrenz ausgesetzt, sondern müssen mit Unternehmen weltweit in den Wettbewerb treten. Globalisierung heißt für Unternehmen zuallererst *Entnationalisierung von Unternehmensstrukturen*. Dabei werden verschiedene Faktoren für die Ansiedlung im Ausland relevant, die zu berücksichtigen sind:

- politisch-rechtliche Rahmenbedingungen
- produkt- und produktionstechnische Vorgaben und Gesetze (etwa: Umwelt, Qualität etc.)
- Lohnkosten
- Steuergesetzgebung
- Stand der sozialen Sicherungssysteme
- Verkehrs- und Rohstoff-Infrastruktur
- Einfluss der weltwirtschaftlichen Entwicklungen auf das Gastland
- Exportquote
- binnenwirtschaftliche Problematik
- Stand und Entwicklung der Technologie
- regionsspezifisch kulturelle Gegebenheiten

Selten ist es nur ein Faktor, der Unternehmen zur Ansiedlung oder Standortverlagerung anreizt (etwa nur niedrigere Steuern), sondern meist die *Summe der jeweiligen Landesgegebenheiten*.

Nach Berücksichtigung der verschiedenen Faktoren entwickelt sich für Auslandsinvestitionen meist eine umfassende Strategie der Unternehmensansiedlung, die mit der Philosophie des Mutterlandes übereinstimmen muss, da anderweitig die *Corporate Identity* zur Disposition steht. Schließlich hängt die Position der Unternehmen im Weltmarkt auch vom Stand des technischen Fortschrittes in der jeweiligen Unternehmensumgebung ab.

Die Aktivitäten der Unternehmen im Ausland, insbesondere in Niedriglohnländern, werden von Wirtschaftskritikern häufig als *Ausbeutung* bezeichnet. Hier scheint aber Differenzierung angebracht. Unternehmen bieten häufig viele, im Vergleich zur üblichen Lohnstruktur im Investitionsland gut bezahlte Arbeitsplätze an, die den Wohlstand heben. Auch soziale Leistungen werden von den Investoren meist im überdurchschnittlichen Maße angeboten. In globaler Hinsicht steigt dabei – unter Beachtung der Theorie des komparativen Vorteils – das Lohnniveau insgesamt. Gleichwohl gilt es in jedem Fall genau hinzusehen: So werden etwa in der Textilindustrie als prominentes Beispiel von westlichen Firmen immer noch Produktionsbedingungen in asiatischen Ländern forciert, die mit menschenwürdigem Arbeiten nichts zu tun haben.

Durch verstärkte Auslandsaktivitäten der weltweit aktiven Unternehmen wandelt sich die Arbeitsstruktur auf internationaler Ebene, die Arbeitsteilung innerhalb großer Unternehmen wird global: Während die kosten- und lohnintensiven Produktionsprozesse in Länder verlagert werden, in denen die Lohnkosten wesentlich geringer sind als im Mutterland, konzentrieren sich die Unternehmen im Mutterland häufig auf wissens- und technologieintensivere Teile des Wertschöpfungsprozesses.

Deswegen geht bei Produktionsprozessverlagerungen nicht sofort die Anzahl der Angestellten im Mutterland zurück: Vielmehr spezialisieren sich die Mitarbeitenden im Mutterland häufig. Für die Entwicklungsländer bedeutet diese Struktur eine stärkere Konkurrenz mit anderen Entwicklungsländern (*intraindustrieller Handel*). Durch die Spezialisierung der Wertschöpfungsprozesse entfällt aber die Konkurrenz mit den hoch entwickelten Industrieländern um Produkte oder Dienstleistungen, bei denen die Entwicklungsländer vermutlich nur eine sekundäre Rolle spielen würden.

Aber auch im Forschungs- und Entwicklungsbereich, gerade in den High-tech-Industrien, hat der Globalisierungsprozess einen Wandel angestoßen. Große europäische Unternehmen verlagern neben Produktions- und Dienstleistungsbereichen auch F&E-Abteilungen, Service-Centers oder Institute in weniger lohnintensive Länder. Damit ist eine neue Stufe in der Globalisierung der Wirtschaft erreicht, die insbesondere für die lohnintensiven Länder Westeuropas zu neuen Fragen und Problemen führen wird.

Zusammenfassung

Die moderne Globalisierung hat in den zurückliegenden Jahren immens an Tempo und Möglichkeiten gewonnen. Dadurch wurden die Bedingungen für das Wirtschaften grundlegend verändert. Das hat für die Akteure in der Wirtschaft entsprechende Folgen, positiver wie negativer Art. Aufgabe heutiger Verantwortlicher ist es, diese Folgen in geordnete Bahnen zu bringen und die kommenden Aufgaben verantwortungsvoll zu gestalten.

7.3 Beispielhafte Themen der Wirtschaftsethik

7.3.1 Grundsätzliches

Ethische Fragen treten in unterschiedlichen Bereichen der Wirtschaft auf. So können alle Fragen, die im Zusammenhang mit der individuellen und der unternehmerischen Ebene entstanden sind, also die Fragen, die sich mit dem Handeln und Unterlassen innerhalb des Systems Wirtschaft beschäftigen, selbstverständlich auch als Fragen der Wirtschaftsethik identifiziert werden. Gleichwohl lassen sich bei den tatsächlich wirtschaftsethischen Fragen nicht mehr ganz eindeutig die Akteure auf individueller und institutioneller Ebene allein identifizieren, sondern zugleich im Rahmen des Systems.

Die Themen der Wirtschaftsethik sind mithin grundsätzlichere Fragen der Wirtschaftsordnung, die nicht mehr nur im Bereich der individuellen oder unternehmensbezogenen Verantwortung liegen. Das wäre etwa im nationalen Diskurs die Diskussion, in welcher Form die Wirtschaftsordnung Deutschlands, die Soziale Marktwirtschaft, positiv in die Zukunft weiterentwickelt werden kann. Dazu gehört die Frage, inwieweit Freiheit und Gerechtigkeit in einer Wirtschaftsordnung zur Geltung kommen. Gerechtigkeit muss herrschen, damit Freiheit für viele möglich wird. Freiheit muss herrschen, um mehr Gerechtigkeit für alle zu schaffen. Zur Frage der Wirtschaftsordnung gehören also neben den individuellen und unternehmensbezogenen Fragen auch die fundamentalen Fragen der Rahmenordnung und der gesellschaftlichen Entwicklung.

▶ **Nehmen Sie sich einen Moment Zeit** und denken Sie darüber nach: Welche Vorstellungen von einer idealen Gesellschaft hatten Sie in Ihrer Jugend? Welche Ideen davon haben Sie heute noch? Wie sieht die Differenz zur Wirklichkeit aus?

▶ **Definition Wirtschaftsethik** Wirtschaftsethik untersucht den Zusammenhang zwischen den ökonomischen Fundamenten und dem menschlichen Handeln, das aus gesellschaftlichen Werten und Normen geprägt ist. Auf Basis dessen definiert sie wünschenswerte, konsensorische Regeln und Normen, die in einem System geltend gemacht werden können und sollen. Damit umgreift die Wirtschaftsethik die Ebenen des individuellen wie des institutionellen Handelns und Verhaltens und legt zugleich die systematische Grundlage für sie.

Konkret geht es in der Wirtschaftsethik um *makroökonomische Fragen*. Makroökonomische Fragen beziehen sich auf Fragen der Arbeitswelt, der Umwelt und der grundsätzlichen Wirtschaftsverfassung. Wirtschaftsethische Fragen stehen mithin im engen Zusammenhang mit der Wirtschaftspolitik.

7.3.2 Mögliche Ziele von Wirtschaftsethik

- faire Strukturen
- Gemeinwohlinteresse
- Kulturöffnung
- Nachhaltigkeit
- Öffentlichkeit
- Orientierungshilfe
- Ressourcenschonung
- soziale Gerechtigkeit
- Stärkung des Gesellschaftsbewusstseins
- Umweltschonung
- Vorbildfunktion der Wirtschaft
- Wertevermittlung
- etc.

7.3.3 Die Marktwirtschaft

Grundlage der neuzeitlichen Ökonomie in der modernen Globalisierung sind die Prinzipien der Marktwirtschaft. Damit diese zu einer gerechten Veranstaltung wird, muss eine Reihe von Bedingungen erfüllt sein.

Erstens setzt eine freie Marktwirtschaft, die zu gerechten Ergebnissen führen soll, voraus, dass alle Willigen gleiche Zugangsberechtigung zum Markt haben. Eingrenzungen, Abschottungen oder andere Maßnahmen (*Zölle, Einfuhrbeschränkungen etc.*) verzerren die gerechten Zugangsbedingungen.

▶ **Nehmen Sie sich einen Moment Zeit** und denken Sie darüber nach: Der Jurist und einer der Vordenker der Sozialen Marktwirtschaft, Franz Böhm (1895 bis 1977) bezeichnete den Wettbewerb als das „genialste Entmachtungsinstrument der Geschichte". Zugleich legte er auf eine Ordnung des Wettbewerbs wert, um den Markt gegen über Hand nehmende Privatmacht oder Kartelle zu schützen.
Wie könnte dies in Zeiten der Globalisierung aussehen?

Zweitens ist innerhalb dieses Marktes die Chancengleichheit theoretische Voraussetzung.

Drittens müssen sich alle Marktteilnehmer an Spielregeln halten, die dem Markt von außen gesetzt werden (*Rahmenordnung*). Wer gegen die Spielregeln verstößt muss systematisch mit Strafen rechnen, andernfalls wird der Verstoß zur Regel, insbesondere dann, wenn er ökonomische Vorteile bringt.

Insbesondere unter den modernen Bedingungen einer globalen Wirtschaft, das heißt, eines globalen Marktes auf Beschaffungs- wie Absatzseite, ist der Blick darauf zu richten, ob die genannten Vorrausetzungen mindestens im Ansatz berücksichtigt sind.

Häufig lässt sich feststellen, dass diese Bedingungen nicht erfüllt sind und somit ein verzerrter Markt entsteht.

Praxisbeispiel 33

Sie bieten mit Ihrem Unternehmen ein revolutionäres Produkt an: Sie haben ein System hergestellt, dass es seinem Benutzer ermöglicht, alle Türen, für die er bisher unterschiedliche Schlüssel benötigte, mit einem Türöffner (wie beim Auto) zu öffnen. Der Benutzer muss nur auf dem Display die jeweilige Tür anklicken, schon öffnet sich die Tür. Sie versprechen sich von dem Gerät eine Revolution des Marktes.

Das neue System haben Sie erfolgreich in Ihrem Heimatdorf getestet. Nun wollen Sie das System auch in der benachbarten Kleinstadt anbieten. Doch Stadtrat und Bürgermeister verlangen, dass Sie für jedes verkaufte System 80 % Ihres Gewinns an die Kommune abgeben. Schließlich wolle man ja in der Stadt weiterhin herkömmliche Schlüssel verkaufen. Auch andere Städte reagieren auf diese Weise.

*   Wie reagieren Sie?
*   Wird für Sie das Geschäft noch lukrativ?
*   Was passiert, wenn Sie nicht auf die Bedingungen eingehen?

Praxisbeispiel 34

In einem mittelständischen Unternehmen sind Sie Führungskraft, direkt der Geschäftsleitung zugeordnet. Von der Geschäftsleitung wird ein Wettbewerb für die Mitarbeitenden ausgeschrieben. Die Mitarbeitenden sollen ihre Ideen zur Verbesserung der Organisationsstruktur des Unternehmens einbringen. Als Abteilungsleiter/in müssen Sie die Ideen Ihrer Mitarbeitenden vorsortieren und die besten der Unternehmensleitung vorlegen. Eine der besten Ideen, die vorgeschlagen wurde, bedroht in letzter Konsequenz Ihren Arbeitsplatz, weil der

– ernst gemeinte, nachvollziehbare und umsetzbare – Vorschlag die Arbeit Ihrer
Abteilung auf ein Minimum verringern würde. Dieses Minimum aber, so der
Vorschlag, könne man dann auch outsourcen.
* Wie reagieren Sie auf einen solchen Vorschlag?
* Geben Sie ihn weiter? Immerhin hätten Sie die Möglichkeit, als Vorgesetzte/r
  den Vorschlag abzublocken.
* Gehen Sie auf die Idee ein?

7.3.4 Menschenrechte in einer globalen Wirtschaft

Neben den globalen Umweltfragen, die immer drängender werden, weil das Klima
der Welt längst durcheinander geraten ist, ist aus der Perspektive der Wirtschaftsethik das Menschenrechtsthema derzeit eines der wichtigsten für das globale
Wirtschaften. Meldungen aus afrikanischen Entwicklungsländern oder asiatischen
Schwellenstaaten, in denen westliche Unternehmen zu menschenunwürdigen
Bedingungen Vor- oder Endprodukte für den europäischen oder amerikanischen
Markt produzieren lassen, finden sich nahezu täglich in den Medien. Es geht dabei
häufig um Verletzung der Menschenrechte, um unwürdige Arbeitsbedingungen,
um massive Ausbeutung menschlicher und natürlicher Ressourcen insbesondere in
der Textil- und Kommunikationsindustrie. Aber nicht nur auf entfernten Kontinen-
ten spielt die Frage nach Menschenrechte eine Rolle, auch innerhalb Europas wird
das Thema immer drängender, etwa im Blick auf Leiharbeit, Mindestlohn und Arbeitsbedingungen insbesondere im Niedriglohnsektor. Die Migrationsbewegungen
in Europa verleiten auch hierzulande manche Unternehmen, die Not der Menschen
zum eigenen Wohl auszunutzen.

Aber es gibt auch andere Beispiele im internationalen Kontext, bei denen
Unternehmen bei Aktivitäten im Ausland darauf achten, mitteleuropäische Stan-
dardsund Bedingungen einzuhalten. Sie nehmen manchmal eine Vorreiterrolle ein.
Als Pioniere und Treiber haben diese Unternehmen oder Betriebe noch mehr Vorbildfunktion *(Leadership* contra *Followership)*.

▶   **Nehmen Sie sich einen Moment Zeit** und denken Sie darüber nach:
    Wissen Sie, wann die Allgemeine Erklärung der Menschenrechte ver-
    abschiedet wurde? Wissen Sie, wie viele Artikel die Erklärung enthält?
    Kennen Sie deren Inhalt wenigstens ungefähr? Welche Artikel sind
    nach Ihrer Meinung für das Handeln in Unternehmen oder Betrieben
    am wichtigsten?

Häufig ist von Globalisierungskritikern in diesem Zusammenhang das Schlagwort *Werteimperialismus* zu hören, wenn die vermeintlich westlich geprägten Menschenrechte überall in der Welt als geltend vorausgesetzt werden und etwa spezifische Traditionen islamischer Länder oder Chinas nicht berücksichtigt werden.

Zu dieser Diskussion ist zu sagen, dass es sich bei den Menschenrechten zwar historisch – insbesondere in der Folge der Aufklärung – zweifelsohne um eher westliche Wertvorstellungen handelt. Doch ist die Menschenrechtskonvention der Vereinten Nationen von der überwiegenden Mehrheit der Mitglieder der Vereinten Nationen unterzeichnet.

Praxisbeispiel 35

Ihr Unternehmen fertigt Holzfiguren und -spielzeug für Kinder. In den zurückliegenden Jahren wuchs Ihr Unternehmen von damals zwei auf heute 20 Mitarbeitende, die Geschäfte laufen weiterhin gut, eine Trendwende ist nicht absehbar.

Das Holz, aus dem Sie das Spielzeug herstellen, bekommen Sie über einen Zwischenhändler. Ihnen ist wichtig, dass die Hölzer unbehandelt sind, damit für die Endnutzer, nämlich die Kinder, keine Gefahren bestehen.

Eines Tages lesen Sie in der Zeitung, dass die Arbeitsbedingungen im asiatischen Holzmarkt alles andere als ökologisch und menschenfreundlich sind. 60 Stunden Wochen-Arbeitszeit seien normal, auch sei die Beschäftigung von Kindern und Jugendlichen üblich. Aufhorchen ließ Sie das Ende des Artikels: „So hergestellte Hölzer werden mit offiziellem Ökosiegel des Exportlandes nach Europa geliefert: Gewissensberuhigung im Preis inbegriffen!"

- Wie reagieren Sie?
- Was ist in Ihren Augen kontrollierbar, was nicht?

Praxisbeispiel 36

Als Hersteller von Medikamenten haben Sie es ohnehin in der öffentlichen Diskussion schwer. Ihre Branche hat einen schlechten Ruf in der Öffentlichkeit, obschon die von Ihrer Branche entwickelten Produkte einem guten Zweck dienen. Ihre Forscher haben nun ein Medikament entwickelt, das dabei hilft, die Folgen des Konsums von unsauberem Wasser zu lindern. Häufig führte das Trinken von unsauberem Wasser gerade in unterentwickelten Ländern zu tödlichen Folgekrankheiten. Das von Ihnen entwickelte Medikament senkt nun die Gefahr, an solchen Folgeerscheinungen zu erkranken.

Bei einer Podiumsdiskussion fordert Sie ein Vertreter einer NGO öffentlich auf, Ihr neues Medikament an die bedürftigen Leute in den betroffenen Ländern zu verschenken. Andernfalls, so der NGO-Vertreter, trügen Sie persönlich Mitschuld an Leiden und Tod der Menschen, die verschmutztes Wasser trinken müssen.

- Wie reagieren Sie?
- Welche Aspekte wurden von Ihnen oder von dem NGO-Vertreter übersehen?
- Hat der NGO-Vertreter das Recht, Sie zu beschuldigen?
- Was sagen wohl die Aktionäre Ihres Unternehmens zu dem Vorschlag?

7.3.5 Ökologie

Eine der größten Herausforderungen für die Wirtschaftsethik im Zusammenhang mit dem Globalisierungsprozess sind Fragen des Umweltschutzes und der Ökologie. Mittlerweile sind die Folgen des Klimawandels nicht mehr nur Fachgebiet von Spezialisten, sondern werden durch kontinuierlich auftretende Wetter- und Klimaunregelmäßigkeiten für die Menschen auf der ganzen Welt spürbar.

Beim Thema Umweltschutz gibt es keine Grenzen. Die nationalstaatlichen Einflüsse auf eine internationale Umweltpolitik schwinden im Globalisierungsprozess ebenfalls. Allenfalls *staatenübergreifenden Konzepte und Lösungen* helfen.

Vor über zwanzig Jahren, im Jahr 1992, entwickelten sich erste, scheinbar hoffnungsvolle Ansätze auf dem *Rio-Gipfel*. Unter dem Stichwort *Nachhaltige Entwicklung/Sustainability* schien ein Leitbild gefunden, mit dem sich die Unterzeichnerstaaten des Rio-Protokolls identifizieren können. Problematisch ist gleichwohl, dass verschiedene Industriestaaten wesentliche Schritte der globalen Umweltpolitik nicht mittragen. Die UN-Folgekonferenzen, zuletzt in 2012 als Rio 20+ wieder in Rio, wie auch die Konferenzen der Suborganisationen zeichneten sich durch zähe Verhandlungen zwischen Industrie- und Schwellenländern aus, und machten wenig Hoffnung, dass man sich auf globaler Ebene auf realisierbare Umweltziele einigt. Der zuletzt im März 2014 veröffentlichte *Weltklimabericht* beschreibt die dramatischen Veränderungen des Klimas; zu größeren ernst zu nehmenden Aktivitäten in Sachen Klimaschutz hat auch der Bericht bei den Politikerinnen und Politikern geführt.

▶   **Nehmen Sie sich einen Moment Zeit** und denken Sie darüber nach: Was tun Sie privat für Umweltschutz und Nachhaltigkeit? Welchen Beitrag leisten Ihr Betrieb und Ihr Unternehmen? Wo würden Sie sich mehr erhoffen? Haben Sie die Möglichkeit, auf die Umweltpolitik Ihres Unternehmens oder Ihres Betriebes Einfluss zu nehmen?

Es gibt dabei in Folge der Globalisierung eine Reihe von Entwicklungen, die auf den ersten Blick scheinbar Entlastungen für die Umwelt mitbringen.

Denn die Globalisierung ...

... fördert den *Strukturwandel* zur Dienstleistungsgesellschaft, in deren Folge der Energieverbrauch pro Produkteinheit sinken könnte.

... basiert auf *Technologien mit höheren Wirkungsgraden,* die eine Entlastung der Umwelt ermöglichen könnten.

... könnte dazu führen, dass sich Großunternehmen aus Industrieländern unter öffentlichem Druck dazu verpflichten, *weltweit ähnliche Umweltstandards* zu verwenden.

... könnte in den Gesellschaften *Sensibilität* für die weltweiten Folgen der Umweltzerstörung in einzelnen Staaten fördern.

... könnte durch zunehmenden Wettbewerbsdruck die *Ressourceneffizienz* stärken.

Gleichwohl belasten die Folgen der Globalisierung die Umwelt massiv, denn es stellt sich ein anderes Phänomen als entscheidend heraus: Der sogenannte *Bumerang-* oder *Rebound-Effekt.* Gemeint ist damit, dass zwar der technische Fortschritt im Einzelnen für die Umwelt Entlastung bringt, durch die Verbilligung der Produkte diese aber in einer Quantität hergestellt oder benutzt werden, die den Vorteil im Einzelvergleich unwesentlich erscheinen lässt. Im Hinblick auf die Umwelt wird bessere Qualität also durch Quantität zunichte gemacht. Gerade am Beispiel der mobilen Telefone wird dieser Effekt sichtbar: Zu ihrer Herstellung werden kostbare Rohstoffe benötigt, aber in den westlichen Industriestaaten, in denen mittlerweile die Anzahl der Mobiltelefone die jeweilige Einwohnerzahl der Länder häufig übersteigt, gilt ein Mobiltelefon, das älter als ein Jahr ist, bereits als veraltet.

Zwar werden die technischen Geräte, nicht nur in der Kommuniaktionstechnologie, immer kleiner und in ihrer Ökobilanzierung immer besser. Wenn Sie etwa einen Computer vor zehn Jahren mit den heute gängigen Rechnern vergleichen, so ist im Einzelvergleich das Gerät kleiner und effizienter in der Energienutzung geworden. Demgegenüber steht die Tatsache, dass heute viel mehr Menschen einen Computer zu Hause benutzen als noch vor zehn Jahren. Dazu kommen die Entwicklung auf dem Tablet-Markt. Schließlich: Eine Vielzahl von elektronischen Geräten ist heute in Discounterläden für Schnäppchen-Preise zu haben: Nicht das einzelne Mobiltelefon belastet die Umwelt, sondern die Masse.

Praxisbeispiel 37

Sie sind Personalchef/in eines großen Konzerns und haben in Ihrer Heimatstadt verschiedene Produktionsstätten. In Ihrer Freizeit lieben Sie es, Ihren Garten zu pflegen. Neben Blumen züchten Sie auch Kräuter und Gemüse, streng nach biologischen und ökologischen Kriterien. Die Pflanzen gedeihen prächtig.

Eines Tages gehen Ihnen schlagartig alle Pflanzen im Garten kaputt, Gemüse und Kräuter werden ungenießbar; auch in den benachbarten Gärten passiert ähnliches. Nach der Recherche der lokalen Presse geht das Pflanzensterben von einem – bewusst oder unbewusst – falsch ausgeleiteten, giftigen Abwasser der nahe gelegenen Produktionsstätte Ihrer Firma aus.

• Wie reagieren Sie?
• Sprechen Sie Ihre persönliche Betroffenheit bei den Verantwortlichen in Ihrem Unternehmen an?

Praxisbeispiel 38

Als Chef/in eines mittelständischen Betriebes ist Ihnen die Umwelt ein wichtiges Anliegen. Sie veranlassen, dass für alle am Computer arbeitenden Mitarbeitenden energiesparende Bildschirme gekauft werden. Schon bald hat sich die Investition über die Einsparungen bei den Energieausgaben amortisiert.

Ein halbes Jahr später weist Sie Ihr Umweltbeauftragter darauf hin, dass eine wieder neue Generation der Bildschirme noch mehr Energie spart. Sie lassen sich darauf ein, merken aber, dass es nun wesentlich länger braucht, bis sich die Kosten amortisieren. Noch bevor sich die Wirtschaftlichkeit der Investition wirklich berechnet hat, flattert Ihnen vom Hersteller eine Werbung für einen wieder neuen Bildschirm auf den Tisch, der noch einmal fünfzehn Prozent weniger Energie verbrauchen würde.

• Wie reagieren Sie?
• Warum dauert die nächste Amortisierung länger?
• Wäre eine dritte Aufrüstung für einen noch sparsameren Energieverbrauch sinnvoll?

7.3.6 Internationaler Kapitalmarkt

Auf dem Kapitalmarkt wird mittel- und langfristiges Kapital gehandelt. Unterscheiden kann man dabei den Markt für langfristige Kredite (*Rentenmarkt*) und den für Beteiligungskapital (*Aktienmarkt*). In den zurückliegenden Jahren hat sich die Situation durch zwei Entwicklungen verändert:

1. Die Kapitalmärkte sind durch die moderne Globalisierung noch internationaler geworden. Märkte, die noch vor einigen Jahren abgeschottet waren, beteiligen sich jetzt an internationalen Spekulationen und werden zugleich als neue Marktplätze genutzt.
2. Die modernen Informations- und Kommunikationstechnologien haben die Geschäftsmöglichkeiten auf dem Kapitalmarkt immens erweitert und beschleunigt. Die amerikanische Subrime- und die dann weltweit folgende Finanzkrise in den Jahren 2008 ff. hat deutlich gemacht, wie eng die Kapitalmärkte mittlerweile vernetzt sind, auch, wie viele Entscheidungen mittlerweile nicht mehr von Menschen, sondern von darauf programmierten Computern getroffen werden.

Beide Entwicklungen führen dazu, dass die heutigen Kapitalmärkte in einer bisher nie da gewesenen Weise untereinander verflochten und dadurch abhängig voneinander sind. Zugleich steigt die Geschwindigkeit, mit der Transaktionen am Kapitalmarkt vollzogen werden. Schließlich drängen – nach einer gewissen Zurückhaltung in Folge der Finanzkrise – nun wieder Unternehmen wie auch Privatanleger verstärkt zur Geldbeschaffung auf den Aktienmarkt, sei es, indem sie selbst an die Börse gehen (Unternehmen), sei es, dass etwa private Altersvorsorge oder privates Vermögen vermehrt in Aktien angelegt wird.

Andrerseits prognostizieren manche Wirtschaftswissenschaftler und Zukunftsforscher ein baldiges Ende der kapitalmarktorientierten Wirtschaft und einen Zusammenbruch des Systems mit nicht absehbaren Folgen für die jeweiligen Nationalökonomien. Phänomene wie Massenarbeitslosigkeit, Vermögensverlust und Zusammenbruch werden beschrieben.

Welches Zukunftsszenario eintreffen wird, lässt sich nicht voraussagen. Tatsache aber ist, dass die globale kapitalmarktorientierte Wirtschaft zu überhitzen droht – Warnzeichen, die in Folge der Finanzkrise 2008 ff. deutlich zu erkennen waren, wurden von der Politik nicht ernst genommen. Dass es hier um fundamentale wirtschafts- und gesellschaftsethische Fragen geht, ist offensichtlich.

▶ **Nehmen Sie sich einen Moment Zeit** und denken Sie darüber nach: Wann haben Sie sich das erste Mal in Ihrem Leben für Aktien interessiert? Können Sie sich erinnern, ob Ihre Eltern jemals den Wirtschaftsteil der Tageszeitung gelesen haben?

Ganze Volkswirtschaften sind mittlerweile abhängig von den Entwicklungen am Kapitalmarkt und damit von privaten (meist: institutionellen) Investoren. Das birgt gefährliche Momente in sich. Darüber hinaus fördern die internationalen Verflechtungen der Kapitalmärkte die zunehmende Destabilisierung nationaler Börsen, denn die Landesentwicklungen können sich nicht mehr isoliert vollziehen.

Schließlich werden Unternehmen, die an die Börse gehen, damit unter Umständen selbst zum Handelsobjekt. Das kann in offensichtlicher Form durch angekündigte Übernahmen passieren, meist aber geschieht dies schleichend, indem sich Fonds und Investoren sukzessive Anteile an Unternehmen kaufen, deren Politik sie dann ab einem gewissen Aktienanteil bestimmen können. Dies kann zu ungewollten Veränderungen in der Strategie und Ausrichtung von Unternehmen führen, bis hin zu Verlagerung und damit drohenden Entlassungen am Heimatstandort.

Beispielhaft für die kurzfristig orientierte kapitalmarktorientierte Wirtschaft sind die in Deutschland erst seit 2004 zugelassenen, hoch spekulativen *Hedgefonds* (von engl.: *hedge* = wörtl. Hecke, übertragen: *absichern*). Die grundsätzliche Strategie der Hedgefonds zielt darauf, das investierte Kapital abzusichern – gegen Kursverluste, Währungsschwankungen, Krisen etc. Im Einzelnen verfolgen sie dabei unterschiedliche Wege, aber immer mit dem Ziel, kurzfristig Gewinne abzuschöpfen. Deswegen sind Hedgefonds hochriskant und spekulativ.

Eine Strategie ist der sogenannte *Leerverkauf.* Dabei verkaufen Hedgefonds Aktien, die sie sich vorher bei Banken gegen eine Gebühr geliehen haben. Die Fondsmanager bauen darauf, dass die Kurse nach dem Verkauf der Aktien fallen. Denn dann können sie diese Aktien, die sie zum Beispiel für den Betrag X verkauft haben, zum Betrag Y, der aber nach dem Kursverfall nun unter X liegt, zurückkaufen und machen so einen Gewinn. Die zurückgekauften Aktien werden dann an den Verleiher zurückgegeben. Risiko dabei ist: Fallen die Kurse durch den Verkauf nicht bis zum vereinbarten Rückgabezeitpunkt, macht der Hedgefonds Verlust.

Die hochspekulative Kurzfristigkeit dieser Fonds ist damit auch ein Thema der Ethik. Hinzu kommt, dass Hedgefonds international kaum Kontrollen unterliegen (sie müssen sich allerdings bei der amerikanischen Börsenaufsicht SEC registrieren lassen). In der Ausgestaltung ihrer Strategien sind sie weitgehend unabhängig. Meist haben die Investgesellschaften ihren Standort in Steueroasen (*offshore*), an denen für realisierte Gewinne wenig oder keine Steuern bezahlt werden müssen.

Wurden früher Ethik und Kapitalmarkt als zwei sich ausschließende Bereiche gesehen, zeigt sich in den vergangenen Jahren, dass sowohl beim Nachdenken über grundsätzliche Strukturen des internationalen Kapitalmarktes wie bei der Beschäftigung mit den unmittelbaren Aktivitäten auf dem Kapitalmarkt ethische Überlegungen immer größere Aufmerksamkeit bekommen. Entsprechende Anlagemöglichkeiten werden mittlerweile am Markt angeboten und von den Anlegern gut angenommen. Insbesondere Pensionsfonds und Versicherungen legen bei ihren Anlagen Wert darauf, dass die Unternehmen, bei denen man sich einkauft, bestimmte ethische und ökologische Kriterien berücksichtigen.

Auch eigene Listings für Unternehmen, gegliedert nach ihrem Engagement in den Bereichen Umwelt und Soziales, werden zunehmend als Grundlage für Öko- und Ethik-Fonds herangezogen.

Praxisbeispiel 39

Ihr Software-Unternehmen ist im SDAX notiert. Eines Tages bietet ein amerikanischer Softwarehersteller den Aktionären Ihres Unternehmens 15 % Aufschlag je Aktie auf den aktuellen Kurs. Persönlich sind Sie zwar durch die feindliche Übernahme fein heraus, gleichwohl geben Sie Ihr Unternehmen, Ihre Ideen und die damit verbunden Patente nur ungern auf. Da aber die Aktionäre das Angebot mehrheitlich annehmen, haben Sie keine andere Wahl als sich dem neuen Besitzer zu beugen.

- Wie reagieren Sie angesichts der Tatsache, dass Sie sich nicht wehren können?

Praxisbeispiel 40

Ihr Software-Unternehmen ist im SDAX notiert. Trotz hervorragender Geschäftsergebnisse und guter Produkte fällt der Kurs Ihrer Unternehmensaktie seit einigen Monaten langsam aber sicher. Nach genauer Analyse der Situation erfahren Sie, dass seit einiger Zeit Hedgefonds mit den Aktien Ihres Unternehmens spekulieren.

- Wie reagieren Sie?
- Welche Möglichkeiten haben Sie, gegen einen weiteren Kursverfall der Aktien vorzugehen?

7.3.7   Shareholder Value

Ein Thema in der Schnittmenge von Unternehmens- und der Wirtschaftsethik ist die Diskussion um das *Shareholder-Value-Konzept. Shareholder* ist der englische Ausdruck für Anteilseigner, also Aktionäre, *Value* heißt Wert. Shareholder-Value-Orientierung heißt mithin, den Wert der einzelnen Anteile zu erhöhen, damit die Anteilseigner aus ihrem Investment in die Aktie höheren Profit erzielen. Darüber hinaus zielt das Konzept darauf, das Papier für neue Investoren interessant zu machen.

Das Konzept des Shareholder Value ist nicht neu. Seit es Börsen gibt (die erste Börse wurde 1531 in Antwerpen eröffnet), geht es einerseits darum, dass sich Unternehmen über die Kapitalisierung an der Börse Geld beschaffen, zum anderen, dass über Aktienwert und Dividende der Gewinn der Anteilseigner erhöht wird. Gleichwohl hat es in den Achtziger Jahren des vergangenen Jahrhunderts verstärkt Eingang in die wirtschaftsethische Diskussion gefunden und ist bis heute – gerade im Gegenüber zur *Stakeholder-Theorie* – immer noch Thema.

> ▶ **Nehmen Sie sich einen Moment Zeit** und denken Sie darüber nach: Vorausgesetzt Sie besitzen Aktien – interessiert es Sie, von welchem Unternehmen diese sind oder überlassen Sie die Depotverwaltung Ihrer Bank, da für Sie nur das Ergebnis zählt? Setzen Sie bei Aktienkäufen eher auf Risiko oder auf Sicherheit? Welche Kriterien muss für Sie ein Unternehmen erfüllen, damit Sie Aktien von ihm kaufen? Spielt dabei auch Ethik eine Rolle?

Der US-amerikanische Unternehmensberater und Börsenmakler *Alfred Rappaport* setzte sich Mitte der achtziger Jahre des vergangenen Jahrhunderts dafür ein, dass die US-Unternehmen den Blick stärker auf den Kurs ihrer Aktie richten, der Beginn des Börsenbooms der neunziger Jahre. Davor waren die Strategien us-amerikanischer Unternehmen auf umfassende Befriedigung der Interessen möglichst vieler Beteiligter am Unternehmen ausgerichtet (*Stakeholder-Ansatz*).

Primärziel des Shareholder-Value-Konzepts ist: *Maximiere die Rendite auf das eingesetzte Kapital der Aktionäre*. Der Grundgedanke des Shareholder Value lautet also: Der Unternehmenserfolg definiert sich über den Börsenkurs und damit über den Börsenwert des Unternehmens. Das Konzept zielt auf die mittel- und längerfristig zu erwartende *Eigenkapitalrendite*. Es will langfristig erfolgreiche Unternehmen schaffen, die sich nicht jeder Krise beugen müssen und die vor der Gefahr verschont bleiben, von anderen übernommen zu werden.

Das Konzept des Shareholder Value ist umstritten. Die Frage nach ethisch wünschenswertem Verhalten setzt auch beim Shareholder-Value-Konzept bei der Frage an, mit welchen Methoden der Aktienwert gesteigert wird.

Es gibt eine Reihe von Instrumenten, den Börsenwert eines Unternehmens zu steigern. Problematisch wird es, wenn Unternehmen durch die Fixierung auf den Shareholder Value andere Stakeholder des Unternehmens außer Acht lassen, oder sie als Mittel zum Zweck sehen, den Unternehmenswert zu steigern. Ein immer wieder zu beobachtendes Phänomen zeigt, dass die Aktien börsennotierter Unternehmen steigen, sobald Entlassungen angekündigt werden. Die dahinter stehende Vorstellung der Anteilseigener: Mit Entlassungen gehen die Personalkosten zurück, die einen erheblichen Anteil der Fixkosten ausmachen. Diese Vorstellung kann eine gefährliche Dynamik entwickeln, die ethisch nicht wünschenswert ist. Hier stellt sich die Grundsatzfrage, in welcher Form Unternehmen ihrer gesellschaftlich weiter gehenden Verantwortung Rechnung tragen. Durch die alleinige Orientierung am Kapitalmarkt kommt es zu einer einseitigen Gewichtung. Es kann nicht wünschenswert sein, wenn Sie Ihr Unternehmen nur noch am Börsenwert ausrichten, während Sie die übrigen Stakeholder auf eine zuarbeitende Funktion beschränken. Es ist ethisch eine Frage der Verhältnismäßigkeit.

Praxisbeispiel 41

Sie haben einen Teil Ihrer Ersparnisse in Aktien investiert. Bisher waren Sie mit der Performance Ihres Depots zufrieden, über die Jahre hinweg konnten Sie Zuwächse von durchschnittlich sieben Prozent pro Jahr realisieren. Einen Großteil Ihrer Aktien haben Sie bei dem Unternehmen Erfolg AG investiert, das seit Jahren hervorragende Zahlen liefert. Nun kündigt die Erfolg AG an, im kommenden Jahr die Hälfte seiner Aktivitäten ins Ausland zu verlagern. Die Folge hiervon ist, dass es zu Entlassungen im Mutterland kommen wird. Der Aktienkurs schnellt in die Höhe.

In den Medien sehen Sie Bilder von den Protesten der Belegschaft, die gegen die drohenden Entlassungen protestieren.
* Wie reagieren Sie?
* Schichten Sie Ihr Depot um?
* Was wäre nach Ihrer Meinung eine Lösung aus dem Dilemma?

Praxisbeispiel 42

Sie haben einen Teil Ihrer Ersparnisse in Aktien investiert. Bisher waren Sie mit der Performance Ihres Depots sehr zufrieden, über die Jahre hinweg konnten Sie Zuwächse von durchschnittlich zehn Prozent pro Jahr erzielen. Aufgrund eines jahrelangen verschwiegenen Bilanzdefizits eines großen us-amerikanischen Unternehmens, das ans Tageslicht kommt, gerät zunächst die New Yorker Börse ins Trudeln, kurze Zeit später alle internationalen Börsen. Die Blase der vergangenen Jahre platzt, die Börsenkurse brechen ein. Ihr Depot besitzt schlagartig nur noch ein Drittel des Wertes, den Sie anfangs investiert haben.
* Wie reagieren Sie?
* Wo sehen Sie den Verantwortlichen für Ihre Misere?
* Wie sehen Ihre finanziellen Zukunftsplanungen aus?

7.4   Instrumente der Wirtschaftsethik

7.4.1   Vorbemerkung

Bei der nun folgenden Darstellung einiger Instrumente, die helfen können, ethisch wünschenswertes Verhalten in wirtschaftliche Zusammenhänge zu bringen, wird bewusst auf Checklisten oder Praxistipps verzichtet. Das hat seinen Grund darin, dass die Befolgung einzelner Standards sowie deren Implementierung in das Unternehmen oder den Betrieb zumeist eine strategische Grundsatzfrage ist, die von der Unternehmens- oder Betriebsleitung beschlossen werden muss. Wenn ein solcher Beschluss erfolgt, müssen auch die Managementsysteme im Unternehmen und im Betrieb inhaltlich darauf eingestellt werden. Da aber Management-Systeme unterschiedlich gestaltet und aufeinander abgestimmt sind, bedarf es der jeweils individuellen Betrachtung des Unternehmen oder des Betriebs.

7.4.2   Zum Sinn von Umwelt- und Sozialstandards

Im Zuge der modernen Globalisierung ist eine Debatte darüber entstanden, in welcher Form Unternehmen sich den damit verbundenen Herausforderungen stellen. Diese Herausforderungen auf dem internationalen Markt sind dadurch gekennzeichnet, dass Unternehmen in unterschiedlichen Ländern unterschiedliche Bedingungen vorfinden, was das Arbeitsumfeld und den Schutz der Umwelt betrifft. Insbesondere die Themen *Kinderarbeit, Arbeitszeiten, Arbeitssicherheit* sowie *Gesundheit* sind im Zusammenhang der sozialen Themen zu nennen, *Umweltverschmutzung* und *umweltgefährdende Produktionsmaßnahmen* im Zusammenhang der ökologischen Themen.

Da die Regierungen der betroffenen Länder häufig eher auf Wirtschaftswachstum als auf nachhaltiges und sozialverträgliches Wirtschaften setzen und dabei einen scheinbaren komparativen Vorteil nutzen, entsteht für wertorientierte Unternehmen, die in solche Länder investieren wollen, eine Grauzone und damit eine ethische Dilemmasituation.

Gesetzliche Maßnahmen dieser Länder wie auch internationale Regelungen greifen häufig nicht oder zuwenig. Demnach könnten ein Instrument freiwillige Selbstverpflichtungen in Form von Standards sein, die für bestimmte Branchen oder bestimmte Aktivitäten angewendet werden. Insbesondere in der Textil- und Sportartikelbranche gibt es eine Reihe von selbst gesetzten Standards der beteiligten Unternehmen, mit denen sie sich verpflichten, insbesondere bei den Arbeitsbedingungen Verbesserungen anzustreben.

Das Problem der meist nicht rechtsverbindlichen Standards liegt in ihrer mangelnden Durchsetzbarkeit. Wie bei allen freiwilligen Aktivitäten von Unternehmen kommt es darauf an, dass über die öffentliche Wahrnehmung der Grad der Verbindlichkeit im Sinne der Gewährung der gesellschaftlichen Betriebslizenz (*license to operate*) erhöht wird.

Neben den Standards, die insbesondere auf internationaler Ebene diskutiert werden, ist es für kleine und mittlere Betriebe, die vornehmlich im nationalen Kontext operieren, hilfreich, sich auf regionaler Ebene um die Einhaltung bestimmter Standards zu bemühen. Vielfach werden auf Ebene der Bundesländer oder Kommunen Initiativen (*Umweltpakt, Gütesiegel Arbeit etc.*) angeboten, deren Einhaltung zu einem Baustein der bürgerschaftlichen Verantwortung vor Ort werden kann.

7.4.3 SA 8000

1997 hat die amerikanische Nichtregierungsorganisation *Social Accountability International* (*SAI*) die mittlerweile international anerkannte Norm *Social Accountability* (*SA*) *8000* vorgelegt. Sie versteht sich als eine Ergänzung zu den ISO-Normen 9000 ff (Qualität) und 14000 ff (Umwelt) und beinhaltet die Themen Menschenrechte sowie Arbeitsbedingungen in Unternehmen.

Weltweit können sich Unternehmen nach der SA 8000 zertifizieren lassen. Folgende Regelungen müssen für eine Zertifizierung erfüllt sein:

1. Verbot von Kinderarbeit im Unternehmen sowie deren Unterstützung
2. Verbot von Zwangsarbeit im Unternehmen sowie deren Unterstützung
3. Gesundheit und Sicherheit: Einhaltung von Mindeststandards bei den Arbeitsbedingungen sowie Einrichtung eines internen Managementsystems zur Gewährleistung der Standards
4. Vereinigungsfreiheit und Recht zu Kollektivverhandlungen der Belegschaft
5. Verbot der Diskriminierung wegen Rasse, Kaste, nationaler Herkunft, Glaubensbekenntnis, Behinderung, Geschlecht, sexueller Orientierung, Mitgliedschaft in einer Gewerkschaft, politischer Zugehörigkeit oder Alter
6. Verbot von Disziplinarmaßnahmen (körperliche, psychische Zwangsmaßnahmen, Beschimpfungen etc.)
7. Arbeitszeiten: maximale Wochenarbeitszeit bei 48 Stunden; Gewährung eines freien Arbeitstages je Woche; maximal zwölf Überstunden je Woche, die mit Zuschlagszahlungen entlohnt werden müssen

8. Arbeitsentgelt: Einhaltung der vorgeschriebenen Mindestlöhne (Lohn muss
   ausreichen, um die Grunderfordernis der Belegschaft zu erfüllen und einen Teil
   zur freien Verfügung lässt)
9. Managementsysteme: Unternehmensleitung verpflichtet sich zur Einhaltung
   und kontinuierlichen Überprüfung des Standards; ein Managementsystem zur
   Einhaltung des Standards wird eingerichtet; Lieferanten und Subunternehmer
   werden in das Managementsystem sowie entsprechende Überprüfung einbezogen; die Vorgänge werden dokumentiert.

Der weltweit anerkannte Standard ist ein wichtiges Instrument bei der Umsetzung
ethisch wünschenswerter sozialer Arbeitsbedingungen im Kontext der Globalisierung. Insbesondere in der Textil- und Sportartikelbranche kommt der SA 8000 verstärkt zur Anwendung und gilt vielen als Minimalkonsens für international tätige
Unternehmen. Allerdings basiert der SA 8000 weiterhin auf freiwilliger Basis.

7.4.4 Global Compact

Eine Konkretion eines Umwelt- und Sozialstandards auf internationaler Ebene ist
der *Global Compact* (*Weltvertrag*). Auf dem Weltwirtschaftsforum in Davos im
Jahre 1999 stellte der ehemalige Generalsekretär der Vereinten Nationen, *Kofi Annan*, eine Initiative vor, um international tätige Unternehmen in einen weltweiten
Stakeholder-Dialog mit NGOs und den Institutionen der Vereinten Nationen einzuladen. Eigentlicher Initiator war die *Internationale Handelskammer*, die im Jahr
1998 ein entsprechendes Papier vorlegte. Ziel des *Global Compact* ist es, zehn
Prinzipien zum Umweltschutz, zur Wahrung der Menschenrechte und zur Korrup-
tionsfrage einzuhalten.
    Offiziell gestartet wurde die Initiative im Juli 2000. Mittlerweile beteiligen sich
weltweit mehrere tausend Firmen am Global Compact. Kofi Annan setzte dabei
vor allem auf die freiwillige Initiative von Unternehmen und Organisationen, um
die bürgerschaftliche Verantwortung der Beteiligten voranzubringen. Die anfangs
neun, mittlerweile zehn Prinzipien (Prinzip 10 zum Thema Korruption kam erst
später hinzu) drücken dabei einen Grundkonsens aus, an den sich die Unternehmen, die den Global Compact freiwillig unterschrieben haben, halten.
    Die zehn Prinzipien lauten:

* Menschenrechte
* *Prinzip 1:* Unternehmen sollen den Schutz der internationalen Menschenrechte
  innerhalb ihres Einflussbereichs unterstützen und achten und

- *Prinzip 2:* sicherstellen, dass sie sich nicht an Menschenrechtsverletzungen mitschuldig machen.
- Arbeitsnormen
  - Prinzip 3: Unternehmen sollen die Vereinigungsfreiheit und die wirksame Anerkennung des Rechts auf Kollektivverhandlungen wahren sowie ferner für
  - Prinzip 4: die Beseitigung aller Formen der Zwangsarbeit,
  - Prinzip 5: die Abschaffung der Kinderarbeit und
  - Prinzip 6: die Beseitigung von Diskriminierung bei Anstellung und Beschäftigung eintreten.
- Umweltschutz
  - Prinzip 7: Unternehmen sollen im Umgang mit Umweltproblemen einen vorsorgenden Ansatz unterstützen,
  - Prinzip 8: Initiativen ergreifen, um ein größeres Verantwortungsbewusstsein für die Umwelt zu erzeugen, und
  - Prinzip 9: die Entwicklung und Verbreitung umweltfreundlicher Technologien födern.
- Korruptionsbekämpfung
  - Prinzip 10: Unternehmen sollen gegen alle Arten der Korruption eintreten, einschließlich Erpressung und Bestechung.

Unternehmen und Institutionen, die sich am Global Compact beteiligen wollen, können dies in einem Schreiben an das entsprechende Büro bei den Vereinten Nationen, tun. Erwartet wird von den Unterzeichnenden, dass sie einen jährlichen Bericht darüber vorlegen, was sie zur Unterstützung und Umsetzung der Prinzipien getan haben. Dieser Bericht ist Vorraussetzung für das Teilnahme-Siegel. Teilnehmende Unternehmen, die nicht über ihre Aktivitäten und ihre Ziel berichten, werden auf der Homepage gesondert aufgeführt. Wenn über einen Zeitraum von zwei Jahren keine Berichterstattung der Teilnehmenden vorliegt, gilt die Mitgliedschaft als beendet. Die Berichte sind dabei in ihrer Struktur und in ihren Kriterien frei. Dies wird häufig kritisch gesehen.

Neben Unternehmen beteiligen sich an der Initiative eine Reihe von NGOs, Regierungsbehörden sowie einzelne Städte.

Von Seiten der Vereinten Nationen sind folgende Behörden vertreten:

- der Hohe Kommissar der Vereinten Nationen für Menschenrechte (*UNHCHR*)
- die Internationale Arbeitsorganisation (*ILO*)
- das Umweltprogramm der Vereinten Nationen (*UNEP*)
- das Entwicklungsprogramm der Vereinten Nationen (*UNDP*)
- die Organisation der Vereinten Nationen für industrielle Entwicklung (*UNIDO*)

Mit mehr als 12.000 Teilnehmern aus über 145 Ländern (Stand Oktober 2014) ist der Global Compact derzeit die weltweit größte Initiative gesellschaftlich engagierter Unternehmen und anderer Stakeholder.

Getragen ist der Global Compact ist von der Vision einer nachhaltigen und möglichst viele Länder und Unternehmen integrierenden Form des Wirtschaftens, die zugleich sozialverträglich ist. Zur Unterstützung und Durchsetzung dieses Ziels bieten die Vereinten Nationen an, den beteiligten Unternehmen etwa bei Stakeholder-Dialogen vor Ort, durch Netzwerk-Bildungen und Projekte, die die Verbreitung der zehn Prinzipien vorantreiben, zu helfen.

Aus Sicht der Vereinten Nationen ist dieses Instrument auch zum Nutzen der beteiligten Unternehmen. Denn sie sind …

… Leader, die praktische Vorschläge zur Lösung von Problemen vorstellen, die aus der Globalisierung entstehen, etwa im Hinblick auf gesellschaftliche Verantwortung oder Nachhaltigkeit. Diese Lösungen können im Stakeholder-Dialog diskutiert und weiterentwickelt werden.

… verantwortlich für sich selbst: Für Unternehmen bedeutet die Teilnahme am Global Compact Risikovorsorge: Durch den Stakeholder-Dialog werden sie frühzeitig auf kritische Themen vorbereitet.

… vernetzt mit anderen Unternehmen, die offen sind für Lösungen: Untereinander kann man von den *best practices* profitieren. Dazu kommen Unterstützung und Kenntnisse, die die Vereinten Nationen über den Entwicklungsprozess einzelner Länder haben.

Der Global Compact versucht erstmals auf internationaler Ebene, Unternehmen freiwillig zu einer Selbstverpflichtung anzuregen. Rechtlich durchsetzbar, einklagbar ist das Einhalten dieser Prinzipien nicht. Das ist das Problem des Global Compact. Zwar wird von kritischer Seite eingewendet, die besagten Prinzipien seien Minimalstandards, die ohnehin weitgehend rechtlich abgesichert und damit verpflichtend sind. Kritische Organisationen fordern zudem eine stärkere Verbindlichkeit der Prinzipien, damit Unternehmen das Instrument nicht als Marketing missbrauchen.

Gleichwohl ist der Global Compact der Versuch, die Verantwortung von Unternehmen im Zuge der Globalisierung klar zu formulieren. Deswegen ist dieser Schritt positiv zu bewerten, wenngleich sich immer wieder Firmen unter den Unterzeichnern finden, bei denen Praktiken aufgedeckt werden, die nicht den zehn Prinzipien des Global Compact entsprechen. Nicht ersichtlich wird zudem aus den Berichten, wie weit Unternehmen an der wirklichen Umsetzung der zehn Prinzipien arbeiten.

Aber es bleibt zu hoffen, dass dieses Instrument im Zuge der Globalisierung weiter an Prominenz gewinnt. Gleichwohl ist derzeit unklar, wie es mit dem Global

Compact weitergeht, da die Initiative zunächst eng mit der Person des ehemaligen Generalsekretärs verbunden war. Ob sein Nachfolger die Initiative mit gleicher Kraft voranbringt, ist nicht absehbar.

7.4.5 Deutscher Corporate Governance Kodex

Im Februar 2002 wurde der *Deutsche Corporate Governance Kodex* verabschiedet und bis heute immer wieder überarbeitet. Ursprünglicher Auslöser dafür war die Holzmann-Pleite im Jahr 2000, die die Bundesregierung zur Einsetzung einer Kommission veranlasst hatte. Entwickelt wurde dieser vorab in verschiedenen Gremien, besetzt aus Politik und Wirtschaft. Parallel zum Kodex wurde die *Regierungskommission Deutscher Corporate Governance Kodex* einberufen, die dazu die praktische Umsetzung und die weitere Entwicklung der Gesetzgebung prüft; entsprechend hat die Kommission die Möglichkeit, den Kodex gegebenenfalls anzupassen und zu ändern. Dieses Recht wendet die Kommission auch regelmäßig an, so dass es fast jährlich zu – wenn auch manchmal marginalen – Änderungen am Corporate Governance Kodex kommt.

Der Corporate Governance Kodex will dazu beitragen, das Vertrauen der Anleger in die Führung deutscher Unternehmen zu stärken und damit zu weiteren Investments zu animieren. Deshalb versucht der Corporate Governance Kodex, die Unternehmen auf freiwilliger Basis zu mehr Transparenz anzuregen, insbesondere bei den Themen, die die Unternehmensführung und die Kontrolle interner wie nach außen gerichteter Managementsysteme betrifft. Nach anfänglicher großer Aufregung und Kritik, insbesondere an der Veröffentlichung der Managergehälter, hat sich die Lage mittlerweile beruhigt.

Der Deutsche Corporate Governance Kodex muss sich an der spezifischen rechtlichen Struktur deutscher Aktiengesellschaft halten *(two boards system* mit Vorstand und Aufsichtsrat). Im Kodex selbst – bestehend aus sieben Kapiteln – wird unterschieden zwischen Empfehlungen, die der Kodex ausspricht, und Anregungen. Börsennotierte Unternehmen müssen sich jährlich erklären, ob sie

*   den Kodex als Ganzes angenommen wird (Einverständniserklärung oder Übernahmemodell)
*   der Kodex als Ganzes abgelehnt wird (Ablehnungserklärung oder Ablehnungsmodell)
*   nur Teile des Kodex' befolgt werden (qualifizierte Abweichungserklärung oder Selektionsmodell)

Wenn sich ein Unternehmen nicht an die Empfehlungen hält, so sind die Gründe dafür offen zu legen. Weicht ein Unternehmen von den Anregungen ab, so muss es dies nicht öffentlich begründen.

In seinen Ausführungen konzentriert sich der Kodex vor allem an der organisationalen Struktur von Aktiengesellschafen. Dies spiegelt sich im Inhaltsverzeichnis:

1. Präambel
2. Aktionäre und Hauptversammlung
3. Zusammenwirken von Vorstand und Aufsichtsrat
4. Vorstand
5. Aufsichtsrat
6. Transparenz
7. Rechnungslegung und Abschlussprüfung

Der Vorteil des Kodex' ist, dass er – börsennotierte – Unternehmen anregt, transparenter in ihrer Politik und Strategie zu werden. Dazu bietet der Kodex eine Reihe von Anregungen. Gleichwohl kann es sich bei diesem Instrument nur um einen ersten Schritt handeln: Denn der Corporate Governance Kodex richtet sich de facto (obschon in der Präambel anders adressiert) vor allem an börsennotierte Unternehmen. Darüber hinaus fehlen Fragen der kulturellen Voraussetzungen und des aktiven Wertemanagements, mittels dessen weitere Fortschritte erzielt werden könnten. Kritiker werfen dem Kodex vor, er sei letztlich ein Instrument des Shareholder-Value-Konzeptes.

Diskutiert wird auch darüber, dass als externes Gegenüber der unternehmensinternen Gremien Vorstand und Aufsichtsrat ausschließlich die Aktionäre erwähnt sind (abgesehen vom ersten Absatz der Präambel). Damit bekäme der Kodex eine einseitige Ausrichtung. Gleichwohl ist zu sagen, dass zumindest das Thema von transparenter Unternehmensführung seit dem Corporate Governance Index in den Unternehmen intensiver diskutiert wird.

Ein weiterer kritsch zu betrachtender Punkt: Mit dem Corporate Governance Kodex sollte mehr Transparenz in das Agieren der Aktiengesellschaften gebracht werden, auch beim Thema Gehälter. Die Erwartung war, dass durch das Veröffentlichen der Gehälter der Top-Manager sich dies auf Dauer auf niedrigerem Niveau einpendeln werden. Doch das Gegenteil ist eingetreten, sicher nicht allein durch den Corporate Governance Index verursacht, aber doch auffälligerweise. Denn nun kann der er Vorstand von A sehen, was die Kollegen bei B verdienen. Wenn B mehr bezahlt, dann will man das auch bei A haben: Die Spirale dreht sich nach oben.

7.4.6 Sarbanes Oxley Act

Der Sarbanes Oxley Act, benannt nach dem US-Senator *Paul Sarbanes* und dem US-Kongress-Abgeordneten *Michael Oxley*, wurde im Juli 2002 vom US-Kongress verabschiedet. Die US-Regierung reagierte damit auf die großen Skandale der Firmen *Enron* und *Worldcom*: Dort hatten jahrelange Verschleierungen der tatsächlichen Bilanzlage, vermutlich unter Mitwisser- und Mittäterschaft von Wirtschaftsprüfungsgesellschaften, letztlich zum Zusammenbruch der Unternehmen geführt. Die beiden großen Fälle lösten einen einem erheblichen Vertrauensschwund der Anleger in amerikanische Unternehmen aus. Der Sarbanes Oxley Act soll dazu beitragen, das verlorene Vertrauen zurück zu gewinnen, vor allem in Form von wesentlich mehr Transparenz der Unternehmen wie Wirtschaftsprüfungsgesellschaften, sowie durch verschärfte Kontrollen und die verstärkte persönliche Verantwortlichkeit der Unternehmensleitung.

Alle Unternehmen und Wirtschaftsprüfungsgesellschaften (amerikanische wie ausländische), die bei der amerikanischen Börsenaufsichtsbehörde *SEC* (= Securities and Exchange Commission) registriert sind, unterliegen dem Sarbanes Oxley Act. Zusätzlich unterliegen auch Tochtergesellschaften der registrierten Unternehmen dem Gesetz, wenn diese Tochtergesellschaften einen bedeutenden Teil des Mutterunternehmens repräsentieren (*significant subsidiaries*). Dementsprechend kontrollieren die SEC sowie das mit dem Sarbanes Oxley Act installierte *Public Company Accounting Oversight Board* (*PCAOB*) die Einhaltung des Gesetzes.

Das Gesetz besteht aus elf Abschnitten (*titels*) mit 69 Paragraphen (*sections*). Der Inhalt in Kurzform:

1. Public Company Accounting Oversight Board (PCAOB): Festlegung der Zusammensetzung, Aufgaben und Kompetenzen dieser Behörde
2. Auditor Independence: Regelungen zur Sicherstellung der Unabhängigkeit der Wirtschaftsprüfer
3. Corporate Responsibility: Rechte und Pflichten des Unternehmens und seiner Funktionsträger
4. Enhanced Financial Disclosures: Auflistung der Zahlen und Fakten, über die Unternehmen berichten müssen
5. Analysis Conflicts of Interest: Maßnahmen zur Verhinderung von Interessenskonflikten
6. Commission Ressources and Authority: Bestimmungen für die SEC
7. Studies and Reports: Bestimmung der Themen, die bestimmte US-Behörden untersuchen

8. Corporate and Criminal Fraud Accountability: Strafrechtliche Regelungen für Delikte der Unternehmensleitung sowie Regelungen zum Schutz der Mitarbeitenden

9. White-Collar Crime Penalty Enhancements: verschärfte Regelungen bei Verstößen gegen die eidesstattliche Berichtspflicht der Unternehmensleitung

10. Corporate Tax Returns: Verpflichtung des Unternehmenschefs zur Unterzeichnung der Steuererklärung

11. Corporate Fraud and Accountability: Beschreibung der Folgen für die Unternehmensleitung bei Verstößen

Im Blickpunkt der wirtschaftsethischen Diskussion stehen die Paragrafen 301, Abschn. 4, 302, 404 und 406.

Nach *Paragraf 301, Abschn. 4* müssen Unternehmen intern ein System implementiert haben, das sicherstellt, dass Beschwerden über den Jahresabschluss, das interne Kontrollsystem und andere Auditierungsthemen anonym entgegengenommen und überprüft werden. Es handelt sich also um ein sogenanntes *Whistle-Blower-System*.

Nach *Paragraph 302* muss die Unternehmensleitung (CEO und CFO oder Personen mit vergleichbaren Funktionen) bei der Quartals- und Jahresberichterstattung schriftlich bestätigen, dass alle Angaben der tatsächlichen Lage des Unternehmens entsprechen. Weiter muss die Unternehmensleitung den Abschlussprüfer sowie das Audit Committee über eventuelle Unregelmäßigkeiten informieren. Bei falschen Angaben oder bewussten Verstößen drohen drastische Sanktionen.

Paragraph 404 verlangt von Unternehmen, detailliert über die Prozesse der Berichterstattung Auskunft zu geben. Konkret müssen Unternehmen ein so genanntes internes Kontrollsystem (IKS) einrichten, pflegen und dokumentieren. Betroffen davon sind alle Prozesse, die im Zusammenhang mit der Rechnungslegung stehen; zugleich müssen die Verantwortlichen bei jeder Berichterstattung bewerten, ob und wie gut das Kontrollsystem tatsächlich greift, also mithin funktionsfähig ist. Die Ergebnisse dieser Bewertung müssen veröffentlicht werden. Auch der Abschlussprüfer muss noch einmal die Funktionsfähigkeit des Kontrollsystems überprüfen; darüber hinaus muss der Abschlussprüfer zu dem Bericht der Unternehmensleitung über das IKS Stellung nehmen. Damit soll eine weitere Sicherung eingebaut werden.

Paragraph 406 verlangt von Unternehmen, dass sich mindestens die Senior Financial Officers verpflichten, einen Code of Ethics einzuhalten, dessen Inhalt genauer definiert wird (*integeres Verhalten, Regelungen bei Konflikten zwischen persönlichen und beruflichen Interessen, Rechtmäßigkeit der Berichterstattung in jeglicher Hinsicht, Einhalten von Gesetzen etc.*). Sollten sich die Senior Financial

Officers nicht zu einem solchen Schritt bereit erklärt haben, müssen dafür Gründe angegeben werden.

Immer wieder wird an dem Sarbanes Oxley Act kritisiert, dass er von Unternehmen einen erheblichen Organisations- und Dokumentationsaufwand verlangt, der zum einen organisatorisch kaum zu bewältigen sei und die internen Kosten immens in die Höhe treibe.

Gleichwohl – trotz des Formalismus', der dem Gesetz innewohnt – wird mit dem Sarbanes Oxley Act erstmals der Versuch unternommen, Unternehmen umfassend zur Transparenz, zum Schutz der Anleger wie der Mitarbeitenden sowie zur Rückgewinnung von Vertrauen durch die Öffentlichkeit zu bewegen. Wirtschaftsprüfungsgesellschaften bekommen in der Tat strenge Auflagen, damit werden diese aber zugleich davor geschützt, bei eventuellen Skandalen in Mitleidenschaft gezogen zu werden.

Diese Ziele beschreiben eine Form der wünschenswerten Unternehmensführung. Das Gesetz versucht, Interessen der Öffentlichkeit, der Anleger sowie der Belegschaft eines Unternehmens, in die Unternehmensprozesse einzubringen, obschon der Schwerpunkt dabei auf der Finanzberichterstattung liegt. Die zum Teil drastischen Strafbestimmungen bei Verstößen gegen den Sarbanes Oxley Act sind ein klares Präventionsinstrument und schrecken potenzielle Täter ab.

Auch wenn der Organisationsaufwand tatsächlich immens ist: Mit dem Sarbanes Oxley Act ist die Diskussion um transparente Unternehmensführung sowie um mögliche Methoden der unternehmensinternen Durchführung belebt worden. Sicher ist es mit den Formalismen und ihrer Erfüllung alleine nicht getan; entscheidend ist dabei, dass sich über den Formalismus hinweg auch die Kultur entsprechend verändert.

7.4.7 ISO 26 000

Die *Internationale Standard Organisation (ISO)* hat im Jahr 2004 beschlossen, bis Ende des Jahres 2008 eine neue ISO-Norm mit der Nr. 26000 herauszugeben. Ihr Titel: *ISO 26000 – Guidance Document on Social Responsibility*. Veröffentlicht wurde sie schließlich erst im November 2010, in Deutschland als Norm DIN ISO 26000 im Januar 2011.

Ziel dieser Leitlinie ist es, Unternehmen und Institutionen bei der Entwicklung, Umsetzung und Implementation von Bausteinen der gesellschaftlichen Verantwortung zu unterstützen. Dabei soll das Papier zunächst vor allem als ein Leitfaden fungieren. Eine Zertifizierung – wie etwa bei der ISO 9000 (Qualität) und 14000 (Umwelt) ist vorerst nicht vorgesehen. Von den anderen beiden verbindlichen Normen unterscheidet sich die ISO 26000 auch insofern, dass sie sich als Leitfaden für alle Organisationen versteht, also nicht nur für privatwirtschaftliche Unternehmen. Demnach gibt es in der ISO 26000 auch keine Beschreibung eines Management-Systems.

Die ISO 26000 ist in sieben Abschnitte gegliedert.

Abschnitt 1 umschreibt den Anwendungsbereich der Norm. Betont wird hier, dass es sich bei der Norm nicht um eine Managementnorm handelt und dass Präzisierungen im nationalen Kontext erwartet werden.

Abschnitt 2 definiert Begriffe.

Abschnitt 3 erläutert Historie und Hintergründe des Themas gesellschaftliche Verantwortung. Der Abschnitt geht dirfferenziert auf unterschiedliche Stakeholder und deren Rolle im Zusammenhang der gesellschaftlichen Verantwortung von Organisationen ein.

Abschnitt 4 definiert Grundsätze gesellschaftlicher Verantwortung (Rechenschaftspflicht; Transparenz; ethisches Verhalten; Achtung der Interessen der Anspruchsgruppen, der Rechtsstaatlichkeit, internationaler Verhaltensstandards und der Menschenrechte).

Abschnitt 5 wendet sich der Anerkennung gesellschaftlicher Verantwortung und Einbindung von Anspruchsgruppen (Stakeholder) zu.

Abschnitt 6 geht dann schließlich detailliert über in Handlungsempfehlungen. Nach Überlegungen zur Organisationsführung allgemein, wendet sich die Norm konkreten Themen zu (Menschenrechte, Arbeitspraktiken, Ökologie, faire Betriebs- und Geschäftspraktiken, Konsumentenanliegen, Einbindung und Entwicklung der Gemeinschaft) und gibt dazu – je Thema unterschieden in bis zu acht Handlungsfeldern – konkrete Hinweise und Handlungsempfehlungen für Organisationen, was in den jeweiligen Themenbereichen zu tun ist.

Abschnitt 7 ist als ein kleines Handbuch zu verstehen, wie das Thema Gesellschaftliche Verantwortung in einer Organisation zu verankern ist.

Die inhatlichlich im besten Sinne ausführliche und differnzierte ISO 26000 kann Unternehmen und Organisationen zur Orientierung und quasi als Leitfaden zur Umsetzung gesellschaftlicher Verantwortung dienen, gleichwohl würde eine entsprechende Auditierung und Zertifizierung der Norm mehr Gewicht verleihen.

7.4.8 Nachhaltigkeitsberichterstattung

In den zurückliegenden Jahren wurde es Standard in der Berichterstattung von Unternehmen, nicht nur über die geschäftlichen und finanziellen Aktivitäten, sondern auch über Umwelt und Soziales zu berichten. Dies geschieht in Form von sogenannten *Nachhaltigkeitsberichten*.

Der Begriff Nachhaltige Entwicklung (*sustainable development*) spielt erstmals im Brundtland-Bericht von 1987 eine prominente Rolle. Kerngedanke ist, heute so zu wirtschaften, dass auch künftige Generationen ihre Bedürfnisse befriedigen können. Dazu gehört die grobe Unterteilung in drei Dimensionen, nämlich Ökonomie, Ökologie und Soziales.

Die meisten aktuellen Nachhaltigkeitsberichte sind in Abfolge dieser drei Kriterien aufgebaut. Die Nachhaltigkeitsberichterstattung soll deutlich machen, dass die einzelnen Managementaufgaben in den Bereichen mindestens Schnittstellen, häufig sogar größere Schnittmengen aufweisen. Dazu kommt, dass Investoren und Analysten wie auch Öffentlichkeit und Gesellschaft nicht nur über das finanziellen Gebaren und die wirtschaftliche Lage von Unternehmen informiert werden wollen, sondern auch über deren gesellschaftspolitischen, arbeitsrechtlichen, mitarbeitergerechten sowie ökologischen Aktivitäten.

Außerdem gibt es eine Reihe von gesetzlich vorgeschriebenen Publikationen, die Unternehmen jährlich vorlegen müssen (Personalbericht, u. U. Umwelterklärungen, Zertifizierungsberichte etc.). Deswegen erscheint es sinnvoll, die verschiedenen Einzelberichte – neben dem Geschäftsbericht – in einen Nachhaltigkeitsbericht zusammenzufassen.

Eine wichtige Rolle spielt in diesem Zusammenhang die *Global Reporting Initiative (GRI),* die für die Berichterstattung von Unternehmen einen Kriterienkatalog bereitstellt. Diesen Kriterienkatalog berücksichtigen mittlerweile viele Unternehmen weltweit in ihrer Berichterstattung. Die GRI stellt ein einheitliches Kennzahlensystem bereit, anhand dessen Unternehmen ihre einzelnen Aktivitäten darstellen können. Die sogenannten *Guidelines* für das Reporting sind unterteilt nach sechs Indikatorengruppen:

1. Ökonomie
2. Umwelt
3. Menschenrechte
4. Personal
5. Produktverantwortung
6. Gesellschaft

Die einzelnen Indikatorengruppen sind wiederum untergliedert in verschiedene Punkte (mit Kennzahlen versehen), über die Unternehmen sinnvollerweise berichten sollten.

Der Vorteil dieser Vereinheitlichung besteht für die Stakeholder darin, dass infolge der klaren Struktur die Berichterstattung von Unternehmen gut verglichen werden kann. Für Unternehmen besteht der Vorteil darin, dass die standardisierten Kennzahlen im Jahresrhythmus – nach der Ersterstellung – rasch zusammengestellt werden können.

Kritisch ist dabei zu sehen: Die Diversifikation der Berichterstattung macht den Blick aufs Ganze schwierig. Die Vernetzung der einzelnen Aktivitäten innerhalb eines Unternehmens lassen sich in einer solch kleinteiligen Berichterstattung kaum erfassen. Deswegen ist es ratsam, dass Unternehmen neben der Abarbeitung der Kriterien ihre grundsätzliche Nachhaltigkeitsausrichtung in Form von Stories oder Features ausführlich beschreiben.

7.4.9 Ethik- und Ökofonds

Seit einigen Jahren werden auf dem Investment-Markt Fonds angeboten, die vor allem oder ausschließlich in Aktien solcher Unternehmen investieren, die bestimmte Kriterien erfüllen. Solche Angebote verstehen sich als Antwort auf die zunehmende Sensibilisierung der Gesellschaft und der Investoren auf das ethische und ökologische Gebaren von Unternehmen. Zugleich sind diese Fonds ein Zeichen für das zunehmend auch in den Kapitalmarkt vordringende ethische Bewusstsein. Ziel ist ein ökologisch und sozialverträgliches Investment zu betreiben (*Triple-Bottom-Line-Investing* oder *3P-Investing* [für *Profit*, also Rendite; *Planet*, also Umwelt; *People*, also Gesellschaft]). Unterscheiden muss man Öko- oder Nachhaltigkeitsfonds auf der einen Seite und weitergehende Ethik-Fonds auf der anderen Seite.

Öko- oder Nachhaltigkeitsfonds achten darauf, dass sich die Unternehmen auf ökologische Kriterien festlegen und ein funktionierendes Umweltmanagement mit regelmäßiger Berichterstattung haben. Auch eine Umwelterklärung, also eine strategische Festlegung auf ökologie-verträgliches Wirtschaften, zählt zumeist zu den Kriterien. Zugleich ist ein Aufnahme-Merkmal, ob die beteiligten Unternehmen Produkte herstellen, die die Umwelt gefährden. Die Maßstäbe dafür sind unterschiedlich. Erfasst und kontrolliert werden die Unternehmen durch detaillierte Fragebögen, die im jährlichen Turnus zu beantworten sind, zudem über die Berichterstattung in Umwelt- und Nachhaltigkeitsberichten sowie sonstigen Dokumenten, die die Unternehmen publizieren. Ein Hauptanlagegebiet für Öko- und Nachhaltigkeitsfonds sind zum Beispiel Unternehmen, die in der Branche erneuerbare Energien tätig sind.

Ethik-Fonds legen noch strengere Auswahlkriterien an. Sie investieren nur in solche Unternehmen, die neben einer geregelten Nachhaltigkeitsstrategie und

-politik auch ethisch nicht fragwürdige Produkte herstellen (also keine Kernkraft, keine Gentechnologie, keine Chemie, keine Rüstung, kein Alkohol, kein Tabak, keine Pornographie etc.) sowie für menschenverträgliche Arbeitsbedingungen sorgen (keine Kinderarbeit, gerechte Entlohnung auch in Entwicklungs- und Schwellenländern etc.). Auch die Verteilung der Produktionsstätten wird hier zum Thema (keine Investition in Länder mit geächteten Regimes). Entsprechende Indizes listen mittlerweile auch Unternehmen nach ihrem Engagement in den angesprochenen Themengebieten.

Die Performance solcher Fonds entspricht über die Jahre gesehen mittlerweile vergleichbaren Fonds, die nicht auf entsprechende Kriterien achten. Die Fonds haben sich aus dem Nischendasein befreien können, wenngleich der Marktanteil immer noch gering ist.

Damit existiert ein Instrument, mit dem Anleger Transparenz in ihr Investment bringen können und neben der Gewinnperspektive auch ökologische und ethische Kriterien berücksichtigen können.

7.4.10 Tobin-Steuer

Ein immer wieder – insbesondere von Globalisierungskritikern – diskutiertes Instrument zur Steuerung internationaler Devisengeschäfte ist die Tobin-Steuer. Sie ist benannt nach dem amerikanischen Wirtschaftswissenschaftler *James Tobin* (1918 bis 2002).

Tobin hatte im Jahre 1972 vorgeschlagen, eine geringe Steuer auf internationale Devisengeschäfte einzuführen, um damit kurzfristige Spekulationen mit Devisen zu bremsen. Nach Tobins Vorschlag sollte diese spezielle Steuer zwischen 0,05 und einem Prozent auf internationale Geldgeschäfte liegen. Tobins Ziel: Die Wechselkurse der Währung sollten von kurzfristigen Spekulationen unabhängiger werden. In der Theorie macht eine solche Steuer Devisengeschäfte, die auf kurzfristige Währungsschwankungen setzen und keine hohen Gewinne abwerfen, relativ unrentabel. Denn je häufiger ein Betrag gehandelt wird, desto höher würden auf Dauer die Abgaben.

Die Befürworter des Instruments fordern, dass die UNO oder die Weltbank diese Steuer erhebt und die eingenommenen Gelder etwa für Entwicklungshilfe, Bildung und Umweltschutz einsetzt. Auch innerhalb der EU wird immer wieder über die Einführung der *Tobin-Tax* nachgedacht – sei es mit dem Ziel, das eingenommene Geld für Entwicklungshilfe einzusetzen, sei es um die Finanzierung der EU zu sichern.

So wirksam und hilfreich eine solche Steuer auf den ersten Blick wirkt, sie birgt eine Reihe von Problemen in sich. Zunächst müsste eine Tobin-Steuer welt- oder zumindest europaweit einheitlich erhoben werden. Es ist aber unwahrscheinlich, dass alle Staaten zustimmen. Weiterhin stellt sich die Frage, wer die Steuer in welcher Form eintreiben sollte. Schließlich ist auch ihre stabilisierende Wirung für die Devisenmärkte empirisch nicht belegt. Allenfalls eine modifizierte Steuer auf Devisengeschäfte könnte in Ansätzen positive Effekte bringen.

James Tobin hat sich von der seit Ende der Neunziger Jahre des vergangenen Jahrhunderts neu in die Diskussion gebrachte und durch Globalisierungskritiker vereinnahmte Maßnahme distanziert, vor allem deswegen, weil er sich zu weiten Teilen missverstanden fühlte. Befürworter der Steuer forderten alsbald, sie auf sämtliche Transaktionen am Kapitalmarkt auszuweiten, eine Idee, die nicht im Sinne Tobins war. Darüber hinaus ging es Tobin zuallererst um eine Stabilisierung der Wechselkurse, nicht um Fragen der Entwicklungshilfe oder des Umweltschutzes.

7.4.11 Weitere wichtige Dokumente und Abkommen, die internationales Wirtschaften betreffen

Abschließend sei neben den genannten Standards, Regelungen und Abkommen zumindest noch auf weitere wichtige Dokumente hingewiesen, die Sie kennen und lesen sollten und die Sie, etwa in einem Code of Conduct oder in Ihrem Leitbild, als verpflichtend für das Handeln in Ihrem Unternehmen festschreiben sollten. Dazu gehören:

* Allgemeine Erklärung der Menschenrechte, aus dem Jahr 1948
* Europäische Konvention zum Schutze der Menschenrechte und Grundfreiheiten, aus dem Jahr 1950
* Internationale Konvention (Pakt) über wirtschaftliche, soziale und kulturelle Rechte, aus dem Jahr 1966
* Dreigliedrige Grundsatzerklärung der International Labour Organisation (ILO) über multinationale Unternehmen und Sozialpolitik, aus dem Jahr 1977
* „Agenda 21" zur Nachhaltigen Entwicklung, aus dem Jahr 1992 (Abschlussdokument der grundlegenden UN-Konferenz für Umwelt und Entwicklung, Rio de Janeiro)
* Bekämpfung der Korruption im internationalen Geschäftverkehr – Ein Verhaltenskodex der Internationalen Chamber of Commerce (ICC), aus dem Jahr 1996

- ILO-Erklärung über grundlegende Prinzipien und Rechte bei der Arbeit und ihre Folgemaßnahmen, aus dem Jahr 1998
- OECD-Übereinkommen über die Bekämpfung der Bestechung ausländischer Amtsträger im internationalen Geschäftsverkehr, aus dem Jahr 1997
- OECD-Leitsätze für multinationale Unternehmen, aus dem Jahr 2000

7.5 Grenzen der Wirtschaftsethik

Auch Wirtschaftsethik muss Grenzen ziehen. Denn für ein System gilt ebenso: Nicht alles, was möglich ist, ist erlaubt. Die angeschnittenen wirtschaftsethischen Fragen verlangen dort Grenzen zu ziehen, wo im System der Marktwirtschaft Bereiche sind, die ethisch nicht wünschenswert sind oder die ethisch nicht wünschenswertes Handeln fördern. Dabei ist zunächst die Frage zu stellen, ob die Voraussetzungen für eine freie Marktwirtschaft im geordneten Rahmen gegeben sind. Denn nur dann, wenn die Voraussetzungen der Chancengleichheit, des freien Zugangs und der geordneten Regelung (gemeinsame Spielregeln) über Angebot und Nachfrage gegeben sind, birgt das System der Marktwirtschaft die Möglichkeit, zu weitgehend gerechter Verteilung zu kommen. Das erfordert von den Beteiligten eine genauere Analyse. Häufig lässt sich feststellen, dass diese Voraussetzungen so nicht erfüllt sind.

Strategien zu einer ethisch wünschenswerten Gestaltung der Globalisierung zeichnen sich im Augenblick allenfalls partiell ab. Kritiker bemängeln dies und rufen nach einer umfassenden Ordnung des Globalisierungsprozesses (*global governance*).

Es bleibt das Problem, dass die internationalen Organisationen zu wenig Verfügungsgewalt über die Nationalstaaten haben; die Fähigkeit und der Wille der übernationalen Organisationen, die getragen sind von den Nationalstaaten, Wirtschaftsprozesse weltweit zu gestalten, ist beschränkt. Selbst der *Internationale Währungsfonds (IWF)*, 1944 zusammen mit der Weltbank als Sonderorganisation der Vereinten Nationen in Bretton Woods gegründet, stößt bei seinen Steuerungsmöglichkeiten an Grenzen. Seine Aufgabe ist, das internationale Währungs- und Finanzsystem zu überwachen und Länder zu nachhaltigem Wachstum zu verhelfen – etwa in Form von kurzfristigen Krediten. Da aber die Kredite aus den Kapitaleinlagen der Mitgliedsländer finanziert werden und diese wiederum – je nach Höhe der bereitgestellten Einlagen – Stimmrechte haben, wird der IWF von den großen Industrienationen beherrscht (USA allein knapp 18 %, die übrigen großen westlichen Industrienationen zusammen rund noch einmal 20 % des Kapitals und damit der Stimmrechte).

Schließlich: Erfahrungen bei globalen Umweltkonferenzen zeigen nicht nur die Problematik des Rückfalls in die Nationalstaaterei, sie zeigen auch noch ein anderes Problem einer wirtschaftlich unterschiedlich entwickelten Welt: Mit welchem Recht wollten wohlhabende Staaten den Schwellen- und Entwicklungsstaaten verbieten, auf das nur annähernd gleiche Niveau zu kommen, auch wenn das unübersehbare Folgen für Umwelt und Natur haben wird?

So bleibt heute nur der Weg der partiellen Gestaltung des Globalisierungsprozesses. Notwendig ist, dass jeder Akteur in seiner Arena die möglichen Handlungsspielräume im Blick auf eine ethisch wünschenswerte Weltwirtschaft ausschöpft. Der Weg der partiellen Gestaltung des Globalisierungsprozesses ist insbesondere unter dem Blickfeld wichtig, dass die heutigen Wissensräume der Individuen ihre Handlungsspielräume weit überschreiten. Diese Erfahrung führt immer wieder zu Lähmungserscheinungen in Politik und Gesellschaft, die die Problematik eher vertiefen, denn zu Lösungen führen.

Nationalstaat und Wirtschaft können aber in ihren Arenen auf eine positive Entwicklung zumindest in Ansätzen einwirken, denn Globalisierung ist *kein eigengesetzlicher Prozess*, der über die Menschheit hereinbricht und auf den sie keinen Einfluss nehmen kann. Globalisierung ist ein Geschehen, das politische wie unternehmerische Entscheidungen zum einen zu seiner Voraussetzung hat, zum anderen durch sie gestaltet wird.

Sorge bereitet aber in den zurückliegenden Jahren, dass es parallel zu diesen Entwicklungen neue Tendenzen zur Regionalisierung und Nationalstaatlichkeit gibt, die zu neuen Konflikten führen. Auch zeigt sich, dass die ungleiche Verteilung von Kapital und Gütern zu zunehmenden Spannungen innerhalb der Länder, innerhalb Europas sowie weltweit führen. Zum Teil werden diese Spannungen und Gesellschaftsspaltungen von Fanatikern religiös aufgeladen, wodurch die Konflikte deutlich verschärft werden.

Supplement: Theoretische Konzepte 8

8.1 Ausgangslage

Unternehmens- und Wirtschaftsethik ist auch in der Theorie ein umfassendes Forschungsgebiet. Die Wissenschaftler und Wissenschaftlerinnen, die sich mit Wirtschafts- und Unternehmensethik beschäftigen, kommen aus verschiedenen Disziplinen und Fachbereichen. Es gibt Ansätze von Wirtschafts- und Betriebswissenschaftlern, Ansätze aus der Theologie, Philosophie und Soziologie, auch aus Pädagogik und Psychologie gibt es wurtschaftsethische Überlegungen. Allen gemeinsam ist das Interesse, *Wert- und Leitvorstellungen* für die Praxis aufzustellen, wenngleich der Zugang zum Thema nicht nur wegen der unterschiedlichen fachlichen Provenienz divergiert.

Bemühungen, den Blick über das eigene Fachgebiet zu wagen, sind historisch betrachtet nicht neu, im Gegenteil: In der früheren Wissenschaftsgesellschaft, insbesondere im 18. und 19. Jahrhundert, war es *selbstverständlich,* dass sich die Wissenschaften um einen interdisziplinären Blick bemühten. Das mag damit zusammenhängen, dass die frühere universitäre Ausbildung umfassender konzipiert war, sich also nicht nur auf die jeweilige Fachdisziplin konzentrierte.

Interessanterweise entwickelt zum Beispiel bereits *Adam Smith*, der als der erste systematische Theoretiker der Wirtschaftswissenschaften gilt, seine Konzeption einer Marktwirtschaft aus der *Moralphilosophie* heraus. Smith war von der fachliche Provenienz kein Nationalökonom. Er war ein Universalist, der seine wissenschaftliche Zuflucht in der (Moral-)Philosophie und Ethik suchte und dann, nicht zuletzt durch seine vielfältige Reisetätigkeit in Europa, das Buch *Der Wohlstand der Nationen* verfasste, in dem er das Wirtschaften des Menschen einer grundle-

© Springer Fachmedien Wiesbaden 2015
D. Dietzfelbinger, *Praxisleitfaden Unternehmensethik,*
DOI 10.1007/978-3-8349-4711-6_8

genden Analyse unterzieht. Parallel zu diesem bereits zu seinen Lebzeiten fünfmal
neu aufgelegten und redigierten Buch publizierte er die bis kurz vor seinem Tod
ebenfalls mehrfach überarbeitete *Theorie der ethischen Gefühle* – ein Buch, das
die Bildung von Werturteilen in der menschlichen Wahrnehmung beschreibt. Erst
in der Lektüre beider Bücher erschließt sich die ganze wirtschaftsethische Weitsicht Adam Smith'.

Auch andere Ökonomen in der Geistesgeschichte nach Smith sehen nicht nur
wirtschaftliche Entwicklungen: *David Ricardo*(1772 bis 1823), *John Stuart Mill*
(1806 bis 1873) und *Karl Marx* (1818 bis 1883) betrachten die Ökonomie nicht als
abgegrenzten Bereich, sondern versuchen, mit je unterschiedlichen Ergebnissen,
Ökonomie in einen gesellschaftlichen Kontext einzuordnen. Die fachliche Spezialisierung der Gegenwart ist ein Produkt des zwanzigsten Jahrhunderts; sie insbesondere mit *Max Weber* verbunden. *Weber* fordert eine strenge Grenzeinhaltung
der Fachdisziplinen und prägt damit den modernen Wissenschaftsbegriff – selbst
war Weber freilich *Universalist*.

Wirtschafts- und Unternehmensethik als wissenschaftliche Disziplin hat also
tief gehende Wurzeln. Doch erst seit den achtziger Jahren des vergangenen Jahrhunderts gewinnt sie wieder an Prominenz. Mittlerweile sind Wirtschafts- und Unternehmensethik an verschiedenen Universitäten mit eigenen Lehrstühlen besetzt,
oder sie werden im Zusammenhang mit herkömmlichen Themen (*etwa Unternehmensführung, Sozialwissenschaften, Wirtschaftswissenschaften etc.*) gelehrt.

Im Kontext der praktischen Unternehmensethik, wie sie dieses Buch betreiben
will, werden als Ergänzung nun in einer groben Durchsicht wissenschaftliche Ansätze der Wirtschaftsethik vorgestellt. Dieser Durchgang ersetzt – wenn Sie sich
genauer für einen oder mehrere Ansätze interessieren – die Lektüre einschlägiger
Bücher nicht. Die dargestellten Autoren und Wissenschaftler mögen die Verkür-
zung verzeihen. Doch ist es Ziel dieses Abschnittes, lediglich einen ersten Überblick zu gewinnen, der dann bei Interesse an den Positionen vertieft werden muss.

8.2 Individualethische Ansätze

Die verschiedenen wissenschaftlichen Fächer haben sich auseinander entwickelt
und arbeiten inzwischen mehr oder minder unabhängig voneinander. So hat in der
modernen Wissenschaftsgesellschaft die Ökonomie zunächst einmal wenig mit
Ethik zu tun, weil in beiden Bereichen unterschiedlich gedacht wird und demzufolge unterschiedliche *Sprachen* (*Codes*) gesprochen werden. Ein Ethiker etwa
versteht etwas völlig anderes unter dem Begriff *Wert* als ein Ökonom. Diese sogenannte *Differenzierung der Systeme*, deren systematische Aufarbeitung und Dar-

stellung der Soziophilosoph *Niklas Luhmann* (1927 bis 1998) im Anschluss an *Talcott Parsons* (1902 bis 1979) leistete, ist der Ausgangspunkt für die meisten aktuellen wirtschaftsethischen Ansätze.

Einer der frühesten Vertreter einer systematisch-theologischen Wirtschaftsethik ist *Georg Wünsch* (1887 bis 1964). Der evangelische Theologe nimmt eine Sonderrolle in der Wirtschaftsethik ein, weil er sich bereits im Jahre 1927 unter dem Titel *Evangelische Wirtschaftsethik* dem Thema grundlegend widmet.

Was heute als durchdachte soziologische Theorie vorliegt, ist bei *Wünsch* selbstverständliche, im Näheren nicht weiter begründete Ausgangslage: Die Trennung der Wissenschaftsgebiete Wirtschaft und Ethik. Die Selbständigkeit der ökonomischen Disziplinen – und damit die Säkularisierung – interpretiert Wünsch in der Tradition des *Kulturprotestantismus* als positive Hinwendung des Menschen zur Welt. Zugleich will er einer Loslösung der Ökonomie von ethischen Themen entgegenwirken. Also ist Wünschs Ausgangsfrage, wie Wirtschaft und Ethik wieder füreinander vermittelbar werden. Wünsch sieht den Ansatzpunkt für eine Vermittlung im *handelnden Menschen,* damit zugleich in der ethischen Diskussion, wenn sie nämlich als *Handlungstheorie* verstanden wird. Ethik übernimmt bei Wünsch die Aufgabe, auch für die Wirtschaft *materiale Wertbestimmungen* vorzugeben; zugleich bekommt die Wirtschaft eine positive Rolle in der ethischen Diskussion, denn für Wünsch war deren Aufgabe, die materiellen Bedürfnisse zu befriedigen.

In dieser Funktion soll die Ökonomie die Grundlage dafür schaffen, dass sich *höhere Werte* (z. B. geistige, religiöse, kulturelle) verwirklichen lassen. Das verlangt nach Wünsch ein differenziertes Verständnis des Wertbegriffs: Die Werte, die die Wirtschaft verwirklicht, sind nach Wünsch *dienende Werte.* Sie sind zwar, wie Wünsch das nennt, die *wertstärksten,* aber nicht die *werthöchsten Werte.* Werthöchste Werte sind bei Wünsch die *immateriellen,* die das Thema der ethischen Diskussion sind.

Damit bleiben für Wünsch die Bereiche Ökonomie und Ethik getrennt, sie können beide nach seiner Meinung Autonomie beanspruchen, jedenfalls relativ. Denn *Autonomie* der Fachbereiche heißt für Wünsch nicht völlige Unabhängigkeit, sondern nur *formale Freiheit* des menschlichen Willens. Wirkliche Autonomie gibt es für den Theologen Wünsch nur bei Gott. Das aber heißt: Die Autonomie der Wirtschaft kann nur *sekundär* sein, weil sie ursprünglich von Gott kommt. Damit ist die Autonomie der Wirtschaft theologisch-religiös begrenzt. Gott hat – nach Wünsch – eine Wertordnung gesetzt, in die sich auch die Wirtschaft zu fügen hat.

Es handelt sich bei Wünsch nicht um eine wirkliche Vermittlung von Ethik und Wirtschaft. Vielmehr bindet Wünsch die Wirtschaft in eine Werthierarchie, die er religiös begründet. Wünsch orientiert sich an der Sichtweise, die Moral über die Ethik zu setzen (in übersteigerter Ausprägung nennt man das *Moralismus*). Das wird bei Wünsch an anderer Stelle durch zwei Begrifflichkeiten deutlich: Die *Aufwertung* und die *Abwertung*. Aufgewertet werden sollen Kultur, Ethik und Religion, abgewertet werden soll die Wirtschaft, die – so Wünsch – für den Menschen nur niedere Bedürfnisse befriedigt. Deswegen grenzt er sich sowohl gegen den Liberalismus wie gegen den Sozialismus ab, da beide die Ökonomie verabsolutieren. Wünschs *Idealvorstellung* ist eine *christliche Wirtschaft*, also eine durch christliche Ethik begrenzte Ökonomie, in der nach Bedarf produziert wird und nicht künstlich neue materielle Bedürfnisse geschaffen werden, solange sie nicht dem Menschen dienen.

Ein *Klassiker* der Wirtschaftsethik nicht nur für die Theologie ist der Schweizer evangelische Theologe *Arthur Rich* (1910 bis 1992). Rich hat mit seiner zweibändigen Wirtschaftsethik aus dem Jahre 1984 ff. die evangelisch-theologische Grundlage für die neuere Diskussion um ethische Fragen der Ökonomie gelegt, da die bis dahin einzige Darstellung ethischer Fragen der Wirtschaft von *Georg Wünsch* längst vergessen war. Rich, der erst Arbeiter in einer Maschinenfabrik war und später über den zweiten Bildungsweg Professor für Systematische Theologie und Direktor des Instituts für Sozialethik an der Universität Zürich wurde, ist in seiner Theorie der Wirtschaftsethik vom *Religiösen Sozialismus* beeinflusst und nimmt modifiziert Gedanken des Philosophen und Theologen *Paul Tillich* auf.

Richs Ansatz kommt aus individualethischer Perspektive und gelangt von dort zu Systemfragen. Grundlage seiner Ethiktheorie ist die Frage nach der *verantwortlichen Gestaltung* der *drei Grundbeziehungen* Ich – Selbst (*Individualaspekt*), Ich – Du/Ihr (*personaler Aspekt*) und schließlich Ich/Wir – Es, also zu den Institutionen und Systemen, die wieder auf das Individuum zurückwirken (*ökologischer Aspekt*). Diese drei Grundbeziehungen lassen sich nach Rich im Leben der Menschen institutionalisieren.

Die Gestaltung der Beziehungen unterwirft Rich zwei Kriterien, die für seinen Ansatz grundlegend sind: Das *Sachgemäße* und das *Menschengerechte*. Sachgemäß ist das, was den Anforderungen des Systems und des Vorgangs entspricht, menschengerecht weist auf die Humanverträglichkeit einer Handlung hin. Eine gelingende Gestaltung des Lebens muss nach Rich beide Kriterien berücksichtigen. Oder mit Richs Worten kann zusammengefasst werden, *dass nicht wirklich menschengerecht sein könne, was nicht sachgemäß ist, und nicht wirklich sachgemäß ist, was dem Menschengerechten widerstreitet.*

Rich verschränkt beide Kriterien – das Sachgemäße und das Menschengerechte – ineinander und macht sie für ökonomische Handlungen geltend. Es könne nicht darum gehen, allein ökonomischen – also *sachgemäßen* – Kriterien des Handelns zu folgen, sondern es müssen zugleich menschengerechte Kriterien orientierend sein.

Normen, die das konkrete Verhalten regeln sollen, führt Rich wie ein Bekenntnis ein. Das heißt: Rich stellt Normen für das Verhalten auf und gründet sie auf die biblische Erfahrung des Menschen. Es fehlt aber eine analytisch-vernünftige Reflexion über die Begründung dieser Normen. Die Grundordnungen des Lebens werden bei Rich nach der *Trias Glaube, Liebe, Hoffnung* bewertet, die er aus dem Neuen Testament herleitet. An dieser Trias müssen sich – so Rich – die Normen für wirtschaftliches Handeln messen lassen. Zugleich verfügt der Mensch mit dieser Trias über ein *Beurteilungswerkzeug*, das ihn vor der Letztgültigkeit irdischer Ordnungen schützt.

Schließlich bestimmt Rich aus der Bibel – auf der Grundlage dieser Trias – weitere Kriterien für das Menschengerechte: *Geschöpflichkeit, kritische Distanz, relative Rezeption, Relationalität, Mitmenschlichkeit, Mitgeschöpflichkeit* und *Partizipation*. Dies führt Rich in seiner Einschätzung der verschiedenen Formen der Wirtschaft (Lenkungswirtschaft, liberale Wirtschaft etc.) zu einem Plädoyer für eine – wohlverstandene – modern-sozialistisch orientierte Marktwirtschaft, die in Ansätzen mit dem Konzept der Sozialen Marktwirtschaft in Deutschland übereinstimmt. Doch Richs Modell billigt dem Staat größere und weiterreichende, notfalls auch nicht-marktkonforme Maßnahmen zu, wie sie so in der Sozialen Marktwirtschaft in Deutschland nicht vorgesehen sind. Der Idealzustand einer Wirtschaft ist bei Rich eine *nachfrageorientierte Wirtschaftsordnung.*

Der Schweizer *Peter Ulrich,* Direktor des 1989 gegründeten Instituts für Wirtschaftsethik an der Hochschule St. Gallen/Schweiz, stützt sich in seiner wirtschaftsethischen Konzeption auf die Diskursethik von *Jürgen Habermas* und *Karl-Otto Apel. Ulrich* setzt damit zunächst beim individuellen Verhalten an. Ulrich will das Handeln der Führungskraft wie des Unternehmens in der Wirtschaft auf *ethisch-vernünftige Grundsätze* stellen, in Anlehnung an einen positiv rezipierten *Kantianismus.* Zunächst fragt Ulrich, was die ökonomische Rationalität (also die handlungsleitenden Prinzipien der Wirtschaft) mit der ethischen Rationalität verbindet. Ulrich geht es nicht darum, die handlungsleitenden Prinzipien der Wirtschaft gegen die der Ethik auszuspielen. Vielmehr will Ulrich den Vermittlungs- und Anknüpfungspunkt für beide Seiten finden. Ziel ist also eine *Integration* beider Rationalitäten und den damit verbunden handlungsleitenden Prinzipien. Deswegen nennt Ulrich seinen Ansatz auch *integrative Wirtschafts- und Unternehmensethik.*

Die Integration vollzieht Ulrich, indem er die handlungsleitenden Prinzipien von Wirtschaft und Ethik in ein Hierarchieverhältnis setzt. An oberster Stelle steht das *Handeln nach kommunikativ-ethischen Leitprinzipien,* die ökonomische Handlungsprinzipien in sich aufnehmen. Eine rein wirtschaftlich geprägte Sichtweise muss mit ethischen Gedanken angereichert werden. Konkret: Eine Führungskraft soll neben den wirtschaftlichen Regeln gleichzeitig immer die ethisch-kommunikativen Ziele vor Augen haben. Unternehmen sollen nach Ulrich ihre gesellschaftliche Mitverantwortung aktiv wahrnehmen. Ulrich will eine *republikanische Wirtschafts- und Unternehmensethik* (republikanisch von lat.: *res publica* = öffentliche Sache). Jedes Unternehmen hat als gesellschaftliche Institution nach außen hin eine öffentliche Mitverantwortung. Unternehmensintern fordert Ulrich einen kommunikativen und partizipativen Führungsstil. Mitarbeitende sollen an Entscheidungsprozessen teilnehmen.

Ulrichs Ansatz geht dahingehend weiter, die Diskrepanz zwischen Ideal und Wirklichkeit so gering wie möglich zu halten. Er appelliert an die Vernunft der *Wirtschaftsbürgerinnen* und *Wirtschaftsbürger* sowie an die Vernunft der Unternehmen, keine *Trittbrettfahrerhaltung* einzunehmen. Unter Wirtschaftsbürgerinnen und Wirtschaftsbürgern versteht Ulrich autonome Subjekte, die zum gleichberechtigten, öffentlichen Dialog in einer freien Bürgergesellschaft fähig sind. Diese vernünftige Freiheit der Subjekte steht seiner Ansicht nach über der Ökonomie.

Für die Wirtschaftsethik sieht Ulrich drei Orte: In der *Wirtschaftsbürgerethik,* in der *Ordnungsethik* und in der *Unternehmensethik.* Seine Ethik für eine freie Bürgergesellschaft verlässt damit den Raum reiner Wirtschaftsethik und nähert sich dem Bereich der politischen Ethik. Eine wohlverstandene *Wirtschaftsbürgerethik* zeichnet sich nach Ulrich aus durch die zeitgenössischen Bürgerrechte, durch Bürgersinn, also die praktizierte Mitverantwortung der Bürgerinnen und Bürger, die nicht zwischen privatem und öffentlichem Leben trennen, sowie durch eine Zivilisierung des Marktes.

8.3 Unternehmensethische Ansätze

Auch bei dem Erlanger Emeritus für Betriebswirtschaftslehre und Unternehmensführung *Horst Steinmann,* Gründer des Deutschen Netzwerks Wirtschaftsethik (DNWE), taucht der Begriff *republikanische Unternehmensethik* auf. Steinmann geht in seinem unternehmensethischen Ansatz davon aus, dass das wohlverstandene *Gewinnprinzip* in Wirtschaftssystemen allgemein anerkannt sei. Also müsse auch eine Wirtschaftsethik dieses Gewinnprinzip als *Funktionsmechanismus* der Wirtschaft akzeptieren. Damit ist für ihn klar, dass die Wirtschaftsethik zunächst nicht nach den *Motiven* der Akteure fragen muss: Wird das Gewinnprinzip als Funktionsmechanismus anerkannt, ist das Motiv, die Intention der in der Wirtschaft Agierenden nach Steinmann hinreichend geklärt.

Was kann dann Ethik leisten? Steinmann fordert, dass sich Unternehmensethik vor allem auf die *Folgen* der Handlungen von Führungskräften und Unternehmen konzentriert. Also lautet vereinfacht die Grundsatzfrage der Unternehmensethik in der Steinmannschen Interpretation: Was kommt dabei heraus, wenn ein Unternehmen – geleitet durch das Gewinnprinzip – im gesellschaftlichen Raum handelt? Steinmann möchte erreichen, dass alle Handlungen innerhalb einer Gesellschaft *friedlich koordinierbar* sind. Diese Orientierung an der Idee des Friedens ist ihm grundlegend. Doch wie kann diese Idee der friedlichen Koordination operationalisierbar gemacht werden? Nach Steinmann kann diese friedliche Koordination der Handlungen, die langfristig zu einem guten Ergebnis für alle führen soll, nicht nur über die Rahmenordnung – konkret: den Staat, Gesetzgeber – erfolgen, sondern muss zugleich von den Unternehmen forciert werden. Auch in Unternehmen könne und müsse mithin Moral angesiedelt werden. Unternehmen sind nach Steinmann nicht nur dazu angehalten, sich an die bestehenden Gesetze zu halten, sondern sollten ihr Handeln nach innen wie nach außen an dem Friedensgrundsatz ausrichten, Strategien und Handlungen der Unternehmen sollten öffentlich, gesellschaftlich konsensfähig sein. Deswegen ist auch bei ihm von einem *republikanischen Ansatz* zu sprechen.

Ziel der Unternehmensethik Steinmanns ist, dass die Unternehmen von dem erwirtschafteten Gewinn sozialverträglichen Gebrauch machen. In Konfliktfällen, wenn also wirtschaftliches Handeln mit ethischen Maßstäben oder der öffentlichen Meinung kollidiert – das heißt wenn etwa eine Handlung zu negativen externen Effekten führt – ordnet Steinmann über diesen Konflikt wieder das Friedensprinzip. Um also sozialverträgliche Strategien für ein Unternehmen zu entwickeln, müssen nach Steinmann Unternehmen auch intern kommunikativ arbeiten, und einseitige Kommunikationsstrukturen zugunsten eines Dialoges aufbrechen.

Der Schweizer *Georges Enderle,* der in den USA lehrt, ist vor allem durch seine Unterscheidung von *Mikro-, Meso-* und *Makroebene* der Wirtschaftsethik bekannt und zum Klassiker geworden. Die Mikroebene bezeichnet das Handlungsfeld des *Individuums* (Manager, Unternehmer), die Mesoebene die der *Institution* (Unternehmen) und die Makroebene, die des *Systems* (wirtschaftliche Rahmenordnung). Enderle sieht, dass allein wirtschaftliches Handeln und ökonomische Rationalität nicht zum gewünschten Zustand des Wohles aller führen. Das fordert die Ethik auf den Plan, so Enderle. Ethik ist nach Enderle auf allen drei Ebenen möglich und nötig; sie dürfe sich aber nicht mit der reinen Beschreibung der Problemstellungen begnügen, sondern müsse sich auch normativ in das Wirtschaftsgeschehen einschalten.

Enderle will das Verständnis von Ethik und das Verständnis von Ökonomie näher aneinander bringen, bis hin zur Integration. Allerdings geschieht dies bei ihm weniger auf der theoretischen Ebene, als vielmehr in praxisorientierten, anwendungsbezogenen Fragen. In seinen Veröffentlichungen konzentriert sich Enderle insbesondere auf das moralische Verhalten der Unternehmen, ist also – nach der hier eingeführten Unterscheidung – ein klassischer Vertreter der Unternehmensethik.

Josef Wieland, Professor für Wirtschaftsethik in Friedrichshafen, konzentriert sich in seinem Ansatz ebenfalls auf die Unternehmensethik, aber mit einer anderen Richtung: Wieland wendet sich dagegen, wirtschaftliche Zusammenhänge wieder in die Ethik einzubeziehen. Zugleich aber sieht auch Wieland die Notwendigkeit von Ethik, weil die externen Effekte des Wirtschaftens nicht überall nur positiver Natur sind. Wieland versucht eine Ethik zu entfalten, die sich nicht gegen die Wirtschaft entwickelt, sondern die sich als *anschlussfähig* und *praktikabel* erweist. Er macht theoretisch wie praktisch deutlich, dass Moral und Ethik – sinnvoll in die Unternehmensprozesse integriert – auch ökonomisch positive Effekte mit sich bringen. So senkt zum Beispiel – so Wieland – moralisches Verhalten und Vertrauen die Transaktionskosten. Den Ort für Ethik in der Wirtschaft sieht Wieland vornehmlich in den Unternehmen als handelnde Akteure. Für Unternehmen nämlich schafft Ethik nach Wieland zusätzliche Handlungsmöglichkeiten. Wie sich – so Wieland – in Amerika zeigt, wird dort Ethik nicht als eine Einschränkung, sondern als wichtiger Bestandteil firmeninternen Managements eingesetzt und ist damit ist zum *integralen Bestandteil* unternehmerischen Handelns geworden. Dieses Ziel gilt es nach Wieland, auch in Europa zu erreichen. Wieland hat ein zertifizierbares Werte-Management-System für Unternehmen entwickelt, das auf europäischer Ebene große Resonanz findet. Inhalt des Managementsystem ist es, Werte und Orientierungen nicht nur von außen auf Unternehmen zu oktroyieren, sondern diese zugleich aus den vorhandenen prozessualen Systemen in einem Unternehmen zu rekonstruieren. In der Durchführung fließen dann die Wertbestimmungen in vorhandene Managementprozesse ein. Das macht den theoretisch durchdachten Ansatz für die Praxis interessant.

Der Jesuit *Friedhelm Hengsbach*, Professor für Wirtschaftswissenschaften und Direktor des Oswald-von-Nell-Breunig-Instituts für Wirtschafts- und Gesellschaftsethik an der Philosophisch-Theologischen Hochschule St. Georgen in Frankfurt am Main, konzentriert seinen wirtschaftsethischen Ansatz auf sozioökonomische und politische Aspekte. Hengsbach setzt sich für eine kommunikative Wirtschaftsethik ein, die auf dem *Habermasschen Diskursprinzip* beruht. Es kann nach Hengsbach aber gleichzeitig nicht darum gehen, individualethische Appelle als Instrument der Wirtschaftsethik zu benutzen, sondern sein Ziel ist es, etwa Bürgerinitiativen, Privatorganisationen, Verbraucherinitiativen als die eigentlichen Träger wirtschaftsethischer Ideen anzuerkennen. Damit legt Hengsbach den Akzent auf die Institutionenethik. Insbesondere den ökologisch orientierten Gruppen misst Hengsbach große Bedeutung bei. Sein Ziel ist, kapitalistische Strukturen zu demokratisieren, er nimmt also eine grundsätzlich systemkritische Position ein.

8.4 Wirtschaftsethische Ansätze

Einer der frühesten Vertreter wirtschaftsethischer Gedanken auf Basis der Systemebene ist der Konzeptor der Sozialen Marktwirtschaft in Deutschland, *Alfred Müller-Armack* (1901 bis 1978). Müller-Armack, 1925 mit 24 Jahren einer der jüngsten Privatdozenten Deutschlands, will in seiner sozioökonomischen Theorie der Sozialen Marktwirtschaft Ethik mit Wirtschaft verbinden. Deswegen trägt seine Konzeption auch den von ihm erfundenen Begriff: *Soziale Marktwirtschaft*. Was heißt das?

Für Müller-Armack müssen das Markt- und Wettbewerbsprinzip, also das *Wechselspiel von Angebot und Nachfrage*, inneres Funktionssystem einer wirtschaftlichen Ordnung sein. Zugleich sieht Müller-Armack, dass der Wettbewerb alleine nicht genügt, da durch ihn Ungerechtigkeit und Ungleichgewichte entstehen können. Denn der Wettbewerb ist nur für die gerecht, die an ihm teilnehmen können. Andere, die nicht an ihm teilnehmen können, etwa die Jugend, Ältere, Arbeitslose oder die nächsten Generationen, bleiben mit ihren Interessen außen vor. Deswegen muss der Wettbewerb in eine *Rahmenordnung* eingebunden werden, die die Sozialpolitik steuert und damit dem reinen Wettbewerbsprinzip ein gleichberechtigtes Pendant bildet. Erst in diesem Wechselspiel von staatlich vollzogener und getragener Sozialpolitik und individuell gestaltetem, in eine Rahmenordnung eingebrachtem Wettbewerb, kann sich nach Müller-Armack eine *gerechte Wirtschaftsordnung* entwickeln.

Unternehmensethik als eigenständiger Bereich ist deshalb für Müller-Armack nicht von Bedeutung, da diese bereits in der Rahmenordnung integriert ist. *Unternehmensperformance* und -politik kann – in einer sozial geregelten Marktwirtschaft – nur nach den Werten und Zielen der Sozialen Marktwirtschaft ausgerichtet sein. Müller-Armacks Ansatz ist also systembezogen, wenngleich er der Überzeugung ist, dass es nur in einem Zusammenwirken von *individuellem Stil* und dem *Stil eines Unternehmens* zu einem umfassenden *Wirtschaftsstil* kommen kann, der für alle ausgleichend Freiheit und Gerechtigkeit sichert.

Ein Vertreter systemorientierter Wirtschaftsethik ist der Volkswirtschaftler und Philosoph *Karl Homann*, der in Ingolstadt den ersten Lehrstuhl für Wirtschafts- und Unternehmensethik in Deutschland besetzt hatte und mittlerweile emeritiert ist.

Karl Homanns Gedanken sind zunächst ökonomisch ausgerichtet. Das heißt: Homann versucht, Ethik auf die Ökonomie aufzubauen, die Moral aus der Wirtschaft zu rekonstruieren. Zunächst wirft Homann dabei einen Blick auf den Bereich (*Subsystem*) Wirtschaft. Was ist das eigentliche Element und das eigentliche Problem der Wirtschaft? Homann sieht das im sogenannten *Gefangenendilemma*.

Kerngedanke des Gefangenendilemmas ist die These, dass zwei Individuen nicht das Handeln realisieren können, das für beide wünschenswert ist, obwohl es eigentlich vom Grundgedanken her möglich sein müsste: Alle Anbieter auf dem wettbewerblich geprägten Markt haben das Interesse, ihre Produkte zu möglichst hohen Preisen zu verkaufen, um Umsatz und Gewinn zu steigern. Dies wäre auf Seiten der Anbieter die optimale Lösung. Eine gemeinsame Absprache (*Kartellbildung*) ist aber verboten. Im Markt eröffnet sich immer die Möglichkeit für den einzelnen Anbieter, die hohen Preise der Gemeinschaft durch individuelle Preise weit zu unterbieten und sich dadurch – wenigstens vorübergehend – einen Marktvorteil zu schaffen.

Das Gefangenendilemma – ein philosophisches Gedankenkonstrukt – hat seinen Namen daher, dass es ursprünglich mit der Situation von Gefangenen aufgebaut wurde: Zwei Menschen werden angeklagt, einen Überfall begangen zu haben; sie sitzen in zwei Zellen und haben keinen Kontakt untereinander, können sich also nicht absprechen. Der Richter stellt sie vor die Entscheidung, die Tat entweder zu gestehen oder abzustreiten. Ihnen drohen, wenn beide schweigen, zwei Jahre Haft. Gestehen aber *beide* die Tat, drohen beiden acht Jahre Gefängnis. Wenn aber *unterschiedliche Entscheidungen* von den beiden Gefangenen getroffen werden, so wird derjenige, der gesteht – aufgrund einer Kronzeugenregelung – auf freien Fuß gesetzt, wer aber leugnet, wird zur Höchststrafe von zehn Jahren verurteilt.

Das Problem dieser spieltheoretisch konstruierten Situation ist, dass keiner der beiden weiß, welche Entscheidung die andere Person trifft. Für beide wäre es verlockend, frei zu kommen, also zu gestehen. Will nun aber Gefangener A gestehen, so weiß er nicht, wie sich B entscheidet. Er kann nur darauf hoffen, dass B leugnet, dann, und nur dann, kommt er frei. Das Risiko ist hoch, denn B wird vermutlich das Gleiche denken. Kommt es zu der Situation, dass beide gestehen, kommen beide acht Jahre in Haft.

Umgekehrt ist die Situation ähnlich: Leugnet A, kann er nur darauf hoffen, dass auch B leugnet, andernfalls muss er aufgrund der Kronzeugenregelung für zehn Jahre in Haft.

Am besten ist die Lösung, wenn beide leugnen, denn dann kommen sie nur zwei Jahre in Haft. Diese Lösung, die *kollektiv* – also für beide – betrachtet am besten ist, ist aber aus individueller Sicht nur die zweitbeste Möglichkeit, da theoretisch auch die Möglichkeit bestünde, dass einer von beiden auf freien Fuß kommt. Das Gleiche gilt umgekehrt: Die für beide schlechteste Lösung, nämlich wenn beide gestehen und dafür zu acht Jahren verurteilt werden, ist individuell gesehen nur die zweitschlechteste Lösung, denn es wäre ja auch möglich, bei unterschiedlichen Entscheidungen für zehn Jahre ins Gefängnis zu gehen. Würden beide den größten Vorteil für sich anstreben – der kann nur durch ein Geständnis erreicht werden –, käme es zum kollektiv schlechtesten Ergebnis: Beide würden für acht Jahre hinter Gitter kommen.

Diese Grundsituation des Gefangenendilemmas ist der Ausgangspunkt für Homanns Theorie. Es geht ihm dabei nicht um die Überwindung der Situation, vielmehr ist nach seiner Ansicht diese Wettbewerbssituation – mit den entsprechenden Spielregeln – Grundlage der Marktwirtschaft, die den Konsumierenden Nutzen bringt. Es ist also nicht das Wohlwollen des Unternehmers von dem wir abhängen, sondern das Wohlwollen des Wettbewerbs, der den Wohlstand bringt, sagt Homann in Modifizierung eines Zitats von *Adam Smith*, der – im berühmten Seite 17-Zitat - schrieb, dass der Wohlstand nicht vom Wohlwollen der Anbieter abhängt, sondern vom wohlverstandenen Eigennutz.

Es bringt nichts, so Homann, mit moralischen Appellen an die Agierenden der Wirtschaft zu treten, da dies nur dazu führen würde, dass unter Umständen diejenigen, die auf diese moralischen Appelle positiv reagieren, sich im Wettbewerb Nachteile verschaffen. Außerdem, so Homann, würden die meisten Appelle – auch wenn sie rational einsichtig sind – von Einzelnen oft nicht ernst genommen werden.

Ein von Homann häufig genanntes Beispiel ist der Benzinpreis: Jeder wisse, dass viel Autofahren der Umwelt schadet und in der Summe katastrophale Auswirkungen für die Umwelt hat. Individuelle Appelle an die Autofahrer bringen nach seiner Meinung systematisch nichts; erst wenn der Benzinpreis drastisch erhöht wird, würde das Individuum sein Verhalten ändern. Damit zeigt das Individuum nach Homann aber nicht individuelle Einsicht auf den Appell der Sorge um die Umwelt, sondern reagiert nach Vorteils- und *wohlverstandenen Eigennutzkalkülen:* Hohe Benzinpreise spürt der Konsumierende unmittelbar im Geldbeutel.

Moral und Ethik müssen nach Homann *weg* von den *individuellen Handlungsmotiven* hin zu einer Ebene gebracht werden, die das Handeln von außen steuert, also in die *Rahmenordnung* der Wirtschaft. Kein *Gesinnungswandel* ohne *Bedingungswandel,* heißt das bei Homann. Homann vollzieht damit die sogenannte *institutionentheoretische Wende* in der Wirtschaftsethik. Wirtschaftsethik wird nicht nach dem individuellen Verhalten des Individuums ausgerichtet (*Tugendethik*), sondern wird weitgehend auf die rahmengebende Institution verlagert.

Moral soll nach Homann nicht als Einschränkung des wirtschaftlichen Handelns, sondern zuerst als *Ermöglichung* dienen. Wenn sich nämlich alle – bei entsprechenden Spielregeln – im guten Sinne nach Wettbewerbsvorstellungen verhalten würden, führt dies nach Homann auch zu einer allgemeinen Steigerung des Wohlstandes. Auf Basis der Rahmenordnung (Regeln, Institutionen und Bedingungen eines sozialen Gefüges), muss Ethik nach Homann als *Bedingungsethik* (Ordnungsethik, Institutionenethik) formuliert werden.

Damit ist klar, welchen Spielraum Homann der Unternehmensethik einräumt: Unternehmen können und sollen dort moralisch handeln, wo die Rahmenordnung Defizite aufweist. Eine Rahmenordnung kann nicht alle Bereiche des Handelns abdecken. In diesen Bereichen, in denen die Reglementierung durch die Rahmenordnung nicht greift, ist nach Homann eine eigenständige Unternehmensethik möglich. Ethik bezieht sich aber dann nicht mehr auf die Bedingungen, sondern auf die Handlungen. Hier muss Ethik nach Homann als *Anreizethik* formuliert werden. Die Unternehmen müssen von der Gesellschaft mit ins ethische Boot genommen werden, es müssen Anreizsysteme geschaffen werden, damit die Unternehmen in den Lücken der Gesetze eigenständig ethisches Gedankengut verwirklichen. Dies könne in Form von *Kodizes* oder *Selbstverpflichtungen* geschehen, denen Homann eine nicht zu unterschätzende Bedeutung beimisst.

Einer der frühen Verfechter wirtschaftsethischer Gedanken ist der Jesuitenpater *Rupert Lay,* vom Dienst suspendierter Professor für Philosophie an der Jesuitenhochschule St. Georgen in Frankfurt am Main. Lay setzt sich, nachdem er früher noch stärker in tugendethische Richtung argumentierte, stark für eine Moral in der Rahmenordnung ein. Sein Ziel ist es, mittels einer offenen ökonomischen Moral zu einer Steigerung des Gesamtertrags in jeglicher Hinsicht, also nicht nur in *ökonomischer*, sondern auch in *sozialer, ökologischer* und *psychischer* zu gelangen. Habe die Moral eine solche Funktion, gelinge es auch, ökonomische Transaktionskosten zu reduzieren und negative externe Effekte zu vermindern, wenn nicht gar zu vermeiden.

Moral könne sich also nicht allein darauf beschränken, in Form von Ge- und Verboten das individuelle Verhalten des Menschen zu steuern und zu reglementieren, sondern müsse sich – insgesamt betrachtet – auf die Steigerung des Gemeinwohls konzentrieren. Dies kann dann geschehen, so Lay, wenn Moral zur Steigerung der Kommunikation auf der einen Seite, und zur Steigerung der Konfliktfähigkeit auf der anderen Seite eingesetzt wird. Moral nimmt bei Lay durchaus eine kritische Funktion ein, das heißt, sie soll *systematisch* den Weg des Menschen, zu einem ökologie- und sozialverträglichen Wirtschaften, unterstützen.

Einen grundlegenden systemkritischen Ansatz vertritt der evangelische Theologe *Ulrich Duchrow*. Duchrow führt vor allem die Negativwirkungen des aktuellen wirtschaftlichen Systems auf. Die zunehmende Spaltung der Erde in die Welt der Reichen und die Welt der Armen veranlasst Duchrow zu einer negativen Analyse des weltwirtschaftlichen Systems. Vor allem kritisiert Duchrow, dass in der modernen Wirtschaft das Wettbewerbsprinzip als die oberste Maxime gesetzt werde und dabei die ärmeren Länder auf der Strecke bleiben müssen. Demgegenüber setzt Duchrow auf eine neutestamentlich begründete Wirtschaftsordnung für das Leben, die sich an christlicher Nächstenliebe orientiert. Die Kraft der Wirtschaftsethik sieht Duchrow vor allem in der *prophetischen Einmischung*. Ziel muss es nach Duchrow sein, die aktuelle Form des Kapitalismus zu überwinden und zu einem sozialökologischen Wirtschaftssystem zu gelangen, das sich auf demokratische Werte fundiert, und gleichzeitig den Elementen Partizipation und Transparenz breiten Raum gibt.

Schluss: Orientierungen

9.1 Anforderungen an Orientierungen

Zu Beginn des Buches wurde ein *formales Grundmuster* für ethisch wünschenswertes Verhalten vorgeschlagen. Abschließend sei, zur weiteren Anregung und zum Nachdenken, dieses Grundmuster in vier Orientierungen übersetzt. Diese Orientierungen sollen das formale Grundmuster mit *materialen Normen* ergänzen.

Ethik hat es im ganz eminenten Sinne mit Verantwortung aufgrund der dem Menschen unverfügbaren Freiheit zu tun. Es geht also um das grundsätzliche, bedingungs-ungebundene Handeln und Unterlassen des Menschen unter dem Kriterium der Verantwortung. Wirtschaften hat es mit dem Handeln des Menschen zu tun, das unter Bedingungen und Kriterien steht, nämlich der *Bedingung der Knappheit* sowie den *Kriterien des Nutzens* und *des Aufwandes.* Wie kann man diese beiden unterschiedlichen Anforderungen, die dem Menschen gestellt werden, miteinander verbinden?

Zunächst: Es kann nicht Aufgabe der Ethik sein, moralische oder ethische Normen dem wirtschaftliche Handeln zu oktroyieren. Das wäre als Gegensatz zum Ökonomismus Moralismus. Ethik befasst sich im Allgemeinen mit dem Handeln des Menschen, während sich die Ökonomie mit dem Handeln des Menschen *unter bestimmten Voraussetzungen* befasst. Ethik muss demnach untersuchen, inwieweit die Bedingungen, die in der Ökonomie gesetzt werden, dem verantwortungsvollen Handeln des Menschen entgegenstehen oder nicht. Ethik ist in diesem Sinne im ganz eminenten Sinn Güterabwägung.

Praktisch verstandene Wirtschaftsethik muss anwendbar sein, sie muss sich an Grundmustern orientieren können, die in möglichst vielen ökonomisch-ethischen

© Springer Fachmedien Wiesbaden 2015
D. Dietzfelbinger, *Praxisleitfaden Unternehmensethik,*
DOI 10.1007/978-3-8349-4711-6_9

Dilemmasituationen angewendet werden können. Es geht darum, einen ökologie-, gesellschafts- und sozialverträglichen *Wirtschaftsstil* zu prägen, der sich auf die anthropologischen Grundstrukturen des Menschen stützt. Da ein solches Regelwerk nicht je individuell auf jede Situation angewendet zusammengestellt werden kann, ist es hilfreich, vier Orientierungen allgemeiner Art zu formulieren, die in der jeweiligen Situation ihre spezifische Konkretion erfahren müssen.

9.2   Orientierung I: Lebe von den Zinsen, nicht vom Kapital!

Der Verantwortungsbegriff kann für die Wirtschaft in Nachhaltigkeit übersetzt werden. Nachhaltigkeit – ein Begriff aus der Forstwirtschaft – besagt, dass man nicht mehr Bäume aus einem Wald schlagen soll, als in einem vorgegebenen Zeitraum wieder nachwachsen können. Oder als *ökonomischer Imperativ: Lebe von den Zinsen, nicht vom Kapital!*

Unter dem Begriff Nachhaltigkeit sind ökonomische, ökologische und soziale Interessen gleichrangig zusammengefasst. Konkret heißt das, die Lebensfähigkeit von Menschen, Tieren, Umwelt auch in Zukunft zu garantieren. Der Clou des Nachhaltigkeitskonzepts besteht darin, dass ökonomische, ökologische und gesellschaftliche Interessen als drei gleichwertige Säulen eines Daches begriffen werden, welches bei Ausfall auch nur einer Säule zusammenstürzt. Man umgeht mit einer Wirtschaftsethik, die sich konzeptionell als nachhaltig versteht, das Problem der Oktroyierung oder Hierarchisierung (*Moralismus* versus *Ökonomismus*). Das Leben und das Überleben der Menschen wie der Umwelt stehen dabei im Mittelpunkt.

Ökonomisches Handeln im Sinne eines *ethisch wünschenswerten, nachhaltigen Wirtschaftsstils* heißt dann, Entscheidungen in Freiheit so zu treffen, dass auch in naher oder ferner Zukunft genau die gleichen ökonomischen, ökologischen und gesellschaftlichen Handlungsalternativen (das heißt auch unter den gleichen Bedingungen) gestellt werden können.

9.3   Orientierung II: Untersuche, was knapp ist!

Knappheit ist ein in vielen Dimensionen relativer Begriff. Nicht alles, was heute als begehrbares Gut angepriesen wird, ist wirklich knapp noch notwendig. Bedürfnisse, und damit voraussehbare Knappheiten (auch wenn sie manchmal nur kurzfristig sind), werden vielfach künstlich erzeugt.

Wirtschaftsethik als *ethisch wünschenswerter, nachhaltiger Wirtschaftsstil* hat es zu ihrer Aufgabe, die konstatierte Knappheit genau zu prüfen: Welche Knappheit wird angenommen, ist sie tatsächlich vorhanden oder nur künstlich erzeugt, sind es solche knappen Güter, die für das Überleben der Menschen und der Umwelt wichtig sind, oder verliert ein knappes Gut unter der Bedingung der Gefährdung menschlichen Lebens völlig an Bedeutung? Ethik ist auch hier im eminenten Sine Güterabwägung: Sie muss dabei bewusst die Unschärfe der Vergleichbarkeit zwischen materiellen und immateriellen Gütern in Kauf nehmen.

Knappheit ist in der Tat bei bestimmten überlebenswichtigen Gütern vorhanden. Bestimme Güter waren lange Zeit nicht Gegenstand ökonomischer Theorie, weil sie im Überfluss vorhanden schienen, etwa Luft, Wasser oder Bodenschätze. Mittlerweile haben sich die Voraussetzungen geändert. Die Knappheit dieser vermeintlich unbeschränkt vorhandenen Güter wird immer deutlicher. Damit aber werden sie auch zum Gegenstand ökonomischen Denkens.

9.4   Orientierung III: Überprüfe den Nutzen!

Nutzen ist ein in sich subjektiver Begriff. Gleichwohl ist es im Allgemeinen unterscheidbar, was nützlich und was nicht nützlich ist. Nutzen im ökonomischen Sinne hat es im weiteren Sinne mit dem Eigennutz zu tun, den *Adam Smith* auf die Eitelkeit zurückführt. So schreibt er in seinem Buch *Theorie der Ethischen Gefühle,* das er bis zu seinem Lebensende immer wieder überarbeitete: *Denn welcher Absicht dient all die Mühseligkeit und all die lärmende Geschäftigkeit dieser Welt? Was ist der Endzweck von Habsucht und von Ehrgeiz und der Jagd nach Reichtum, Macht und Vorrang? Ist es der, den natürlichen Bedürfnissen Genüge zu tun? Der Lohn des geringsten Arbeiters reicht aus, um diese zu befriedigen. ... Woher entsteht ... jener Wetteifer, der sich durch all die verschiedenen Stände der Menschen hindurchzieht, und welches sind die Vorteile, die wir bei jenem großen Endziel menschlichen Lebens ... im Sinne haben? Dass man uns bemerkt, dass man auf uns Acht hat, dass man mit Sympathie, Wohlgefallen und Billigung von uns Kenntnis nimmt, das sind alle Vorteile, die wir daraus zu gewinnen hoffen dürfen. Es ist die Eitelkeit, nicht das Wohlbefinden oder das Vergnügen, was uns daran anzieht.*

Eigeninteresse, das nicht mit Egoismus verwechselt werden darf, kann nur dann entstehen, wenn sich der Mensch seiner Sozialbindung bewusst wird. Das Nächstenliebe-Gebot aus dem Neuen Testament begründet *Jesus* explizit mit der Eigenliebe. Erst in Abgrenzung zu den Interessen der Umwelt kann sich das Individuum seiner eigenen Interessen, seines eigenen Nutzen bewusst werden. Eigeninteresse ist also systematisch dem Sozialbezug nachzuordnen. Mit anderen Worten: Sozialbindung und Eigeninteresse befinden sich in einem Wechselverhältnis, das im Handeln seinen Ausdruck finden muss. Erst wenn mindestens ein weiteres Individuum neben mir existiert, muss ich mein eigenes Interesse gegenüber dem anderen Individuum abgrenzen.

Wenn also das Individuum den eigenen Nutzen verfolgt, ist dagegen aus ethischer Perspektive solange nichts einzuwenden, so lange die Freiheit und die Lebensdienlichkeit des Lebens anderer Menschen nicht eingeschränkt wird. Grenzen sind dem Nutzenbegriff oder dem Eigeninteresse dann gesetzt, wenn durch den eigenen Nutzen an anderer Stelle Schaden entsteht. Schaden ist nicht nur auf andere Menschen begrenzt. Schaden entsteht auch dann, wenn die Bedingungen für freies Handeln anderen Kreaturen über die eigene Lebensnotwendigkeit hinaus genommen werden.

Das heißt konkret für eine Ethik der Wirtschaft, verstanden als *ethisch wünschenswerter, nachhaltiger Wirtschaftsstil*, dass immer dann, wenn unter den ökonomischen Bedingungen des Handelns des Menschen für andere Menschen wie für anderes Leben unzumutbarer Schaden entsteht, Grenzen zu ziehen sind. Zumutbarkeit heißt hier: *Was mute ich einem anderen zu, von dem ich wollen kann, dass es allen Leben zugemutet werden kann und von dem ich zugleich will, dass es auch mir zugemutet wird?*

9.5 Orientierung IV: Frage nach dem Aufwand!

Auch die Bedingung des Aufwandes muss unter ethischer Perspektive näher untersucht werden. Aufwand beschreibt die Mittel, die zur Erreichung eines bestimmten nutzbringenden Zieles eingesetzt werden. Wie schon der Nutzen, so ist auch der Aufwand in einem gewissen Sinne subjektiv. Das Mütterlein, das den letzten Cent in die Spendenkasse wirft, hat einen höheren Aufwand, als der Millionär, der 1000 € spendet. Diese Relation, die getrost auch auf große wirtschaftliche Vorgänge übertragen werden kann, muss für Ethik immer im Blick bleiben.

Das aber heißt auch – ebenso wie bei der Nutzenseite: Bleibt der Aufwand nur bei der Person beschränkt, die einen bestimmten Nutzen erzielen wird, wird also durch den betriebenen Aufwand kein anderes Leben in seiner Lebensfähigkeit eingeschränkt, so widerspricht dies nicht einer als Freiheit in Verantwortung verstandenen Ethik. Tangiert aber der eigene Aufwand die Lebensfähigkeit von anderem Leben, muss gefragt werden, ob ein solcher Aufwand ethisch gerechtfertigt ist, im Sinne eines *ethisch wünschenswerten, nachhaltigen Wirtschaftsstils.*

9.6 Resümee

Wirtschaft und Ethik, Unternehmen und Moral: Die Spannung zwischen den Themengebieten geht nicht verloren, gerade wenn man versucht, Theorie und Praxis im Sinne eines *ethisch wünschenswerten, nachhaltigen Wirtschaftsstil* zu gestalten.

Um über die Verbindung der beiden Themen und deren möglichen ökonomischen wie gesellschaftlichen Vorteile nachzudenken, braucht man Zeit. Diese Zeit gibt aber der Berufsalltag in einer globalisierten Welt scheinbar nicht mehr her.

Der Vorschlag dieses Buches lautet: Nehmen Sie sich die Zeit – es lohnt sich. Nur in einem Miteinander beider Disziplinen und Wertvorstellungen werden sich die Dilemmata auflösen. Gegenüberstellungen führen in Antagonien, die selten Früchte tragen.

Das Faszinierende an der Auseinandersetzung mit Wirtschafts- und Unternehmensethik ist: Es kommt darauf an, wie die Themen, die in diesem Buch angerissen wurden, *gestaltet, ineinander gebracht* und schließlich *miteinander verbunden werden.* Diese Verbindung kann nur einer leisten, der beide Rationalitäten, beide Systeme, beide Formen in Kopf, Charakter und Herz hat: Das ist der Mensch mit seinen Tugenden.

Weiterführende Literatur

Apel, K.-O. (1981) Transformation der Philosophie (2 Bände). Frankfurt a. M.

Aristoteles. (1958). *Politik* (Übers. E. von Rolfes). Hamburg.

Aristoteles. (1969). *Nikomachische Ethik* (Hrsg. F. von Dirlmeier). Stuttgart.

Aßländer, M. (2011a) *Grundlagen der Wirtschafts- und Unternehmensethik*. Marburg.

Aßländer, M. (Hrsg.). (2011b) *Handbuch Wirtschaftsethik*. Stuttgart.

Brentano, L. (1923). *Der wirtschaftende Mensch in der Geschichte. Gesammelte Reden und Aufsätze*. Leipzig.

Buchanan, J. M. (1984). *Die Grenzen der Freiheit. Zwischen Anarchie und Leviathan*. Tübingen.

Detzer, K., & Dietzfelbinger, D., et al. (1999). *Nachhaltig Wirtschaften. Expertenwissen für umweltbewusste Führungskräfte in Unternehmen und Politik*. Augsburg.

Dietzfelbinger, D. (1998). *Soziale Marktwirtschaft als Wirtschaftsstil. Alfred Müller-Armacks Lebenswerk*. Gütersloh.

Dietzfelbinger, D. (2004). *Aller Anfang ist leicht. Unternehmens- und Wirtschaftsethik für die Praxis* (4. Aufl.). München.

Dietzfelbinger, D., & Teuffel, J. (Hrsg.). (2002). *Heils-Ökonomie? Zum Zusammenwirken von Kirche und Wirtschaft*. Gütersloh.

Dietzfelbinger, D., & Thurm, R. (Hrsg.). (2004). *Nachhaltige Entwicklung: Grundlage einer neuen Wirtschaftsethik*. München.

Enderle, G. (1993). *Handlungsorientierte Wirtschaftsethik. Grundlagen und Anwendungen*. Bern.

Enderle, G., Homann, K., Honecker, M., Kerber, W., & Steinmann, H. (Hrsg.). (1993). *Lexikon der Wirtschaftsethik*. Freiburg.

Eucken, W. (1952). Grundsätze der Wirtschaftspolitik. In E. von Eucken-Erdsiek und K. P. Hensel (Hrsg.). Tübingen.

Hinweis: Auf die Angabe von weiterführenden Internetlinks zu speziellen Themen wird verzichtet, da die Anbieter und Adressen zu häufig wechseln. Sie finden Verschlagwortung über gängige Suchmaschinen. Im Folgenden finden Sie einige Hinweise zu grundlegender Literatur.

© Springer Fachmedien Wiesbaden 2015
D. Dietzfelbinger, *Praxisleitfaden Unternehmensethik*,
DOI 10.1007/978-3-8349-4711-6

Galbraith, J. K. (1974). *Wirtschaft für Staat und Gesellschaft*. München.

Göbel, E. (2013). *Unternehmensethik*. 3. Aufl. Stuttgart.

Habermas, J. (1981). *Theorie des kommunikativen Handelns* (2 Bände). Frankfurt a. M.

von Hayek, F. (1979). *Die drei Quellen der menschlichen Werte*. Tübingen.

Höffe, O. (2013). *Ethik. Eine Einführung*. München.

Homann, K., & Blome-Drees, F. (1992). *Wirtschafts- und Unternehmensethik*. Göttingen.

Jonas, H. (1979). *Das Prinzip Verantwortung: Versuch einer Ethik für die technologische Zivilisation*. Frankfurt a. M.

Kant, I. (1983). Werke in zehn Bänden. In W. von Weischedel (Hrsg.). (Sonderausgabe). Darmstadt.

Korff, W. et al. (Hrsg.). (1999). *Handbuch der Wirtschaftsethik* (4 Bände). Gütersloh.

Küpper, H.-U. (2006). *Unternehmensethik. Hintergründe, Konzepte, Anwednungsbereiche*. Stuttgart.

Lay, R. (1989). *Ethik für Manager*. Düsseldorf.

Luhmann, N. (1988). *Die Wirtschaft der Gesellschaft*. Frankfurt a. M.

Luhmann, N. (1994). *Soziale Systeme. Grundriss einer allgemeinen Theorie*. Frankfurt a. M.

Maak, T., & Ulrich, P. (2007). *Integre Unternehmensführung. Ethisches Orientierungswissen für die Wirtschaftspraxis*. Stuttgart.

MacIntyre, A. (1984). *Geschichte der Ethik im Überblick*. Königstein.

Marx, K., & Engels, F. (1984 ff). *Werke*. Berlin.

Parsons, T. (1973). *Soziologische Theorie* (3. Aufl.) Frankfurt a. M.

Pieper, A. (1985). *Ethik und Moral*. München.

Rawls, J. (1979). *Eine Theorie der Gerechtigkeit* (Übers. H. von Vetter). Frankfurt a. M.

Rendtorff, T. (2011). *Ethik*. (2 Bände, 3. Aufl.). Tübingen.

Rich, A. (1991 ff). *Wirtschaftsethik* (2 Bände.). Gütersloh.

Schulz von Thun, F. *Miteinander reden* (drei Bände). Hamburg.

Schumpeter, J. A. (1972). *Kapitalismus, Sozialismus und Demokratie* (3. Aufl.). München.

Schumpeter, J. A. (1987). *Theorie der wirtschaftlichen Entwicklung* (7. Aufl.). Berlin.

Sen, A. (1987) *On ethics and economics*. Oxford.

Smith, A. (1977). Theorie der ethischen Gefühle (Übers. und Hrsg. W. von Eckstein) (2. Aufl.). Hamburg.

Smith, A. (1993). *Der Wohlstand der Nationen – Eine Untersuchung seiner Natur und seiner Ursachen, aus dem Englischen von Horst Claus Recktenwald* (6. Aufl.). München.

Steinmann, H., & Löhr, A. (1994). *Grundlagen der Unternehmensethik* (2. Aufl.). Stuttgart.

Suchanek, A. (2001). *Ökonomische Ethik*. Tübingen.

Ulrich, P. (1986). *Transformation der ökonomischen Vernunft. Fortschrittsperspektiven der modernen Industriegesellschaft*. Bern.

Waibl, E. (1984/1989). *Ökonomie und Ethik* (2 Bände) Stuttgart.

Waibl, E. (2001). *Praktische Wirtschaftsethik*. Innsbruck.

Wieland, J. (1993). *Wirtschaftsethik und Theorie der Gesellschaft*. Frankfurt a. M.

Wieland, J. (Hrsg.). (2004). *Handbuch Werte-Management*. Hamburg.

Wünsch, G. (1927). *Evangelische Wirtschaftsethik*. Tübingen.

Personen- und Sachverzeichnis

© Springer Fachmedien Wiesbaden 2015
D. Dietzfelbinger, *Praxisleitfaden Unternehmensethik,*
DOI 10.1007/978-3-8349-4711-6

Printed by Printforce, the Netherlands